Anonymus

Chronik der Königlichen Universität zu Breslau

Anonymus

Chronik der Königlichen Universität zu Breslau

ISBN/EAN: 9783743307919

Hergestellt in Europa, USA, Kanada, Australien, Japan

Cover: Foto ©ninafisch / pixelio.de

Manufactured and distributed by brebook publishing software
(www.brebook.com)

Anonymus

Chronik der Königlichen Universität zu Breslau

Chronik

der

Königlichen Universität

zu Breslau.

für das Jahr

vom 1. April 1890 bis zum 31. März 1891.

Herausgegeben

von

Rector und Senat.

Jahrgang 5.

Breslau.

Druck von Grass, Barth & Comp. (W. Friedrich.)

1891.

I. Behörden der Universität.

1. Curatorium.

Wie bisher.

2. Akademischer Senat.

a. Sommer-Semester 1890.

Rector: Domherr, Prof. Dr. Probst.

Exrector: Geh. Reg.-Rath Prof. Dr. Poleck.

Universitäts-Richter: Geh. Reg.-Rath Dr. Willdenow.

Decane:
> der evang.-theol. Facultät: Prof. Dr. Räbiger;
> der kath.-theol. Facultät: Prof. Dr. König;
> der juristischen Facultät: Prof. Dr. Brie;
> der medicinischen Facultät: Geh. Med.-Rath Professor Dr. Fischer bis zum 20. Mai 1890 und von da ab Geh. Med.-Rath Prof. Dr. Heidenhain als Prodecan;
> der philosophischen Facultät: Prof. Dr. Nehring als Prodecan.

Gewählte Senatoren:
Geh. Regierungs-Rath Prof. Dr. Hertz;
Prof. Dr. Nehring;
Prof. Dr. Schott;
Prof. Dr. Schmidt;
Prof. Dr. Gaspary;
Prof. Dr. Filehne.

b. Winter-Semester 1890/91.

Rector: Geh. Justizrath Prof. Dr. Brie.

Exrector: Domherr, Prof. Dr. Probst.

Universitäts-Richter: Geh. Reg.-Rath Dr. Willdenow.

1*

Decane:

>der kath.-theol. Facultät: Prof. Dr. Krawutzky;
>der evang.-theol. Facultät: Consist.-Rath Prof. Dr. Meuss;
>der juristischen Facultät: Prof. Dr. Schott;
>der medicinischen Facultät: Prof. Dr. Filehne;
>der philosophischen Facultät: Prof. Dr. Rosanes.

Gewählte Senatoren:

>Geh. Reg.-Rath Prof. Dr. Röpell;
>Geh. Justizrath Prof. Dr. Dahn;
>Prof. Dr. Nehring;
>Prof. Dr. Schmidt;
>Prof. Dr. Partsch;
>Prof. Dr. Flügge.

II. Lehrkörper der Universität.

Veränderungen gegen das Vorjahr.

A. Abgang.

1. Todesfälle.

Am 30. Mai 1890 starb der ordentliche Professor in der philosophischen Facultät, Director des zoologischen Museums, Geh. Regierungs-Rath Dr. Anton Schneider, über dessen Lebensgang der unter Abschnitt X beigefügte Nekrolog das Nähere enthält.

2. Berufungen an andere Universitäten oder in andere Stellungen; Ruhestands-Bewilligungen etc.

Aus der philosophischen Facultät sind ausgeschieden:

a. der Privat-Docent Dr. Ferdinand Pax in Folge seiner Berufung als Custos an den Kgl. botanischen Garten in Berlin am 1. October 1889;

b. der Privat-Docent Dr. Otto Rossbach in Folge seiner Berufung als ausserordentlicher Professor an die Universität Kiel am 1. April 1890;

c. der Privat-Docent Dr. Theodor Siebs in Folge seiner Uebersiedelung an die Universität Greifswald am 1. April 1890; sowie

d. der Privat-Docent Dr. Bernhard Kosmann am 1. October 1890.

e. der ordentliche Professor Dr. Frhr. von der Ropp (s. unten S. 7).

Ausserdem haben Se. Majestät der Kaiser und König geruht, durch Allerhöchsten Erlass vom 11. Juni 1890 den ordentlichen Professor in der medicinischen Facultät und Director der chirurgischen Klinik, Geheimen Medicinal-Rath Dr. Fischer, sowie durch Allerh. Erlass vom 3. October 1890 den ordentlichen Professor in der philosophischen Facultät und Director des landwirthschaftlichen Instituts, Dr. Walter v. Funke von ihren amtlichen Verpflichtungen unter Belassung ihres Gehalts nebst Wohnungsgeldzuschusses in Gnaden zu entbinden, auch denselben Verlegung ihres Wohnsitzes von Breslau zu gestatten. Hierbei sind den Genannten die unten unter D. gedachten Auszeichnungen zu Theil geworden, wie denselben gleichzeitig der Herr Minister der geistl. etc. Angelegenheiten seine wärmste Anerkennung und seinen Dank für die in der Verwaltung der verlassenen Aemter bethätigte unermüdliche Pflichttreue hat zum Ausdruck bringen lassen.

Ferner wurden durch Erlass des Herrn Ministers der geistl. etc. Angelegenheiten vom 8. October 1890 die ausserordentlichen Professoren Dr. Metzdorf und Dr. Friedländer, ihren Anträgen entsprechend, von der Direction des Veterinair- bezw. des landwirthschaftlich-technologischen Instituts und von ihren akademischen Verpflichtungen unter Belassung ihrer bisherigen Dienstbezüge entbunden, denselben auch durch die späteren Erlasse vom 12./13. Januar 1891 widerruflich gestattet, ihren Wohnsitz von Breslau zu verlegen. Schliesslich haben noch Se. Majestät der Kaiser und König geruht, durch Allerh. Erlass vom 21. Februar 1891 den ordentlichen Professor in der philosophischen Facultät Dr. August Fick von seinen amtlichen Verpflichtungen unter Belassung seines Gehalts nebst Wohnungsgeldzuschusses und mit der Genehmigung zur Verlegung seines Wohnsitzes von Breslau in Gnaden zu entbinden.

B. Zugang.

1. Neuberufungen und Ernennungen innerhalb der Universität selbst.

In der evangelisch-theologischen Facultät

wurde durch Allerh. Cabinets-Ordre vom 4. März 1891 der Grossherzoglich Hessische ordentliche Prof. Dr. theol. et phil. Carl Müller von Giessen zum ordentlichen Professor ernannt und mit dem Lehrauftrage, das ganze Gebiet der historischen Theologie in Vorlesungen und Uebungen zu vertreten, zugleich zum Mitdirector des evangelisch-theologischen Seminars bestellt.

In die medicinische Facultät wurden versetzt:

der ausserordentliche Professor Dr. Friedrich Müller von Bonn in gleicher Eigenschaft in das durch den Staatshaushaltsetat für 1. April 1889/90 neu begründete Extraordinariat mit dem Lehrauftrage, die klinische Propädeutik und die Laryngologie in Vorlesungen und Uebungen zu vertreten, vom Sommer-Semester 1890 ab durch Ministerial-Erlass vom 14. April 1890. Demselben ist alsdann durch Ministerial-Erlass vom 23. September 1890 die selbstständige Leitung der medicinischen Poliklinik unter der Amtsbezeichnung eines Vorstandes mit der Maassgabe übertragen worden, dass der Director der medicinischen Klinik befugt sein soll, das poliklinische Material vorzugsweise und in erster Linie für die Bedürfnisse der Klinik heranzuziehen.

Geh. Medicinal-Rath Prof. Dr. Mikulicz, bisher ordentlicher Professor in Königsberg i./Pr., wurde durch Minist.-Erlass vom 17. Juni 1890 vom 1. October d. J. ab in das durch den Weggang des Geh. Medicinal-Raths Prof. Dr. Fischer erledigte Ordinariat der Chirurgie versetzt und gleichzeitig mit der Direction der chirurgischen Klinik und Poliklinik beauftragt.

Der bisherige Privat-Docent Dr. Karl Partsch ist durch Ministerial-Erlass vom 16. April 1890 zum ausserordentlichen Professor ernannt worden mit dem Auftrage, die Direction des neu zu errichtenden bezw. demnächst errichteten provisorischen Instituts für Zahnheilkunde zu führen, in demselben auch als Lehrer der Zahnheilkunde thätig zu sein und insbesondere über allgemeine Chirurgie und über die Krankheiten der Zähne und des Mundes Vorlesungen zu halten, sowie täglich 2 Stunden die Poliklinik der Krankheiten der Zähne und des Mundes mit Einschluss der Extraction der Zähne zu leiten.

Zu Lehrern der Zahnheilkunde an dem Institut sind unter Vorbehalt jederzeitigen Widerrufs der Zahnarzt Dr. Sachs, welcher den praktischen Cursus der operativen Zahnheilkunde und ausserdem jedes Semester eine unentgeltliche Vorlesung zu halten hat, und der Privat-Docent Prof. Dr. Bruck, welchem die Vertretung der Zahntechnik an dem Institut obliegt, bestellt worden.

Durch Allerh. Cabinets-Ordre vom 8. December 1890 wurde der ausserordentliche Professor und Director der psychiatrischen Klinik wie der Poliklinik für Nervenkrankheiten, Medicinalrath Dr. Wernicke, zum ordentlichen Professor ernannt und zwar bei unverändertem Lehrauftrage.

In die philosophische Facultät wurden berufen bezw. versetzt:

Prof. Dr. Goswin Freiherr von der Ropp, bisher Grossherzoglich Hessischer ordentlicher Professor in Giessen, in das durch die Versetzung des Professors Dr. Lenz erledigte Ordinariat für mittlere und neuere Geschichte unter Beauftragung mit der Mitdirection des historischen Seminars und mit der Verpflichtung, die Geschichte des Mittelalters und der Neuzeit in Vorlesungen und Uebungen zu vertreten, insbesondere auch wiederkehrend eine einsemestrige Vorlesung über die deutsche Geschichte in ihrem ganzen Umfange zu halten, vom Wintersemester 1890/91 ab durch Allerhöchste Bestallung vom 18. Juni 1890. Derselbe ist indessen vom 1. April 1891 ab an die Universität Marburg versetzt worden.

Prof. Dr. Karl C h u n, bisher ordentlicher Professor in Königsberg, wurde in das durch das Ableben des Geh. Regierungs-Raths, Prof. Dr. S c h n e i d e r, erledigte Ordinariat versetzt mit der Verpflichtung, die Zoologie und vergleichende Anatomie zu vertreten und insbesondere auch jedes Jahr in einem Semester eine zusammenfassende Vorlesung über beide Disciplinen in Rücksicht auf die Bedürfnisse der Studirenden der Medicin zu halten, sowie unter gleichzeitiger Beauftragung mit der Direction des zoologischen Museums, vom 1. April 1891 ab durch Ministerial-Erlass vom 8. August 1890.

Dr. Werner S o m b a r t, bisher Syndikus der Handelskammer in Bremen, wurde durch Ministerial-Erlass vom 18. Januar 1890 vom 1. October 1890 ab zum ausserordentlichen Professor der Staatswissenschaften in der philosophischen Facultät hiesiger Universität ernannt, mit der Verpflichtung, die Staatswissenschaften in Ergänzung der Lehrthätigkeit des für dieselben bestellten Ordinarius und im Einvernehmen mit demselben in Vorlesungen und Uebungen zu vertreten, und unter Ernennung zum Mitdirector des staatswissenschaftlich-statistischen Seminars.

Prof. Dr. Georg K a u f m a n n, bisher ordentlicher Professor in Münster, wurde durch Ministerial-Erlass vom 12. März 1891 vom 1. April 1891 ab in das durch die Versetzung des Professors Dr. Frhr. v o n d e r R o p p erledigte Ordinariat unter dem oben näher ausgeführten Lehrauftrage seines Amtsvorgängers versetzt.

Ferner wurde durch Ministerial-Erlass vom 18. October 1890 der als zweiter commissarischer Director der agriculturchemischen Versuchsstation des hiesigen landwirthschaftlichen Central - Vereins berufene Dr. Bernhard S c h u l z e von Danzig beauftragt, bis auf Weiteres zur Vertretung des mit der commissarischen Verwaltung des landwirthschaftlichen Instituts betrauten Professors Dr. H o l d e f l e i s s in dessen bisherigem Lehrgebiet Vorlesungen über Agriculturchemie am landwirthschaftlichen Institut zu halten.

2. Habilitationen.

In der juristischen Facultät habilitirte sich:

der Gerichts - Assessor Dr. Georg Frommhold am 3. Mai 1890 für Civilprozess und deutsches Privatrecht, geboren zu Landeck den 20. Februar 1860, promovirt hierselbst am 19. December 1885.

In der medicinischen Facultät habilitirte sich:

Dr. Johannes Pfannenstiel am 23. April 1890 für Geburtshülfe und Gynäkologie, geboren zu Berlin den 28. Juni 1862, promovirt daselbst am 13. August 1885.

In der philosophischen Facultät habilitirten sich:

Dr. Felix Peiser am 12. August 1890 für Assyriologie, geboren zu Berlin den 27. Juli 1862, promovirt zu Leipzig den 18. Juni 1886.

Dr. Franz Skutsch am 22. October 1890 für klassische Philologie, geboren zu Neisse den 6. Januar 1865, promovirt zu Bonn den 11. August 1888.

Dr. Carl Mez am 24. October 1890 für systematische Botanik, geboren zu Freiburg in Baden den 24. März 1866, promovirt zu Berlin den 10. März 1888.

Dr. Otto Gerlach am 31. October 1890 für Staatswissenschaften, geboren zu Angerburg in Ostpreussen den 1. November 1862, promovirt zu Leipzig den 22. Juli 1885.

C. Beurlaubungen.

Beurlaubt waren:

a. im Sommer-Semester 1890:

der ordentliche Professor in der philosophischen Facultät Dr. Fick seit Februar 1890 bis zum Schluss des Semesters zur Wiederherstellung seiner Gesundheit;

der ausserordentliche Professor in derselben Facultät Dr. v. Richter für die Dauer des Semesters zu demselben Zwecke;

der ausserordentliche Professor in der juristischen Facultät Dr. Bruck desgleichen;

b. im Winter-Semester 1890/91:

der ausserordentliche Professor Dr. von Richter wie unter a.;

der ordentliche Professor in der philosophischen Facultät Dr. Gaspary gleichfalls für die Dauer des Semesters zur Wiederherstellung seiner Gesundheit.

D. Auszeichnungen.

Von preussischen Orden erhielten:

der Geh. Medicinal-Rath Prof. Dr. Fischer am 11. Juni 1890 den Rothen Odler-Orden III. Klasse mit der Schleife, und

der Professor Dr. von Funke am 3. October 1890 den Kronen-Orden III. Klasse,

beide bei Gelegenheit der Entbindung von ihren amtlichen Verpflichtungen, s. o. unter A. 2;

der Professor Dr. Filehne, Director des pharmakologischen Instituts, am 21. Juni 1891 den Rothen Adler-Orden IV. Klasse.

Anlässlich der Allerhöchsten Anwesenheit Sr. Majestät des Kaisers und Königs in Schlesien im September 1890 erhielten:

den Königlichen Kronen-Orden II. Klasse:

der Geh. Regierungs-Rath Professor Dr. Galle und der ord. Honor.-Professor Dompropst Dr. Kayser;

den Rothen Adler-Orden III. Klasse mit der Schleife:

der Geh. Regierungs-Rath Professor Dr. Hertz, der Consistorial-Rath Professor Dr. Meuss und der Geh. Medicinal-Rath Professor Dr. Förster;

den Rothen Adler-Orden IV. Klasse:

der Geh. Regierungs-Rath Professor Dr. Poleck, der ausserordentliche Professor und dirigirende Arzt des Wilhelm-Augusta-Hospitals Dr. Soltmann und der Oberbibliothekar Professor Dr. Staender.

Ferner erhielt

der Domherr Professor Dr. Probst, zeitiger Rector magnificus, am 16. September 1890 aus Anlass seines

Priesterjubiläums den Rothen Adler-Orden III. Klasse mit der Schleife und der Zahl 50.

Von anderen Auszeichnungen wurde anlässlich der obengedachten Allerhöchsten Anwesenheit Sr. Majestät des Kaisers und Königs

dem Professor der Rechte Dr. Brie der Charakter eines Geheimen Justizraths und

dem Medicinal-Rath Professor Dr. Ponfick der Charakter als Geheimer Medicinal-Rath

verliehen.

Ausserdem ist

dem Director des physikalischen Cabinets, Professor Dr. O. E. Meyer am 5. Januar 1891 der Charakter als Geheimer Regierungs-Rath verliehen worden, wie ebenso

dem mit Halten von Vorlesungen am landwirthschaftlichen Institut beauftragten Regierungs- und Baurath Beyer der Charakter als Geheimer Baurath.

Den Privat-Docenten in der medicinischen Facultät Dr. Gottstein und Dr. Bruck ist am 14. bezw. 21. April 1890, sowie dem Privat-Docenten in derselben Facultät, Ober-Stabsarzt I. Klasse und Regiments-Arzt Dr. Schröter am 31. October 1890 das Prädicat „Professor" verliehen worden.

E. Sonstige Veränderungen.

Der ausserordentliche Professor in der philosophischen Facultät Dr. Holdefleiss ist durch Ministerial-Erlass vom 7. October 1890 mit der commissarischen Verwaltung des landwirthschaftlichen Instituts und

der ausserordentliche Professor Dr. von Richter durch Ministerial-Erlass vom 16. desselben Monats mit der Direction des zu einem selbstständigen Institut für technische Chemie erhobenen bisherigen landwirthschaftlich-technologischen Zweig-Instituts beauftragt worden, letzterer mit der Verpflichtung, in demselben regelmässige Vorlesungen über chemische Technologie der landwirthschaftlichen Gewerbe zu halten.

Durch Ministerial-Erlass vom 12. März 1891 ist der ordentliche Professor in der philosophischen Facultät Dr. Hüffer zum Mitdirector des historischen Seminars bestellt worden.

Nachträge und Berichtigungen zu Abschnitt II, 1 und 2 der vorjährigen Chronik.

Der auf Seite 10 verzeichnete ordentliche Professor in der philosophischen Facultät und Director des archäologischen Museums, Geh. Regierungs-Rath Dr. August Rossbach ist für klassische Philologie und Archäologie bestellt.

Der ordentliche Professor in der juristischen Facultät Dr. Otto Fischer hat ausser dem auf Seite 16 gedachten Lehrauftrage auch die Verpflichtung, im Bedürfnissfalle zur Vervollständigung des Lehrplans in den römisch-rechtlichen Disciplinen nach Kräften beizutragen.

Zu Abschnitt II, 2, D. „Auszeichnungen" bleibt noch nachzutragen, dass gelegentlich des Ordensfestes am 18. Januar 1890 der ordentliche Professor in der medicinischen Facultät, Geh. Medicinal-Rath Dr. Heidenhain den Kronen-Orden II. Klasse und der ausserordentliche Professor in der philosophischen Facultät, Geh. Archiv-Rath Dr. Grünhagen den Kronen-Orden III. Klasse erhalten haben.

III. Beamte der Universität.

Die mit der provisorischen Wahrnehmung der 2. Pedellen- und der Kassendiener- und Hilfspedellen-Stelle vorläufig betraut gewesenen pp. Pfennig und Noack sind vom 1. October 1890 ab in diesen Dienststellen definitiv bestätigt worden.

IV. Anstalten und Commissionen der Universität.

1. Wissenschaftliche Anstalten.

a. Die Königliche und Universitäts-Bibliothek.

Der Bücherbestand erfuhr in dem abgelaufenen Verwaltungsjahr einen Zuwachs von 4950 Bänden und 4749 kleinen Schriften. Es entfallen davon auf den Ankauf aus dem Ordinarium und dauernden Sonderfonds 1836 Bände und 40 kleine Schriften, aus dem Extraordinarium 276 Bände und 1 kleine Schrift. Aus dem Tauschverkehr stammen 1046 Bände und 4292 kleine Schriften, geschenkt wurden 1418 Bände und 152 kleine Schriften; endlich wurden 374 Bände und 264 kleine Schriften als Pflichtexemplare eingesandt.

I. Vermehrung des Bücherbestandes.

Aus den laufenden ordentlichen Mitteln einschliesslich der ständigen Sonderfonds wurden zum Bücherkauf verausgabt 20989,68 Mark. An dieser Summe sind betheiligt die Zeitschriften mit r. 4825 Mark, die Fortsetzungen mit r. 5633 Mark, die Nova mit r. 5288 Mark, die Antiquaria mit r. 5243 Mark. Von den zur Ausfüllung von Lücken im Bücherbestande bewilligten ausserordentlichen Mitteln gelangten die letzten 2830,30 Mark ebenfalls zur Ausgabe. Für die Buchbinderarbeiten waren erforderlich r. 4247 Mark, so dass im Ganzen für die Vermehrung und Erhaltung der Bücher r. 28066 Mark aufgewandt worden sind. Zur Vervollständigung und theilweisen Erneuerung der Repositorien und des übrigen Utensilien-Inventars wurden verausgabt r. 2027 Mark, für die Heizung 986 Mark, für die anderen sächlichen Ausgabetitel — Schreibmaterial, Porti, Frachten und anderes — r. 1382 Mark.

II. Rechnungswesen.

Benutzt wurden im Ganzen 71451 Bände; ausserdem wurden noch 12244 Bücherbestellungen bearbeitet, auf Grund deren eine Benutzung nicht erfolgen konnte; 4935 der verlangten Werke waren nicht vorhanden, 7309 anderweitig verliehen. Das Lesezimmer war an 287 Tagen geöffnet und wurde von 9197 Personen benutzt. Nach auswärts gingen 634 Sendungen mit 3268 Bänden.

III. Benutzung der Bibliothek.

IV.
Personal. Zu Anfang Februar laufenden Jahres erlag zu Boppard am Rhein, woselbst er Heilung gesucht, einem langjährigen Gehirnleiden der Bibliothekar Prof. Dr. Oesterley; er hat an der hiesigen Bibliothek seit Herbst 1872 gewirkt.

Staender.

b. Die Studenten-Bibliothek.

Nachdem die Königliche Staatsregierung schon im April 1890 an den Senat die Anfrage gerichtet hatte, ob seit Vervollständigung der seminaristischen Einrichtungen an der hiesigen Universität noch ein Bedürfniss zur Beibehaltung einer besonderen Studenten-Bibliothek bestehe, ist, nach längeren Verhandlungen zwischen dem Senat und der Regierung, die Studenten-Bibliothek durch Ministerialerlass vom 28. März 1891 mit Ende dieses Rechnungs-Jahres aufgehoben worden.

Es dürften daher hier einige Nachrichten über die Geschichte, das Wesen und die Wirksamkeit dieses Institutes am Platze sein.

Die Studenten-Bibliothek ist gegründet worden im Jahre 1846 durch Anregung des damaligen Rectors der Universität Geh. Justizrath Prof. Dr. Huschke. Das von diesem und dem Senat entworfene und bis jetzt gültig gewesene Regulativ für sie ist von dem Königlichen Unterrichts-Ministerium am 9. Juli 1846 genehmigt worden. Die wichtigsten Bestimmungen desselben sind die folgenden.

Die Bibliothek ist ausschliesslich für die Studirenden bestimmt. Nur immatrikulirte Hörer der hiesigen Universität haben das Recht, sie zu benutzen, aber dieses Recht haben alle immatrikulirten Hörer eo ipso ohne Caution seitens eines Docenten. Die Bibliothek erhält sich hauptsächlich durch Beiträge der Studirenden, und wird durch Studirende (unter der Benennung Custoden, später Amanuensen) verwaltet. Die Controle über diese Verwaltung führt als Curator der Bibliothek ein Professor, dem auch die Sorge für Anschaffung der Bücher obliegt.

Die Bibliothek soll den Studirenden, namentlich den ärmeren, aller Facultäten das für ihre Studien nothwendigste Material in bequemerer und reichlicherer Weise zur Benutzung bieten, als es die Königliche Universitäts-Bibliothek im Stande ist. Es sollen daher vor allem „Quellenwerke, Lexica, Grammatiken, Tabellen, Landkarten, Encyclopädien, Hand- und Lehrbücher, ausgezeichnete Monographien u. s. w." angeschafft werden, „es sollen aber keineswegs blos einzelne Exemplare angeschafft werden, sondern von solchen Büchern, welche voraussichtlich von vielen gleichzeitig benutzt werden, eine nach den Umständen und der Erfahrung zu bestimmende grössere Anzahl von Exemplaren." Zur Feststellung des Bedürfnisses soll sich der Curator mit seinen Collegen in Verbindung setzen.

Das Ehrenamt des Curators wurde zuerst dem Stifter der Bibliothek, Professor Dr. Huschke, übertragen, der durch unermüdliche und freigebige Fürsorge das Institut fest begründete. Als er nach zehnjähriger Amtsführung zurücktrat, wurde an seine Stelle der Professor der classischen Philologie Dr. F. Haase gewählt, der dies Amt bis zu seinem Tode 1867 in hingebendster und aufopferndster Weise verwaltete. Seinem Nachfolger in der Professur, Aug. Reifferscheid, wurde auch das Curatoriat der Studenten-Bibliothek übertragen, und als Reifferscheid 1885 einem Rufe nach Strassburg folgte, wurde sein Nachfolger auch in der Verwaltung der Studenten-Bibliothek Prof. Dr. Studemund. Nach Studemunds Tode 1889 wurde die Verwaltung bis auf weiteres dem Unterzeichneten anvertraut.

Der Bücherbestand, mit welchem die Bibliothek begann, war, der Natur der Sache nach, gering. Er war zusammengekommen durch Geschenke von Professoren und anderen Gönnern und belief sich zu Neujahr 1847 auf 381 Bände. Die Mittel zur systematischen Vermehrung dieses Bestandes waren zuerst auch sehr bescheiden, doch gelang es allmählich, neue Einnahmequellen zu eröffnen; dazu kamen zahlreiche, zum theil sehr stattliche und werthvolle Schenkungen von Verlagsbuchhändlern und Professoren (z. B. 1536 Bände aus dem Nachlass von Prof. Thilo; ferner die aus mehr als 3000 Bänden bestehende auserlesene Handbibliothek des Prof. Henschel, welche dieser letztwillig der Studenten-Bibliothek vermachte); so dass die Bändezahl (nach einem ungedruckt gebliebenen ausführlichen Berichte von F. H a a s e) im Jahre 1861 auf ca. 15 000 gestiegen war. Zur Zeit ihrer Auflösung bestand die Bibliothek nach fachmännischer Schätzung aus gegen 20000 Bänden.

Dieser Bestand war zwar ein ziemlich ungleichmässiger. Denn einerseits waren durch die Schenkungen viele Bücher in die Bibliothek gekommen, die entweder schon zur Zeit ihrer Schenkung veraltet waren oder doch seitdem veraltet sind, oder die aus anderen Gründen für die unmittelbaren Bedürfnisse der Studirenden nicht geeignet, oder zum mindesten nicht dringend nothwendig waren; andererseits hatte der Umstand, dass die Verwaltung der Bibliothek seit H u s c h k e's Zurücktritt ausschliesslich von Professoren der classischen Philologie geführt wurde, die fast unvermeidliche Folge gehabt, dass die classische Philologie in den Bücheranschaffungen ungebührlich bevorzugt, andere Fächer dagegen über Gebühr vernachlässigt wurden, und man sich mit der Zeit fast daran gewöhnt hatte, die Studenten-Bibliothek als eine speciell philologische anzusehen. Immerhin war die Bibliothek auch in den anderen Fächern zum Theil gut und reichlich mit werthvollen Werken versehen, und sie ist auch bis zuletzt von Studirenden aller Facultäten benutzt worden, und würde natürlich noch viel stärker benutzt worden sein, wenn sie nicht auf manchen Gebieten hinter den Fortschritten der Wissenschaft zurückgeblieben wäre. Dieser Mangel hätte sich aber wohl durch eine Reorganisation des Institutes hinsichtlich seines Bücherbestandes und seiner Verwaltung heben lassen, wie sie von dem Unterzeichneten dem Senat vorgeschlagen und von diesem auch im Princip angenommen war. Die Thatsache der allseitigen Benutzung der Bibliothek trotz ihrer Mangelhaftigkeit liefert jedenfalls den Beweis, dass in der Studentenschaft neben den bisherigen seminaristischen Einrichtungen eine besondere Studenten-Bibliothek als ein Bedürfniss empfunden wurde. Ihre Auflösung wird denn auch in weiten Kreisen lebhaft bedauert.

Da die Regierung ihre Absicht, die Bibliothek aufzuheben, schon zu Anfang des Rechnungsjahres kundgegeben hatte, da überdies von der früheren Verwaltung ein sehr bedeutendes latentes Deficit für Bücheranschaffungen hinterlassen war und zu decken blieb, so wurden Neuanschaffungen in diesem Jahre (mit ganz geringen Ausnahmen) nicht gemacht, so dass der Zuwachs nur aus den im Laufe des Jahres erschienenen Fortsetzungen von Zeitschriften und Lieferungswerken bestand. Die laufenden Einnahmen betrugen 1452,12 Mark; dazu kam ein von dem Königlichen Ministerium behufs Tilgung des eben erwähnten Deficits bewilligter ausserordentlicher und einmaliger Zuschuss von 1200 Mark, und der Restbestand vom vorigen Rechnungsjahre in Höhe von 37,36 Mark, so dass im ganzen zur Verfügung standen 2698,48 Mark. Davon wurden bezahlt 1741,46 Mark für Bücher (einschliesslich der erwähnten älteren Schuld), 110,75 Mark für Buchbinderlohn, 327 Mark für Remuneration der Amanuensen, des Kassenführers und des Dieners, 19,50 Mark für Verschiedenes, so dass ein Bestand von 499,77 Mark zur Deckung der durch die im Sommer 1891 durchzuführende Auflösung erwachsenden Kosten übrig blieb.

Zacher.

c. Das akademische Lese-Institut.

In den Verhältnissen des akademischen Lese-Instituts sind während des Rechnungsjahres 1890/91 nur geringe Veränderungen eingetreten.

Die Zahl der ordentlichen Mitglieder, welche zu Beginn des Jahres 1890 90 betragen hatte, stieg bis zum Anfang des Jahres 1891 auf 97; dagegen verminderte sich die Zahl der ausserordentlichen nichtakademischen Mitglieder von 32 auf 31. Studirende betheiligten sich im Sommersemester 1890 109, im Wintersemester 1890/91 113. Der Lesezirkel zählte zu Anfang des Jahres 1891 100 Theilnehmer. Als Dirigent des Vorstandes fungirte Geheimer Justizrath Professor Dr. Brie, als stellvertretender Vorsitzender Oberbibliothekar Professor Dr. Ständer, als Schriftführer Professor Dr. J. Partsch.

Das zu Anfang des Jahres 1891 ausgegebene Verzeichniss der vom Verein in seinen Lesezimmern aufzulegenden Zeitungen und Zeitschriften enthält 488 Nummern. Broschüren wurden im Jahre 1890 51 angeschafft; ausserdem gelangten von neuen allgemein interessanten Werken aus der Königlichen und Universitäts-Bibliothek 27 Bände zur Auflegung.

Die Einnahmen beliefen sich im Jahre 1890 auf 4227,75 Mark, darunter Mitglieder-Beiträge 3558,25 Mark, Staatszuschuss 600 Mark. Die Ausgaben betrugen 4191,45 Mark. An Kassenbestand verblieben zu Ende des Jahres 279,95 Mark.

B r i e.

d. Seminare.

1. Das katholisch-theologische Seminar.

Die neutestamentliche Abtheilung, unter der Direction des Prof. Dr. F r i e d l i e b, verwendete wöchentlich eine Stunde zu Vorträgen und Disputationen, welche im Sommersemester die Apokalypse, im Wintersemester ausgewählte Stücke aus der Apostelgeschichte betrafen. Eine zweite Stunde diente regelmässig zur Besprechung schriftlicher Ausarbeitungen, zu welchen die sämmtlichen Seminarmitglieder veranlasst wurden. Die Themata hierzu waren theils aus den didaktischen Schriften des neuen Testaments, theils aus der patristischen Litteratur genommen.

In der kirchengeschichtlich-kanonistischen Abtheilung, welche Prälat Prof. Dr. L ä m m e r leitete, wurde im Sommer der Text von Decretalen des Papstes Innocenz I. interpretirt und die Interpretation mit kirchenrechtlichen Diskussionen verknüpft; im Winter ging der Lectüre des Octavius von Minucius Felix ein Disputatorium über die Hauptmomente der generellen Patrologie voran. Ausserdem sind in den wöchentlichen Zusammenkünften vier Dissertationen zum Vortrag gebracht und kritisch erörtert, auch von den drei ordentlichen Mitgliedern drei grössere, auf fleissigen Quellenstudien beruhende Jahresabhandlungen geliefert worden.

Die Seminarübungen der alttestamentlichen Abtheilung, welche der Leitung des Prof. Dr. S c h o l z unterstand, bezogen sich auf die Exegese der Weissagungen des Jesaias (c. 44 u. 45), des Ezechiel gegen Tyrus (c. 26 u. 27), auf die Erklärung der aramäischen Texte in Daniel (c. 3—5) und auf die Interpretation der Peschito (Genes. c. 50). Die drei ordentlichen Mitglieder lieferten jeder eine grössere Jahresarbeit.

Die dogmatische Abtheilung, geleitet von Prof. Dr. König, las im Sommersemester ausgewählte Stücke aus Denzinger's Enchiridion, im Wintersemester S. Augustini de fide et symbolo liber. Dazu kamen Vorträge bezw. Disputationen über verschiedene Themata und seitens der ordentlichen Mitglieder, von welchen das Dritte an der Vollendung seiner Ausarbeitung durch schwere Erkrankung gehindert worden ist, zwei umfangreiche schriftliche Abhandlungen.

Krawutzcky, z. Z. Dekan.

2. Das evangelisch-theologische Seminar.

I. Die alttestamentlichen Uebungen wurden von Dr. Räbiger geleitet; in beiden Semestern wurde ihnen die Profectieen des Amos zu Grunde gelegt. Im Sommersemester betheiligten sich an den Uebungen 20, im Wintersemester 18 Studirende.

II. Den Uebungen der neutestamentlichen Abtheilung, welche Dr. Hahn leitete, wurden im Sommersemester 1890 der Brief Jacobi, im Wintersemester 1890/91 der Epheserbrief zu Grunde gelegt. Während des ersten Semesters nahmen 21, während des folgenden 29 Studirende Theil, von denen die Mehrzahl sich mit Fleiss an den Uebungen betheiligte. Auch wurden eine Anzahl schriftlicher Abhandlungen über Themata aus dem Gebiete der neutestamentlichen Theologie eingereicht.

III. Im Sommersemester 1890 wurden die Uebungen des kirchenhistorischen Seminars von Herrn D. Weingarten geleitet; dabei wurde der Dialog Octavius des Minucius Felix durchgenommen. Im Winter-Semester 1890/91 übernahm Lic. Dr. Arnold stellvertretend die Leitung der Uebungen. Nach einer litterarhistorischen Orientirung über die jetzige Textgestalt des dogmatischen Hauptwerkes des Origenes wurden ausgewählte Abschnitte desselben übersetzt, erklärt und dogmenhistorisch erläutert. Ausserdem wurde eine Reihe eingelieferter Arbeiten besprochen, die sich zumeist mit vorgeschlagenen Themen aus der alten Kirchengeschichte beschäftigten.

IV. Die von Dr. Meuss geleiteten Besprechungen in der systematisch-theologischen Abtheilung des K. Seminars bezogen sich im Sommersemester 1890 auf dogmatische und ethische Fragen aus dem Stoffe des kleinen Katechismus Luthers, im Wintersemester 1890/91 auf Anselms Schrift Cur deus homo. Theilnehmer waren während des ersteren 20, während des zweiten 24. Die Besprechungen knüpften sich in dem letzteren Falle an die fortgehende, unter den Studirenden vertheilte Uebersetzung des Buches, bei den dem Catechismus entnommenen Gegenständen an besonders gelieferte Referate, die selbst meist ausführliche Arbeiten waren.

Meuss, z. Z. Decan.

3. Das praktische Seminar der evangelisch-theologischen Facultät.

Die Leitung der Uebungen des praktischen Seminars wechselte in der Weise, dass bezüglich der homiletischen Abtheilung dieselbe im Sommer in der Hand des Dr. Schmidt, im Winter in der von Dr. Meuss, bezüglich der katechetischen Abtheilung im Sommer in der von Dr. Meuss, im Winter in der von Dr. Schmidt lag. Die homiletischen Uebungen knüpften sich an einen im Betsaale des Sedlnitzky'schen Johanneums gehaltenen Gottesdienst. Es betheiligten sich an demselben während des Sommersemesters 1890 20 Studirende, die sämmtlich zum Vortrag einer Predigt gelangten, indem theilweise bei einem und demselben Gottesdienste zwei Prediger auftraten, von denen zugleich der eine die Anfangs-, der andere die Schlussliturgie übernahm. Daran schloss sich dann unmittelbar eine Besprechung der Predigt, beziehungsweise der Predigten auf Grund des Referates eines anderen Theilnehmers an. Im Jahre 1890/91 betheiligten sich 29 Studirende. Das von dem eben geschilderten etwas verschiedene Verfahren, welches hier zur Anwendung kam, brachte es mit sich, dass bei den 14 an der bezeichneten Stelle abgehaltenen Gottesdiensten nur eben so viele Predigten zum Vortrag gelangten, während die Liturgie einem nichtpredigenden Mitgliede des Seminars zufiel. Für die Predigten, sowie die vorher einzureichenden Entwürfe waren stets Recensenten bestellt. Ausserdem wurden neue Arbeiten über praktische Exegese und eine Anzahl von Charakteristiken gedruckter Predigten geliefert.

An den katechetischen Uebungen nahmen während des Sommersemesters 1890 16 Studirende theil, während des Wintersemesters 28. Indem hierbei unter beiden Dirigenten, wenn irgend thunlich, jedesmal zwei Katechisten hintereinander ausgeführt wurden, konnten fast sämmtliche Theilnehmer eine solche Probe leisten, ausser der dann noch für alle übrigen Gelegenheit zur Uebung von Kritik geboten war.

Die Theilnahme der eingeschriebenen Mitglieder war sowohl in der homiletischen wie katechetischen Abtheilung eine fast regelmässige, so dass unentschuldigtes Ausbleiben nur ausnahmsweise vorkam.

Meuss. Schmidt.

4. Das juristische Seminar.

Das juristische Seminar steht in seinen einzelnen Abtheilungen unter der Leitung der Ordinarien der Facultät. Als Bibliothekar desselben fungirt seit dem 1. April 1890 Prof. Dr. Wlassak.

Geh. Justizrath Prof. Dr. Dahn leitete sowohl im Sommerhalbjahr 1890 als im Winterhalbjahr 1890/91 Uebungen in der deutschen Rechtsgeschichte und dogmatisch-praktische Uebungen. In den ersteren wurde Sachsenspiegel I a. 1—20 ausgelegt, in den zweiten die Lehre von den Handelsgeschäften (H.-G.-B. IV 1 a. 271—300) erörtert, sowie handelsrechtliche und privatrechtliche Arbeiten eingeliefert und durchgenommen.

Prof. Dr. Brie hielt sowohl im Sommersemester als im Wintersemester staatsrechtliche Uebungen. In dem ersteren wurde die Preussische Verfassungs-Urkunde vom 31. Januar 1850, in dem letzteren die Deutsche Reichsverfassung vom 16. April 1871 erörtert. Mehrere Mitglieder behandelten im Winterhalbjahr schriftlich den rechtlichen Antheil des Kaisers an der Reichsgesetzgebung.

Prof. Dr. Schott hielt sowohl während des Sommerwie auch während des Wintersemesters exegetische Uebungen im römischen Rechte. Uebersetzt und erläutert wurden im ersteren Halbjahr der 1. Tit. des 39. Buches, im letzteren verschiedene Titel des 43. Buches der Pandekten.

Prof. Dr. Wlassak hielt im Wintersemester römischrechtliche Uebungen. Gelesen und erläutert wurden die Fragmente aus Celsus Digesten Buch 15—18. Ferner wurde Bericht erstattet über 6 neuere Abhandlungen rechtswissenschaftlichen Inhalts. Endlich wurden einige Rechtsfälle aus Iherings Sammlung schriftlich bearbeitet.

Professor Dr. Fischer gab während des Sommersemesters Anleitung zu selbständigen civilprozessualischen Arbeiten für Vorgeschrittenere und veranstaltete im Wintersemester ähnliche Uebungen auf dem Gebiete des Civilrechts, bei welchen die Aufgaben vorzugsweise der Verjährungslehre entnommen wurden.

Professor Dr. Bennecke gab im Winterhalbjahr fortgeschrittenen Studirenden Anleitung zu wissenschaftlichen strafrechtlichen Arbeiten.

Schott, z. Z. Decan.

5. Das philologische Seminar.

Das philologische Seminar stand unter der Leitung der Herren Geheimen Regierungsrath Prof. Dr. Hertz, Geh. Regierungsrath Prof. Dr. Rossbach und des zu Ostern 1890 an die Stelle des Geh. Regierungsrathes Prof. Dr. Studemund berufenen Prof. Dr. Förster. Gemäss dem unter den Directoren des Seminars eingeführten Wechsel wurde die Abtheilung der ordentlichen Mitglieder im Sommer - Semester von den Professoren Hertz und Rossbach, im Winter-Semester von den Professoren Rossbach und Förster, die Abtheilung der ausserordentlichen Mitglieder im Sommersemester von Prof. Förster, im Wintersemester von Prof. Hertz geleitet. In der Abtheilung der ordentlichen Mitglieder wurden im Sommersemester bei Prof. Hertz die ars poetica des Horaz, bei Prof. Rossbach die Choephoren des Aeschylus, im Wintersemester bei Prof. Rossbach Euripides' Helena, bei Prof. Förster ausgewählte Carmina des Horaz interpretirt und in beiden Semestern schriftliche Arbeiten der Mitglieder beurtheilt. In der Abtheilung der ausserordentlichen Mitglieder wurden im Sommersemester unter Prof. Förster kritisch - exegetische Uebungen an der Schrift περὶ ὕψους, im Wintersemester unter Prof. Hertz an den Annalen des Tacitus vorgenommen. Auch wurde im letzteren Semester über schriftliche Arbeiten der Mitglieder disputirt.

Trotz eines weiteren Rückganges der Zahl der Studirenden der Philologie waren nicht nur die ordentlichen Stellen des Seminars besetzt, sondern auch eine fast gleiche Anzahl von Mitgliedern der ausserordentlichen Abtheilung, sowie mehrere regelmässige hospites vorhanden.

Geschäftsführender Director war im Sommersemester Prof. Rossbach, im Wintersemester Prof. Förster.

Hertz. Rossbach. Förster.

6. Staatswissenschaftlich-statistisches Seminar.

Durch Ministerialrescript vom 23. December 1889 wurde die Einrichtung eines staatswissenschaftlich-statistischen Seminars vom 1. April 1890 ab verfügt. Durch einen weiteren Erlass vom 31. October 1890 wurden drei in der zweiten Etage des Universitätsgrundstückes, Ohlauer Stadtgraben 16 (ehem. Frauenklinik), gelegene Räume dem Seminar überwiesen; diese Räumlichkeiten wurden von Januar 1891 an, nachdem die erforderlichen Reparatur-Arbeiten ausgeführt und die nothwendige Einrichtung beschafft war, in Benutzung genommen.

Im Sommersemester 1890 nahmen an den von Professor Dr. Elster geleiteten Uebungen des Seminars 12 Studirende Theil. Es wurden in den 11 Sitzungen des Seminars, welche je 2 Stunden umfassten, (1. Sitzung: 2. Mai; letzte Sitzung: 1. August) die auf Arbeiterschutz und Arbeiterversicherung bez. Bestimmungen sämmtlicher Culturstaaten eingehend behandelt. Ausserdem fand am 2. Juli eine genaue Besichtigung der Werkstätten der Oberschlesischen Eisenbahn statt, wobei den Mitgliedern Gelegenheit geboten war an Ort und Stelle einen Einblick in die Arbeitsverhältnisse etc. zu gewinnen.

Im Wintersemester 1890/91 fanden unter Theilnahme von 13 Studirenden 15 Sitzungen statt (1. Sitzung: 1. November 1890;

letzte Sitzung: 6. März 1891). Jedes Mitglied war zur Einreichung einer Arbeit verpflichtet; die betr. Arbeiten erstreckten sich auf die verschiedensten Gebiete der Volkswirthschaftslehre. In diesem Semester wurden zwei Excursionen unternommen: eine (am 29. November) in die Papierfabrik in Sacrau bei Breslau, eine zweite (am 20. und 21. Februar) in den Oberschlesischen Hüttenbezirk. Dieser zweite Ausflug führte die Seminarmitglieder am ersten Tage nach Lipine, wo die Silesiahütte und mehrere Arbeiterwohnungen besichtigt wurden; der zweite Tag galt dem Besuch der Werksanlagen von Borsigwerk: hier erfolgte zunächst eine Einfahrt in die Steinkohlengrube, später eine Besichtigung des Hochofenwerks, des Stahlwerks und des Walz- und Hammerwerks.

Prof. Dr. Sombart leitete im Wintersemester 1890/91 Uebungen im staatswissenschaftlich - statistischen Seminar. (1. Sitzung: 3. November; letzte Sitzung: 4. März.) Diese Uebungen, an welchen 7 Studirende sich betheiligten, bestanden in kleinen Referaten, Discussionen und gemeinsamer Lectüre, und zwar im Anschluss an die von Prof. Sombart gehaltene Vorlesung „über Handels- und Colonial-Politik". Gelesen und erklärt wurden verschiedene Handelsverträge, und andere auf die Handels- und Colonial-Politik bez. Schriftstücke, ausführlicher besprochen sodann das Vereins-Zollgesetz vom 1. Juli 1867, sowie in Verbindung damit die verschiedenen Tarifgesetze, die Begleitscheinregulative und anderes in die Zolltechnik einschlagendes Gesetzesmaterial.

Elster.

7. Das archäologische Seminar.

In dem archäologischen Seminare wurden ausgewählte Denkmäler der Wiener Vorlegeblätter 1888 und 1889, sowie Gypsabgüsse und Vasen des Archäologischen Museums erklärt. Obwohl die Zahl der Studirenden der klassischen Philologie an der hiesigen Universität sehr abgenommen hat, hielt sich doch die Zahl der Mitglieder ziemlich auf gleicher Höhe wie in den vorangegangenen Jahren: im Sommerhalbjahr 12, im Winterhalbjahr 16 Mitglieder. Die Studirenden zeigten in der

Ausarbeitung ihrer Vorträge und bei den Debatten rühmenswerthen Eifer.

Rossbach.

8. Das kunsthistorische Seminar.

Im Seminar für mittelalterliche und neuere Kunstgeschichte wurden im Sommersemester 1890

1. mit den 7 ordentlichen Mitgliedern die „Geschichte der umbrischen Malerschule seit dem XV. Jahrhundert bis auf Raphael" im Anschluss an die Lebensbeschreibungen des Vasari und die Schriften von Crowe und Cavalcaselle, Morelli u. A. behandelt;

2. mit den 32 ausserordentlichen Mitgliedern (aus allen Facultäten) Uebungen über moderne Kunst, vorwiegend deutsche Meister des XIX. Jahrhunderts, im Anschluss an die öffentliche Vorlesung, und zwar theils im Hörsaal, theils in der Gemäldegallerie des Schlesischen Museums der bildenden Künste gehalten.

Im Wintersemester 1890/91 betheiligten sich 38 ausserordentliche Mitglieder an

1. der technisch-historischen Propädeutik der Kunstgeschichte, die mit stetem Hinblick auf die Privatvorlesung „Grundzüge zur Theorie der bildenden Künste" gegeben ward, während

2. mit 5 ordentlichen Mitgliedern (nur Vorgerücktere) die Methode der neueren Kunstgeschichte, theils im Lehrvortrag, theils in kritischen Uebungen erörtert wurde.

Schmarsow.

9. Das germanistische Seminar.

Prof. Vogt liess im Sommersemester altdeutsche Alliterationsgedichte, im Wintersemester Stücke aus „des Minnesangs Frühling" von Lachmann und Haupt unter Betheiligung von 12 bezw. 15 Mitgliedern erklären.

Die Leitung der Ostern 1890 eingerichteten besonderen Abtheilung für neuere Literatur übernahm der gleichzeitig zum

Mitdirector des germanistischen Seminars ernannte Professor
Koch. Er legte im Sommer Goethe's Jugendbriefe, im Winter
Uhland's Balladen den Uebungen zu Grunde, an welchen 6
bezw. 7 Mitglieder theilnahmen.

Vogt.

10. Das romanisch-englische Seminar.

a. Die romanische Abtheilung.

In der romanischen Abtheilung des romanisch-englischen
Seminars wurden im Sommersemester 1890 italienische
Uebungen (Dante's Inferno) abgehalten. Es nahmen daran
6 ordentliche Mitglieder Theil.

An den altfranzösischen Uebungen (Crestien von Troyes,
Cliges) des Wintersemesters 1890/91 beteiligten sich 5 ordentliche und 3 ausserordentliche Mitglieder.

Die dem romanischen Seminar zu Gebote stehenden Mittel
wurden in vorgeschriebener Weise für die Bereicherung der
Seminarbibliothek verwandt.

In Vertretung des Directors Prof. Gaspary
C. Appel.

b. Die englische Abtheilung.

Im Sommersemester 1890 wurde Shakespeare's Macbeth,
Act II und III, interpretirt und zwar in der Form, dass jedes
Mal ein Mitglied einen Vortrag in englischer Sprache hielt,
der dann von den übrigen Mitgliedern und dem Director be-
urtheilt und ergänzt wurde. Auch wurden englisch abgefasste
Abhandlungen der ordentlichen Mitglieder besprochen, deren
Zahl 4 betrug. Ausserdem nahmen 7 ausserordentliche Mit-
glieder an den Uebungen theil.

Im Winter-Semester 1890/91 wurde Byron's Childe Harold,
Canto I, Str. 1—60 übersetzt und eingehend erklärt, sowie
freie Arbeiten besprochen, unter Betheiligung von 4 ordentlichen und 8 ausserordentlichen Mitgliedern.

Die für das Seminar ausgeworfenen Geldmittel sind in
vorschriftsmässiger Weise zur Bereicherung der Bibliothek
verwendet worden.

Kölbing.

11. Das historische Seminar.

Aus der Direction des historischen Seminars schied Prof. Dr. Lenz Michaeli 1890 aus und trat Prof. Dr. v. d. Ropp an dessen Stelle. In der ersten Hälfte des Studienjahres 1890/91 habe ich in der von mir geleiteten Abtheilung Friedrich des Grossen Denkschriften nach dem Hubertusburger Frieden den Uebungen zu Grunde gelegt.

Roepell.

In die Direction der Abtheilung für alte Geschichte trat Michaeli 1889 an Stelle des nach Halle abgehenden Professor Dr. Ed. Meyer der Unterzeichnete ein. In den Uebungen dieser Abtheilung wurden folgende Themata behandelt: Winter-Semester 1889/90 die Quellen zur Geschichte Alexander des Grossen (7 Mitglieder); Sommer-Semester 1890 das Monumentum Ancyranum (7 Mitglieder); Winter-Semester 1890/91 Griechische Epigraphik (10 Mitglieder).

Wilcken.

12. Das geographische Seminar.

Im Sommer 1890 betheiligten sich 7 Studirende an den Uebungen, welche, abgesehen von der Besprechung einiger frei gewählter Themata, sich auf die Geographie von Schlesien bezogen. Besonders der Gebirgsbau des Landes wurde an der Hand des besten Quellenmateriales eingehend erläutert. Im Wintersemester 1890/91 war die Geographie Klein-Asiens, besonders die seiner Küstengebiete, Gegenstand der Verhandlungen, an denen 15 Studirende sich betheiligten. Auf Grund des möglichst erschöpfend herangezogenen Materiales antiker und moderner Schriftquellen, sowie der besten neueren Karten werden die einzelnen Theile des Landes beleuchtet, die wichtigsten Streitfragen der historischen Geographie, namentlich die Veränderungen der Küsten im Laufe der geschichtlichen Zeit erörtert und die Ergebnisse der Verhandlungen von sämmtlichen Theilnehmern in eigenen schriftlichen Bearbeitungen zusammengefasst, welche von dem Leiter der Uebungen einer Durchsicht unterzogen wurden.

Die Einrichtung besonderer Seminarräume ermöglicht den Studirenden in vollkommenerem Grade als früher das Unternehmen selbständiger geographischer Arbeiten. Leider sind die verfügbaren Mittel so beschränkt, dass es nicht immer möglich ist, diesem Drang zu eigener wissenschaftlicher Thätigkeit durch Anschaffung der wichtigsten Karten und Bücher die verdiente Unterstützung zu gewähren.

Partsch.

13. Das mathematisch-physikalische Seminar.

Das mathematisch-physikalische Seminar wurde wie bisher von seinen Directoren in drei getrennten Abtheilungen geleitet.

Im Sommersemester 1890 wurden Aufgaben aus der Infinitesimal-Geometrie und aus der analytischen Geometrie des Raumes bearbeitet; im Wintersemester 1890/91 bezogen sich die Uebungen auf einige Abschnitte der Kinematik, auf physikalische Mechanik und auf die Theorie der linearen Gleichungen.

H. Schröter. O. E. Meyer. J. Rosanes.

14. Die psychophysische Sammlung.

Da der Vorgänger des Unterzeichneten bei seinem Weggange von Breslau die vorhandene psychophysische Sammlung mit Bewilligung des Herrn Ministers mitgenommen hat, so musste eine solche erst wiederum neu begründet werden. Zu diesem Zwecke wurde dem Unterzeichneten zweimal eine kleinere Summe bewilligt. Davon konnten einige Karten und Apparate, vor allem solche, die der Veranschaulichung von Thatsachen der Gesichts- und Gehörswahrnehmung dienen, angeschafft werden.

Th. Lipps.

e. Die Institute der philosophischen Facultät.

1. Das physikalische Cabinet.

Das physikalische Cabinet bestand seit 1874 aus zwei getrennten Abtheilungen, von welchen jede von je einem der beiden Professoren der Physik selbständig verwaltet wurde.

Durch eine Ministerial-Verfügung vom 17. Januar 1890 wurden die beiden Abtheilungen vereinigt, dem Unterzeichneten zur Verwaltung überwiesen und dem am 1. April 1890 eingetretenen Professor Dr. Dieterici die Mitbenutzung des Instituts gewährt. Dem vereinigten Institute verblieben sämmtliche bisher benutzte Räume im ersten Stockwerk des Institutengebäudes an der Burgstrasse und ebenso auch die im ehemaligen Convictgebäude an der Schmiedebrücke befindlichen Zimmer. Es wurde die Einrichtung getroffen, dass alle experimentellen Vorlesungen von beiden Professoren im Institutengebäude gehalten werden, während im Convicthause Arbeitsräume für die Theilnehmer an den experimentellen Cursen eingerichtet wurden. Der bisherige Hörsaal im Convicthause wurde deshalb gleichfalls zum Laboratorium genommen. Die Apparatensammlung wurde so eingetheilt, dass sämmtliche für die Vorlesungen bestimmten Apparate in das Institutengebäude gebracht, dagegen diejenigen Instrumente, welche den Studenten zur Benutzung überlassen werden sollen, im Convicthause aufgestellt wurden.

Die von beiden Professoren gemeinsam geleiteten experimentellen Curse fanden wieder rege Betheiligung; sie wurden im Sommer von 21, im Winter von 15 Praktikanten besucht.

Als Assistenten waren angestellt Dr. M. Hamburger bis zum 1. Mai 1891, ferner Dr. C. Michalke bis zum 1. September 1890 und Dr. Ph. Lenard von da an bis zum 1. April 1891.

O. E. Meyer.

2. Die Sternwarte.

In dem System der täglich viermaligen meteorologischen Beobachtungen und in dem der täglich dreimaligen Aufzeichnungen der Variationen der magnetischen Declination haben Veränderungen während des verflossenen Etats-Jahres nicht stattgefunden. Dasselbe gilt von den verschiedenen Mittheilungen aus diesen Beobachtungen an auswärtige und hiesige Institute.

Die astronomischen Beobachtungen am Mittagsfernrohr zum Zwecke der Zeitbestimmungen wurden von Herrn Rechenberg ausgeführt. Ausserdem hat derselbe in der Zeit von Mitte November 1889 bis Anfang Juni 1890 eine Reihe von

Polhöhen - Bestimmungen nach der Horrebow - Talcott'schen Methode an einem von der Berliner Sternwarte entliehenen transportabeln Durchgangs-Instrumente ausgeführt, das an der Bürgerwerder-Schleusse in dem für die Sternwarte erworbenen früheren Beobachtungshäuschen des Kgl. geodätischen Instituts aufgestellt war. Auf Veranlassung letzteren Instituts wurden Anfang Juli von Herrn Rechenberg auf dem Acker bei Rosenthal Nachgrabungen nach den in den Jahren 1864 und 1865 von der grossen russischen Längengradmessung für die damaligen zwei Steinpfeiler benutzten und festgelegten Funda-' menten angestellt. Es gelang, dieselben aufzufinden, und konnte ihre Lage gegen das Fundament eines 1888 ebendaselbst von dem geodätischen Institut errichteten Pfeilers in erwünschter Weise genau festgestellt werden.

In Betreff des Personals der Sternwarte ist zu dem vorigen Jahresberichte noch nachzutragen, dass an Stelle des am 20. November 1889 verstorbenen Aufwärters Albert Perniock, welcher seit Februar 1851 diese Stellung versehen hatte, mit Anfang Januar 1890 der bis dahin an dem chemischen Laboratorium als Instituts - Diener angestellte Moritz Hecker getreten ist.

Der Zuwachs der Bibliothek der Sternwarte theils durch Ankauf, theils durch die aus verschiedenen Ländern eingegangenen literarischen Geschenke, bestand in 91 Bänden und 11 kleineren Schriften.

Galle.

3. Das chemische Institut.

Im Laufe des Jahres 1890/91 wurde der Umbau des Instituts vollendet. Gleichzeitig wurde der Bestand an Apparaten, Präparaten etc. wesentlich vermehrt, so dass wenigstens ein vorläufig brauchbares Institut entstanden ist, dessen Hauptmängeln allerdings nicht abzuhelfen war.

Der Besuch des Instituts war ein diesen Verhältnissen entsprechender. Im Sommer 1890 arbeiteten 58, im Winter 1890/91 43 Praktikanten. Folgende wissenschaftliche Arbeiten wurden ausgeführt und veröffentlicht:

1. O. Klein: Ueber Furfurpicolylalkin. Dissert. Breslau.
2. F. Butter: Ueber Oxystilbazol. Dissert. Breslau.
3. E. Dittrich: Einwirkung von Pikrylchlorid auf Natrium-acetessigester. Dissert. Breslau.
4. A. Schuftan: Ueber m. Nitrostilbazol. Dissert. Breslau.
5. Bunzel: Ueber Derivate des α Picolins. Dissert. Breslau.
6. Schwarz: Ueber β Picolin. Dissert. Breslau.
7. Matzdorff: Aethylpicolylkalin.
8. Dr. Alexander: Versuche zur Synthese des Conhydrin.
9. Dr. Prausnitz: Methyläthylpicolylalkin.
10. Dr. Ahrens: Ueber Veratrin.
11. Dr. Ahrens: Rhombischer Schwefel aus Schwefel-wasserstoff.
12. Dr. Ahrens: Ueber Spartein.
13. Ladenburg: Ueber Benzolformeln.
14. Ladenburg: Tropin aus Tropidin.
15. Ladenburg und Sieber: Ueber Trimethylenimin und eine Synthese des β Picolin.
16. Ladenburg: Piperidincarbonsäuren.

Als Assistenten des Instituts fungirten: 1. Dr. Ahrens, 2. Dr. Baurath, 3. Dr. Bunzel.

Ladenburg.

4. Das pharmaceutische Institut.

a. Chemische Abtheilung.

In der inneren Einrichtung des pharmaceutischen Instituts fanden wesentliche Veränderungen nicht statt, nur mussten bei der steigenden Frequenz der Praktikanten im Laboratorium eine Anzahl neuer Arbeitsplätze mit den entsprechenden Apparaten und Reagentien eingerichtet werden.

Die von dem Unterzeichneten im Institut gehaltenen Vorlesungen waren im Sommer-Semester: 1. Anorganische Experimental-Chemie mit besonderer Berücksichtigung der Pharmacie (6 St.); 2. über die Gifte in chemischer und forensischer Beziehung (3 St.); 3. Maass-Analyse (2 St.); 4. eine öffentliche Vorlesung über quantitative Analyse (2 St.). Im Winter-Semester: 1. Organische Chemie mit besonderer Berücksichtigung der Pharmacie; 2. Analytische Methoden zur Untersuchung der

Nahrungsmittel (2 St.); 3. Pharmacognosie (2 St.); 4. öffentlich über quantitative Analyse (2 St.). Als Assistenten fungirten Dr. Kassner und Dr. Grützner und als Hilfs-Assistent Apotheker Kwasnik.

Im Laboratorium waren im Sommer-Semester 58, im Winter dagegen 71 Arbeitsplätze belegt. Die rege Theilnahme und der Fleiss der Praktikanten verdient Anerkennung.

Die Bibliothek und die Sammlung der Präparate sowie der chemische Apparat wurden entsprechend vermehrt, der letztere durch zwei analytische Waagen von Sartorius in Göttingen.

Nachstehende wissenschaftliche Untersuchungen sind mit den Hilfsmitteln des Instituts im Rechnungsjahr 1890/91 beendet und veröffentlicht worden:

1. Bemerkungen zum Arzneibuch für das Deutsche Reich von Apotheker Thümmel. Veröffentlicht in der Pharmaceutischen Zeitung 1890.

2. Weitere Fortschritte in der Nutzbarmachung des Sauerstoffs der Luft von Dr. Kassner. Dingler's Polytechn. Journal 1890.

3. Ueber eine neue Methode zur Bestimmung der Superoxyde der alcalischen Erden von Dr. Kassner. Archiv der Pharmacie 1890.

4. Ueber das fette Oel der Schleichera trijuga (Macassar-Oel) von Thümmel und Kwasnik. Archiv der Pharmacie 1891.

5. Beiträge zur Kenntniss der Einwirkung des Ammoniak auf Chlorzink von Kwasnik. Archiv der Pharmacie 1891.

6. Ueber deutsches und türkisches Rosenöl von Dr. Eckart. Dissertation. Veröffentlicht im Archiv d. Pharmcie 1891.

Poleck.

b. Pharmacognostische Abtheilung.

Die Arbeiten in dieser Abtheilung des Instituts wurden in gewohnter Weise fortgesetzt. An dem mikroskopischen Cursus betheiligten sich im Sommer 35 und im Winter 39 Studirende. Es wurden zwei Mikroskope und ein Apparat zum mikroskopischen Zeichnen angeschafft.

Poleck. Prantl.

5. Das mineralogische Museum.

Die Verwaltung des mineralogischen Museums ist auch in dem verflossenen Jahre wie bisher fortgeführt worden und gleichmässig dem Unterrichte der Studirenden und der wissenschaftlichen Forschung nutzbar gemacht.

Die Sammlungen wurden durch zahlreiche neue Erwerbungen vergrössert. Die bedeutendste Acquisition war eine aus 500 Exemplaren bestehende Sammlung fossiler Fische aus den devonischen Schichten am Syass, am Ladoga-See und Russland.

Auch von auswärtigen Gelehrten wurden die Sammlungen des Museums zu wissenschaftlichen Forschungen benutzt, namentlich von solchen in Berlin, Bonn und Freiburg i. Br.

Auch dem grösseren Publikum wurden die Sammlungen am Sonntag zugänglich gemacht und ein zahlreicher Besuch bewies, dass diese Einrichtung dankbar anerkannt wurde.

Römer.

6. Der botanische Garten.

Mit Beginn des Rechnungsjahres trat an die Stelle des erkrankten Assistenten Dr. E. G. O. Müller zunächst in Vertretung Stud. pharm. V. Hellmann als Assistent ein; vom 1. October 1890 ab wurde die Theilung der Assistentenstelle genehmigt, und es fungirten der Privatdocent Dr. Carl Mez als erster, Stud. pharm. Victor Hellmann als zweiter Assistent.

In den Anlagen des Gartens wurden einige kleinere Veränderungen vorgenommen, indem die unter dem Schatten leidenden Repräsentanten der Saxifragaceen und Crassulaceen in ein sonnigeres Quartier verlegt und der dadurch frei gewordene Raum zu einer Erweiterung der Pomaceen, sowie zur Anpflanzung der Rhamnaceen und verwandten Familien benützt wurde. Im Zusammenhange damit wurde ein unter der Sapindaceen-Gruppe am Teichufer sich hinziehender Weg angelegt. Der Pflanzenvorrath wurde vermehrt durch den üblichen Samenaustausch, sowie auch durch Tausch von lebenden Pflanzen mit den botanischen Gärten zu Berlin, Tübingen und

Paris, ferner durch Kauf, endlich durch Geschenke, worunter besonders Zwiebeln aus dem Orient von Herrn Bornmüller in Leipzig, Palmensamen von Herrn Köster hier, westindische Samen von Herrn Reusch in Berlin, Gewächshauspflanzen von Herrn Obergärtner Schütze, australische Samen von Baron von Müller in Melbourne, verschiedene Samen von Seminarlehrer Richter in Proskau genannt seien.

Die systematische Sammlung des Gartens wurde durch Ankauf verschiedener Objecte sowie durch Geschenke vermehrt. Unter den letzteren steht obenan eine Sammlung argentinischer Hölzer, geschenkt von der Regierung der argentinischen Republik, sowie eine Sammlung westindischer Früchte und Samen von Prof. Urban und Consul Krug in Berlin.

Das Herbarium wurde wesentlich erweitert durch Doubletten, über 3000 Exemplare, aus dem Herbarium Engler, überwiesen durch das Königl. botanische Museum zu Berlin, sowie durch Ankauf insbesondere von Sammlungen aus aussereuropäischen Ländern (besonders Orient, Algier, Nordamerika, Westindien, Bolivia, Australien). Ein hervorragender Zuwachs steht dem Herbar dadurch bevor, dass der zu Reichenbach u. E. verstorbene Dr. P. Schumann sein werthvolles Herbar dem botanischen Garten als Geschenk überwiesen hat. Die Uebernahme desselben konnte im Rechnungsjahre 1890/91 noch nicht erfolgen. Die Ordnung des Herbars wurde in dankenswerthester Weise bis Ende September durch Herrn Dr. Friedrich fortgesetzt. Als dieser seinen Wohnsitz nach Berlin verlegte, übernahm der erste Assistent Dr. Mez die Ordnung des Herbars als sein wesentliches Dienstgeschäft. Ausser der Einreihung der neuen Zugänge bedarf ein grosser Theil des Herbars noch der ins Einzelne gehenden Durcharbeitung, so dass wohl auf eine längere Reihe von Jahren hierzu eine besondere Arbeitskraft nöthig erscheint. Beihilfe leistete Herr Stud. pharm. Callier. Das schlesische Herbar wurde durch Herrn Dr. Schube fast vollständig geordnet; Beiträge hierfür an schlesischen Pflanzen wurden von diesem selbst, sowie von den Herren Callier, Felsmann, Fiek, Figert, Hieronymus, Kionka, F. W. Scholz, Schröder und Thiemich eingeliefert.

Auch die Bibliothek wurde durch Ankauf und Geschenke vermehrt.

Allen Gönnern des Gartens und seiner Sammlungen spricht die Direction ihren besten Dank für das in so reichem Maasse bewiesene Wohlwollen aus.

Die wissenschaftliche Benutzung des Materials war eine rege. Aus dem Herbarium wurden einzelne Pflanzen oder Pflanzengruppen nach auswärts zur wissenschaftlichen Bearbeitung verliehen an die Herren Prof. Ascherson-Berlin, Briquet-Genf, Fellerer- und Hallier-München, Professor Haussknecht-Weimar, Dr. Huth-Frankfurt a. O., Dr. Pax-Berlin, Prof. Radlkofer-München.

In den Räumen des Instituts wurden folgende wissenschaftliche Arbeiten ausgeführt, welche zum Theil am angeführten Orte gedruckt sind, zum Theil noch der Veröffentlichung harren:

1. Prantl: Cruciferae; in: „Die natürlichen Pflanzenfamilien“ von Engler und Prantl. III. Leipzig 1889.
2. Mez: Bromeliaceae; in: Martius' Flora brasiliensis.
3. Callier: Ueber die in Schlesien vorkommenden Formen der Gattung Alnus (Bericht der bot. Section der Schles. Gesellschaft für vaterl. Cultur 1891).
4. Pomrencke: Vergleichende Untersuchungen über den Bau des Holzes einiger sympetaler Familien.
5. Krause: Anatomie der Rhamnaceen.
6. Priemer: Anatomie der Ulmaceen (incl. Celtideen).

Prantl.

7. Das pflanzenphysiologische Institut und botanische Museum.

Die Räumlichkeiten und Sammlungen des pflanzenphysiologischen Instituts sind auch im abgelaufenen Jahre für die Vorlesungen des Directors und des Oberstabsarzt Prof. Dr. Schröter benutzt worden; ersterer hat ausserdem in demselben pflanzenanatomische, letzterer bacteriologische und mycologische Curse und Uebungen geleitet; Prof. Schröter hielt im April 1891, wie alljährlich, im Auftrage des Kgl. Sanitätsamts des VI. Armeecorps einen bacteriologischen Cursus für Assistenzärzte ab, an welchem 28 Herren Theil nahmen.

Im Wintersemester 1890/91 wurde im Institut ein botanisches Seminar von dem Director in Gemeinschaft mit Herrn Prof. Dr. Prantl geleitet, dessen Theilnehmer auch zu den Sitzungen der botanischen Section der Schlesischen Gesellschaft eingeladen waren.

Von den Praktikanten des Instituts wurde Dr. Hugo Fischer auf Grund seiner Arbeit „Beiträge zur Morphologie des Pollens", Dr. Welislaw Wojinowicz auf Grund seiner Arbeit „Beiträge zur Morphologie, Anatomie und Biologie der Selaginella lepidophylla" von der philosophischen Facultät zu Breslau, Dr. Curt Bleisch auf Grund seiner Dissertation „Ueber das Calciumoxalat in den Idioblasten" von der Facultät zu Rostock zu Doctoren der Philosophie promovirt. Herr Apotheker Krull hat eine Untersuchung „über den Zunderschwamm und die Weissfäule der Buchen", Herr Zahnarzt Bandmann eine solche „über die Pilze der Abwässer" als Inaugural-Dissertationen fertig gestellt.

Das botanische Museum ist wiederum durch Geschenke von Seiten der Herren: Regierungs - Assessor a. D. Ackermann (Salisch bei Gr.-Glogau), Dr. Barczynski (Magdeburg), Prof. Dr. Buchenau (Bremen), Prof. Conwentz (Danzig), Dr. H. Fischer (hier), Kaiserlich Deutscher Gesandschafts-Dragoman Richard Frank (Teheran), Assessor Paul Friedländer (hier), Forstmeister Kayser (hier), Stadtrath Helm (Danzig), Frau Emma v. Hüttner (San Remo), Dr. Kumm (Karlsruhe i. B.), Geh.-Rath Prof. Pfeffer (Leipzig), Platania (Acireale), Senator Dr. Römer (Hildesheim), R. v. Rosenberg - Lipinski (hier), Dr. R. Sandberg (hier), Cand. Paul Schottländer (hier), Lehrer Schröder (Ochelhermsdorf bei Grünberg), Prof. Dr. Urban (Berlin) bereichert worden. Die Fabrik botanischer Modelle von Robert Brendel (Berlin), welche aus dem Institut vor 25 Jahren hervorgegangen ist, hat demselben ihre neuesten Modelle zur Vervollständigung der schon früher zum Geschenk gemachten grossen botanischen Modellsammlung überwiesen. Die Firma Gehe u. Co. (Dresden) hat eine Sammlung neuer Droguen, Herr Pastor emer. Ed.

Wenck (Herrnhut) seine höchst werthvolle und wohlgeordnete grosse Lichenensammlung dem Museum zum Geschenk gemacht.

Am 3. Juli besuchte der Schlesische Forstverein bei Gelegenheit seiner 50. Jubiläums - Versammlung das botanische Museum und den botanischen Garten auf Einladung der Directoren.

Der mit dem Institut verbundene pflanzenphysiologische Garten ist durch Geschenke der Herren Lehrer Zimmermann (Striegau), Lehrer Liebig (Forstbauden), Cand. med. Kionka (hier), Lehramtscandidat Brzak (Ratibor), Obergärtner Schütze (hier), Obergärtner Richter (hier), die städtische Promenaden- und Baumschul - Verwaltung bereichert worden. Herr Steinbruchbesitzer Nicolaier (hier) hat wiederum eine Wagenladung Granitsteine zur Vergrösserung einer Felsenanlage (Sudeticum) zum Geschenk gemacht.

Das Institut wurde von zahlreichen Privaten, insbesondere Landwirthen, zweimal auch von Königl. Gerichten zur Begutachtung botanischer Fragen in Anspruch genommen.

Als Assistent wurde an Stelle des Dr. Max Scholtz, welcher als Assistent und Docent für physiologische und Forstbotanik an die Grossherzogl. technische Hochschule zu Karlsruhe (Baden) berufen wurde, Herr Dr. Felix Rosen vom 1. April 1891 ab angestellt.

Ferdinand Cohn.

8. Das zoologische Institut und Museum.

Die in der vorjährigen Chronik angeführten Beamten blieben sämmtlich in ihren Stellungen.

Die Vorlesungen wurden von dem Unterzeichneten, welchem interimistisch das Directorat übertragen worden war, gehalten, im Sommersemester: „Allgemeine Zoologie für Studirende der Naturwissenschaften und der Medicin" (5 St.) — ein mikroskopischer Cursus (4 St.); im Wintersemester: „Grundzüge der vergleichenden Histologie" (2 St.) — ein Colloquium für Fortgeschrittene.

Behufs späterer Promotion stellten die Herren Wawrzik, Gymnasiallehrer, und Wackwitz, Cand. rer. nat., wissenschaftliche Untersuchungen an, der erstere über die Beziehungen der Subcuticule zum Nervensystem bei den Chaetopoden, der letztere über den Bau der Muskelfaser der Wirbellosen.

Von dem Unterzeichneten wurde das dritte Heft des zweiten Bandes der von Herrn Prof. Schneider gegründeten „Zoologischen Beiträge" herausgegeben; es enthielt die letzten Arbeiten des Verstorbenen: (a) Zur frühesten Entwickelung besonders der Muskeln der Elasmobranchier. — b) Studien zur Systematik und zur vergleichenden Anatomie, Entwickelungsgeschichte und Histologie der Wirbelthiere, Fragment) und die Doctor-Dissertation des Herrn Dr. Künsche (Beiträge zur Kenntniss der Metamorphose des Ammocoetes branchialis in Petromyzon cf. Chronik 1890).

Der Fond der Gravenhorst'schen Bibliothek wurde grösstentheils zur Deckung der Kosten der laufenden Zeitschriften verwandt, grössere Werke wurden diesmal nicht angeschafft. Von den Ankäufen für das Institut sei besonders der Erwerbung der werthvollen zoologischen Wandtafeln von Leuckart und Nitsche Erwähnung gethan.

Rohde.

f. Die Institute der medicinischen Facultät.

A. Die theoretischen Institute.

1. Das anatomische Institut.

Kein Bericht eingegangen.

2. Das physiologische Institut.

Während im Vorjahre die ersten Schritte zu einem Neubau dieser Anstalt (Anfertigung einer Bauskizze) geschehen sind, hat in diesem Jahre diese wichtige Angelegenheit bedauerlicher Weise vollständig geruht.

Dagegen sind für die Anstalt in ihrem jetzigen Locale einige wesentliche Fortschritte zu verzeichnen. Das chemische Laboratorium ist um ein Arbeits- und ein Waagezimmer vergrössert worden. In dem Experimentirzimmer ist, Dank einer ausserordentlichen Bewilligung des Hohen vorgesetzten Ministerii von 1500 Mark, eine Centrifuge nebst dazu gehörigem Wassermotor aufgestellt worden, welche bereits vielfach fruchtbare Verwendung gefunden hat.

Dr. med. O. Tornier, Assistent für Histologie, hat am 1. October 1890 seine Stellung aufgegeben und ist durch Dr. med. v. Kostanecki ersetzt worden. Die Vorlesungen und Curse waren dieselben, wie in früheren Jahren. Doch hat im Wintersemester der Instituts-Assistent Herr Privatdocent Dr. Hürthle eine Vorlesung über ausgewählte Capitel der Physiologie für Zahnärzte gehalten.

Arbeiten des Instituts.

I. Zur Veröffentlichung gelangten:

1. R. Heidenhain: Ueber die Einwirkung der Salze auf die Lymphbildung. Verh. des 9. internationalen medicinischen Congresses zu Berlin.
2. R. Heidenhain: Versuche und Fragen zur Lehre von der Lymphbildung. Pflüger's Archiv Bd. 49.
3. F. Röhmann: Anleitung zum chemischen Arbeiten für Studirende der Medicin. Berlin 1890.
4. F. Röhmann und Mühsam: Ueber den Gehalt des Arterien- und Venenblutes an Trockensubstanz. Pflüger's Archiv Bd. 46.
5. F. Röhmann: Ueber Zuckerbestimmung im Blute. Centralblatt für Physiologie 1890.
6. C. Hürthle: Beiträge zur Hämodynamik IV. und V. Pflüger's Archiv Bd. 47.
7. C. Hürthle: Ueber den Schluss der Semilunarklappen. Verh. des Congresses für innere Medicin zu Wien 1890.
8. C. Hürthle: Beiträge zur Hämodynamik. Pflüger's Archiv Bd. 49.
9. O. Tornier: Ueber das Knochenmark. Dissertation Breslau 1890.
10. Stud. Hirschmann: Ueber die Reizung der motorischen Nerven durch Lösungen von Neutralsalzen. Pflüger's Archiv Bd. 49.
11. D. Marcuse: Beiträge zur Kenntniss des Stoffumsatzes in dem thätigen elektrischen Organe des Zitterrochen. Diss. Breslau 1890.

12. G. Courant: Ueber die Reaction der Kuh- und Frauen-
    milch. Diss. Breslau 1891.
13. L. E. Shore: On the fate of peptone in the lymphatic
    systeme. Journal of physiology 1890.

II. Noch nicht abgeschlossene Arbeiten:

1. C. Speier: Ueber das Epithel der Gallenblase.
2. Cohn: Ueber das Epithel der Gallengänge.
3. M. Teichmann: Ueber Fettresorption und die Altmann-
   schen Körnchen.
4. S. Freund: Untersuchungen zur Histologie der ner-
   vösen Centralorgane.
5. Stud. Hirschmann: Ueber den Valsalva'schen Versuch.

R. Heidenhain.

3. Das pathologische Institut.

Kein Bericht eingegangen.

4. Das pharmakologische Institut.

In dem Zeitraum vom 1. April 1890 bis 31. März 1891
haben bauliche Veränderungen sowie Anschaffungen grösserer
Apparate nicht stattgefunden.

In dem Personalbestand trat folgende Aenderung ein: An
Stelle des bisherigen Assistenten, Dr. med. Ragotzi, trat am
1. October 1890 Dr. med. Heinz, bis dahin Privat-Assistent
des Directors, welche Function von da an Dr. med. Hildebrandt übernahm. Ferner arbeitete vom 1. Juni 1890 ab Dr. phil.
Liebrecht als chemischer Volontair-Assistent im pharmakologischen Institute.

An Vorlesungen wurden in üblicher Weise gehalten:

Im Sommersemester 1890: „Arzneimittellehre mit Demonstrationen" (5 Mal wöchentlich) und „Ueber die häufigsten Vergiftungen" (Anorganische Gifte) (2 Mal wöchentlich); ausserdem
das Publicum: „Allgemeine Therapie" (Ausgewählte Kapitel).

Im Wintersemester 1890/91: „Arzneiverordnungslehre"
(2 Mal wöchentlich) und „Ueber die häufigsten Vergiftungen"
(Organische Gifte) (2 Mal wöchentlich).

Im October 1890 hielt Dr. Heinz einen Feriencursus über „Chemische Nachweismethoden der wichtigsten Arzneimittel und Gifte"; — im April 1891 einen solchen über „Pharmakologische Untersuchungsmethoden."

An wissenschaftlichen Themen wurden folgende bearbeitet:

Von Prof. Filehne: „Der Uebergang von Hämoglobin in die Galle" (Virchow's Archiv Bd. 121).

„Zur Technik des Nachweises intravitaler Gefässverstopfungen mittels Selbstfärbung" (ebenda).

Dr. Heinz: „Natur und Entstehungsweise der bei Arsenikvergiftung auftretenden Gefässverlegungen."

„Experimentelles zur Jodkaliumwirkung" (Berliner Klinische Wochenschrift 1890).

Dr. Heinz und Dr. Liebrecht: „Darstellung und Untersuchung einer Reihe neuer Körper mit antiseptischen Wirkungen."

„Darstellung und Untersuchung des subgallussauren Wismut."

Dr. Hildebrandt: „Zur Wirkung hydrolytischer Fermente aufs Blut" (Virchow's Archiv Bd. 122).

„Weitere Untersuchungen über die physiologischen Wirkungen der hydrolytischen Fermente.".

Cand. med. Jottkowitz: „Ueber pyretische Methoden."

„Beiträge zur Lehre der Wärmeregulation des normalen, fiebernden und künstlich entfieberten Organismus." (In.-Diss.)

Filehne.

5. Das hygienische Institut.

Zu Anfang des Etatsjahres 1890/91 wurde das hygienische Institut aus den provisorischen und äusserst beschränkten Räumen im Hause Feldstrasse 5 in die bisher von der Königlichen Frauenklinik benutzten Räume in der 2. Etage des Hauses Ohlauer Stadtgraben 16 verlegt. Es stehen dort dem Institut 4 grosse und 12 kleinere Zimmer zur Verfügung, so dass für alle Zwecke des Instituts ausreichender Raum vorhanden ist. Ein Saal dient als Auditorium, ein solcher als chemisches Laboratorium, ein dritter als bakteriologisches Laboratorium, ein vierter ist für den Impfunterricht reservirt; auf die kleineren Zimmer vertheilen sich drei Sammlungsräume, das Directorzimmer, das Assistentenzimmer, die Spülküche, drei Räume für vorgeschrittenere Praktikanten und drei kleine Zimmer als Wohnung für den Institutswärter.

Als Assistent des Instituts fungirte wie in früheren Jahren Herr Dr. Bitter.

Die Vorlesungen, praktischen Curse und Excursionen fanden ebenso wie im Vorjahre statt.

Die Einrichtung der neuen Räume, sowie die nunmehr ermöglichte Vervollständigung und Ausdehnung der Sammlungen machte für das verflossene Etatsjahr eine Einschränkung der wissenschaftlichen Arbeiten nothwendig. Dieselben betrafen:

1. Dr. Bitter, Ueber die Methoden der Kohlensäurebestimmung.
2. Dr. Bitter, Beiträge zur Immunitätslehre.
3. Dr. Nordtmeyer, Ueber Kieselguhrfilter.
4. Dr. Botkin, Ueber die Anaëroben der Milch.
5. Dr. Botkin, Eine neue Methode zur Züchtung von Anaëroben.
6. Dr. Kolaczek, Ueber die Stoffwechselproducte der Eitererreger.

Auch in diesem Jahre wurde dem Ersuchen zahlreicher Communen und Behörden um hygienische Gutachten entsprochen und es wurden die einschlägigen Untersuchungen unentgeltlich ausgeführt. Ferner wurde im Institut ein praktischer Cursus zur Einübung der von der Stadt Breslau anzustellenden Desinfectoren abgehalten.

Flügge.

6. Das provisorische zahnärztliche Institut.

Nachdem Se. Excellenz der Herr Minister der geistlichen etc. Angelegenheiten durch Rescript vom 17. April 1890 die Einrichtung eines provisorischen zahnärztlichen Instituts an hiesiger Universität verfügt hatte, wurde dasselbe am 29. Mai 1890 in den bis dahin vom hygienischen Institute innegehabten Miethsräumen des Hauses Feldstrasse 5 eröffnet. Das Institut ist in der Weise untergebracht, dass in dem 2. Stock 2 Zimmer für die Poliklinik für Mund- und Zahnkrankheiten, 3 Zimmer für das technische Laboratorium, 1 Zimmer als Auditorium, 1 Zimmer als Dienerwohnung und ein Vorraum als gemeinsames Wartezimmer für die Patienten der Poliklinik und der zahntechnischen Abtheilung Verwendung finden. Drei mit hellem Licht versehene Räume des 3. Stockes sind für die Plombir-Abtheilung bestimmt, während ein 4. Zimmer zum Arbeitszimmer des Directors dient. Die Einrichtung des Instituts wurde grösstentheils durch Uebernahme der Utensilien des von Herrn Prof. Dr. Bruck privatim geleiteten Instituts für Zahnheilkunde und durch Ueberlassung eines Theiles des Mobiliars bewirkt, welches durch Umzug der Kgl. Frauenklinik nach dem Maxgarten entbehrlich wurde. Ausserdem waren von Sr. Excellenz dem Herrn Minister 4000 Mark zur Bestreitung der Kosten der baulichen Veränderungen sowie der nothwendigsten Ausstattungsgegenstände aus Centralfonds in dankenswerther Weise zur Verfügung gestellt worden.

Das Institut wurde der Leitung des Unterzeichneten unterstellt, der gleichzeitig beauftragt wurde, die Poliklinik für Zahn- und Mundkrankheiten abzuhalten und die theoretischen Collegien über allgemeine Chirurgie und die chirurgischen Erkrankungen der Mundgebilde zu lesen. Die Abtheilung für Zahnfüllung leitete Herr Zahnarzt Dr. W. Sachs. Der zahntechnischen Abtheilung stand Herr Prof. Dr. Bruck vor. Als Assistent des Institutes fungirte Herr Zahnarzt Geyer.

Das Institut ist im Zeitraum vom 29. Mai 1890 bis 1. April 1891 von 1356 Patienten besucht worden, und zwar kamen in die Poliklinik 954, in die Abtheilung für Zahnfüllung 267, in die Abtheilung für Zahnersatz 135. Es wurden in der Poliklinik ausser 34 Erkrankungen der Zahnpulpa, 772 Erkrankungen der Knochenhaut der Zähne und des Kiefers, zahlreiche Anomalien der Zahnstellung, Empyeme der Kieferhöhle, Geschwülste der Kiefer, der Zunge, Geschwüre u. s. w. behandelt. Es wurden 1335 Extractionen ausgeführt.

In der Plombir-Abtheilung wurden 1018 Zahnfüllungen gefertigt, darunter 314 Goldfüllungen, ausserdem 20 Ueberkuppungen der Pulpa, 40 Zerstörungen derselben, 101 Wurzelfüllungen.

Bei den Patienten der technischen Abtheilung wurden 682 künstliche Zähne eingesetzt, darunter 6 Stiftzähne. Ausser kleineren und grösseren Ober- und Unterkieferprothesen wurden gefertigt 1 Obturator bei Syphilis, 1 Obturator bei Wolfsrachen, 1 Obturator des Oberkiefers bei traumatischem Defect, 1 künstliche Nase, 1 Interdentalschiene bei Fractur des Unterkiefers.

Unentgeltlich werden im Institute nur jene Hilfsleistungen ausgeführt, welche nicht mit Materialunkosten verbunden sind. Letztere werden nach einem von Seiten Sr. Excellenz des Herrn Ministers festgesetzten Tarif vergütet.

Die Bibliothek wie die Präparaten-Sammlung des Instituts ist durch Geschenke verschiedener Gönner bereichert worden. Herr Dr. Hillischer (Wien) hat dem Institut ein Exemplar des von ihm construirten Schlafgasapparates zum Geschenk gemacht. Die Anlegung einer mikroskopischen Präparaten-Sammlung ist eifrig betrieben worden.

Gelegentlich der im April 1891 in Breslau abgehaltenen Versammlung des Vereins deutscher Zahnärzte wurde dem Institut die Ehre des Besuchs einer grossen Zahl der Mitglieder der Versammlung, unter ihnen mehrere Ausländer, zu Theil, welche mit sichtlichem Interesse die Einrichtung des Instituts in Augenschein nahmen.

C. Partsch.

B. Die klinischen Institute.

1. Die medicinische Klinik und Poliklinik.

Wie schon im vorigen Jahre der Chronik (p. 54/55) erwähnt worden ist, musste ich wegen fortgesetzter Erkrankung einen verlängerten Urlaub nehmen, und wurde die Vertretung in der Direction der medicinischen Klinik an Prof. Dr. Soltmann und die Vertretung in der medicinischen Poliklinik an Prof. Dr. Müller übertragen.

Ende des Sommersemesters war meine Gesundheit wieder hergestellt und ich übernahm die Functionen der Klinik und Poliklinik von Mitte August an.

Für das folgende Wintersemester wurde jedoch eine neue Einrichtung getroffen, indem das poliklinische Material definitiv dem Prof. Dr. Müller unter dem Titel eines Vorstandes der Poliklinik übertragen und von der medicinischen Klinik insofern abgezweigt wurde, als der Director der medicinischen Klinik in Zukunft nur das Recht behalten sollte, die für die klinische Demonstration brauchbaren poliklinischen Fälle zum Unterricht herbeizuziehen.

Die für die medicinische Poliklinik nöthigen Etatspositionen wurden von dem Etat der medicinischen Klinik entnommen, so dass dem Vorstand der Poliklinik für 1890/91 zur Verfügung gestellt wurden:

1. der bei Tit. V Nr. 19a und
2. bei Tit. V Nr. 19b, noch vorhandene Bestand, sowie
3. bei Tit. V Nr. 19e der auf das 2. Halbjahr entfallende Betrag von 250 Mark.

Im Wintersemester wurde die Direction der medicinischen Klinik zu einem Bericht aufgefordert über die Erfahrungen, welche mit dem Koch'schen Heilmittel vom Ende November 1890 bis 1. Januar 1891 in der Klinik gemacht wurden. Der Bericht wurde eingeliefert und in dem Klin. Jahrbuch abgedruckt.

Am 5. März 1891 wurde ein Bericht eingefordert über die in der Klinik zu Breslau während der Jahre 1888 bis 1890 incl. verpflegten und verstorbenen Tuberculösen sowie der dabei beobachteten Ansteckung durch Tuberculose. Der Bericht, der wesentlich in einem ausgefüllten Formular bestand, wurde am 13. April an das Universitäts-Curatorium übergeben.

Von Seiten des Universitäts-Curatoriums gingen an die Direction der medicinischen Klinik zu wiederholten Malen Verfügungen in Betreff der Ausführung der den Staatsbehörden als Arbeitsgeber obliegenden Geschäfte bei Leistung der Beiträge zur Invaliditäts- und Altersversicherung. Da aber das Wartepersonal der Klinik, als Angestellte des Allerheiligen-Hospitals, von der Stadthauptkasse seinen Lohn empfängt, wird diese Function von dem genannten Hospital mitbesorgt.

Auf der Klinik wurden 882 Kranke behandelt. Die Zahl der Verpflegungstage betrug 22 378, die durchschnittliche Dauer des Aufenthalts pro Kranken 25 Tage.

Als Assistenten der medicinischen Klinik fungirten die Herren Dr. Herrmann, welcher mit Ende dieses Berichtsjahres seinen Austritt nehmen wird, Dr. Adler und Dr. Stern.

Aus der medicinischen Klinik gingen folgende litterarische Arbeiten und Dissertationen hervor:

Dr. Herrmann: Jahresbericht der medicinischen Klinik zu Breslau aus dem Jahre 1888. Deutsche Medicinal-Zeitung 1890.

Derselbe: Beobachtungen über die Wirkungen und die Anwendungsweise des Antifebrin. Deutsche Medicinal-Zeitung 1890.

Dr. Adler: Ein Fall von subcorticaler Alexie (Wernicke). Berliner klinische Wochenschrift 1890 Nr. 16.

Derselbe: Ein Fall schwerer Hyoscin-Vergiftung. Berliner klinische Wochenschrift 1891 Nr. 10.

Dr. Stern: Ueber die Wirkung des menschlichen Blutes und anderer Körperflüssigkeiten auf pathogene Mikroorganismen. a) Verhandlung des Congresses für innere Medicin 1890. b) (Ausführliche Mittheilung.) Zeitschrift für klinische Medicin XVIII.

Derselbe: Ueber die Wirkung des β-Tetrahydronaphthylamins auf den thierischen Stoffwechsel. Virchow's Archiv Bd. 123.

Derselbe: Ueber das Auftreten von Oxyhämoglobin in der Galle. Ibid. Bd. 125.

Dissertationen.

H. Hamburger: Ueber die Wirkungen des Magensaftes auf pathogene Bacterien. Inaug.-Diss. (im Auszug veröffentlicht im Centralblatt für klinische Medicin 1890 Nr. 24) 1890.

P. Sackur: Wirken die Antipyretica auf die Temperatur des nicht fiebernden Menschen? Inaug.-Diss. 1890.

E. Guttmann: Zur Statistik der Herzklappenfehler. Inaug.-Diss. 1890.

V. Reichelt: Ueber acute Intoxicationen. Inaug.-Diss. 1891.

Ausserdem wurde von mir ein Vortrag „Ueber psychische Volkskrankeiten" in der Deutschen Revue publicirt. Derselbe gehörte einem Cyclus von populär-wissenschaftlichen, zu Gunsten der ärztlichen Krankenkasse zu Breslau abgehaltenen Vorträgen an.

Curse.

Curse über Auscultation und Percussion hielt auf der Klinik der I. Assistent, Dr. Herrmann, und über mikroskopisch-chemische Untersuchung der Excrete Dr. Stern.

Biermer.

2. Die chirurgische Klinik und Poliklinik.

Die Direction der Chirurgischen Klinik und Poliklinik hat im Etatsjahre 1890/91 dadurch einen Wechsel erfahren, dass an die Stelle des Herrn Geheimen Medicinalraths Professor Dr. Fischer am 1. October 1890 der Geheime Medicinalrath Professor Dr. Mikulicz getreten ist. Gleichzeitig wurden für die ausscheidenden Herren Assistenten DDr. Scharlam, Litthauer und Spitzer die Herren DDr. v. Noorden, Braem und Lasker als Assistenten angestellt. Dazu traten im Laufe des Wintersemesters noch drei Herren als Volontairärzte.

Durch den in der Mitte des Etatsjahres eingetretenen Directorialwechsel wurde eine Anzahl tiefgreifender Veränderungen bedingt, welche sich namentlich auf innere Einrichtungen, Einführung einer anderen Methode der Antiseptik, Erweiterung des Instrumentariums, andere Arbeitseinteilung u. s. w. erstreckten. Nach aussen hin wurde es zunächst mit Rücksicht auf die kurz bevorstehende Eröffnung der neuen Kliniken meist bei den bisherigen Einrichtungen gelassen.

Es betrug der Krankenbestand am 1. April 1890 im Ganzen 33 Männer, 27 Frauen. Dazu traten im laufenden Etatsjahre 541 Männer, 312 Frauen; von diesen sind gestorben 48 Männer, 44 Frauen. Die Zahl der Verpflegungstage betrug 23 377, die durchschnittliche Aufenthaltsdauer eines Kranken 27,4 Tage.

In der Poliklinik wurden behandelt im Ganzen 7006 Kranke, darunter annähernd 5000 Breslauer.

Die Vorlesungen u. s. w. wurden zu denselben Zeiten wie früher abgehalten. Die Zahl der Auscultanten und Praktikanten betrug im Sommersemester 69, im Winter 81.

Die wissenschaftlichen Arbeiten in der Klinik erhielten namentlich im Wintersemester eine ganz bestimmte Richtung angewiesen durch die Untersuchungen über die Tuberculinwirkungen, welche in ausgedehntestem Maasse angestellt wurden. Ich habe darüber in der Deutschen medizin. Wochenschrift berichtet.

Mikulicz.

3. Die Klinik für Augenkranke.

Personalien.

Als Assistenten fungirten im Jahre 1890/91 die Herren DDr. Grönouw, Fromm und Ritter. Dr. Fromm, welcher seine Stellung als Assistent am 1. April 1890 angetreten, verliess dieselbe nach ½ jähriger Thätigkeit am 1. October desselben Jahres. Als Nachfolger ist Herr Dr. Ritter aus Breslau gewählt und bestätigt worden.

Gebäude.

In den Sommerferien 1890 wurden nachstehende Ausbesserungen ausgeführt:

1. die Renovation des kleinen Treppenhauses, des Inspections-Bureaus, sowie der Portier-Wohnung und der Decke im Auditorium;
2. die Tapezierung von 2 Zimmern und dem Cabinet der Inspector-Wohnung;
3. der Fussboden - Anstrich im Bureau und der Wohnung des Inspectors, sowie in der Portier-Wohnung;
4. der Oelfarbenanstrich der Treppengeländer.

Krankenzahlen.

In der poliklinischen Abtheilung wurden aufgenommen:

im Sommerhalbjahr 1890 . . . . 2 260 Kranke,
im Winterhalbjahr 1890/91 . . . . 1 808 „

während des ganzen Jahres . . . . . . 4 068 Kranke.

Von diesen Kranken wurden 378 der stabilen Klinik überwiesen.

Die Zahl der zum Unterricht ausgewählten und an die Studirenden zur Untersuchung vertheilten Kranken betrug:

im Sommerhalbjahr 1890 207,

im Winterhalbjahr 1890/91 .... 251.

Studirende.

Im Sommersemester wurden die Vorträge und die klinischen Demonstrationen besucht:

von 47 Studirenden,

im Winter „ 49 „

insgesammt von 96 Studirenden.

An wichtigeren Operationen wurden ausgeführt:

im Sommer..................... .. 140,

im Winter...................... 103,

insgesammt.... .... 243.

Curse.

Der Assistent Dr. Grönouw las praktische Curse über den Gebrauch des Augenspiegels in den Osterferien vor 7 Zuhörern, im Sommersemester vor 9 Zuhörern, in den Herbstferien vor 10 Zuhörern und im Wintersemester vor 12 Zuhörern. In den Herbstferien hielt derselbe praktische Uebungen in der Diagnose der Augenkrankheiten mit 20 Theilnehmern ab.

Wissenschaftliche Arbeiten.

An Abhandlungen gingen im Laufe des Jahres 1890/91 aus der Klinik hervor:

DDr. Fromm und Grönouw: Ueber die diagnostische Verwendbarkeit der Fluoresceïnfärbung bei Augenerkrankungen. Archiv für Augenheilkunde 1890.

Dr. König: Beobachtungen über Gesichtsfeldeinengungen nach dem Förster'schen Typus. Archiv für Augenheilkunde 1890.

Dr. Grönouw: Ueber doppelseitige Hemianopsie. Archiv für Psychiatrie 1891.

Förster.

4. Die geburtshilflich-gynäkologische Klinik.

Kein Bericht eingegangen.

5. Die Klinik für Haut- und venerische Krankheiten.

Kein Bericht eingegangen.

6. Die psychiatrische Klinik und Poliklinik für Nervenkrankheiten.

Die psychiatrische und Nervenklinik wurde im Sommersemester 1890 von 22 Zuhörern, darunter 2 Aerzten, im Winter 1890/91 von 10 eingeschriebenen Zuhörern und 2 Hospitanten besucht. Vorgestellt wurden im Sommersemester 63 Kranke der stationären Klinik und 13 aus der Poliklinik, im Wintersemester 58 Kranke der stationären Klinik und 29 der Poliklinik.

An Stelle des prakt. Arztes Dr. Kollmann ist am 1. Juni 1890 der prakt. Arzt Herr Otto Lasch und an Stelle des am 1. October 1890 abgegangenen Herrn Dr. Mamroth der prakt. Arzt Herr Paul Kemmler aus Stuttgart als Assistent an der stabilen Klinik eingetreten. Als Assistent der Poliklinik an Stelle des Dr. Gubitz ist der prakt. Arzt Herr Dr. Mann am 1. April 1890 eingetreten.

Die Frequenz der Poliklinik ist in erfreulichem Aufschwung begriffen. Sie wurde im Berichtsjahre von 736 neuen Kranken aufgesucht.

Die Arbeitsräume der Klinik wurden von folgenden Herren benutzt:

Herrn Dr. Sachs, prakt. Arzt in Breslau, vom 1. April 1890 bis 1. April 1891;

Herrn Dr. Landel Oswald, senior assistant of the Glasgow lunatic asylum, vom 21. Februar bis 29. März 1891;

Herrn Dr. Klinke, drittem Arzt in Leubus, vom 15. Mai bis 15. Juni 1890, letzterer zu diesem Zwecke von der Provinzial-Verwaltung beurlaubt.

Zur Unterstützung bestimmter im Institut begonnener und fortgesetzter Arbeiten wurde Seitens der Kgl. Akademie der Wissenschaften unter dem 8. Januar 1891 in dankenswerther Weise eine Summe von 800 Mark bewilligt.

Wernicke.

g. Das landwirthschaftliche Institut

ist im Laufe des Jahres einer wesentlichen Umgestaltung unterzogen worden. Mit Beginn des Wintersemesters wurde der bisherige Director des Instituts, der ordentliche Professor Herr Dr. v. Funke, sowie der ausserordentliche Professor Herr Dr. Metzdorf, Director des Veterinärinstituts, und der ausserordentliche Professor Herr Dr. Friedländer, Director des landwirthschaftlich-technologischen Instituts, auf ihre Anträge von ihren amtlichen Verpflichtungen entbunden. Das Veterinär-Institut hörte auf, ein besonders geleitetes Zweiginstitut zu bilden, es wurde mit dem landwirthschaftlichen Institute zu einem Ganzen verschmolzen unter der Bezeichnung: „Landwirthschaftliches Institut und Thierklinik der Königlichen Universität". Zum commissarischen Director desselben wurde der Unterzeichnete ernannt. Die bisherigen Zweiginstitute: das thierchemische und das landwirthschaftlich-technologische Institut sollen als selbständige Universitäts-Institute geführt werden. Das erstere verbleibt unter der Leitung des ausserordentlichen Professors Herrn Dr. Weiske und wurde ganz in der bisherigen Weise benutzt; das letztere wurde dem ausserordentlichen Professor Herrn Dr. von Richter unterstellt, welcher jedoch während des ganzen Wintersemesters wegen Krankheit beurlaubt war.

Die veterinärwissenschaftlichen Vorlesungen konnten leider während des Winters nicht gehalten werden, dagegen wurde Herr Dr. B. Schulze mit dem Halten von Vorlesungen über Agriculturchemie beauftragt. Die landwirthschaftswissenschaftlichen Vorlesungen wurden sämmtlich vom Unterzeichneten übernommen.

Die Unterrichts- und Demonstrationsmittel des Instituts wurden durch die folgenden neuen Einrichtungen vermehrt:

1. Es wurde ein Racestall begründet, in welchem eine grössere Anzahl von werthvollen Racethieren (Rindern und Schafen) aufgestellt wurde, als Demonstrations- und Versuchsmaterial für die allgemeine und specielle Thierzuchtlehre.

2. Es wurde ein Versuchsfeld in einer Grösse von 5 Hectar, gelegen bei Schwoitsch in der Nähe von Breslau, eingerichtet und soweit vorbereitet, dass es mit beginnendem Frühjahr bebaut werden konnte.

3. Es wurde ein landwirthschaftlich-physiologisches Laboratorium für Practicanten eingerichtet, behufs Uebung von mechanischen und mikroskopischen Untersuchungen landwirthschaftlicher Gegenstände.

4. Endlich wurde den Studirenden Gelegenheit gegeben, an landwirthschaftlich - theoretischen (seminaristischen) Uebungen sich zu betheiligen.

Sämmtliche neuen Einrichtungen fanden reges Interesse und lebhafte Benutzung seitens der Studirenden.

Die Bibliothek des Institutes wurde aus dem Hause Matthiasplatz Nr. 6 in die Räume des Institutsgrundstückes Matthiasplatz No. 5 übergeführt und dort übersichtlich aufgestellt, so dass jetzt alle Theile des Institutes (mit Ausnahme des Versuchsfeldes) einheitlich innerhalb eines Grundstückes untergebracht sind.

Die übrigen Sammlungen wurden in derselben Weise wie bisher erhalten und ergänzt und dienten sowohl der freien Benutzung durch die Studirenden als auch dem Gebrauche zu Demonstrationen und Untersuchungen bei den Vorlesungen und Uebungen.

Holdefleiss.

h. Kunst-Institute.

1. Das Institut für alte Kunstgeschichte.

Das archäologische Museum hat in diesem Rechnungsjahre keinen so bedeutenden Zuwachs wie in dem Jahre 1889/90 zu verzeichnen. Die Sammlung von Gypsabgüssen konnte diesmal nicht vermehrt werden, jedoch war schon eine Bestellung an die Formerei von Brucciani u. Co. in London ergangen, welche bald nach Ablauf des Rechnungsjahres effectuirt wurde. Durch die Munificenz des Herrn Ministers der geistlichen etc. Angelegenheiten erhielt das Museum die Fortsetzung von Brunn, Denkmäler der griechischen und römischen Cultur, sodann Olympia, die Ergebnisse der Ausgrabungen, Textband IV und Abbildungen, K r a u s, die christlichen Inschriften der Rheinlande Theil I; aus den Mitteln des Instituts wurde eine erhebliche Zahl von Werken, namentlich mit Rücksicht auf die Bedürfnisse der archäologischen Uebungen angeschafft, worunter die fälligen Wiener Vorlegeblätter, Jahrbuch, Mittheilungen und antike Denkmäler des Königl. archäologischen Instituts, Beschreibung der antiken Münzen des Berliner Museums u. s. w. Ein erheblicher Theil des Fonds wurde dazu verwandt, die B r u n n'schen und Wiener archäologischen Vorlegeblätter, die bisher in Kästen lagen, binden und eine grosse Zahl der am meisten gebrauchten und äusserlich schadhaft gewordenen Bücher herstellen, d. h. theils neu überziehen, theils neu binden zu lassen.

R o s s b a c h.

2. Das Institut für mittelalterliche und neuere Kunstgeschichte

hat im Laufe des Verwaltungjahres 1890/91 die endgiltigen Zettelkataloge der Photographien-Sammlung erhalten, welche unter freiwilliger Beihilfe der Herren Cand. Ulmann und Cand. B u r m e i s t e r fertiggestellt wurden.

Rector und Senat der Universität überwiesen der Lehrmittelsammlung 6 grosse Messbildaufnahmen deutscher Bauwerke, welche als Geschenk des Herrn Ministers an die Kgl. Universität gelangt waren.

Aus dem Nachlass des Herrn Commerzienraths J. Kauffmann erhielt das Institut drei Kupferstiche, Raphael's Sixtinische Madonna von Steinla, Raphael's Sibyllen von Guidetti und Bertini, und Holbein's Madonna der Familie Meyer von Steinla, welche als Wandschmuck des Seminarzimmers angebracht wurden.

S c h m a r s o w.

3. Das akademische Institut für Kirchenmusik.

In dem letzten Jahresberichte ist des Umstandes gedacht worden, dass seit vielen Jahren alle Maassnahmen zu einer Betheiligung der Studirenden der Theologie an den Gesangübungen und zur Bildung eines dauernden Chores erfolglos geblieben sind, obwohl das Institut vorzugsweise für die Studirenden der Theologie beider christlicher Confessionen gegründet ist. Weder kamen die angekündigten Gesangübungen regelmässig zu Stande, noch erwies sich die vor einigen Jahren errichtete sogenannte „Elementarklasse" als lebensfähig. Es war dies durchaus nicht die Schuld der jetzigen Gesanglehrer, sondern allein der obwaltenden ungünstigen Verhältnisse, über welche auch schon die früheren Lehrer Mosewius, der Gründer der hiesigen Singakademie, und Reinicke, Dirigent der Gewandhaus-Concerte in Leipzig, Klage geführt haben. Da sich die Unmöglichkeit herausgestellt hatte, die beiden Confessionen in kirchenmusikalischen Uebungen zusammenzuhalten, und die Bedürfnisse derselben factisch verschieden sind, so wurden zwei confessionell geschiedene Chöre errichtet:

I. Der evangelische Johanneschor (Chor der Studirenden der evangelischen Theologie) unter Leitung des ao. Professors der evangelischen Theologie Dr. phil. und Licent. theol. Kühl. Die Zahl der Theilnehmer an den Gesangübungen und Vorträgen betrug im Sommerhalbjahr 38, im Winterhalbjahr 31; der Besuch war ein sehr regelmässiger. Das Hauptgewicht wurde zunächst auf die exacte Einübung und das Verständniss der wichtigsten und in den evangelischen Kirchen Schlesiens am meisten gesungenen Choräle gelegt. Es wurden in beiden Halbjahren etwa 30 Melodien im Chorgesang und Einzelgesang praktisch und theoretisch durchgenommen. Dabei wurden zugleich die verschiedenen Formen der altrhythmischen Weisen vorgeführt und für jede charakteristische Form ein Musterbeispiel eingeübt. Alle Uebungen wurden mit geschichtlichen Auseinandersetzungen eingeleitet. Im Altargesang wurden sodann hauptsächlich die Salutation, der Segen, das Vaterunser und die Einsetzungsworte durchgenommen, auch kamen mehrstimmige Compositionen zum Vortrag. Der Chor wirkte mit einer Ausnahme in den akademischen Gottesdiensten mit und wird zu diesen in ein festes statutarisches Verhältniss gebracht werden; es wurde jedesmal das Gloria, die grosse Doxologie und eine Motette bezw. ein altrhythmischer Choral gesungen. Zum Todtenfeste und zu Weihnachten wurden liturgische Feiern mit gedruckten Programmen veranstaltet, die sich auch seitens der Mitglieder des hiesigen Kgl. Consistoriums und der hiesigen evangelischen Geistlichkeit lebhafter Theilnahme erfreuten. Es ist durch diese Neuorganisation zum ersten Male der Gründungszweck des Instituts evangelischer Seits erreicht worden. Prof. Dr. Kühl nahm auch als Mitglied einer von dem Kgl. Consistorium ernannten Commission an der Herstellung eines neuen Choralmelodienbuches für die evangelischen Kirchen Schlesiens hervorragenden Antheil und publicirte mehrere Aufsätze über die rhythmischen Choräle in den „Fliegenden Blättern des evang. Kirchenmusikvereins in Schlesien".

II. Der katholische St. Cäcilienchor (Chor der Studirenden der katholischen Theologie) unter Leitung des Domvicars Pawlitzki konnte erst im Laufe des Wintersemesters errichtet werden, hat aber sofort zahlreiche und rege Theilnahme gefunden. Eingeübt wurden gregorianische Kirchengesänge sowie katholische, lateinische und deutsche Lieder und an alle wurden theoretische und historische Erörterungen angeknüpft.

Innerhalb der früheren Abtheilungen des Instituts haben wesentliche Veränderungen nicht stattgefunden.

III. Prof. Dr. Schäffer, zugleich Bibliothekar des Instituts, leitete die Chorklasse der katholischen Seminaristen, deren erster Cursus zu der Breslauer Singakademie delegirt wurde, und der Gymnasiasten in der seit vielen Jahren bewährten Weise (Sommersemester 29, Wintersemester 34 Schüler, meist des katholischen St. Matthias - Gymnasiums und des RealGymnasiums zum heiligen Geist). Zum Eintritt in den Chor werden nur solche Schüler und Seminaristen zugelassen, welche hinreichend vorgebildet sind und vorher eine Prüfung bestanden haben. Das vorschriftsmässige Specimen der Chorklasse, dessen Programm gedruckt wurde, fand in Gemeinschaft mit der Orgelklasse des Dr. Bohn am 29. Januar 1891 statt; vorgetragen wurden mehrstimmige Gesänge von Haydn, Mendelssohn und Schäffer. Die Gesang-Uebungen des Prof. Schäffer für Studirende aller Facultäten haben auch diesmal in beiden Semestern keine Theilnahme gefunden. Es ist dies

um so weniger befremdlich, als die Studirenden sich gerne
den zwei hier bestehenden akademischen Liedertafeln oder
einem der zahlreichen anderen Gesangvereine anschliessen,
welche hauptsächlich weltlichen Gesang pflegen und zugleich
socialen Anhalt gewähren. Vorlesungen hielt Prof. Schäffer
im Sommersemester „Unterweisung und Uebung im Psalmengesang" (14 Zuhörer), im Wintersemester „Geschichte des
evangel. Gemeindegesanges von Beginn der Reformation bis
Johann Eccard" (11 Zuhörer).

IV. Dr. phil. E. Bohn gab die für die beiden älteren
Lehrer vorschriftsmässige Anzahl von wöchentlich 7 Stunden
Unterricht, zunächst in 2 Cursen zu je 2 Stunden wöchentlich
Orgelunterricht und zwar in einem Cursus für die Studirenden, die in bedeutender Anzahl und mit anerkennenswerthem
Eifer theilnahmen (im Sommer 16, im Winter 19), so dass
eine dritte Stunde wöchentlich hinzugesetzt werden musste,
in dem anderen Cursus für fortgeschrittene katholische Seminaristen, von denen mehreren das Zeugniss ausgestellt werden
konnte, dass sie zu der Uebernahme einer Organistenstelle
völlig geeignet seien. Bei dem oben erwähnten Specimen trugen
8 Studirende Orgelcompositionen von J. S. Bach, Mendelssohn,
Merkel und Brosig vor. Sodann hielt Dr. Bohn nachstehende
Vorlesungen: Harmonielehre erster und zweiter Theil, wöchentlich 2 Stunden (im Sommer 26 Zuhörer, im Winter 18 Zuhörer), über Beethoven's Fidelio wöchentlich 1 Stunde (22 Zuhörer), Geschichte des Clavierspiels wöchentlich 1 Stunde
(15 Zuhörer). Im Auftrage der Regierungen von Breslau und
Oppeln revidirte er eine Anzahl Kostenanschläge für Neubauten
oder Reparaturen von Orgeln und nahm 6 Orgeln ab. Es
darf bei dieser Gelegenheit nicht verschwiegen werden, dass
die im Musiksaale der Universität befindliche, früher vortreff-
liche Orgel durch den sehr starken Gebrauch (wöchentlich
etwa 45 Stunden, da die Orgelschüler sich auf der Instituts-
Orgel zu üben haben) um so mehr gelitten hat, als sie bei
ihrem Alter (sie stammt aus den Anfängen des kirchenmusikalischen Instituts) nur schwer noch reparaturfähig ist. — Die
umfassenden, zu allgemeiner Anerkennung gelangten Arbeiten
des Dr. Bohn zur Geschichte der Musik waren die Veran-

lassung, dass er von der Königlichen St. Cäcilien-Akademie in Rom zum Ehrenmitglied ernannt wurde.

V. Die Bibliothek des Instituts wurde hauptsächlich durch werthvolle Geschenke Sr. Excellenz des Herrn Ministers der geistlichen etc. Angelegenheiten vermehrt. Aus dem Institutsfonds konnten nur Fortsetzungen bisher angeschaffter Werke bestritten werden, da derselbe in Folge des Zusammenhanges mit den Beleuchtungskosten fremder Miether des Musiksaales sehr gemindert war und einer durchgreifenden Neuordnung bedurfte, über welche erst im folgenden Rechnungsjahre berichtet werden wird.

Rossbach.

2. Die akademische Wittwen- und Waisen-Versorgungsanstalt.

Vermögensstand.

Das Vermögen bestand am Ende 1889/90:

in Wechseln über Antritts-Capitalien ..	450,00	M.
in Hypotheken	226 200,00	'
in Effecten.........................	121 000,00	'
in einem Baarbestande von	2 927,49	'
	// 350 577,49	M.

einschliesslich der eingezahlten Antritts-Capitale von 1350 M.

Zahl der Pensionsberechtigten.

Pensionsberechtigt waren am Ende 1890/91 16 Wittwen und 8 Halbwaisen.

Einnahmen.

Bestand aus dem Vorjahre	13,06	M.
Wechselzinsen.................................	67,50	'
Mitgliederbeiträge	288,00	'
Aus Staats-Fonds.............................	15 240,00	'
Zinsen von Capitalien.........................	13 506,00	'
Valuta für gekündigte Hypotheken und Effecten.	25 200,00	-
Summa der Einnahmen	54 314,56	M.

Ausgaben.

Pensionen für die Wittwen und Halbwaisen
22 866,67 M.
Zinsen von einem Stiftungs-Capital   237,60   ‹
Zur Capitalisirung verwendet ..... 28 255,60   ›
Verwaltungskosten   27,30   ›
Ueberschuss zur Capitalisirung .... 2 927,49   ›

Summa der Ausgaben   54 314,56 M.

In dem Etatsjahre 1890/91 wurde eine ordentliche General-Versammlung am 22. December 1890 abgehalten, in welcher auf Grund der §§ 16 und 20 der Statuten vom 19. September 1889 zu Vorstehern der Anstalt Geh. Regierungs-Rath, Prof. Dr. Schröter und Prof. Elster gewählt worden sind.

Probst.   Schröter.   Elster.

3. Honorar- und Stundungswesen.

An Collegien-Honoraren sind eingegangen:

Facultät	Im Sommer-Semester 1890		Im Winter-Semester 1890/91		Summa pro 1. April 1890/91	
	ℳ	₰	ℳ	₰	ℳ	₰
Evangelisch-theologische .	5 648	50	6 479	50	12 128	—
Katholisch-theologische ..	5 038	—	7 496	25	12 534	25
Juristische	15 668	50	14 837	50	30 506	—
Medicinische	27 478	—	28 874	—	56 352	—
Philosophische	31 498	50	37 452	50	68 951	—
Summa	85 331	50	95 139	75	180 471	25

4. Stipendien und Stiftungen für Studirende.

a. Studenten-Unterstützungs-Fonds:

Zu demselben flossen im abgelaufenen Rechnungsjahre bei
einem Bestande von .... 7 423,85 M.

1. der jährliche Staatszuschuss mit .... 4 560,00 »
2. an Collectengeldern für Studirende der
   evangelischen Theologie .... 5 811,08 »
3. desgleichen für Studirende der katholischen
   Theologie ... . 3 598,76 »
4. das für Juristen, Mediciner und Philosophen
   bewilligte jährliche Extraordinarium von 1 400,00 »
5. an Zinsen von Capitalien .... 2 367,50 »
6. von Immatriculationsgebühren .... 1 049,00 »
7. von Promotionen .... 9,00 »

im Ganzen 26 219,14 M.

Hieraus wurden für Studirende gewährt:
für Freitische ... . 15 299,70 M.
und zwar:
für 11 771 Portionen an Studirende der evgl.-
            theol. Facultät,
» 6 673   » an Studirende der kath.-
            theol. Facultät,
» 685   » an Studirende der jurist.
            Facultät,
» 2 132   » an Studirende der me-
            dicinischen Facultät,
» 2 236   » an Studirende der phi-
            losophischen Facultät,

zus. für 23 497 Portionen an Studirende,
    sowie ausserdem an die Bisthums-Haupt-
    kasse für das Fürstbischöfl. Studenten-
    Convict hier .... 5 337,62 »
an Unterstützungen an arme Studirende
    auf Anweisung des Universitäts-Curators 645,00 »
an Unterstützungen aus den Immatricula-
    tions-Gebühren auf Anweisung des Rectors 1 073,00 »

b. Stipendien-Fonds:

Von den auf privaten Stiftungen beruhenden Stipendien wurden im Rechnungsjahr 1890/91 gewährt, bezw. die Zinseneinnahme reservirt:

beim Abegg'schen Fonds ein Stipend. mit 120 M.,

beim Beaufort - Belforte'schen Fonds kommt das Stipend. mit 16,50 M. 1894 wieder zur Verleihung,

beim Berliner Jubel-Fonds ein Stipend. mit 121,50 M.,

beim von Bismarck'schen Fonds ein Stipend. mit 134,10 M.,

beim Brachvogel'schen Fonds drei Stipend. mit 861,87 M.,

beim Breslauer Commilit.-Jubel-Fonds ein Stipend. mit 720 M.,

beim Breslauer städt. Jubel-Fonds ein Stipend. mit 225 M.,

beim Brückner'schen Fonds ein Stipend. mit 63,75 M.,

beim Causse'schen Fonds acht Stipend. mit zus. 848,18 M. und drei Familien-Stipend. mit zus. 1281,63 M.,

beim v. Closter'schen Fonds ein Stipend. mit 135 M.,

beim Czernikow'schen Fonds zwei Stipend. mit 290 M.,

beim v. Duflos'schen Fonds ein Stipend. mit 140,65 M.,

beim Fonds „ex casta montis pietatis" aus der Kasse des mont. pietat. in Berlin zwei Stipend. mit 120 M.,

beim Feige'schen Fonds zwei Stipend. mit 120 M.,

beim Ficker'schen Fonds zwei Stipend. mit 377,33 M.,

beim Gölike'schen Fonds zwei Stipend. mit 320 M.,

beim Göppert'schen Fonds (für Studirende der Naturwissenschaft) ist das Stipend. mit 1096,25 M. auf Beschluss der Herren Collatoren pro 1889/90 und 1890/91 zu capitalisiren,

beim Göppert'schen Fonds (für Studirende der Pharmacie) ein Stipend. mit 143,25 M.,

beim Gravenhorst'schen Fonds ein Stipend. mit 191,65 M.,

beim Grötzner'schen Fonds steht die Bestätigung der Statuten noch aus,

beim Grüneberg'schen Fonds ein Stipend. mit 70,44 M.,

beim Guhrauer'schen Fonds ein Stipend. mit 137,25 M.,

beim Haase'schen Fonds ein Stipend. mit 127,89 M.,

beim Heidenreich'schen Fonds zwei Stipend. mit ꝰ40 M.,

beim Hirt'schen Jubel-Fonds ein Stipend. mit 72 M.,

beim Jungnitz'schen Fonds (für katholische Theologen) zwei Stipendien mit 237 M.,

beim Jungnitz'schen Fonds (für Philologen) ein Stipend. mit 137,63 M.,

beim Kahlert'schen Fonds ein Stipend. mit 765 M.,

beim Kaiser'schen Fonds ein Stipend. mit 55,80 M.,

beim Knüttel'schen Fonds ein Stipend. mit 54 M. für drei Jahre,

beim Krainski'schen Fonds ein Stipend. mit 75 M.,

beim Lewald'schen Fonds zwei Stipend. mit 60 M.,

beim Löwig'schen Fonds (für Pharmaceuten) ist das Stipend. von 122,10 M. noch zu vergeben,

beim Löwig'schen Fonds (für Studirende der Naturwissenschaft) ein Stipend. mit 120 M.

beim Menschig'schen Fonds ein Stipend. mit 157,60 M.,

beim Müller'schen Fonds zwei Stipend. mit 300 M.,

beim Primker'schen Fonds ein Stipend. mit 223,60 M.,

beim Proll'schen Fonds ein Stipend. mit 120 M.,

beim Pruckmann'schen Fonds drei Stipend. mit 233,87 M.,

beim Remer'schen Fonds ein Stipend. mit 110,25 M.,

beim Rosenthal'schen Fonds ein Stipend. mit 123 M.,

beim v. Schönaich-Amtitz'schen Fonds vier Stipend. mit 720 M., ein Stipend. mit 120 M.,

beim v. Schönaich-Gersdorf'schen Fonds zwei Stipend. mit 360 M.,

beim v. Schuckmann'schen Fonds ein Stipend. mit 52,60 M.,

beim Schulz'schen Fonds ein Stipend. für evgl. Theologen mit 206,40 M., ein Stipend. für Philologen mit 206,40 M.,

beim Schwabe-Priesemuth'schen Fonds im Sommersemester 90 29 Stipend. mit 4245 M., im Wintersemester 90/91 32 Stipend. mit 4350 M.   .

beim Stegmann'schen Fonds ein Stipend. mit 393,75 M.,
beim Stenzler'schen Fonds war das Stipend. von 93 M.
an zwei Studirende vergeben,
beim Strobel'schen Fonds vier Stipend. mit 414 M.,
beim Werlienus'schen Fonds zwei Stipend. für Theologen, zwei Stipend. für Juristen, zwei Stipend. für Mediciner, zusammen 965,12 M.,
beim Wimpina'schen Fonds ein Stipend. mit 84 M.,
beim Stipend. Wolfianum philologicum zwei Stipend. mit 300 M.,
beim Stip. Wolfianum alterum ein Stipend. mit 150 M.

Zur vorjährigen Chronik wird bezüglich des auf Seite 73 erwähnten Stenzler'schen Fonds erläuternd bemerkt, dass die Stenzlerprämie halbjährlich entweder an einen oder zwei Studenten, die mindestens zwei Semester Sanskrit studirt und sich durch Fortschritte darin ausgezeichnet haben, verliehen, oder der Bibliothek zur Anschaffung von Sanskritwerken überwiesen wird. Die Entscheidung hierüber liegt in den Händen des Sanskrit-Professors.

5. Kranken- und Begräbnisskasse für Studirende.

a. Die Studenten-Kranken-Kasse.

Die Einnahmen haben im Jahre 1890/91 betragen und zwar:

a.	Beiträge der Studirenden	7 290,58	M.
b.	Zinsen von 32 500 Mark 4 % consolid. Staats-Anleihe	1 300,00	»
	Zinsen von 6000 Mark 3½ % consolid. Staats-Anleihe	140,00	=
c.	dem Bestande aus dem Jahre 1887/88	4 678,08	»
	Summa der Einnahme	13 408,66	M.

Was die Zahl der Kranken anlangt, so wurden behandelt 706 Studirende. Die Ausgaben betrugen:

1.	Remunerationen an Aerzte und Beamte. .	1 480,00	M.
2.	Unterstützungen an Studirende zu Bade- und Brunnenkuren (incl. Porto).	1 395,00	»
	Latus	2 875,00	M.

Transport 2 875,00 M.

(es erhielten 11 Studirende à 100 M. = 1100 M.

3 Studirende à   80 = 240

1 Studirender   50 =   50

15 Studirende zusammen 1390 M.)

3. für Arzneien und ärztliche Behandlung:

a. dem Apotheker .... 1 919,60 M.

846 Studirenden wurden ärztlich Medikamente ver- ordnet.

b. 23 Studirende wurden während 579 Tagen im Allerheiligen - Hospital ver- pflegt und behandelt 689,85

// 2 609,45

4. für Brillen, Bruchbänder etc. 225,70

5. zur Kapitalisirung 3 966,35

Summa der Ausgabe 9 676,60 M.

Die Einnahmen betrugen 13 408,66

Mithin bleibt Bestand 3 732,16 M.

Biermer.

b. Die Studenten-Begräbniss-Kasse.

A. Die Einnahmen im Jahre 1890/91 haben betragen:

1. Bestand aus dem Vorjahre .... 461,32 M.

2. Zinsen von Kapitalien:

a. von 2 900 Mark 4% consol. Staats- Anleihe 116,00

b. von 1 400 Mark 3½% consol. Staats- Anleihe 49,00

3. Anmeldegelder von Studirenden 1 375,75

Summa der Einnahme 2 002,07 M.

B. Die Ausgaben haben betragen:

Titel I. Begräbnisskosten für verstorbene Studirende .... 0,00 M.

II. Amtsbedürfnisse ... 100,60

Latus 100,60 M. 2 002,07 M.

	Transport	100,50 M.	2 002,07 M.

III. Zur Kapitalisirung für
400 Mark 3 ½ % consol.
Staats-Anleihe ..... 406,40 «

VI. an den Studenten-
Bibliothek-Fonds ... 687,87 •

|| 1 194,77 •

Bleibt am Schlusse des Jahres Bestand   807,30 M.

Königliche Universitäts-Kasse.

Klepper. Krause.

V. Akademische Grundstücke und Capitalien.

1. Grundstücke.

Zu den Gebäuden der Kgl. Universität ist am Ende des Jahres 1890/91

Die chirurgische Klinik

hinzugetreten; dieselbe wurde Anfang April 1891 bezogen.

Nach dem Bauprogramm enthält die Klinik:

I. Lehr- und Diensträume.

a. Operativer Theil.

1. Operationssaal mit 130 Sitzplätzen;
2. aseptisches Operationszimmer;
3. Instrumentenzimmer;
4. zwei Ablegeräume;
5. Auskleidezimmer;
6. Raum für Instrumente;
7. Zimmer für Schwestern.

b. Poliklinik.

8. Je ein Warteraum für Männer und Frauen;
9. ein grosses Abfertigungszimmer;
10. ein Dunkel- oder Untersuchungsraum;

11. ein Auditorium für 70 Zuhörer;
12. ein Raum für die anatomische Sammlung.

c. Arbeitsräume.

13. Für den Director ein Arbeitszimmer und ein Warte-
    zimmer;
14. eine Bibliothek;
15. ein Arbeitszimmer für Cursisten;
16. ein Raum für chemische und mikroskopische Unter-
    suchungen.

d. Nebenräume.

17. Macerationsraum;
18. Raum zur Anfertigung von Verbandstücken;
19. Pissoirs und Klosets für Studirende und Poliklinik,
    sowie ein Bad für Letztere.

e. Dienstwohnungen.

20. bis 22. für drei Hilfsärzte, den Heizer und den Pförtner.

II. Krankenräume.

23. 100 Betten III. Klasse, zur Hälfte für Frauen und Männer,
    4 Säle zu je 25 Betten;
24. Reservestation von 16 Betten, zur Hälfte für Frauen
    und für Männer;
25. Tageräume und offene Hallen für die Kranken III. Klasse;
26. Wärterzimmer, Leinenkammern, Bäder, Klosets und
    Aufzüge für Speisen;
27. neben jedem Krankensaal ein Isolirraum für 2 Betten
28. im Kellergeschoss einer jeden Krankenabtheilung 3 ein-
    fenstrige Räume für Deliranten etc.

Den vorgenannten Forderungen ist in der Art entsprochen
worden, dass die aufgeführten Räume in vier verschiedenen,
durch Hallen oder niedrige Zwischenbauten verbundenen Blocks
untergebracht sind; zwischen den beiden, je einen langgestreckten Flügel einnehmenden Krankenblocks ist der, einen
Einzelbau für sich bildende, Operationssaal angeordnet, welcher
mit dem als Lehrgebäude zu bezeichnenden, unmittelbar an
der Thiergartenstrasse gelegenen Vorderbau durch eine mehr-

geschossige Halle verbunden ist. Zwischen Operationssaal und Krankenblocks bilden einstöckige, einige Nebenräume des Operationssaales enthaltende Zwischenbauten die Verbindung. Das Lehrgebäude und die Krankenblocks, sowie die Verbindungshalle zwischen Lehrgebäude und Operationshaus enthalten Kellergeschoss, Erdgeschoss und ein Stockwerk; ausserdem haben die nach dem Operationssaal gerichteten Eckbauten der Krankenblocks ein zweites Stockwerk zur Unterbringung der Reservestationen erhalten.

Der Haupteingang zu der ganzen Gebäudeanlage liegt in der Mittelaxe des Lehrgebäudes und führt über einige Treppenstufen auf den das Erdgeschoss der Länge nach durchschneidenden, 3 m breiten Mittelflur. In der westlichen Hälfte des Erdgeschosses liegen die Räume der Poliklinik: 2 Wartezimmer, 1 Operationszimmer und 1 Untersuchungszimmer. An der Westfront führt ein besonderer Eingang zu diesen poliklinischen Räumen. In der östlichen Hälfte liegt die aseptische Operationsstation; zu ihr gehören das Operationszimmer und zu jeder Seite desselben ein Vorbereitungszimmer für die zu operirenden Kranken; ferner 1 Zimmer für eine Schwester, 1 Badezimmer und 2 Verbandszimmer. In der Hauptaxe des Gebäudes, dem Eintrittsflur gegenüber, liegt die vom Keller bis zum Dachgeschoss des Lehrgebäudes führende Haupttreppe. Unter dem einen der beiden Läufe dieser Treppe gelangt man in gerader Richtung in die Verbindungshalle und durch diese zum Operationssaal. Dieser Zugang soll nur von den Kranken, Wärtern und Aerzten benutzt werden, während die Studirenden, unter Benutzung des ersten Treppenhauses, bis zu den 3,20 m über dem Erdgeschoss-Fussboden liegenden ersten Zwischenpodest und ersten Stockwerk der genannten Halle steigen und von hier aus auf die in derselben Höhe liegende Galerie des Operationssaales gelangen. An die Galerie schliessen sich, in zwei seitliche Gruppen getheilt, die Sitzplätze an. Der zweite Lauf der Haupttreppe führt bis zum ersten Stockwerk; auch dieses ist, wenn zwar nicht der ganzen Länge nach, von einem Mittelflur durchzogen. In diesem Stockwerk liegen 2 Wohnungen für Assistenzärzte, 2 Directorialzimmer, 1 Zimmer für eine Schwester, ferner die Bibliothek, das chemische Arbeitszimmer und der theoretische Hörsaal. Das Keller- oder Untergeschoss des Lehrgebäudes enthält das Dienstzimmer und die Wohnung des Pförtners, den Macerationsraum, Klosets und Pissoirs, sowie die Heiz- und Vorrathsräume. Das Untergeschoss der Verbindungshalle bildet im Anschluss an das Treppenhaus des Lehrgebäudes eine ähnliche Verbindung mit den rückwärts gelegenen Blocks, wie beim Erdgeschoss.

Die Verbindungshalle mündet im Keller wie auch im Erdgeschoss in einen an der südlichen Wand des Operationssaales und dessen Unterbau vorbeiführenden, den Saalbau mit den beiden seitlich gelegenen Krankenblocks verbindenden Flur. Zwischen Saal und Blocks liegen nordwärts an diesem Flur die beiden Ablegeräume für Männer und Frauen. Zwei mit den südlichen Ausgängen des Flures verbundene Anfahrten gestatten das leichte Zu- und Wegfahren der Kranken von und nach der Stadt. In dem Operationssaal sind die unter den beiden Hälften des Podiums vorhandenen Hohlräume zu einem Auskleidezimmer für Kranke und zu einem Instrumentenraum ausgebaut worden. Die Beleuchtung des Operationsraumes erfolgt der Hauptsache nach durch das 3,38 m breite, bis zur Saaldecke reichende Fenster. Ausserdem ist der mittlere Theil der Saaldecke mit einem Oberlicht versehen, so dass eine allseitige, reichliche Beleuchtung erreicht ist. Die abgetrennte Lage des Saales ermöglichte es ferner, auf der Galerie eine Anzahl Fenster von gewöhnlicher Grösse anzuordnen, welche namentlich für die Lüftung des Saales zweckmässig sind.

Die mit einander vollständig übereinstimmende Eintheilung des Erdgeschosses und ersten Stockwerkes der Krankenblocks weist in den Eckbauten derselben die Nebenräume der grossen, auf je 25 Betten berechneten Säle auf. Die letzteren legen sich als längliche Pavillonbauten an jene Eckbauten an; südlich ist eine offene Halle, an dem Kopfende ein Tageraum für jeden Saal angeordnet. Nördlich, und zwar in der Mittelaxe eines jeden der beiden Eckbauten, liegt an dem Mittelflur die vom Keller bis zum Dachgeschoss durchreichende Treppe; auf der einen Seite dieser Treppe ist ein Wärterzimmer, auf der anderen Seite sind Klosets und Pissoirs angebracht. Vor den letzteren ist je ein Raum abgetrennt, welcher es ermöglichte,

Aufzüge für die Kranken einzurichten. Auf der südlichen Seite des Mittelflures liegt in beiden Geschossen je ein Zimmer zu 2 Betten, ein Bad und ein Leinenzimmer. In jedem Tageraum mündet ein Speiseaufzug aus, welcher diesen Raum mit dem im Keller liegenden Anrichteraum verbindet. Die nicht im Bett befindlichen Kranken nehmen ihre Mahlzeiten in den Tageräumen ein.

Das zweite Stockwerk der Eckbauten der Krankenblocks enthält je eine Reservestation von 8 Betten. Es gehören zu einer solchen Station: ein Krankensaal, welcher sich über die nach Süden gelegenen Räume des ersten Stockwerkes unter Hinzunahme des Mittelflures ausdehnt, ferner ein Wärterzimmer, ein Bad und Klosets.

Das Untergeschoss der Eckbauten enthält die Delirantenzimmer, je ein Wärterzimmer, sowie einige Aborte. Abgesehen von den Anrichteräumen für Speisen sind im Uebrigen die Räume des Untergeschosses der Krankenblocks, ebenso wie der grösste Theil des Operationshauses für die Anlage der Heizungen und das Unterbringen von Vorräthen bestimmt. Es sei hier noch erwähnt, dass ein Leichenkeller und Räume zum Ansammeln der schmutzigen Wäsche in dem Untergeschoss der Zwischenbauten eingerichtet sind.

Das Kellergeschoss ist durchgehends 3,50 m, das Erdgeschoss des Lehrgebäudes und der Krankenblocks 4,80 m, das Erdgeschoss der Verbindungshalle 3,20 m, die Zwischenbauten im Erdgeschoss bis Oberkante Hauptgesims 3,90 m, der Operationssaal bis Oberkante Hauptgesims 7,50 m hoch. Die Höhe des 1. Stockwerkes beträgt beim Lehrgebäude 4,80 m, in den Eckbauten der Krankenblocks 3,90 m, in den Krankensälen bis Oberkante Deckengewölbe 5,20 m, in der Verbindungshalle bis Oberkante Hauptgesims 3,90 m. Das 2. Stockwerk der Krankenblocks ist 3,90 m hoch. In den grossen Krankensälen kommen auf das Krankenbett 10 qm Grundfläche.

Die Aussenarchitektur dieser, wie der medicinischen Klinik und der übrigen Gebäude des klinischen Grundstückes schliesst sich an diejenige der im Bau vollendeten Frauenklinik an; die äusseren Flächen sind in Blendziegeln, unter Verwendung von

Glasursteinen für einzelne Streifen und für die Abschrägungen der Gesimse und Fensterbänke, verblendet worden. Die Abdeckung der Fussböden der Hallen ist in Thonplatten auf einer Holzcementdecke hergestellt. Die Dächer des Lehrgebäudes, des Operationssaales, sowie der Krankenblocks sind in Schiefer auf Schaalung in deutscher Art eingedeckt; dagegen haben die Hallen, sowie die Zwischenbauten und die Verbindungshalle Holzcementdächer auf Holzunterlagen. Das Innere des Gebäudes weist mit Ausnahme des Operationssaales durchgehends gewölbte Decken auf. Die äusseren, wie die inneren Treppen sind sämmtlich aus Granit hergestellt. Sämmtliche Flure, Treppenpodeste, ferner der poliklinische und der grosse Operationssaal, die Ablageräume, Bäder und Klosets haben Fussböden aus Thonplatten; die grossen Krankensäle, die Tageräume und die Isolirzimmer sind mit eichenen Riemenböden, welche in heissem Asphalt auf einer Betonschicht verlegt sind, versehen; dagegen haben die übrigen Wohn-, Warteund Sammlungs-Zimmer gewöhnliche, kieferne Böden erhalten. Die Kranken-, Arbeits- und Wohnzimmer haben Kastenfenster, Flure und Treppenhäuser dagegen einfache Fenster. Die Wände sämmtlicher Krankenräume sind mit Stuckputz abgeglättet und mit Oelfarbe gestrichen.

Die Beheizung der neuen chirurgischen Klinik erfolgt derart, dass die an den Luftheizöfen erwärmte frische Luft in die Zimmer geleitet wird und die Deckung des eigentlichen Wärmeverlustes der Zimmer durch Kachelöfen erfolgt.

Dieses System ist auch für die grossen Krankensäle mit dem Unterschiede eingeführt, dass nicht Kachelöfen, sondern zweckmässig ausgestattete eiserne Füll-Reguliröfen Anwendung gefunden haben. Der grosse Operationssaal, der Hörsaal, die Sammlungen, Flure und Klosets werden ausschliesslich durch Feuerluftheizung erwärmt.

Sämmtliche Gebäudetheile sind in ausgedehntem Maasse mit Warm-, Kalt- und Schmutzwasserleitung zu der städtischen Schwemmkanalisation, sowie mit Gasleitung versehen.

Der Kostenanschlag schliesst ausschliesslich der inneren Ausstattung mit 554 500 Mark ab; die Kosten der letzteren sind auf 71 200 Mark veranschlagt.

Bei der Ausführung sind nur geringe Ersparnisse an den obigen Summen verblieben.

Veränderungen
gegenüber der vorjährigen Chronik.

Zu Seite 85.

In der vormaligen Frauenklinik sind die Räume des 2. Stockwerks zum hygienischen Institut eingerichtet bezw. zur Erweiterung des physiologischen Institutes bezogen worden. Im oberen Stockwerk des Seitenflügels wurde das staatswissenschaftlich-statistische Seminar untergebracht.

Im früheren hygienischen Institut (Feldstrasse No. 5) wurde das zahnärztliche Institut eingerichtet.

In der früheren chirurgischen Klinik des Allerheiligen-Hospitals und zwar in dem Operationssaal und dessen Nebenräumen wurde eine chirurgische Poliklinik eingerichtet.

2. Capitalien.

Das Vermögen der Universität betrug am Schlusse des Jahres 1890/91 . . . . 587 869,50 M.
und ist angelegt:

in Hypotheken . . . . . . 470 344,50 M.
in Werthpapieren . . . 117 525,00 »
// 587 869,50 M.

Die Stiftungsfonds der Universität weisen am Schluss des Jahres 1890/91 ein Vermögen von . . . . 59 015 M. nach.

Dasselbe besteht:

in Hypotheken . . . . 39 840 M.
in Werthpapieren . . . . . . 19 175 »

Ausserdem besitzt der v. Hackmann'sche Professoren-Wittwen-Pensions-Fonds an Ländereien 36 ha 42 a 28 qm, welche zur Zeit einen jährlichen Pachtzins von 3934 M. und an Jagdpachtgeldern 41,20 M. einbringen.

Das Vermögen der Stipendien-Fonds betrug am Schlusse des Jahres 1890/91 . . . . 701 562,46 M. und ist angelegt:

in Hypotheken mit .... 480 000,oo M.

in Werthpapieren mit........ 221 455,oo ·

in einem Sparkassenbuch über   107,46 ·

|| 701 562,46 M.

Der Studenten-Unterstützungs-Fonds weist am Schlusse des Jahres 1890/91 ein Capital-Vermögen von..... 58 875 M. nach.

Dasselbe besteht:

in Hypotheken von..... 34 500 M. und

in Effecten von........ 24 375 ·

VI. Wichtigere Ministerial-Erlasse und Beschlüsse.

1. Für die Universität überhaupt.

a. Ministerial-Erlasse.

Durch Ministerial-Erlass vom 4. März 1890 ist angeordnet worden, dass sämmtliche zu den Hand-, Seminar- und Instituts-Bibliotheken, Lehrmittelsammlungen etc. gehörigen Bücher, Apparate, Abbildungen, Karten und sonstigen Lehrmittel nicht nur inventarisirt, sondern zur Verhütung von Verlusten durch Stempelung kenntlich gemacht werden sollen.

Durch Erlass vom 2. Juni 1890 hat der Herr Minister der geistlichen etc. Angelegenheiten bestimmt, dass

1. in allen Fällen, in denen nach erlangter Ueberzeugung ein Studirender die Vorlesung überhaupt nicht oder nur mit wesentlichen Unterbrechungen besucht hat, die Bescheinigung der Abmeldung zu versagen und demgemäss die Vorlesung im Abgangs-Zeugniss nicht zu vermerken ist;

2. bei seminaristischen und sonstigen Uebungs-Vorlesungen den Studirenden auf deren Ersuchen eingehende Zeugnisse über Fleiss und Leistungen Seitens der Universitätslehrer

auszustellen sind. Diese Zeugnisse sind auf Antrag der Studirenden den Abgangs-Zeugnissen unter entsprechender Verweisung bei dem Vorlesungseintrage beizuheften.

Zur Behebung von Zweifeln in der Anwendung des 1. Absatzes dieses Erlasses hat der Herr Minister unter dem 24. Februar 1891 erläuternd bemerkt, dass die Universitätslehrer hierdurch nicht verpflichtet werden, über den Fleiss oder Unfleiss ihrer Zuhörer eine Controle auszuüben, sowie dass es denselben unbenommen ist, die Bescheinigung der Abmeldung zu ertheilen, wenn die Unregelmässigkeiten im Besuche der Vorlesung durch militairische Verpflichtungen oder andere triftige Behinderungsgründe ausreichend entschuldigt erscheinen.

Nach einem Ministerial-Erlass vom 8. Juli 1890 ist in den Abgangs-Zeugnissen fernerhin nicht mehr zu bescheinigen, dass der Studirende die aufgeführten Vorlesungen gehört, sondern nur, dass er dieselben vorschriftsmässig an- und abgemeldet hat.

Durch Erlass vom 18. Juli 1890 hat der Herr Minister die akademischen Disciplinarbehörden angewiesen, ihr besonderes Augenmerk auf die Ortsanwesenheit der Studirenden zu richten und über dieselbe in jedem Semester bei wenigstens 10 pCt. der Studirenden genaue Ermittelungen vorzunehmen. In Fällen einer längeren unerlaubten Abwesenheit ist neben disciplinarischem Einschreiten gegen die Betreffenden bezüglich der angenommenen Vorlesungen event. die Abmeldebescheinigung zu versagen.

Zur Ausführung dieses Erlasses hat der akademische Senat unterm 29. November dess. Js. Grundzüge festgesetzt, nach welchen zwei Mal im Laufe des Semesters etwa 5 pCt. (zusammen mindestens 10 pCt.) der gesammten Studirenden schriftlich durch die Post aufgefordert werden, am folgenden Tage mit den Erkennungskarten vor dem Rector zu erscheinen und auf diese Weise ihre Ortsanwesenheit nachzuweisen. Bezüglich der Ausgebliebenen sind alsdann die erforderlichen Ermittelungen durch die Pedelle anzustellen.

In einem Specialfalle hat der Herr Minister der geistl. etc. Angelegenheiten darauf hingewiesen, dass ein in den Ruhestand getretener Professor, trotzdem ihm neben Entbindung von seinen amtlichen Verpflichtungen die Genehmigung zur Verlegung seines Wohnsitzes vom Universitätsorte gestattet ist, nach wie vor dem Universitäts-Verbande in seiner bisherigen Eigenschaft als Professor angehört und darum in dem Staatshandbuche wie im Personal-Verzeichniss an entsprechender Stelle weiter zu führen ist.

Auf die von dem Herrn Minister angeregte Frage, ob bei hiesiger Universität noch ein Bedürfniss zur Beibehaltung einer besonderen Studenten-Bibliothek bestehe, event. wie deren Verwaltung in Zukunft einzurichten sein werde, hatte sich zuerst der akademische Senat auf Grund eingehender Prüfung und Berathung dahin entschieden, dass die Studenten-Bibliothek auch fernerhin zu erhalten sein möchte, jedoch unter Einschränkung in die im § 15 des bez. Regulativs für dieselbe gezogenen Grenzen. Nachdem jedoch zur Kenntniss des Senats gekommen war, dass die bisherigen Einnahmen der Bibliothek jedenfalls — wie nunmehr auch geschehen — zum grössten Theil in Wegfall kommen würden, glaubte derselbe in Anbetracht dessen, wie ausserdem in der Voraussetzung, dass die Interessen der Studirenden durch Erweiterung der Seminar-Bibliotheken und der Seminarräume genügend gewahrt werden würden, auf dem vorgedachten gutachtlichen Beschluss nicht beharren zu dürfen. In Folge dessen ist die Studenten-Bibliothek durch Ministerial-Erlass vom 28. März 1891 mit Ablauf des Rechnungsjahres 1890/91 zur Aufhebung gelangt. — Gemäss diesem Erlass sind die bei derselben vorhandenen Bücher- etc. Bestände in erster Linie den Seminaren, in zweiter den naturwissenschaftlichen und medicinischen Instituten nach vorgängiger gegenseitiger Verständigung zu überweisen; die demnächst verbleibenden Restbestände hat die Universitäts-Bibliothek zu übernehmen.

Gleichzeitig hat sich der Herr Minister zu der von dem Senat angeregten Vervollständigung der Seminar-Bibliotheken nebst Annahme von Bücherwarten bei denselben bereit erklärt und zu bezüglichen Anträgen aufgefordert.

Von den Seitens der Studenten-Bibliothek bisher benutzten Räumen sind 3 Zimmer zur Unterbringung des klassisch-

philologischen Seminars bestimmt, dessen seitherige Geschäftsräume das juristische Seminar erhält, wogegen der vorhandene,
grössere Saal zu einem Auditorium hergerichtet wird.

Nachdem bereits vom 15. October 1890 ab durch Erlass
vom 11. dess. Mts. die von jedem Studirenden bei der Annahme der Vorlesungen pro Semester zu entrichten gewesene
Gebühr für die Studenten-Bibliothek von 25 Pf. ausser Hebung
gesetzt worden war, ist auch die für jede öffentliche Vorlesung
bisher zu entrichten gewesene Gebühr von 25 Pf., welche s. Z.
zur Begründung und Erhaltung der bei der Universität bestehenden Studenten-Begräbniss-Kasse eingeführt worden war
und wovon am Schlusse jeden Jahres die Hälfte des nach
Deckung etwaiger Beerdigungskosten verbliebenen Ueberschusses
dem Bibliothek-Fonds zugeführt wurde, vom 1. April 1891 ab
in Wegfall gekommen.

Die sonstigen bisherigen Einnahmen der Bibliothek an
Miethe für den Musiksaal und Gebühren für Duplicat-Anmel-
dungs-Bücher sind fortan dem Insgemeintitel des Universitäts-
Etats zuzuführen.

Da durch den Wegfall der Gebühr für die öffentlichen
Vorlesungen gleichzeitig dem Studenten-Begräbniss-Fonds der
wesentlichste Theil seiner Einnahme entzogen ist, so hat der
Herr Minister den Senat zu Vorschlägen in Bezug auf dessen
Entschädigung hierfür aufgefordert.

Durch Ministerial-Erlass vom 17. October 1890 ist angeordnet worden, dass die Geldstipendien, welche von den Uni-
versitätsbehörden an Studirende verliehen werden, in der
Regel auf einen Betrag von nicht unter 120 M. für das Sommer-
halbjahr und 180 M. für das Winterhalbjahr zu bemessen sind.
— Bei dem Vorhandensein von diesem Erlass entgegen stehenden
nicht aufhebbaren Bestimmungen soll möglichst durch Verleihung mehrerer Stipendien an ein und denselben Studirenden für Erreichung der festgesetzten Mindestbeträge gesorgt
werden.

Durch Ministerial-Erlass vom 7. Januar 1891 ist angeordnet
worden, dass zur Bestreitung der Kosten der Decanats-Ver-
waltungen fernerhin Aufwendungen aus den Mitteln bezw. den

Naturalbeständen der Universitäten einschliesslich der Kosten
für Formulare, Papier u. s. w. nicht mehr erfolgen dürfen.

Nach einer Mittheilung des Herrn Ministers der geistlichen etc. Angelegenheiten hat derselbe den Herrn Kriegsminister ersucht, die obersten Waffenbehörden zu veranlassen,
bei der Festsetzung der abzuleistenden achtwöchigen Uebungen
studirender Offiziers-Aspiranten soweit irgend thunlich auf die
akademischen Ferien Rücksicht zu nehmen und die Uebungen
möglichst in die Monate März und April oder August und September zu verlegen. Die vorgedachten Waffenbehörden sind
Seitens des Herrn Kriegsministers hiervon unter dem Anheim-
stellen verständigt worden, die geäusserten Wünsche zu berücksichtigen, soweit dies mit den Festsetzungen der Heerordnung
und den Dienstinteressen vereinbar sei.

b. Senatsbeschlüsse.

In Folge der von dem Herrn Minister angeregten Frage
einer event. Umgestaltung oder Aufhebung der Eloquenz-Pro-
fessuren, hat sich der Senat dahin geäussert, dass die ausserordentlichen Geschäfte der gegenwärtigen Professoren der
Eloquenz zwar beizubehalten, jedoch unter Fortfall des bisherigen förmlichen Titels auf einen oder zwei Professoren der
klassischen Philologie zu übertragen sein möchten. Die Festrede am Geburtstage Sr. Majestät des Kaisers und Königs
würde alsdann nicht mehr lediglich durch den Professor der
Eloquenz zu halten, vielmehr dahin Bestimmung zu treffen
sein, dass die Sorge für diese Rede je umwechselnd mit der
philosophischen Facultät von den vier anderen Facultäten
alternirend übernommen wird.

Gleichzeitig ist der Antrag gestellt worden, den lateinischen
Lections-Catalog, dessen Redigirung zur Zeit dem Professor
der Eloquenz obliegt, als überflüssig im Interesse der Kosten-
Ersparniss in Zukunft wegfallen, das deutsche Vorlesungs-Verzeichniss hingegen in veränderter Form erscheinen zu lassen.
Eine ministerielle Entscheidung steht bis jetzt hierüber
noch aus.

2. Für die einzelnen Facultäten.

Medicinische Facultät.

Durch Erlass vom 19. April 1890 hat der Herr Minister der geistlichen etc. Angelegenheiten die Praktikanten-Beiträge für die Präparirübungen im anatomischen Institut hiesiger Universität von bisher 6 M. auf 10 M. erhöht. Die Erhebung der veränderten Gebühr erfolgt vom Etatsjahr 1891/92 ab.

Philosophische Facultät.

Nach einem Ministerial-Erlass vom 14. Mai 1890 hat sich der Bundesrath zur Declaration des § 4 Ziffer 2 der Bekanntmachung vom 5. Juli 1889 betreffend die Prüfung der Zahnärzte dahin ausgesprochen, dass die Behufs Zulassung zur Prüfung nachzuweisende mindestens einjährige praktische Thätigkeit bei einer zahnärztlichen höheren Lehranstalt oder einem approbirten Zahnarzt ausserhalb der vorgeschriebenen Studienzeit stattfinden muss.

VII. Universitäts-Ereignisse, Feierlichkeiten, Programme, Adressen etc.

1. Akademische Feierlichkeiten.

Am 15. October 1890 fand die feierliche Uebergabe des Rectorats von Seiten des bisherigen Rectors, Domherrn Prof. Dr. Probst an den neu gewählten Rector, Geh. Justiz-Rath Prof. Dr. Brie statt. — Nach Leistung des vorgeschriebenen Eides hielt dieser seine Antrittsrede über die Fortschritte des Völkerrechts seit dem Wiener Congress.

Am 27. Januar 1891 fand in der festlich geschmückten Aula Leopoldina die Feier des Geburtstages Sr. Majestät des Kaisers und Königs unter zahlreicher Betheiligung des Lehrkörpers und der Studirenden statt. Hierbei hielt Herr Prof. Dr. Förster die Festrede über Johann Jacob Reiske.

Den Schluss der Feier bildete die Verkündigung der Preise
für die Lösung der am 27. Januar 1890 gestellten Preisaufgaben
und die Bekanntmachung neuer am 2. December 1891 einzuliefernder Arbeiten.

Am Nachmittag vereinigten sich die Docenten und Beamten der Universität zu einem gemeinsamen Festmahl, das
auf vielfachen Wunsch gesondert für die Mitglieder der Universität arrangirt worden war und eine sehr zahlreiche Betheiligung fand.

Nachdem am 1. Mai 1890 die Verlegung der Universitäts-
Frauenklinik in den Neubau an der Maxstrasse erfolgt war,
fand am 1. April 1891 die Uebersiedelung der chirurgischen
Universitäts-Klinik in den Neubau an der Thiergartenstrasse
statt. (Näheres s. oben S. 64 ff.)

Die im Rectoratsjahre 1888/89 beschlossene Fortsetzung
des im Jahre 1861 der Universität gewidmeten Albums mit den
Photographien der damaligen Professoren und der Beamten
der akademischen Verwaltung ist dank der eifrigen Bemühungen
des damaligen Rectors, Geh. Reg.-Raths Prof. Dr. Poleck,
soweit gediehen, dass Letzteres unterm 13. November 1890 dem
akademischen Senat überreicht werden konnte. Das Album ist
so eingerichtet, dass dasselbe bis zur 100jährigen Jubelfeier
der Universität im Jahre 1911 ausreichen dürfte und somit
ein schönes Erinnerungsblatt zur Chronik der Universität
bilden wird.

2. Programme.

An Programmen erschienen im Etatsjahre 1890/91:

a. das Programm im lateinischen Lectionscatalog für das
Sommer-Semester 1890 von Geh. Regierungs-Rath Pro-
fessor Dr. Hertz: „De Horatii operum exemplari olim
Guyetiano narratio I“;

b. das Programm im lateinischen Lectionscatalog für das
Winter-Semester 1890/91 von demselben: „De Horatii
operum exemplari olim Guyetiano narratio II“.

VIII. Studirende.

1. Hörerzahl.

Sommer-Semester 1890.

a. Immatriculirte Studirende:

Aus dem vorigen Semester waren geblieben...... 935

Neu hinzugekommen 364

zusammen   1299

Davon zählte:

die evangelisch-theologische Facultät	{	Preussen ..... 183 Nichtpreussen . 1	184
die katholisch - theologische Facultät	{	Preussen ..... 211 Nichtpreussen . 3	214
die juristische Facultät.....	{	Preussen ..... 222 Nichtpreussen . 8	230
die medicinische Facultät ..	{	Preussen ..... 321 Nichtpreussen . 7	328

die philosophische Facultät

a. Preussen m. d. Zeugniss der Reife 169

b. Preussen ohne Zeugniss der Reife nach § 3 der Vorschriften v. 1sten October 1879................. 129

Preussen 298

c. Nichtpreussen 45   343

b. Hospitanten, Preussen und Nichtpreussen 38

Die Gesammtzahl der zum Hören von Vorlesungen Berechtigten war also......................... 1337

Es hörten Vorlesungen:

von den immatriculirten Studirenden.......... 1294

von den Hospitanten........................ 38

zusammen   1332

Vom Hören von Vorlesungen waren dispensirt:

je 1 in der evangelisch-theologischen, in der medicinischen und in der philosophischen Facultät, sowie 2 in der katholisch-theologischen Facultät, zusammen 5

Winter-Semester 1890/91.

a. Immatriculirte Studirende:

aus dem vorigen Semester waren geblieben..... 925

neu hinzugekommen 291

zusammen   1216

Davon zählte:

die katholisch-theologische Facultät	Preussen 161		162
	Nichtpreussen. 1		
die evangelisch-theologische Facultät	Preussen 162		162
	Nichtpreussen. —		
die juristische Facultät.....	Preussen 225		229
	Nichtpreussen. 4		
die medicinische Facultät ..	Preussen 299		305
	Nichtpreussen. 6		

die philosophische Facultät

a. Preussen m. d. Zeugniss der Reife 171

b. Preussen ohne Zeugniss der Reife nach § 3 der Vorschriften v. 1sten October 1879 148

Preussen.................... 319

c. Nichtpreussen 39   358

b. Hospitanten, Preussen und Nichtpreussen 49

Die Gesammtzahl der zum Hören von Vorlesungen Berechtigten war also 1265

Es hörten Vorlesungen:

von den immatriculirten Studirenden 1208

von den Hospitanten........ 49

zusammen   1257

Vom Hören von Vorlesungen waren dispensirt:

je 2 in der katholisch-theologischen und in der medicinischen Facultät, 1 in der juristischen Facultät, sowie 3 in der philosophischen Facultät, zusammen 8

2. Betheiligung an den Vorlesungen.

a. Es haben Inscriptionen stattgefunden

1. bei der evangelisch-theologischen Facultät

im Sommer-Semester 1890:

zu 13 theol. Privatvorlesungen.......... 474
= 2 = öffentlichen Vorlesungen.... 186
= 8 = seminaristischen Uebungen.. 180

im Winter-Semester 1890/91:

zu 13 theol. Privatvorlesungen.......... 465
= 3 = öffentlichen Vorlesungen ... 182
= 8 = seminaristischen Uebungen.. 227

2. bei der katholisch-theologischen Facultät

im Sommer-Semester 1890:

zu 9 theol. Privatvorlesungen.......... 837
= 7 = öffentlichen Vorlesungen 516
= 3 = seminaristischen Uebungen... 51

im Winter-Semester 1890/91:

zu 12 theol. Privatvorlesungen.......... 865
= 6 = öffentlichen Vorlesungen.... 276
= 4 = seminaristischen Uebungen.. 52

3. bei der juristischen Facultät

unter Einschluss der staatsw. Disciplinen

im Sommer-Semester 1890:

zu 14 jur. bezw. staatsw. Privatvorlesungen.......... 523
= 7 = = = öffentlichen Vorlesungen 217
= 3 = = = seminaristischen Uebungen ... 73

im Winter-Semester 1890/91:

zu 21 jur. bezw. staatsw. Privatvorlesungen.......... 650
= 6 = = = öffentlichen Vorlesungen 168
= 4 = = = seminaristischen Uebungen ... 76

4. bei der medicinischen Facultät

im Sommer-Semester 1890:

zu 48 medicinischen Privatvorlesungen 1529
= 29   =   öffentlichen Vorlesungen .   629

im Winter-Semester 1890/91:

zu 44 medicinischen Privatvorlesungen 1408
= 34   =   öffentlichen Vorlesungen .   823

5. bei der philosophischen Facultät

im Sommer-Semester 1890:

zu 81 Privatvorlesungen 1438
= 32 öffentlichen Vorlesungen. . . .   486
= 28 Seminarien.   426

im Winter-Semester 1890/91:

zu 74 Privatvorlesungen 1384
= 29 öffentlichen Vorlesungen. . . .   650
= 36 Seminarien.   285

1. Von Seiten der Studirenden der evangelisch-theologischen Facultät haben stattgefunden:

im Sommer-Semester 1890 bei einer Anzahl von 184 Hörern

zu 13 theologischen Privatvorlesungen . . . . 474 Inscriptionen,
= 2   =   öffentl. Vorlesungen . . 186   =
= 8   =   seminarist. Uebungen . 180   =
• ausserfachlichen (philos., historischen,
    litterar., philologischen) Vorlesungen   15   =
    (6 privaten und 9 öffentlichen)

im Winter-Semester 1890/91 bei einer Anzahl von 162 Hörern

zu 13 theologischen Privatvorlesungen . . . . 465 Inscriptionen,
= 3   =   öffentl. Vorlesungen . . 182   =
= 8   =   seminarist. Uebungen . 227   •
= ausserfachlichen Vorlesungen 27   =
    (12 privaten und 15 öffentlichen).

Mithin fallen auf jeden der Hörenden:

im Sommer-Semester 1890 (Zahl 184):

zu den theologischen Privatvorlesungen..	2,576 Inscriptionen,	
= = =	öffentl. Vorlesungen	1,011	=
= = =	seminar. Uebungen	0,970	=
= = ausserfachlichen Vorlesungen	0,081	=

im Winter-Semester 1890/91 (Zahl 162)

zu den theologischen Privatvorlesungen..	2,864 Inscriptionen,	
= = =	öffentl. Vorlesungen	1,123	=
= = =	seminar. Uebungen	1,401	=
= = ausserfachlichen Vorlesungen	0,167	=

2. Von Seiten der Studirenden der katholischen Theologie haben stattgefunden:

im Sommer-Semester 1890 bei einer Anzahl von 214 Hörern

zu 9 theologischen Privatvorlesungen	837 Inscriptionen,	
= 7 =	öffentl. Vorlesungen ...	516	=
= 3 =	seminar. Uebungen	51	=
= ausserfachlichen Vorlesungen..........	32	=

(15 private, 17 öffentliche);

im Winter-Semester 1890/91 bei einer Anzahl von 162 Hörern

zu 12 theologischen Privatvorlesungen	865 Inscriptionen,	
= 6 =	öffentl. Vorlesungen .	276	=
= 4 =	seminar. Uebungen . .	52	=
= ausserfachlichen Vorlesungen..........	33	=

(22 private, 11 öffentliche).

Mithin entfallen auf jeden Hörenden:

im Sommer-Semester 1890 (Zahl 214)

zu den theologischen Privatvorlesungen..	3,911 Inscriptionen,	
= = =	öffentl. Vorlesungen	2,411	=
= = =	seminar. Uebungen	0,238	=
= = ausserfachlichen Vorlesungen . . .	0,149	=

im Winter-Semester 1890/91 bei einer Anzahl von 162 Hörern

zu den theologischen Privatvorlesungen..	5,340 Inscriptionen,	
= = =	öffentl. Vorlesungen	1,703	=
= = =	seminar. Uebungen	0,321	=
= = ausserfachlichen Vorlesungen	0,204	=

3. Von Seiten der Studirenden der juristischen Facultät
haben stattgefunden:

im Sommer-Semester 1890 bei einer Anzahl von 230 Hörern
zu 14 juristischen Privatvorlesungen ...... 523 Inscriptionen,
= 7 = öffentlichen Vorlesungen 217 =
= 3 = seminar. Uebungen.... 73 =
= ausserfachlichen Vorlesungen.......... 14 =
(6 private, 8 öffentliche);

im Winter-Semester 1890/91 bei einer Anzahl von 229 Hörern
zu 21 juristischen Privatvorlesungen ...... 650 Inscriptionen,
= 6 = öffentlichen Vorlesungen 168 =
= 4 = seminar. Uebungen..... 76 =
= ausserfachlichen Vorlesungen......... 5 =
(2 private, 3 öffentliche).

Mithin fallen auf jeden Hörenden:

im Sommer-Semester 1890 (Zahl 230)
zu den juristischen Privatvorlesungen ... 2,274 Inscriptionen,
= = = öffentl. Vorlesungen.. 0,943 =
= = = seminar. Uebungen.. 0,317 =
= = ausserfachlichen Vorlesungen .... 0,061 =

im Wintersemester 1890/91 (Zahl 229)
zu den juristischen Privatvorlesungen ... 2,838 Inscriptionen,
= = = öffentl. Vorlesungen.. 0,733 =
= = = seminar. Uebungen.. 0,332 =
= ausserfachlichen Vorlesungen .... 0,022 =

4. Von Studirenden der medicinischen Facultät haben,
wenn die von ihnen gehörten obligatorischen naturwissenschaftlichen Vorlesungen zu den medicinischen gezählt werden,
stattgefunden:

im Sommer-Semester 1890 bei einer Anzahl von 328 Hörern
zu 48 Privatvorlesungen .... 1529 Inscriptionen,
= 29 öffentlichen Vorlesungen .... 629 =

im Winter-Semester 1890/91 bei einer Anzahl von 305 Hörern
zu 44 Privatvorlesungen .... 1408 Inscriptionen,
= 34 öffentlichen Vorlesungen .... 823 =
Mithin fallen auf jeden Hörenden:

im Sommer-Semester 1890 (Zahl 328)

zu den Privatvorlesungen . . . . 4,661 Inscriptionen,

=   = öffentlichen Vorlesungen. 1,917   =

im Winter-Semester 1890/91 (Zahl 305)

zu den Privatvorlesungen . . . . 4,616 Inscriptionen,

=   = öffentlichen Vorlesungen. 2,698   =

5. Von Seiten der Studirenden der philosophischen Facultät haben stattgefunden:

im Sommer-Semester 1890 bei einer Anzahl von 343 Hörern

zu 81 Privatvorlesungen . . . . 1438 Inscriptionen,

= 32 öffentlichen Vorlesungen 486   =

= 28 Seminarien 426   =

(Ausserfachliche Vorlesungen sind in der philosophischen Facultät in der Regel solche, die einem vom Specialfache verschiedenen Fache dieser Facultät selbst angehören)

im Winter-Semester 1890/91 bei einer Anzahl von 358 Hörern

zu 74 Privatvorlesungen . . . . 1384 Inscriptionen,

= 29 öffentlichen Vorlesungen 650   ,

= 36 Seminarien 285   ,

Mithin fallen auf jeden Hörenden:

im Sommer-Semester 1890 (Zahl 343)

zu den Privatvorlesungen . . . . 4,195 Inscriptionen,

=   = öffentlichen Vorlesungen. 1,417   ,

=   = Seminarien 1,246   =

im Winter-Semester 1890/91 (Zahl 358)

zu den Privatvorlesungen. . . . . 4,029 Inscriptionen,

,   = öffentlichen Vorlesungen 1,815   =

,   , Seminarien. 0,796   =

3. Lösungen von Preisaufgaben.

Die Preisaufgaben, welche für das Jahr 1890 gestellt waren und deren Ergebnisse am diesjährigen Geburtstage Sr. Majestät des Kaisers und Königs bestimmungsmässig zur Verkündigung gelangten, sind in nachfolgender Weise gelöst worden:

I. a. In der katholisch-theologischen Facultät fand die Aufgabe: „Quid Sapientiae nomine in libris Veteris Testamenti, qui sapientiales dici solent, intellegendum sit, exponatur" in dem Stud. theol. cath. Carl Neugebauer einen Bearbeiter, welchem der halbe Preis in Höhe von 75 Mark zugesprochen wurde.

b. In der evangelisch-theologischen Facultät hat die zweite Aufgabe: „Hebraeorum religio ductu Psalmorum describatur" 3 Bearbeitungen gefunden, von denen der ersten eine Anerkennung nicht zu Theil werden konnte, wogegen den Verfassern der anderen beiden Arbeiten, Stud. theol. ev. Martin Schian, jetzt in Halle wohnhaft, und Stud. theol. ev. Georg Kerber je der volle Preis von 150 Mark zuerkannt worden ist.

c. In der juristischen Facultät hat zwar die dritte Aufgabe: „Ueber den vertragsmässigen Ausschluss der Haftung für culpa" eine Bearbeitung gefunden, die jedoch mit einem Preise nicht gekrönt werden konnte.

d. In der philosophischen Facultät wurde für die Bearbeitung der orientalisch-philologischen Aufgabe: „Eine erschöpfende Darstellung der Zeitsätze im Arabischen" dem Stud. phil. Samuel Freund der halbe Preis von 75 Mark zuerkannt.

II. Es sind unbearbeitet geblieben:

1. In der evangelisch-theologischen Facultät die Aufgabe: „Quomodo sententia de millenis cohaereat cum notione ecclesiae ex doctrina Catholicorum, Lutheranorum et Reformatorum demonstretur ratione habita controversiarum de chiliasmo variis temporibus actarum."

2. In der juristischen Facultät die wiederholt gestellte Aufgabe: „Erklärung des Art. 78 Absatz 2 der Deutschen Reichsverfassung vom 16. April 1871," sowie die zweite Aufgabe: „Welche Geltung haben die Vorschriften des kanonischen Rechts für die Verhältnisse der katholischen Kirche gemäss den Bestimmungen des Preussischen Allgemeinen Landrechts?"

3. In der medicinischen Facultät die von derselben gestellte einzige Aufgabe: „Die Mittel, welche in localer Anwen-

dung zur Bekämpfung der Tuberculose der Weichtheile, Knochen und Gelenke empfohlen sind, sollen auf ihren Werth und ihre Wirkung klinisch und experimentell untersucht werden."

4. In der philosophischen Facultät:

   a. die philosophische Aufgabe: „Günthers Stellung zur Scholastik, besonders zur Philosophie des Thomas von Aquino," sowie

   b. die historische Aufgabe: „Entwickelung der staatsrechtlichen und politischen Verhältnisse zwischen dem Deutschen Orden und der Krone Polen vom Thorner Frieden bis zum Jahre 1525.

4. Verbindungen und Vereine.

Im abgelaufenen Rechnungsjahre zählte die Universität 4 Corps, 4 Burschenschaften, 5 farbentragende Verbindungen, 5 Landsmannschaften, 25 akademische Vereine, und zwar zählten an Mitgliedern:

			im S.-S. 90,	im W.-S. 90/91
das Corps Borussia			12	6
= = Lusatia			13	14
= = Marcomannia			9	6
= = Silesia			10	7
die Burschenschaft Arminia . . .			5	5
		Inact.	4	Inact. 3
= = Germania . .			—	7
			Inact.	8
= = Cheruscia . .			5	4
= = Raczeks . . .			7	5
die Verbindung Vandalia			16	17
= = Viadrina (freie Verbindung) . . .			8	5
		Inact.	5	Inact. 4
= = Winfridia			27	32
= = Wingolf			11	10
		Inact.	3	—
= = Wratislavia			14	17

	im S.-S. 90,	im W.-S. 90/91
die Landsmannschaft Alemannia	9	12
ꞏ ꞏ Glacia....	13	17
ꞏ ꞏ Macaria ..	—	—
ꞏ ꞏ Nissia....	7	7
ꞏ ꞏ Teutonia .	7	9
Inact.	1	—
der Verein deutscher Studenten	33	26
ꞏ germanistische Verein	7	6
ꞏ Universitäts-Gesangverein..	10	10
ꞏ akadem. Gesang-Verein Leopoldina	21	20
Inact.		3
ꞏ stud. Gustav.Adolf-Verein ..	33	24
ꞏ akad. historische Verein ...	9	6
ꞏ ꞏ landwirthschftl.Verein	—	9
ꞏ ꞏ litterarische Verein ..	15	16
Inact. 4 Inact.		5
ꞏ ꞏ mathematische Verein	4	5
ꞏ ꞏ medicinische Verein ..	7	8
ꞏ ꞏ naturwissenschaftlich. Verein	6	8
ꞏ akadem. odontolog. Verein.	8	6
Inact.		3
ꞏ wissenschaftl. pharmaceut. Verein	19	22
ꞏ philologische Verein.......	9	12
ꞏ Verein für klass. Philologie	9	8
ꞏ ꞏ neuere ꞏ	9	6
ꞏ ꞏ wissenschaftlich. Theologie	22	17
ꞏ akadem. Turn-Verein	35	35
Inact. 23 Inact.		24
ꞏ ꞏ ꞏ Suevia	29	12
Inact.		7
ꞏ kathol. Stud.-Verein Unitas	42	42
ꞏ neue evang.-theolog. Stud.-Verein	20	22
Inact.		2

	im S.-S. 90,	im W.-S. 90/91
der akadem. Stenograph.-Verein		
Stolzeana	15	6
		Inact. 11

Es sind neu hinzugekommen:
der akadem. Stenograph.-Verein

Gabelsberger	5	6
= akadem. Schachclub Caissa	12	11
= = Verein Oppelner		
Abend mit	—	10

Wegen Mangels an Mitgliedern hatten bezw. haben sich suspendirt:

die Landsmannschaft Macaria seit dem S.-S. 1890;

der akadem. landwirthsch. Verein im S.-S. 1890;

der akadem. Stenogr.-Verein Stolzeana seit dem W.-S. 1890/91.

5. Akademische Disciplin.

Durch den Rector wurden bestraft:

Im Sommer-Semester 1890:

1 Stud. phil. mit einem ernstlichen Verweis wegen Verstosses gegen § 25 ad 2 und § 26 ad 1 der allgemeinen Studenten-Vorschriften;

im Winter-Semester 1890/91:

1 Stud. phil. mit einsm ernstlichen Verweis wegen Verletzung des § 25 Nr. 2 der gleichen Vorschriften.

Von den ordentlichen Gerichten wurden verurtheilt:

Im Sommer-Semester 1890:

Wegen Erregung ruhestörenden Lärms bezw. Strassenpolizei-Contravention

1 Stud. phil. mit 20 Mark Geldstrafe eventuell zwei Tagen Haft.

Im Winter-Semester 1890/91:

Wegen Verübung groben Unfugs, sowie wegen Erregung ruhestörenden Lärms und thätlichen Angriffs gegen einen Vollstreckungsbeamten

1 Stud. med. wegen der Uebertretungen mit 10 Mark Geldstrafe event. mit je 1 Tage Haft und wegen des

Vergehens mit 30 Mark Geldstrafe event. mit 3 Tagen
Gefängniss.

Wegen Widerstands gegen die Staatsgewalt
1 Stud. med. mit 15 Mark Geldstrafe event. 2 Tagen
Gefängniss.

Wegen öffentlicher Beleidigung
1 Stud. jur. mit 5 Mark Geldstrafe event. 1 Tage Haft.

Wegen Lärmerregung und wegen Bedrohung mit Begehung
eines Verbrechens
1 Stud. phil. mit 3 Mark Geldstrafe event. 1 Tage Haft
bezw. mit 10 Mark Geldstrafe event. 2 Tagen Gefängniss.

Wegen Erregung ruhestörenden Lärms und wegen Widerstands gegen die Staatsgewalt
1 Stud. phil. mit 3 Mark Geldstrafe event. 1 Tage Haft
bezw. mit 20 Mark Geldstrafe event. 5 Tagen Gefängniss.

Ausserdem wurde eine Anzahl Studirender mit Polizeistrafen in Höhe von 6 und 3 Mark event. verhältnissmässiger
Haft belegt.

IX. Promotionen.

1. Ehrenpromotionen und Diplomerneuerungen.

Von der evangelisch-theologischen Facultät wurde:
der Consistorial-Rath und Pastor an der St. Paulikirche
in Posen Max Reichard zum Doctor der Theologie
hon. causa promovirt.

Von der katholisch-theologischen Facultät wurde:
der Bischof und Apostolische Vicar Ludwig Wahl in
Dresden zum Doctor der Theologie hon. causa promovirt.

Von der philosophischen Facultät wurde:
dem Gymnasial-Director Friedrich Wilhelm Beisert in
Bunzlau das Diplom erneuert.

2. Promotionen auf Grund von Dissertationen und Prüfungen.

(Hinter Namen und Datum werden einfach die Dissertationen genannt.)

I. Von der katholisch-theologischen Facultät wurden zum Doctor theol. promovirt:

1. Swientek, August, Pfarrer und Geistlicher Rath in Czarnowanz, 9. Mai 1890: „Auf Grund der nach seiner Licentiaten-Promotion herausgegebenen Schriften."
2. Buchwald, Rudolf, aus Münsterberg, 23. December 1890: „De liturgia Gallicana."
3. Jungnitz, Joseph, Subregens des Bischöflichen Alumnats hierselbst, 7. Februar 1891: „Auf Grund seiner bisher veröffentlichten kirchenhistorischen Arbeiten und seiner mündlich bestandenen Prüfung."

II. Von der juristischen Facultät wurden promovirt:

1. Riesenfeld, Conrad Ernst, aus Münsterberg, 15. November 1890: „Verschollenheit und Todeserklärung nach gemeinem und preussischem Rechte, mit steter Rücksicht auf die Vorschläge des Entwurfs eines bürgerlichen Gesetzbuchs für das Deutsche Reich."
2. Beling, Ernst, aus Breslau, 29. November 1890: „Die gemeinrechtliche Geltung der operis novi nunciatio."
3. Niedner, Johannes, aus Breslau, 20. December 1890: „Der Anspruch des Sekundainhabers gegen den Verwahrer der Prima (Art. 68 der Allgemeinen Deutschen Wechselordnung)."

III. Von der medicinischen Facultät wurden promovirt:

1. Ziegert, Hermann, aus Breslau, 3. April 1890: „Hypertrophia tonsillaris, ihre Folgen und Behandlung."
2. Obuch, Adolf, aus Jungen W./Pr., 1. Mai 1890: „Ein Fall von Situs inversus viscerum lateralis."
3. Lazarus, Adolf, aus Breslau, 2. Mai 1890: „Die Wirkungsweise der gebräuchlicheren Mittel zur Conservirung der Milch."
4. Kiefer, Ernst, aus Breslau, 21. Mai 1890: „Ueber einige Fälle von chronischem Alkohol-Delirium."

5. Hamacher, Theodor, aus Breslau, 31. Mai 1890: „Ein Beitrag zur Lehre vom Lichen ruber."

6. Hamburger, Hermann, aus Breslau, 4. Juni 1890: „Ueber die Wirkung des Magensaftes auf pathogene Bacterien."

7. Hildebrandt, Hermann, aus Breslau, 28. Juni 1890: „Zur Kenntniss der physiologischen Wirkung der hydrolytischen Fermente."

8. Vollradt, Georg, aus Breslau, 19. Juli 1890: „Zwei Fälle geheilter Magenfisteln."

9. Nischkowsky, Robert, aus Breslau, 24. Juli 1890: „Zur Pathologie der chronischen Gonorrhoe mit besonderer Berücksichtigung der Urethritis posterior."

10. Wawrzik, Joseph, aus Ottmachau, 26. Juli 1890: „Statistische Uebersicht der in der Zeit vom 1. April 1883 bis 1. April 1889 in der Poliklinik der Königl. Frauenklinik zu Breslau ambulant zur Behandlung gekommenen Fälle."

11. Richter, Oswald, aus Breslau, 9. August 1890: „Ueber Herniolaparotomie."

12. Hirschfeld, Adolf, aus Breslau, 1. September 1890: „Zur Pathogenese der tertiären Lues."

13. Tornier, Oscar, aus Neuteich W./Pr., 10. October 1890: „Das Knochenmark."

14. Heermann, Gustav, aus Mittelgoldmannsdorf, Kreis Pless, 10. October 1890: „Ueber dekubitale Nekrose des Pharynx und des Oesophagus."

15. Sackur, Paul, aus Breslau, 22. October 1890: „Wirken die Antipyretica auf die Temperatur des nicht fiebernden Menschen?"

16. Schiffer, Georg, aus Breslau, 30. October 1890: „Die Endresultate der in den letzten 8 Jahren in der Königl. Frauenklinik zu Breslau gemachten Ovariotomieen."

17. Ragotzi, Victor, aus Breslau, 18. November 1890: „Ueber die Wirkung des Giftes der Naja tripudians."

18. Glaeser, Emil, aus Lippen, Kreis Crossen a./O., 21. November 1890: „Untersuchungen über Cholesteatome

und ihre Ergebnisse für die Lehre von der Entstehung der Geschwülste."

19. **Richter**, Paul, aus Beuthen O./S., 15. Januar 1891: „Experimentaluntersuchungen über Antipyrese und Pyrese; nervöse und künstliche Hyperthermie."

20. **Gervais**, Hans, aus Drengfurt O./Pr., 15. Januar 1891: „Ein Fall von Torsion des Samenstranges."

21. **Polewski**, Stanislaus, aus Karmin in Posen, 17. Januar 1891: „Ueber Pachydermia laryngis."

22. **Reichelt**, Victor, aus Friedland O./S., 10. Februar 1891: „Ueber acute Intoxicationen."

23. **Marcuse**, Wilhelm, aus Breslau, 17. Februar 1891: „Beiträge zur Kenntniss des Stoffumsatzes in dem thätigen elektrischen Organ der Zitterrochen, auf Grund experimenteller Studien an der zoologischen Station zu Neapel."

24. **Guttmann**, Emil, aus Breslau, 21. Februar 1891: „Zur Statistik der Herzklappenfehler."

25. **Lasch**, Otto, aus Breslau, 23. Februar 1891: „Ein Beitrag zu der Frage: Wann wird die Lues constitutionell?"

26. **Schmidt**, Richard, aus Schrimm, 10. März 1891: „Die functionellen Ergebnisse der Sehnennaht (an der chirurgischen Universitäts-Klinik zu Breslau während der Jahre 1886—1889)."

27. **Protzek**, Ernst Victor, aus Brieg, 16. März 1891: „Ueber extragenitale Primäraffecte und ihre Diagnose."

28. **Spitzer**, Wilhelm, aus Namesztó in Ungarn, 16. März 1891: „Experimentaluntersuchungen über die Darmwirkung des Opiums und Morphins."

IV. Von der philosophischen Facultät wurden promovirt:

1. **Lienig**, Paul, aus Görlitz, 26. April 1890: „Die Grammatik der provenzalischen Leys d'amors, verglichen mit der Sprache der Troubadours. Erster Theil (Phonetik)."

2. **Abramowski**, Adalbert, aus Osterode O./Pr., 25. Juni 1890: „Zur Geschichte Albrecht des Beherzten 1488 ff."

3. Graf **Du Moulin - Eckart**, Richard, aus Winklarn in Bayern, 16. Juli 1890: „Leudegar, Bischof von Autun

(† 678). Ein Beitrag zur fränkischen Geschichte des 7. Jahrhunderts."

4. Fischer, Hugo, aus Breslau, 21. Juli 1890: „Beiträge zur vergleichenden Morphologie der Pollenkörner."

5. Oesterreich, Hermann, aus Bromberg, 2. August 1890: „Die Handelswege Thorns im Mittelalter."

6. Ulmann, Hermann, aus Neudörfles bei Coburg, 7. Aug. 1890: „Fra Filippo Lippi und Fra Diamante als Lehrer Sandro Botticellis."

7. Wojinowić, Welislaw P., aus Serbien, 12. August 1890: „Beiträge zur Morphologie, Anatomie und Biologie der Selaginella lepidophylla Spring."

8. Peucker, Carl, aus Bojanowo, 16. September 1890: „Beiträge zur orometrischen Methodenlehre."

9. Rumbaur, Otto, aus Colberg, 27. September 1890: „Die Geschichte von Appius und Virginia in der englischen Litteratur."

10. Rachfahl, Felix, aus Schömberg, 8. October 1890: „Der Stettiner Erbfolgestreit (1464—1472)."

11. Förster, Hermann, aus Ohlau, 21. October 1890: „Der Magdeburgische Sessionsstreit."

12. Klein, Otto, aus Breslau, 29. October 1890: „Ueber α-Picolylfurylalkin und α-Pipecolylfurylalkin."

13. Schuftan, Adolf, aus Breslau, 20. November 1890: „Ueber Meta-Nitro-α-Stilbazol, seine Reductionsproducte und über Anisilidenpyridylalkin."

14. Jentsch, Fritz, aus Görlitz, 9. December 1890: „Die mittelenglische Romanze Richard Coeur de Lion und ihre Quellen."

15. Stanjek, Johannes, aus Ratibor, 7. Februar 1891: „Quaestionum de sententiarum septem sapientium collectionibus pars I."

16. Bunzel, Hugo, aus Guben, 12. Februar 1891: „Ueber einige Derivate des α-Pipecolins und α-Picolins."

17. Butter, Fritz, aus Breslau, 14. Februar 1891: „Ueber Oxy-α-Stilbazol und einige Derivate."

18. Abicht, Rudolf, aus Breslau, 20. Februar 1891: „انتحفة الوردية‎ i. e. Donum Wardianum Carmen didacticum de linguae arabicae grammatica aZain-ud-Din ibn al-Wardi compositum."

19. Troost, Karl, aus Westfalen, 9. März 1891: „Zenonis Citiensis de rebus physicis doctrinae fundamentum ex adjectis fragmentis constituitur (Pars I.)."

20. Schwarz, Paul, aus Breslau, 10. März 1891: „Beiträge zur Kenntniss des β-Picolins."

21. v. Woikowsky-Biedau, Victor, aus Nieder-Arnsdorf, Kreis Schweidnitz, 12. März 1891: „Das Armenwesen des mittelalterlichen Köln in seiner Beziehung zur wirthschaftlichen und politischen Geschichte der Stadt."

22. Correns, Paul, aus Mewe W./Pr., 14. März 1891: „Die dem Boethius fälschlich zugeschriebene Abhandlung des Dominicus Gundisalvi de unitate. I. Theil."

X. Nekrologe.

Carl Jacob Löwig.

Am 27. März 1890 starb zu Breslau, der Stätte seiner langjährigen Wirksamkeit, der Senior unserer Universität, Dr. phil. et med. Carl Jacob Löwig, Professor der Chemie und Geh. Reg.-Rath.

Löwig wurde den 17. März 1803 zu Kreuznach geboren. Seine wissenschaftliche Vorbildung erhielt er im Lyceum zu Rastatt, wo sein Vater, der bald nach seiner Geburt in den badischen Staatsdienst getreten war, mit der ganzen Familie den Wohnsitz aufgeschlagen hatte. Später, in den Jahren 1817 und 1818, besuchte er das Gymnasium zu Kreuznach und erlernte hierauf in einer Apotheke, die einem Verwandten gehörte, die Pharmacie, der er bis zum Jahre 1825 treu blieb. Dann erst hatten sich die Verhältnisse so gestaltet, dass er seinem wissenschaftlichen Drange nachgeben konnte, um sich dem Studium der Naturwissenschaften, besonders der Chemie, zu widmen. Er ging nach Heidelberg, wo damals Leopold Gmelin wirkte, in dessen Laboratorium er nun mehrere Jahre, zunächst als Student, dann als Assistent thätig war. Sehr bald wusste er die besondere Aufmerksamkeit seines Lehrers auf sich zu lenken. Er hatte aus Kreuznach eine braune Flüssigkeit mitgebracht, die er aus den Mutterlaugen der Soole durch Einleiten von Chlor, Ausschütteln mit Aether und Destillation des letzteren erhalten hatte. Die Aufklärung der Natur dieser Substanz beschäftigte den jungen Mann lebhaft und er holte den Rath seines Lehrers ein über die Art, wie er weiter vorzugehen habe. Mit der Herstellung grösserer Mengen dieser räthselhaften Substanz beschäftigt, erhielt er die Abhandlung Balard's aus dem Jahre 1826, in welcher nicht nur die Entdeckung des Broms, eines neuen Elements, sondern auch eine ganze Anzahl seiner Verbindungen beschrieben wurde. Balard hatte das Brom aus dem Meerwasser isolirt, und es blieb kein Zweifel, dass es mit der Substanz, die Löwig in Händen hatte, identisch war. So war es ihm denn ähnlich wie Liebig ergangen, der auch zu jener Zeit Brom schon dargestellt hatte, aber statt es näher zu untersuchen, wie er selbst erzählt, eine Theorie darüber gemacht hatte.

Balard hatte seine Entdeckung sehr gründlich verwerthet, und eine grosse, ausgezeichnete Arbeit über das Brom veröffentlicht, die Verbindungen desselben mit Wasserstoff, Phosphor, Chlor, Jod und sehr vielen Metallen, ferner die Bromsäure und ihre Salze beschrieben; doch hatte er Lücken gelassen, die Löwig alsbald ausfüllte. Er stellte das Bromhydrat dar, untersuchte viele Bromide und Bromate, namentlich aber studirte er die Einwirkung von Brom auf Alkohol, wobei er zwei Bromkohlenstoffe, das Bromal und das Bromoform, entdeckte. Im Jahr 1829 stellte er Alles zusammen, was bis dahin über das neue Element bekannt war, Balard's Untersuchung. die inzwischen veröffentlichten Arbeiten von Serullas und Liebig und seine eigenen (Bromoform und Bromal wurden allerdings erst später von ihm aufgefunden) und veröffentlichte das Ganze in einer Monographie unter dem Titel: „Das Brom und seine chemischen Verhältnisse" Heidelberg 1829.

Nun war er ganz der Wissenschaft gewonnen! Er promovirte am 8. April 1830 in Heidelberg, reiste dann auf mehrere Monate nach Berlin, wo er namentlich mit Eilhard Mitscherlich sich näher befreundete, aber auch eine ganze Reihe von Vorlesungen hörte und seine wissenschaftliche Ausbildung nach jeder Richtung zu fördern suchte.

Im Herbst desselben Jahres kehrte er wieder nach Heidelberg zurück, um sich an dortiger Universität für Chemie und Pharmacie zu habilitiren. Noch im Winter 1830 begann er seine Vorlesungen. Gleichzeitig war er als Assistent von Gmelin in dessen Laboratorium thätig.

Im April 1832 vermählte er sich mit Henriette, Emilie Wreede, einer Heidelbergerin, mit der er nahezu 40 Jahre in glücklicher Ehe lebte. 6 Kinder, 4 Söhne und 2 Töchter, sind die Früchte dieser Verbindung, von denen leider drei, 2 Söhne und eine Tochter, schon vor dem Vater starben.

Sehr bald nach seiner Heirath, in demselben Jahr 1832, erschien eine grössere litterarische Arbeit von ihm, ein Lehrbuch der Chemie, welches seinen Namen bald auch in weiteren Kreisen bekannt machte. Diesem und seiner Experimental-Untersuchung über die Einwirkung des Broms auf Alkohol, die inzwischen veröffentlicht worden war (s. oben), hatte er es zu danken, dass er schon im Jahre 1833, erst 30 Jahre alt, einen Ruf als ordentlicher Professor der Chemie an die neugegründete Universität Zürich erhielt.

Die ihm dort als Laboratorium zugewiesenen Räume waren sehr beschränkt, so dass sie sich zu grösseren Arbeiten nicht gebrauchen liessen. Löwig begann daher seine Thätigkeit in Zürich mit analytischen Untersuchungen, namentlich hat er eine Reihe von Mineralwässern der Schweiz analysirt. Die Resultate dieser Arbeiten hat er dann zu einer Schrift von grösserem allgemeinen Interesse zusammenzufassen verstanden, die er unter dem Titel: Ueber die Bestandtheile und Entstehung der Mineralquellen 1837, veröffentlichte. Diese gab der medicinischen Facultät in Bonn die Veranlassung, ihn zum doctor med. hon. c. zu ernennen. Als er nach einigen Jahren in der neuen Cantonsschule in Zürich ein für jene Zeiten glänzendes Laboratorium eröffnen konnte, nahm er seine organischen

Arbeiten wieder auf und entfaltete eine sehr rege Thätigkeit.
Aus jener Zeit enthalten namentlich die Annalen der Chemie
und Pharmacie (herausgegeben von Wöhler und Liebig) eine
grosse Zahl von Abhandlungen von ihm, zum Theil gemeinschaftlich mit Schülern, wie Weidmann, Schweitzer u. A.
veröffentlicht. Ich glaube auf Angabe der Titel und des sum-
marischen Inhalts der einzelnen Abhandlungen verzichten zu
dürfen und greife nur das heraus, was von wirklich bleibender
Bedeutung ist. Da ist zunächst die Untersuchung über die Einwirkung von Kaliumsulfhydrat und Schwefelkalium auf Aethylen-
chlorür zu erwähnen, wobei er das Aethylensulfhydrat und das
Aethylensulfür (Diäthylendisulfür) entdeckte. Der erstere dieser
Körper wäre berufen gewesen, eine bedeutungsvolle Rolle für
die Theorie unserer Wissenschaft zu spielen, allein die Zeit
dafür schien noch nicht gekommen und erst etwa 20 Jahre
später sollte der Schatz durch Wurtz gehoben werden. —
Eine andere Untersuchung hat die Producte der Einwirkung
von Oxaläther auf Selenkalium zum Gegenstand, wobei er das
Selenäthyl entdeckt, eine der ersten organischen Selenverbin-
dungen. Dann wieder studirte er die Oxydation des von Zeise
entdeckten Merkaptans durch Salpetersäure, was ihn zur Auffindung der sehr wichtigen Aethylsulfonsäure führt. Er zeigt,
dass die Analysen, welche Dumas und Pelouze von dem
Senföl gemacht hatten, einen viel zu niedrigen Schwefelgehalt
ergeben hatten, und er stellt zuerst die richtige Formel des
Senföls fest. Auch mit Untersuchungen physikalisch-chemischer
Natur beschäftigt er sich, und mehrere Abhandlungen von ihm
behandeln den Zusammenhang zwischen Molekulargewicht und
Molekularvolum bei flüssigen organischen Verbindungen.

Neben diesen wissenschaftlichen Arbeiten widmete er auch
seiner Lehrthätigkeit, die nach und nach sich immer grösser
entfaltete, sehr viel Zeit. Er war von der Natur zum Docenten
sehr glücklich ausgestattet: seine grosse vornehme und elegante
Erscheinung, seine ruhige, klare und anschauliche Sprachweise
und seine persönliche Liebenswürdigkeit waren Vorzüge, die
von vornherein die Zuhörer an sich zogen. Was sie aber auf
die Dauer fesselte, das war die gründliche Vorbereitung des
Lehrers auf seine Vorträge, die immer frei gehalten wurden.

Diese Talente hat er auch litterarisch zu verwerthen gewusst. In den Jahren 1839 und 1840 liess er seine Chemie der organischen Verbindungen erscheinen, der schon im Jahr 1846 die zweite, stark vermehrte Auflage in zwei umfangreichen Bänden folgte. Namentlich diese zweite Auflage hatte einen grossen Erfolg. Sie brachte die Thatsachen, auf die Radicaltheorie gestützt, in klarer und systematischer Weise und möglichst vollständig zur Darstellung, war damals als Compendium eine der Hauptquellen, und blieb es mehrere Jahre lang. Ein grosser Vortheil, den es vor anderen, allerdings noch ausgedehnteren Werken, wie die von Berzelius, von Gmelin u. a. voraus hatte, war, dass es gleich vollständig erschienen war. Es hatte daher auch in jener Zeit eine ähnliche Bedeutung, wie später die berühmten Handbücher von Gerhard und von Beilstein.

Hier mögen noch 2 andere grössere litterarische Arbeiten Erwähnung finden, die auch etwa in jener Zeit von ihm veröffentlicht wurden: ein Repertorium der organischen Chemie (1841—1843) und ein Grundriss der organischen Chemie (1852).

In den zwanzig Jahren, die er in Zürich lebte, war er dort ganz heimisch geworden und hatte einen grossen Kreis von Freunden gefunden. Er besass viele litterarische und künstlerische Interessen, namentlich aber war die Musik für ihn nicht nur eine gelegentliche Zerstreuung, sondern er war selbst ausübend und vielfach verbrachte er mit Freunden die Abende, Trios und Quartette auszuführen.

Welchen Einfluss er damals in Kunstkreisen besass und wie hoch sein Urtheil auch in diesen Kreisen geschätzt wurde, mag folgende Thatsache beweisen, die ich seinen eigenen Erzählungen verdanke. Gottfried Keller, der berühmte, leider jetzt schon heimgegangene Schriftsteller und Dichter, damals gänzlich unbekannt, kam mit seinem ersten Manuscript, einem Band Gedichte, unter dem Arm, zu Löwig mit der Bitte, ihm einen Verleger zu verschaffen. Und Löwig hat es wirklich durchgesetzt! Seiner Fürsprache ist es zu verdanken, dass die ersten Werke Keller's, diese werthvollen Schätze der deutschen Litteratur, alsbald gedruckt wurden und zwar im Verlag von Friedrich Vieweg und Sohn in Braunschweig, sonst nur bekannt durch die Herausgabe chemischer und anderer naturwissenschaftlicher Werke.

Kehren wir aber zur Hauptthätigkeit Löwig's, zu seinen chemischen Untersuchungen zurück, so müssen wir jetzt einer Entdeckung gedenken, die vielleicht die bedeutungsvollste und weittragendste seines Lebens war, ich meine die Entdeckung des Antimonäthyls. Es war nicht sowohl die Darstellung dieses, auch durch seine Eigenschaften ausgezeichneten Körpers, als die Methode, durch die er ihn erhielt, welche sich in der Folge so sehr fruchtbar erwies. Diese bestand in der Einwirkung von Chlor-, Brom- oder Jodäthyl auf eine Legirung von Antimon mit Kalium oder Natrium, und es zeigte sich bald, dass eine ganze Reihe ähnlicher Körper, fast alle Metallalkyle, in derselben Weise gewonnen werden können. Freilich wurde er, indem er den Anspruch auf die Originalität und Priorität seiner Entdeckung erhob, in einen Jahrelang dauernden Streit mit Frankland verwickelt, der schon 1849 die Einwirkung des Jodäthyls auf das Zink studirt und dabei zuerst das Aethyl und dann das Zinkäthyl entdeckt hatte. Löwig und Schweitzer's ausführliche Untersuchung über das Antimonäthyl erschien dagegen erst 1850, allein schon im zweiten Band der 2. Auflage seiner organischen Chemie, also 1846, hatte Löwig die Darstellung des Antimonäthyls und seine Eigenschaften kurz angegeben, so dass ihm nicht wohl die Originalität seiner Entdeckung bestritten werden kann.

In der Folge fand er noch die Alkylverbindungen des Bleis und des Zinns auf, die er in ähnlicher Weise darzustellen lehrte, seine Schüler Breed und Dünhaupt untersuchten das Wismuthtriäthyl, Landolt das Antimonmethyl und die Arsenäthylverbindungen, Berlé das Antimonamyl, Merck die Verbindungen des Antimontriäthyls, Löwig's ältester Sohn Raimund die des Antimonteträthyls und Klippel das Bleiäthyl.

Uebrigens sind nicht alle diese Untersuchungen in dem Züricher Laboratorium ausgeführt, viele stammen schon aus Breslau, wohin Löwig, einem Rufe folgend, im Jahr 1853 übersiedelte. Er kam an diese Universität als Nachfolger Bunsen's, der nach Heidelberg gegangen war. Dieser hatte ein neues Laboratorium im Universitätshofe erbaut, welches, so veraltet und klein es auch heute erscheinen mag, damals allen Ansprüchen zu genügen schien. Es war das erste neue Laboratorium in Preussen, und Löwig war erfreut und stolz, darin sein Lehramt ausüben zu dürfen. Hier hatte er den richtigen Ort gefunden, seine pädagogische Begabung zu entfalten, und bald zeigte sich dies in der Vermehrung seiner Hörer und Praktikanten. Und als es, namentlich durch seine Energie und seine Vermittlung gelang, — denn er wurde als Vertreter der Facultät nach Berlin zum Minister geschickt — auch in Breslau eine Prüfungscommission für Pharmaceuten einzurichten, wurde unsere Universität ein Hauptsammelpunkt für diese, so dass das Laboratorium, welches nur für 40 Arbeitsplätze eingerichtet war, bald eine Vergrösserung und einen wesentlichen Umbau erfahren musste. Dieser wurde dann auch nach seinen Angaben ausgeführt, es wurde ein Stockwerk aufgesetzt, das Auditorium verlegt u. s. w., kurz, es wurde in den Zustand gebracht, in dem es sich im Wesentlichen auch heute noch befindet.

In diesem neuen Institut hat Löwig noch eine grosse und sehr wichtige Arbeit ausgeführt, die eigentlich bestimmt gewesen wäre, auf die Geschichte und Entwicklung der Wissenschaft einen mächtigen Einfluss auszuüben, die aber, in Folge von Umständen, deren Erwähnung hier zu weit ab führen würde, nicht den Erfolg gehabt hat, den sie verdient hätte. Es handelt sich um die Producte der Einwirkung von Natriumamalgam auf den Oxaläther. Ganz ähnlich wie bei der Untersuchung der Metallalkyle Löwig ein ganz bestimmtes Ziel im Auge hatte, nämlich die Herstellung von Körpern, welche dem Kakodyl ähnlich und vergleichbar seien, so war es auch hier. nur dass das Ziel ein noch weit grösseres und bedeutungsvolleres gewesen ist. Löwig wollte zeigen, in welcher Weise die complicirteren Pflanzensäuren aus den einfacheren, in letzter Linie aus der Kohlensäure entstehen, er wollte also, und dies ist ihm vollständig gelungen, durch seine chemische Untersuchung einen Beitrag liefern zur Lehre von der Assimilation bei den Pflanzen.

Da schon durch frühere Untersuchung von Bertholet die Umwandlung der Kohlensäure in Ameisensäure ausgeführt und

durch Peligot die letztere in Oxalsäure verwandelt worden
war, so ging Löwig von dieser aus und zeigte, wie aus ihr
durch höchst einfache und glücklich gewählte chemische Vorgänge Traubensäure entsteht, während er als Zwischenproduct
den so prachtvoll krystallisirenden Desoxalsäureäther erhalten
hatte. Pasteur hatte schon einige Jahre vorher die Traubensäure in die activen Weinsäuren gespalten, so dass durch
Löwig's Versuche die vollständige Synthese einer optisch
activen Substanz ausgeführt worden war, und man kann nur
für ihn und für die Wissenschaft bedauern, dass er sich auf
diesem Wege nicht noch neue Lorbeeren gepflückt hat.

Allein in jener Zeit beschäftigten ihn schon ganz andere,
wie er meinte, noch viel bedeutungsvollere Dinge. Er, der
aus dem industriereichen Westen Deutschlands stammte, der
so lange in der durch ihre Fabrikanlagen berühmten Stadt
Zürich gelebt hatte, war sehr überrascht und erstaunt, beim
Eintritt in unser weit grösseres Gemeinwesen zu sehen, dass
hier die Technik noch lange nicht die dortige Höhe erreicht
hatte und dass selbst die Provinz Schlesien, so ausgezeichnet
durch ihre Kohlengruben, ihre Schätze an Zink-, Blei- und anderen Erzen, noch nicht eine einzige chemische Fabrik
aufweisen konnte. Er glaubte sich berufen, diesem Mangel
abzuhelfen, und man mag darüber denken, wie man will: Thatsache ist, dass er seinen Plan durchgeführt hat und dass ein
grosser Theil dessen, was Schlesien an chemischer Industrie
heute besitzt, zum Wesentlichen durch seine Anregung entstanden ist.

Er fand in Kulmisz einen Mann, dem er seine Pläne
vertraute und mit dem er gemeinschaftlich die chemische Fabrik
in Saarau gründete. Diese war Anfangs eine Commanditgesell-
schaft, später wurde sie unter dem Namen Silesia eine Actien-
gesellschaft, in der er Jahrelang als Vorsitzender des Aufsichts-
raths wirkte und das Directorium durch seinen Rath und seine
Kenntnisse unterstützte. Die Fabrik machte glänzende Geschäfte. Da, im Jahre 1862, stellte er den Antrag, das von
Thomsen entdeckte Kryolithverfahren der Sodabereitung auch
in Saarau anzuwenden, er hatte dazu Alles vorbereitet, die
ganze Fabrikationsmethode im Einzelnen nachgearbeitet, so

dass er seinen Antrag sehr eingehend begründen konnte. Trotzdem fiel er damit durch. Dies verletzte ihn so sehr, und er war so von der Richtigkeit seiner Ansicht überzeugt, dass er sein Geld aus der Silesia herauszog und eine neue Fabrik unter der Leitung seines dritten Sohnes Gustav in Goldschmieden gründete. Dort sollte das Kryolithverfahren durchgeführt werden.

Von nun an entfaltet er eine fieberhafte und rastlose Thätigkeit; es handelte sich für ihn darum, zu zeigen, dass das von ihm empfohlene Verfahren wirklich technisch realisirbar sei, es handelte sich zu zeigen, dass sein wissenschaftliches Urtheil auch in technischen Dingen mehr bedeute, als das seiner Gegner, es handelte sich aber auch um seine und seiner Familie wirthschaftliche Existenz, denn er hatte seine ganzen Ersparnisse in der neuen Fabrik angelegt. Und er setzte es durch, das Verfahren erwies sich als rentabel, die Fabrik prosperirte. Allein bald stellten sich Schwierigkeiten ein, der Kryolith ward seltener und theurer, die Soda dagegen sank rapid im Preise, so dass es geradezu unmöglich wurde, den Kryolith für die Sodafabrikation weiter zu verwerthen. Allein Löwig wusste auch hier Rath, er hatte in der Zwischenzeit verstanden, für das bei der Sodafabrikation aus Kryolith abfallende Nebenproduct, für die Thonerde, in der Form von Sulfat und Acetat in den Färbereien einen sehr guten Absatz zu finden. Und so kam er jetzt dazu, diese Nebenproducte als Hauptproducte seiner Fabrikation zu Grunde zu legen. Er verarbeitete Bauxit mit calcinirter Soda, regenerirte daraus krystallisirte Soda und stellte schwefelsaure und essigsaure Thonerde dar, nach denen weiter Nachfrage war. Immerhin war es wünschenswerth, fast eine Existenzfrage für die Fortdauer der Fabrik, neue Absatzquellen für die Thonerde zu finden. Und dahin richten sich jetzt seine Bemühungen. Tag und Nacht beschäftigt ihn der eine Gedanke, und es gelingt ihm wirklich, durch eine originelle und geniale Idee, seinem Fabrikationszweig einen neuen Impuls zu geben. Er wollte die Thonerde für die Zuckerraffinerie nutzbar machen, seine Absicht ging dahin, die sehr umständliche Abscheidung des krystallisirten Zuckers aus der Melasse durch Einführung der sog. colloidalen Thonerde, eines sehr wasserreichen Thonerdehydrats, wesentlich zu vereinfachen und die Menge von Krystallzucker zu erhöhen. Im Laboratorium erwies sich das von ihm ausgedachte Verfahren als vorzüglich, und selbst Versuche im Grossen schienen die Ausführbarkeit und Rentabilität seines Patentes sicher zu stellen. Als aber eine grosse Zuckerfabrik bei Breslau die Production einer ganzen Campagne nach dieser Methode zu scheiden gedachte, traten Schwierigkeiten ein hinsichtlich des Transports dieser grossen Massen von Thonerdehydrat, die etwa 90 % Wasser enthielt. — Durch einen unglücklichen Zufall ging die ganze, mehrere hundert Centner betragende Ladung verloren, d. h. sie verwandelte sich durch Ausfrieren des Wassers in gewöhnliche Thonerde. Damit war nicht nur dieser Versuch verloren, der misslungene Versuch bedeutete gleichzeitig einen enormen Verlust an Capital für die Fabrik. Diese aber war in den letzten Jahren schon wesentlich zurückgegangen. Man hatte ihm die wahren Verhältnisse verschwiegen, er war in der letzten Zeit durch seine Lehrthätigkeit und durch die Ueberwindung der technischen Schwierigkeiten seines Verfahrens so beschäftigt, dass er sich um den kaufmännischen Gang des Geschäfts nur wenig kümmern konnte. Er glaubte diesen in ganz sicheren und zuverlässigen Händen — und doch sollte ihm auch in dieser Hinsicht eine Täuschung nicht erspart bleiben. Wenn auch der Process, den er später gegen den kaufmännischen Leiter der Fabrik in Goldschmieden anstrengte, nicht zu seinen Gunsten ausgefallen ist, so hat ihn doch das Misstrauen, dass auch von dieser Seite gegen ihn gesündigt worden sei, niemals verlassen. Dazu kam dann noch der jähe Tod seines Lieblingssohnes Gustav, des technischen Leiters von Goldschmieden und zweier anderer bei Dresden errichteten Fabriken, der bei einer Fahrt aus dem Wagen geworfen wurde und verunglückte. Es stellten sich pecuniäre Schwierigkeiten ein, und er hatte es nur der allgemeinen Achtung und Verehrung, mit der seine Mitbürger an ihm hingen, zu danken, dass Alles gütlich beigelegt wurde. Aber aus dem Schiffbruch rettete er nichts, als seine Ehre, seine Stellung und — so wunderbar es klingen mag — seine ungebrochene Energie und Thatkraft. Noch als achtzigjähriger Greis verfolgt er eine neue Idee, die seiner Familie die bedrohte Zukunft wieder herstellen sollte, und diesmal wenigstens sollte er vor Enttäuschung bewahrt bleiben. Sein Patent über die Gewinnung von Alkalien aus ihren Carbonaten durch Erhitzen mit Eisenoxyden und Behandeln der Schmelze mit Wasser ist von der Gesellschaft für Ammoniaksodafabrikation (Solvay et Cie.) angekauft worden und hat ihrem Erfinder wenigstens einen Theil der früheren grossen Verluste gedeckt.

Dass seine akademische Lehrthätigkeit unter diesen aufregenden und unglücklichen Verhältnissen gelitten hat, kann und darf nicht geleugnet werden, aber welche Geistesfrische, welche Fülle von Intelligenz und welche Arbeitskraft in ihm vorhanden war, das hat sich doch erst in dieser Breslauer Zeit gezeigt. Immer fand er noch Zeit, sich für seine Vorlesung vorzubereiten, und immer wieder verstand er es, seine Hörer durch seine Vorträge zu fesseln, ja geradezu hinzureissen. Er hatte immer ein volles Auditorium und begeisterte Schüler. Viele davon sind jetzt in angesehenen Stellungen, drei sind selbst wieder berühmte Chemiker geworden: Landolt, Lothar Meyer und Beilstein, und diese haben jahrelang unter und mit ihm gearbeitet und sind ihm bis zum Lebensende treu verbunden geblieben. Es war nicht nur der Forscher und Lehrer, der sie anzog, es war auch der Mensch. Löwig war ein ganzer Mann, voll Kraft und Energie, und dabei doch eine bezaubernde Persönlichkeit, voller Liebenswürdigkeit und Anmuth, die er sich bis in sein hohes Alter bewahrte. Er war ein liberaler Mann, nicht extrem, gehörte aber doch in seinem Herzen der freisinnigen Partei an und liess sich darin trotz aller Erfolge der anderen Parteien nicht irre machen. Er war ein fester Charakter, voller Wahrheitsliebe und Zuverlässigkeit, und dies verschaffte ihm überall eine hervorragende Stellung. Sowohl in Zürich wie in Breslau wurde er wiederholt zum Rector gewählt, in der Facultät hatte er eine gewichtige Stimme und wiederholt wurde er als Vertreter derselben nach Berlin deputirt, wenn es sich um wichtige Angelegenheiten handelte. Er war durchaus nicht einseitig, hatte für Alles Interesse und Zeit. Der politischen Entwicklung Deutschlands folgte er mit lebhafter Spannung und warmem Herzen, auch für die Stadt Breslau besass er eine grosse Anhänglichkeit und war hier eine sehr populäre und beliebte Persönlichkeit. Seine künstlerischen Interessen hat er auch hier weiter gepflegt und gefördert und ist bis zu seinem Tode Vorstand des Breslauer Orchestervereins gewesen, dem er seit seiner Gründung angehörte und für den er stets das grösste Interesse zeigte.

Schon im Jahre 1876 ward seine bis dahin ungetrübte Gesundheit durch einen Schlaganfall stark mitgenommen. Die Aerzte glaubten, er müsse seine Lehrthätigkeit aufgeben, allein er spottete ihrer und erholte sich mit einer Raschheit, die geradezu wunderbar war. Nach wenigen Wochen nahm er seine Vorlesungen wieder auf und seine alten Freunde, die schon glaubten, ihn beweinen zu müssen, hatten bald Gelegenheit, wahrzunehmen, dass er die alte Frische und Energie wiedergewonnen hatte. Im April 1880 feierte er sein 50jähriges Doctorjubiläum, wozu ihm Glückwünsche von allen Seiten dargebracht wurden. Der König zeichnete ihn durch einen hohen Orden aus, seine Freunde und Verehrer überbrachten ein Capital, welches als Löwigstipendium für Studirende der Chemie verwendet werden sollte. Aehnliches geschah von den Apothekern der Provinz, die fast ausnahmslos seine Schüler sind und mit inniger Begeisterung an ihm hängen. Im Jahr 1886 traf ich ihn bei der Jubiläumsfeier in Heidelberg, wo er uns Alle durch seine körperliche und geistige Frische in Staunen versetzte. Er war den Anstrengungen des Festes vollständig gewachsen, und obgleich er nicht in Heidelberg selbst, sondern bei einer Verwandten in Schwetzingen wohnte, so konnte man ihn doch noch nach Mitternacht mit Freunden und Schülern in heiterstem Gespräch in der Festhalle antreffen.

Doch auch er konnte dem Loos alles Sterblichen nicht entrinnen, und ein unglücklicher Fall, den er im zoologischen Garten im Frühjahr 1889 that, beschleunigte seinen Tod. Obgleich die Aerzte von vornherein die Hoffnung auf eine Wiederherstellung aufgegeben hatten, so dauerte der Kampf doch noch ein ganzes Jahr. Und Anfangs schien es, als ob er Sieger bleiben sollte, allein diesmal reichte auch seine Energie nicht mehr aus. Mit dem Anfang des Jahres 1890 hatte er selbst die Hoffnung aufgegeben, und nun war sein einziger Wunsch, Ruhe zu finden. Kein Zweifel quälte ihn, mit Un-

geduld sah er seinem Ende entgegen. Noch am 17. März,
seinem 87. Geburtstag, hatten sich seine näheren Freunde um
sein Lager versammelt, wenige Tage später erlöste ihn der Tod
von einem Siechthum, das seine ganze Kraft aufgezehrt hatte.

A. Ladenburg.

Friedrich Anton Schneider

wurde am 13. Juli 1831 in Zeitz geboren als Sohn des Kauf-
und Handelsherrn K. F. Schneider und dessen Ehefrau
Friederike Wilhelmine, geb. Müller. Im vierten Lebensjahre
erhielt Anton eine Stiefmutter, der er stets in reinster kindlicher Liebe ergeben war. Er besuchte das Gymnasium seiner
Vaterstadt, doch war bei seiner Kränklichkeit die Schullaufbahn
keine ganz regelmässige. Dessenungeachtet überwand er durch
sein leichtes Auffassen und rasches Denken jede Schwierigkeit
und konnte zu Michaelis 1849 mit dem Zeugniss der Reife die
Universität Bonn beziehen. Hier widmete er sich dem Studium
der Mathematik und der Naturwissenschaften; ein Colleg bei
Professor Troschel war es, welches ihn bald für die Zoologie gewann. 1851 ging Schneider nach Berlin und fand
in Johannes Müller den bis an das Lebensende hochverehrten
Lehrer und Freund, der für seine fernere Entwickelung und
Richtung maassgebend werden sollte. Als Schneider 1854 in
Berlin zum Dr. phil. promovirt hatte, starb plötzlich der Vater,
und nun trat Anton an dessen Stelle mit vollständiger Zurück-
setzung seiner Interessen und seiner Laufbahn. Es galt, der
Mutter und den minderjährigen Geschwistern die Zukunft zu
sichern, und so stellte sich der Doctor an die Spitze des
väterlichen Geschäftes und führte es selbstständig fort, bis er
sah, dass seine persönliche Gegenwart nicht mehr nöthig war.
Erst dann kehrte er nach Berlin zurück, behielt aber bis zu
des Bruders Grossjährigkeit die Zügel in den Händen. Inzwischen begleitete er Johannes Müller auf einer wissenschaftlichen Reise nach Norwegen. Auf der Rückreise sank das
Schiff in Folge eines Zusammenstosses; doch wurden Müller
und Schneider gerettet, letzterer, nachdem er 1 1/2 Stunden,

an einem Hühnerkasten geklammert, auf dem Meere getrieben hatte. Langer Jahre bedurfte es, ehe Schneider diese grausigen Eindrücke überwand. Nach verschiedenen Reisen nach Neapel habilitirte er sich 1859 als Privat-Docent in Berlin. Dort arbeitete er als Custos am zoologischen Museum und erwarb sich grosse Verdienste durch das Ordnen der Rudolphischen Sammlung. 1861 finden wir ihn eifrig arbeitend in Helgoland, und eine seiner schönsten Entdeckungen, die über die Metamorphose der Actinotrocha branchiata, dankt diesem Aufenthalte ihr Entstehen. Als Privatdocent gab er sich besonders eifrig dem Studium der Nematoden hin und veröffentlichte über dieselben im Jahre 1868 ein grosses grundlegendes Werk (Monographie der Nematoden). — 1869 wurde Schneider als Ordinarius nach Giessen berufen, und die 12 Jahre seiner dortigen Wirksamkeit gehören zu den schönsten und glücklichsten seines Lebens. In dieser Zeit veröffentlichte er namentlich Untersuchungen über Plathelminthen und über vergleichende Anatomie und Entwicklungsgeschichte der Wirbelthiere. — Einen ehrenvollen Ruf nach Marburg lehnte er, nachdem er zum Rector ernannt worden war, ab. Ostern 1881 ging er nach Breslau in vielfach andere Berufsverhältnisse. Hier entfaltete er bald ein reges wissenschaftliches Leben. Er verstand es, seine Zuhörer für die Zoologie zu begeistern und bildete sich eine grosse Anzahl von Schülern heran. Stets stand er diesen mit Rath und That zur Seite, wenn es galt, ihre wissenschaftlichen Arbeiten zu fördern. Er besass eine seltene Beobachtungsgabe und wandte, wie wenige seiner Fachgenossen, sein Interesse den verschiedensten Zweigen der Zoologie zu. Seine Studien erstreckten sich ebenso auf die Systematik, wie auf die Anatomie, Entwickelungsgeschichte und Histologie der Thiere, und überall hat er bahnbrechende Untersuchungen veröffentlicht. Hervorgehoben sei nur, dass er es war, der zuerst auf die Bedeutung der karyokinetischen Kerntheilungsfiguren aufmerksam gemacht hat. Im Jahre 1883 gründete er die Zeitschrift „Zoologische Beiträge" und legte hierin seine eigenen und die unter seiner Leitung entstandenen Arbeiten nieder. Schneider's segensreiche Thätigkeit als Forscher und Lehrer wurde geehrt und belohnt durch die Ver-

leihung des Rothen Adlerordens IV. Klasse (1888) und die des
Titels eines Geheimen Regierungsrathes; ausserdem wählte
ihn das Vertrauen seiner Collegen 1886 zum Rector der Universität und später zum Decan der philosophischen Facultät.
— Die Uebersiedelung nach Breslau bildete einen wichtigen
Wendepunkt in Schneider's Leben. Er, der trotz seines
reichen Gefühles und seines Familiensinnes bisher einsam geblieben war, hatte nun endlich die Gefährtin seines Herzens
gefunden, die er bald als Gattin in sein neues Heim führte,
in welchem beide die glücklichste Häuslichkeit schufen. Sein
Haus wurde ein Muster herzlicher Gastlichkeit, und wer das
Glück hatte, Schneider als Freund nahe zu treten, fühlte
sich nicht allein durch den Verkehr mit dem vielseitig gebildeten Manne angeregt, sondern zugleich von der Fröhlich-
keit und dem offenen Sinne der beiden Gatten angeheimelt.
— Schlagfertig in seiner Rede, manchmal auch aufbrausend,
fand er, wenn er verletzt zu haben glaubte, bald wieder Worte
und Wege zur Versöhnung, die von seinem warmen, feinen
Fühlen Zeugniss ablegten. In engstem Freundeskreise glänzte
er durch Witz und launige Erzählungen, stets war er aufgelegt
zu scherzhafter Rede und Gegenrede, dabei eifrig theilnehmend
an jedem ernsten Gespräch. Sein Vortrag war einfach, un
mittelbar, ganz seiner eigenartigen, lebendigen Persönlichkeit
entsprechend, fesselnd und geradezu hinreissend, wenn er
warm wurde. Er sprach auch bei anderen Anlässen vielfach
und meist ausserordentlich wirkungsvoll, da ihm die Rede in
jeder Form, von der einfachen Plauderei bis zur feierlichsten
Steigerung, in seltenem Maasse zur Verfügung stand. Dagegen war er schwer im schriftlichen Ausdrucke, weil er eine
instinctive Abneigung gegen das Mechanische desselben hatte,
und deshalb gehörte er auch nicht eben zu den Vielschreibern.
— Er arbeitete unablässig. Kein Misserfolg, kein Verdruss
konnte ihm die Freude an der Arbeit rauben, denn sein Grund-
satz war: Kein Tag ohne wissenschaftliche Arbeit und wenn
auch noch so wenig. Er umfasste mit seinen Interessen und
seiner Kenntniss selbst die entlegensten Gebiete der deutschen
und der fremden Litteratur, sowie er, wenngleich als Natur-
forscher theoretisch ein Gegner des Gymnasiums, doch eine

solche Liebe zur antiken Litteratur und ein solch' feinsinniges Verständniss für antike Kunst hatte, dass seine Freunde oft lebhaft bedauerten, dass ein solcher Mann nicht Philologe oder Litteraturhistoriker geworden war! Auch am öffentlichen Leben und an der Politik nahm er lebendigen Antheil, weil er glaubte, dass die darauf verwandte Zeit ein Tribut sei, welchen der Gelehrte dafür zu entrichten habe, dass er still und ungestört arbeiten könne. Dem entsprechend, so bedürfnisslos und ein- fach er selbst war, gab er gern und reichlich für öffentliche Zwecke, und in seinem gutherzigen Sinne erfreute er oft, ohne dass die Linke wusste, was die Rechte that; denn der Gegen- stand seines nie ermattenden Interesses war eben der Mensch. — Nicht unerwähnt möge hier bleiben, dass er 1870 längere Zeit als freiwilliger Krankenpfleger in Frankreich weilte und die Kriegsdenkmünze für Nichtcombattanten erhielt. — Anfang November 1889 wurde Schneider von einer tückischen Krank- heit befallen, von welcher er sich trotz des Aufenthaltes an der Riviera nicht mehr erholte, sondern am 30. Mai 1890 da- hingerafft wurde; zu früh für seine Schüler, die mit ihm nicht nur den anregenden Lehrer, sondern auch ihren wirklich väterlichen Freund, der stets für ihr Wohl und Fortkommen alle seine Kräfte einsetzte, zu Grabe getragen haben; zu früh für die Wissenschaft, die einen ihrer glühendsten Verehrer, einen ihrer begabtesten Vertreter und einen ihrer thatkräftigsten Förderer verloren hat. Daher gestalteten sich auch die Trauer- feierlichkeiten bei Ueberführung der Leiche zum Oberschle- sischen Bahnhofe behufs Beisetzung in Bremen zu einer er- hebenden Feier.

Dr. Rohde.

Inhalts-Verzeichniss.

Chronik

der

Königlichen Universität

zu Breslau

für das Jahr

vom 1. April 1891 bis zum 31. März 1892.

Herausgegeben

von

Rector und Senat.

Jahrgang 6.

Breslau.

Druck von Graß, Barth & Comp. (W. Friedrich.)

1892.

I. Behörden der Universität.

1. Curatorium.

Wie bisher.

2. Akademischer Senat.

a. Sommer-Semester 1891.

Rector: Geh. Justiz-Rath Prof. Dr. Brie.
Exrector: Päpstlicher Hausprälat, Domherr, Prof. Dr. Probst.
Universitäts-Richter: Geh. Reg.-Rath Dr. Willdenow.
Decane:

    der kath.-theol. Facultät: Prof. Dr. Krawutzcky;

    der evang.-theol. Facultät: Consistorial-Rath Prof. Dr. Meuss;

    der juristischen Facultät: Prof. Dr. Schott;

    der medicinischen Facultät: Prof. Dr. Filehne;

    der philosophischen Facultät: Prof. Dr. Rosanes.

Gewählte Senatoren:

    Geh. Reg.-Rath Prof. Dr. Roepell;

    Geh. Justiz-Rath Prof. Dr. Dahn;

    Prof. Dr. Nehring;

    Prof. Dr. Schmidt;

    Prof. Dr. Partsch;

    Prof. Dr. Flügge.

b. Winter-Semester 1891/92.

Rector: Prof. Dr. Schmidt.
Exrector: Geh. Justiz-Rath Prof. Dr. Brie.
Universitäts-Richter: Geh. Reg.-Rath Dr. Willdenow.

Decane:

    der evang.-theol. Facultät: Prof. Dr. Hahn;
    der kath.-theol. Facultät: Prof. Dr. Commer;
    der juristischen Facultät: Drof. Dr. Wlassak;
    der medicinischen Facultät: Prof. Dr. Flügge;
    der philosophischen Facultät: Prof. Dr. Praetorius.

Gewählte Senatoren:

    Geh. Justiz-Rath Prof. Dr. Dahn;
    Fürsterzbischöfl. Geistl. Rath, Prof. Dr. Scholz;
    Geh. Reg.-Rath Prof. Dr. Ladenburg;
    Geh. Med.-Rath Prof. Dr. Ponfick;
    Prof. Dr. Partsch;
    Prof. Dr. Elster.

II. Lehrkörper der Universität.

Veränderungen gegen das Vorjahr.

A. Abgang.

1. Todesfälle.

Es sind verstorben:

Am 7. September 1891 der ausserordentliche Honorar-Professor in der philosophischen Facultät, Dr. Heinrich Graetz;

am 17. desselben Monats der ausserordentliche Professor in der medicinischen Facultät, Geh. Medicinal-Rath Dr. Immanuel Klopsch;

am 1. Octorber 1891 der ordentliche Professor in der philosophischen Facultät, Dr. Eduard Magnus;

am 8. desselben Monats der ausserordentliche Professor in der philosophischen Facultät, Director des Instituts für technische Chemie, Dr. Victor von Richter;

am 18. November 1891 der ordentliche Professor in der evang.-theolog. Facultät, Dr. Julius Raebiger;

am 14. December 1891 der ordentliche Professor in der philosophischen Facultät, Director des mineralogischen Museums, Dr. Ferdinand Roemer, sowie

am 3. Januar 1892 der ordentliche Professor in der philosophischen Facultät, Geh. Reg.-Rath Dr. Heinrich Schroeter.

Näheres hierüber enthalten die unter Abschnitt X beigefügten Nekrologe.

2. Berufungen an andere Universitäten oder in andere Stellungen; Ruhestands-Bewilligungen etc.

Aus der philosophischen Facultät wurde der ordentliche Professor Dr. Adolf Gaspary vom 1. October 1891 ab in gleicher Eigenschaft an die Universität zu Göttingen versetzt.

Ausserdem wurden

durch Erlass des Herrn Ministers der geistl. etc. Angelegenheiten vom 19. September 1891 (U. I. 17176) der nach obigem nunmehr verstorbene ordentliche Professor in der evangelisch-theologischen Facultät Dr. Julius Raebiger von der Verpflichtung zur Abhaltung von Vorlesungen, sowie

durch Allerhöchsten Erlass vom 24. Januar 1892 der ordentliche Professor in der medicinischen Facultät und Director der medicinischen Klinik Dr. Anton Biermer mit dem 1. April 1892 von seinen amtlichen Verpflichtungen unter Belassung seines Professorengehalts nebst Wohnungsgeld-Zuschuss in Gnaden entbunden, Letzterem auch gestattet seinen Wohnsitz von Breslau zu verlegen.

B. Zugang.

1. Neuberufungen und Ernennungen innerhalb der Universität selbst.

In der medicinischen Facultät

wurde durch Allerh. Cabinets-Ordre vom 24. Januar 1892 der Director der Hamburgischen Staats-Krankenhäuser Professor Dr. Alfred Kast zum ordentlichen Professor ernannt mit dem Lehrauftrage, das Fach der inneren Medicin durch theoretische sowohl wie klinische Vorlesungen zu vertreten und die Direction der medicinischen Klinik zu führen. Derselbe hat sein hiesiges Amt am 1. April 1892 übernommen.

In der philosophischen Facultät

wurde durch Allerh. Cabinets-Ordre vom 25. September 1891 der ausserordentliche Professor Dr. Ulrich Wilcken zum ordentlichen Professor ernannt und demselben das bisher von ihm verwaltete Ordinariat für alte Geschichte verliehen.

Der seit dem Sommer-Semester 1891 mit der Vertretung der amtlichen Obliegenheiten des erkrankten Professors Dr. Gaspary beauftragt gewesene Privat-Docent Dr. Carl Appel von Königsberg ist durch Allerh. Cabinets-Ordre vom 14. Februar 1892 zum ordentlichen Professor in der philosophischen Facultät hiesiger Universität ernannt und ihm der durch die Versetzung des Professors Dr. Gaspary nach Göttingen zur Erledigung gekommene ordentliche Lehrstuhl mit der Verpflichtung verliehen worden, die romanische Philologie in Vorlesungen und Uebungen zu vertreten und die Direction der romanischen Abtheilung des romanisch-englischen Seminars zu führen.

Professor Dr. Rudolf Sturm, bisher ordentlicher Professor in Münster, wurde durch Ministerial-Erlass vom 14. März 1892 vom 1. Mai 1892 ab in das durch den Tod des Geh. Regierungs-Raths Professors Dr. Schröter zur Erledigung gekommene Ordinariat versetzt mit der Verpflichtung, die sämmtlichen mathematischen Disciplinen im Verein mit dem anderen Fachordinarius in erschöpfender Vollständigkeit durch Vorlesungen und Uebungen zu vertreten und die Mitdirection des mathematisch-physikalischen Seminars zu führen.

Durch Allerh. Cabinets-Ordre vom 22. März 1892 wurde der ausserordentliche Professor Dr. Karl Hintze zum ordentlichen Professor ernannt und ihm der durch das Ableben des Geh. Bergraths Professors Dr. Römer erledigte ordentliche Lehrstuhl mit der Verpflichtung

verliehen, die Fächer der Mineralogie und Krystallographie in Vorlesungen und Uebungen zu vertreten und
die ihm ebenfalls übertragene Direction des mineralogischen Museums zu führen.

Ferner wurde durch Ministerial-Erlass vom 21. April
1891 der Kreisthierarzt des Landkreises Breslau Dr.
Georg Fiedeler vom Sommer-Semester 1891 ab mit
der Vertretung des nach der vorjährigen Chronik von
seinen akademischen Verpflichtungen entbundenen Professors Dr. Metzdorf widerruflich beauftragt und ihm
zugleich die specielle Ueberwachung der Thiere etc. in
der Thierklinik widerruflich übertragen. Derselbe ist mit
Ende November 1891 von seinen bezüglichen Functionen
zurückgetreten.

2. Habilitationen.

In der juristischen Facultät habilitirte sich:

Der Gerichts-Assessor Dr. Alfred Schultze am
2. Juli 1891 für Civilprozessrecht, Handels-, Wechsel-
und Seerecht, sowie Kirchenrecht; geboren zu Breslau
den 25. Februar 1864, promovirt hierselbst am 19. März
1886.

In der medicinischen Facultät habilitirten sich:

Dr. Heinrich Bitter am 1. August 1891 für Hygiene;
geboren zu Aschendorf den 27. August 1863, promovirt
in Würzburg den 24. März 1886.

Dr. Robert Heinz am 31. October 1891 für Pharmakologie und Toxikologie; geboren zu Wüstegiersdorf,
Kreis Waldenburg, den 11. Mai 1865, promovirt hierselbst
am 16. October 1888.

Dr. Richard Stern am 23. März 1892 für innere
Medicin; geboren zu Breslau den 3. September 1865,
promovirt hierselbst am 12. December 1888.

In der philosophischen Facultät habilitirte sich:

Dr. Max Semrau am 19. December 1891 für mittelalterliche und neuere Kunstgeschichte, geboren zu
Breslau den 7. Mai 1859, promovirt hierselbst den
17. August 1889.

C. Beurlaubungen.

Beurlaubt waren:

a. im Sommer-Semester 1891:

die ordentlichen Professoren in der philosophischen Facultät, Geheimer Regierungs-Rath Dr. Hertz und Dr. Gaspary für die Dauer des Semesters zur Wiederherstellung ihrer Gesundheit;

der ausserordentliche Professor in derselben Facultät Dr. von Richter im Anschluss an seine Beurlaubung für die vorhergegangenen beiden Semester bis zum 5. Juni 1892.

b. im Winter-Semester 1891/92:

der ordentliche Professor in der philosophischen Facultät, Geheime Regierungs-Rath Dr. Schroeter für die Dauer des Semesters — bezw. bis zu seinem am 3. Januar 1892 erfolgten Ableben — zur Wiederherstellung seiner Gesundheit, sowie

der ordentliche Professor in der medicinischen Facultät und Director der medicinischen Klinik, Geh. Medicinal-Rath Dr. Biermer vom 4. Februar 1892 ab zu gleichem Zweck bis zum Schluss des Semesters.

D. Auszeichnungen.

Von preussischen Orden erhielten:

der Geh. Regierungs-Rath Professor Dr. Roepell am 27. April 1891 den Rothen Adler-Orden II. Klasse mit Eichenlaub, aus Anlass seines 50jährigen Professoren-Jubiläums;

der zeitige Rektor, Professor D. Schmidt am 17ten Januar 1892 den Rothen Adler-Orden IV. Klasse, sowie

der Geh. Medicinal-Rath Professor Dr. Biermer am 21. April 1892 den Königlichen Kronen-Orden II. Klasse.

Ausserdem ist

dem ordentlichen Professor in der philosophischen Facultät Dr. Nehring am 12. Januar 1892 der Charakter als Geh. Regierungs-Rath verliehen und dem ordentlichen Professor, Domherrn Dr. Probst durch Allerh. Erlass vom 10. Juni 1891 die landesherrliche Genehmigung zur Führung des ihm aus Anlass seines Priester-Jubiläums von Sr. Heiligkeit dem Papste verliehenen Titels eines päpstlichen Hausprälaten ertheilt worden.

E. Sonstige Veränderungen.

Der Privat-Docent in der juristischen Facultät, Gerichts-Assessor Dr. Frommhold, wurde durch Ministerial-Erlass vom 26. März 1891 mit der Vertretung des in Folge Erkrankung verhinderten ordentlichen Professors Dr. Lewis zu Greifswald während des Sommer-Semesters 1891 beauftragt und ist durch Erlass des Herrn Ministers vom 24. November 1891 seitdem zum Zwecke einer vorübergehenden Beschäftigung als Hilfsarbeiter in das Ministerium der geistlichen etc. Angelegenheiten einberufen.

Der Geh. Medicinal-Rath Professor Dr. Mikulicz ist durch Allerhöchsten Erlass vom 23. November 1891 zum Mitglied des Medicinal-Collegiums der Provinz Schlesien ernannt worden.

Der Privat-Docent in der philosophischen Facultät Dr. Rohde wurde auf seinen Antrag zum Zweck einer sechsmonatlichen Studienreise nach Neapel durch Ministerial-Erlass vom 13. Februar 1891 von der Pflicht zur Abhaltung von Vorlesungen an der hiesigen Universität während des Sommer-Semesters 1891 entbunden.

Durch Ministerial-Erlass vom 23. September 1891 ist der ordentliche Professor in der philosophischen Facultät Dr. Foerster zum Mitdirector des archäologischen Seminars und durch Erlass vom 13. October 1891 bis auf Weiteres zum geschäftsführenden Director desselben bestellt worden.

Ferner wurden auf Anordnung des Herrn Ministers der geistlichen etc. Angelegenheiten der ausserordentliche Professor in der evangelisch-theologischen Facultät Dr. Kuehl und der Domvicar Pawlitzky zu Musiklehrern im akademischen Institut für Kirchen-Musik hiesiger Universität Seitens des Herrn Universitäts-Curators bestellt.

III. Beamte der Universität.

Keine Veränderungen.

IV. Anstalten und Commissionen der Universität.

1. Wissenschaftliche Anstalten.

a. Die Königliche und Universitäts-Bibliothek.

I. Vermehrung des Bücherbestandes. Das abgelaufene Verwaltungsjahr brachte einen Bücherzuwachs von 8930 Bänden. Davon wurden aus laufenden Bibliotheksmitteln angekauft 1906 Bände; aus dem Tauschverkehr stammen 5630 Bände; geschenkt wurden 898 Bände; der Rest war Pflichtlieferung schlesischer Verleger.

II. Rechnungswesen. Für die angekauften Bücher wurden verausgabt 19 739 Mark 44 Pfennig. Von dieser Summe kommen auf die Zeitschriften r. 5018 Mark, auf die Bücher-Fortsetzungen r. 7235 Mark, auf Neuanschaffungen r. 5288 Mark, auf antiquarische Erwerbungen r. 2197 Mark. Die Buchbinderei beanspruchte r. 4536 Mark. Für das Utensilien-Inventar, Heizung und die anderen sächlichen Ausgabetitel wurden r. 4779 Mark aufgewandt.

III. Benutzung. Benutzt wurden, abgesehen von der unmittelbaren Benutzung der Lesezimmer-Bibliothek, sowie der Bücher in den Magazinen selbst seitens der Herren Universitäts-Lehrer 77 779 Bände (gegen 71451 des Vorjahres). Das Lesezimmer wurde an 294 Tagen von 9027 Personen besucht.

IV. Personal. Die durch den Tod des Professor Dr. H. Oesterley frei gewordene erste Custodenstelle wurde am 1. Juni Dr. phil. Carl de Boor übertragen. Der Genannte wirkte bis dahin an der Universitäts-Bibliothek zu Bonn; unterm 22. December wurde er zum Königlichen Bibliothekar ernannt. Am 1. Juli verliess der Custos Dr. E. Seelmann die hiesige Anstalt; als Ersatz für ihn wurde Dr. phil. Heinrich von Hagen von der

Universitäts-Bibliothek in Halle berufen. Durch Ministerial-Erlass vom 8. Januar wurde Dr. phil. Friedrich Kuhn als Volontär zugelassen.

Staender.

b. Das akademische Lese-Institut.

Auch in dem Rechnungsjahre 1891/92 sind in den Verhältnissen des akademischen Lese-Instituts keine erheblichen Veränderungen vorgegangen.

Die Zahl der ordentlichen Mitglieder, welche zu Anfang des Jahres 1891 97 betragen hatte, belief sich zu Anfang des Jahres 1892 auf 98; die Zahl der ausserordentlichen nichtakademischen Mitglieder vermehrte sich in demselben Zeitraum von 31 auf 36. Studirende betheiligten sich im Sommer-Semester 1891 113, im Winter-Semester 1891/92 116. Der Lesezirkel zählte zu Beginn des Jahres 1892 102 Theilnehmer. Als Dirigent des Vorstandes fungirte wiederum Geheimer Justizrath Professor Dr. Brie, als stellvertretender Vorsitzender Oberbibliothekar Professor Dr. Staender, als Schriftführer Professor Dr. J. Partsch.

Das finanzielle Ergebniss des Jahres 1891 war ein günstiges. Die Einnahmen betrugen 4321 Mark 17 Pf., darunter Mitglieder-Beiträge 3647 Mark 50 Pf., Staatszuschuss 600 Mark; die Ausgaben beliefen sich auf 4186 Mark 46 Pf. An Kassenbestand verblieben zu Ende des Jahres 414 Mark 66 Pf., von denen 300 Mark capitalisirt wurden.

Brie.

c. Seminare.

1. Das evangelisch-theologische Seminar.

I. Die alttestamentliche Abtheilung wurde im Sommer-Semester 1891 von Dr. Raebiger geleitet. Im Winter-Semester 1891/92 trat Dr. Kittel in die Leitung dieser Abtheilung des theologischen Seminars ein. Im Sommer-Semester 1891 wurde der Prophet Joel, im Winter-Semester 1891/92 das Buch der

Chronik gelesen; beide Male wurden von den Theilnehmern schriftliche Arbeiten über Gegenstände aus der alttestamentlichen Wissenschaft angefertigt.

II. Die Uebungen der neutestamentlichen Abtheilung wurden von Dr. Hahn geleitet. Im Sommer-Semester 1891 wurde denselben der Hebräerbrief, im Winter-Semester 1891/92 ausgewählte Stücke aus dem synoptischen Evangelium zu Grunde gelegt. Schriftliche Abhandlungen über Themata aus dem Gebiete der neutestamentlichen Theologie wurden von den Studirenden, welche in ziemlich grosser Anzahl und mit Fleiss an den Uebungen Theil nahmen, in beiden Semestern geliefert.

III. In der kirchengeschichtlichen Abtheilung wurden unter Leitung des Dr. Müller im Sommer-Semester 1891 die auf die Verfassungsgeschichte bezüglichen Kanones der Synoden zwischen 314 und 450 erklärt und schriftliche Arbeiten über verfassungsgeschichtliche Fragen aus den drei ersten Jahrhunderten eingeliefert. Im Winter-Semester 1891/92 wurde Tertullians Schriften de poenitentia und de pudicitia erklärt als Grundlage für Untersuchungen aus dem Gebiet der Geschichte des Bussinstituts. Schriftliche Arbeiten bezogen sich auf dasselbe Thema.

IV. In der von Dr. Meuss geleiteten Abtheilung für systematische Theologie wurden während des Sommer-Semesters 1891 eschatologische Fragen behandelt. Ausser den mündlichen Referaten, welche der Besprechung desselben zu Grunde lagen ist auch eine auf den Gegenstand einer früheren seminaristischen Beschäftigung zurückgehende ausführliche und tüchtige schriftliche Arbeit des Studirenden Werner Gross über Anselms Schrift Cur deus homo eingeliefert worden. Während des Winter-Semesters 1891/92 waren es Fragen aus dem Bereiche des christlichen Cultus, welche zur Erörterung gelangten. Die Theilnahme war im Ganzen eine erfreuliche, obwohl während des Sommers mehr als in dem folgenden Semester.

Hahn, z. Z. Decan.

2. Das praktische Seminar der evangelischtheologischen Facultät.

Im praktischen Seminar wurden wie gewöhnlich die homiletischen Uebungen im Winter vom Consistorial-Rath Professor Dr. Meuss, im Sommer von Professor Dr. Schmidt, die katechetischen im Sommer von dem ersteren, im Winter von dem letzteren geleitet.

An den homiletischen Uebungen betheiligten sich im Sommer 1891 25 Studirende der evangelischen Theologie. Indem der Dirigent, Professor Schmidt, bei jedem Gottesdienst je zwei der Theilnehmer als Prediger auftreten liess, gelang es, der weitaus grösseren Zahl, nämlich 22 Studirenden, das Auftreten als Prediger zu ermöglichen, während die drei übrigen wenigstens zu Referaten und Recensionen beigezogen wurden. Die Theilnahme an den Besprechungen war eine im Allgemeinen befriedigende und wenn die Predigten selbst den Gedanken nahe legen mussten, dass eine Uebungszeit, die dem Einzelnen höchstens ein einmaliges Auftreten auf der Kanzel ermögliche, sehr unzureichend sei, so liessen doch wenigstens die Recensionen erkennen, dass die Gesichtspunkte, die der Dirigent für die Beurtheilung geltend machte, nicht unbeachtet geblieben waren.

Während desselben Sommersemeters 1891 betheiligten sich an den von Dr. Meuss geleiteten katechetischen Uebungen 28 Studirende, von denen 20 es zum Halten einer Katechese brachten, fast alle wenigstens als Beurtheiler einer solchen hervortraten.

An den von demselben geleiteten homiletischen Uebungen während des Winters 1891/92 betheiligten sich 20 Studirende, von denen 13 die Kanzel bestiegen, mehrere ausserdem Arbeiten über praktische Exegese lieferten. Der Dirigent, welcher abweichend von Dr. Schmidt, um den Charakter eines Gottesdienstes innezuhalten, nur eine Predigt bei jedem Uebungsgottesdienste vortragen lässt, ausserdem vier Wochen lang durch die Generalsynode in Anspruch genommen war, konnte eine grössere Zahl von Leistungen nicht erreichen. Dass jede Predigt vor wie nach der Haltung besprochen und dadurch auch vielen, die nicht selber es zum Predigen brachten, Gelegenheit zu einer Betheiligung an der Sache gegeben wurde, braucht kaum noch besonders hervorgehoben zu werden.

Im Wintersemester 1892 betheiligten sich unter Leitung von Professor Schmidt 19 Studirende an den katechetischen Uebungen. 17 derselben konnten je eine Probekathechese halten, die in formeller Beziehung bei einem grossen Theil recht befriedigend ausfiel, wenn auch in sachlicher Hinsicht sich oft recht grobe Mängel herausstellten. Die Betheiligung an den Besprechungen war eine im Ganzen erfreuliche.

Im Sommer-Halbjahr 1891 wurden von Professor Schmidt erstmals auch Besprechungen aus dem Gebiet der inneren Mission veranstaltet, an denen sich 24 Studirende betheiligten. Nach einigen allgemeinen Erörterungen über das Wesen der inneren Mission wurden die verschiedenen Veranstaltungen, die, den Stufen der verschiedenen Lebensalter folgend, zur Bewahrung und Rettung der der leiblichen oder sittlichen Verwahrlosung ausgesetzten Gemeindeglieder getroffen sind, betrachtet. Am Sonnabend nach Pfingsten wurde mit 12 Theilnehmern ein Ausflug nach Kraschnitz gemacht und unter Führung der Oberin und des Anstaltsgeistlichen eine genaue Besichtigung der dortigen Anstalten (Diakonissenhaus, Bruderhaus, Idioten- und Epileptischen Anstalt) vorgenommen. An drei Nachmittagen wurde in Breslau das Mutterhaus Lehmgruben (Kleinkinderlehrerinenseminar), das Diakonissen-Mutterhaus Bethanien und die Herberge zur Heimath (Vereinshaus) besichtigt, woran sich je Referate der Theilnehmer über die Eindrücke, die sie empfangen, und die betreffenden Zweige der inneren Mission schlossen.

Meuss. Schmidt.

3. Das katholisch-theologische Seminar.

Die neutestamentliche Abtheilung unter Leitung des Professor Dr. Friedlieb hielt ihre Uebungen in lateinischer Sprache ab. Zur mündlichen Interpretation dienten im Sommer-Semester ausgewählte Stücke aus der Apostelgeschichte, im Winter-Semester die eschatologischen Reden des Herrn. Schriftliche

Uebungsarbeiten wurden von sämmtlichen Mitgliedern angefertigt und besprochen.

In der kirchengeschichtlich-kanonistischen Abtheilung, welche vom Prälaten Professor Dr. Laemmer geleitet wird, wurde ausser den wöchentlichen Conversatorien für die patristische Interpretation der Octavius des Minucius Felix, für die kanonistische der Text von Trienter Reformdecreten benutzt. Ausserdem wurden auf Grund häuslicher Quellenstudien acht Dissertationen vorgetragen und vom Director kritisirt. Drei ordentliche Mitglieder reichten grössere Jahresabhandlungen ein, welche einen besonderen wissenschaftlichen Eifer bekunden.

Die alttestamentliche Abtheilung des F. E. G. Rathes Professor Dr. Scholz hielt ihre Uebungen in lateinischer Sprache in zwei wöchentlichen Stunden. Die ordentlichen Mitglieder interpretirten im Sommer-Semester Jesaia cap. 40—42, im Winter-Semester Jeremia cap. 45 und 46. Die ausserordentlichen Mitglieder übersetzten und erklärten im Sommer-Semester die aramäischen Stücke in Daniel, im Winter-Semester diejenigen im Buche Esra. Zwei ordentliche Mitglieder lieferten grössere Jahresarbeiten.

Die dogmatische Abtheilung des Professor Dr. König las im Sommer-Semester S. Augustini de fide et symbolo liber als Fortsetzung der Lectüre des vorausgehenden Semesters, im Winter-Semester S. Thomae Aq. in Symbolum Apostolorum expositio. Ausserdem wurden Vorträge und Disputationen gehalten. Drei ordentliche Mitglieder lieferten grössere, fleissig gearbeitete schriftliche Abhandlungen.

Commer, z. Z. Decan.

4. Das juristische Seminar.

Die Uebungen in den Abtheilungen des juristischen Seminars stehen unter der Leitung der ordentlichen Professoren der Facultät. Die Bibliothek verwaltet Professor Dr. Wlassak.

Geh. Justizrath, Professor Dr. Dahn liess im Sommer-Halbjahr 1891 Sachsenspiegel I. Art. 21—34, im Winter-Halbjahr 1891/92 Tacitus Germania c. 1—12 erläutern. Ferner wurde die Lehre von den Handelsgeschäften, im Winter die Lehre von den Handelsgesellschaften erörtert. In beiden Halbjahren lieferten die Mitglieder Arbeiten aus dem deutschen Staats-, Privat- und Handelsrecht.

Unter der Leitung des Geh. Justizraths Professor Dr. Brie wurde im Sommer-Semester die deutsche Reichsverfassung vom 16. April 1871 erklärt. Mehrere Mitglieder verfertigten schriftliche Arbeiten.

Professor Dr. Schott legte im Winter-Semester den Uebungen im römischen Recht den Pandektentitel 39, 2: de damno infecto zu Grunde.

Unter der Leitung von Professor Dr. Wlassak fanden in beiden Semestern romanistische Uebungen statt. Erläutert wurden die Fragmente aus Celsus Digesten Buch 19—26. Ferner wurde von den meisten Theilnehmern mündlich, von einigen auch schriftlich Bericht erstattet über neuere Abhandlungen aus dem Gebiete der Dogmatik und der Geschichte des römischen Rechts.

Professor Dr. Fischer gab im Sommer-Semester Anleitung zu selbständigen wissenschaftlichen Arbeiten aus dem Civilrecht.

Professor Dr. Bennecke ertheilte in beiden Semestern Anleitung zur Anfertigung selbständiger strafrechtlicher Arbeiten.

M. Wlassak, z. Z. Decan.

5. Das philologische Seminar.

Das philologische Seminar stand unter der Leitung der Herren Geh. Regierungsrath Professor Dr. Hertz, Geh. Regierungsrath Prof. Dr. Rossbach und Prof. Dr. Foerster. Ersterer war im Sommer-Semester beurlaubt und wurde in der Leitung der Seminarübungen durch Herrn Professor Dr. Zacher vertreten. Dem unter den Directoren des Seminars eingeführten Wechsel gemäss wurde die Abtheilung der ordentlichen Mitglieder im Sommer-Semester von den Professoren Rossbach und Foerster, im Winter-Semester von den Professoren Hertz und Foerster, die Abtheilung der ausserordentlichen Mitglieder im Sommer-Semester von Professor

Zacher, im Winter-Semester von Professor Rossbach geleitet. In der Abtheilung der ordentlichen Mitglieder wurden
im Sommer-Semester bei Professor Rossbach der Hercules
furens des Euripides, bei Professor Foerster ausgewählte
Elegien des Properz, im Winter-Semester bei Professor Hertz
die Rede des Cicero für den Sestius interpretirt, sowie über
ausgesuchte Stellen der Satiren und Episteln des Horaz disputirt und bei Professor Foerster die neugefundene Schrift
des Aristoteles vom Staate der Athener interpretirt, ausserdem
in beiden Semestern schriftliche Arbeiten der Mitglieder beurtheilt. In der Abtheilung der ausserordentlichen Mitglieder
liess Professor Zacher im Sommer-Semester die Hiketiden des
Aeschylus interpretiren und über schriftliche Arbeiten der
Mitglieder disputiren, Professor Rossbach im Winter-Semester
ausgewählte Idyllien des Theokrit interpretiren.

Schon im Sommer-Semester konnten die ordentlichen
Stellen des Seminars nicht mehr vollständig besetzt werden,
im Winter-Semester ging die Zahl der Mitglieder noch weiter
zurück. Jedoch betheiligte sich eine Anzahl älterer Studirenden
oder Candidaten der Philologie als Hospites an den Uebungen
der von Professor Foerster geleiteten Abtheilung.

Durch Ministerial-Erlass vom 13. October wurde Professor
Foerster bis auf Weiteres zum geschäftsführenden Director
des Seminars bestellt.

Mit Beginn des Winter-Semesters wurden die durch Ministerial-Erlass dem philologischen Seminar überwiesenen und
in Stand gesetzten Räume im Erdgeschoss des Universitäts-
gebäudes bezogen und die Büchersammlung in ihnen zur Ausstellung gebracht. Letztere hat, nachdem ihr bereits im vorigen
Jahre durch die Munificenz des Herrn Ministers ein erheblicher
Theil der Bibliothek des verstorbenen Geheimraths Professor
Dr. Studemund zugewendet worden war, durch Ueberweisung
der philologischen Werke der durch Ministerial-Erlass vom
28. März 1891 aufgelösten Studenten-Bibliothek eine sehr beträchtliche, äussert dankenswerthe Vermehrung erfahren.

Hertz. Rossbach. Foerster.

6. Das staatswissenschaftlich-statistische Seminar.

Im Sommer-Semester 1891 nahmen an den von Professor Dr. Elster geleiteten Uebungen des Seminars 21 Studirende und ein Hospitant Theil. Es fanden im Ganzen 12 Sitzungen, die sich je auf 2 Stunden erstreckten, (1. Sitzung: 1. Mai; letzte Sitzung: 31. Juli) und 3 Excursionen statt. Jedes Mitglied war zur Einreichung einer Arbeit verpflichtet; die betreffenden Arbeiten bezogen sich auf die verschiedensten Gebiete der Volkswirthschaftslehre.

Was die Excursionen betrifft, so wurde die erste (am 27. und 28. Juni) nach Wüstewaltersdorf und den Weberdörfern Glätzisch-Falkenberg und Rudolfswaldau, die zweite (am 18. Juli) in die hiesige Bierbrauerei von Kipke unternommen. In Wüstewaltersdorf wurden unter Führung des Herrn Geheimen Commerzienrathes Dr. Websky die umfangreichen Anlagen (Weberei, Bleicherei, Färberei etc.) der Firma Websky, Hartmann und Wiesen besichtigt. Die Theilnehmer an dem Ausfluge unterrichteten sich über den Productionsprocess, über die Arbeiterverhältnisse im allgemeinen, im besondern noch über mannigfache Wohlfahrtseinrichtungen, ebenso Arbeiterwohnungen, von denen mehrere in Augenschein genommen wurden. Der zweite Tag war dem Studium der Lage der Hausweber in den oben genannten Dörfern gewidmet. — Als eine dritte Excursion dieses Semesters ist ein Besuch des Bankgeschäftes von Holz in Breslau (am 29. Juli) anzusehen, an dem jedoch wegen beschränkten Raumes nur sechs Seminarmitglieder theilnehmen konnten. Es galt hier einen Einblick zu gewinnen in die Führung der Bücher und an der Hand dieser Bücher in die verschiedenen im Bankfach vorkommenden Geschäfte.

Im Winter-Semester 1891/92 fanden unter Theilnahme von 18 Studirenden und 2 Hospitanten 16 Sitzungen statt. (1. Sitzung: 23. October 1891; letzte Sitzung: 24. März 1892.) Bezüglich der Arbeiten der Mitglieder gilt dasselbe, was oben bemerkt ist. In diesem Semester wurden ausserdem zwei Excursionen unternommen. Eine (am 23. Januar) in die Schuhfabrik von Dorndorf in Pöpelwitz, eine zweite grössere (am 12. und 13. Februar) nach Striegau und Freiburg. In Striegau wurde die Königliche Strafanstalt, die Zucker- und Chocoladenfabrik, die Cigarrenfabrik und endlich das neu erbaute Schlachthaus besucht. Am zweiten Tage des Ausfluges wurden in Freiburg die Flachsgarnspinnerei der „Actiengesellschaft für schlesische Leinenindustrie (vormals Kramsta und Söhne)", ferner das von Fräulein Marie von Kramsta gegründete und 1888 eröffnete „Heimathshaus für Fabrikarbeiterinnen", endlich die Regulatorenfabrik von Becker besichtigt. Auch auf diesen Ausflügen hatten die Mitglieder des Seminars Gelegenheit den Productionsprocess in den verschiedenen Unternehmungen kennen zu lernen und sich über die Lage der Arbeiter genauer zu unterrichten. Besonderes Interesse bot die mehr als 600 Arbeiter beschäftigende Regulatorenfabrik wegen der in diesem Betriebe weit durchgeführten Arbeitstheilung.

Sowohl im Sommer-Semester wie im Winter-Semester wurde über jede Sitzung und über jede Excursion Protokoll geführt. Die Verlesung der Protokolle der Excursionen in den nachfolgenden Seminarsitzungen bot Veranlassung, die auf den Ausflügen gemachten Beobachtungen etc. weiter zu besprechen und zu beleuchten.

An den von Professor Sombart geleiteten Seminarübungen nahmen im Sommer-Semester 1891 16 Herren theil, davon eingeschriebene Studirende 6; die übrigen waren überwiegend ältere Herren (4 Doktoren, 2 Referendare). Die Sitzungen fanden wöchentlich statt. Es wurden Vorträge gehalten, deren Stoff aus allen Gebieten der Volkswirthschaft entnommen war. Insbesondere wurde den wirthschaftlichen und socialen Tagesfragen ein besonderes Augenmerk zugewandt und thunlichst dahin gestrebt, die Vorträge durch sich daranschliessende allgemeine Discussionen zu beleben. Das Seminar unternahm zwei volkswirthschaftliche Excursionen, eine in die „Breslauer Baumwollspinnerei", die andere auf das in der Nähe Breslaus (Schockwitz bei Kattern) belegene Gut eines der Seminarmitglieder, unter dessen Führung die Besichtigung der Gutswirthschaft erfolgte.

Im Wintersemester 1891/92 waren die von Professor Sombart im staatswissenschaftlich-statistischen Seminar ab-

2*

gehaltenen Uebungen von 14 Mitgliedern (12 Studirenden, 2 älteren Herren) besucht. Die Sitzungen fanden wöchentlich statt. Bis Weihnachten wurden den Uebungen das „Communistische Manifest" sowie das „Erfurter Programm der socialdemokratischen Partei" zu Grunde gelegt und im Anschlusse an deren Lectüre die Principien des modernen Socialismus kritisch erörtert. Nach Weihnachten wurde eine Reihe von Vorträgen (5) gehalten, wiederum unter besonderer Berücksichtigung der volkswirthschaftlichen Tagesfragen; Reform der preussischen Einkommensteuer; Handelsverträge; Weltpost-Congress etc. Die Discussion über einen Vortrag nahm in der Regel zwei Sitzungen in Anspruch.

Elster.

7. Das archäologische Seminar.

Im Sommer-Semester 1891 wurde nach einer Einleitung über die antiken Terracotten zunächst eine ausgewählte kleine Anzahl dieser Denkmäler in Vorträgen der Studirenden ausführlich erklärt, sodann eine grosse Anzahl aus den Sammelwerken von Furtwaengler, Henzey, Froehner, Kekulé und Cartault cursorisch durchgenommen; im Winter-Semester 1891/92 wurde ein Repetitorium der Geschichte der griechischen Plastik mit Erklärung der hervorragendsten Denkmäler veranstaltet, das im nächsten Sommer-Semester fortgesetzt werden und etwa alle vier Jahre stattfinden soll, da sich schon lange hierfür ein Bedürfniss herausgestellt hat. Die Theilnahme war erfreulich: Sommer-Semester 19 Mitglieder, Winter-Semester 21 Mitglieder, fast sämmtlich Studirende älterer Semester.

Auf Antrag des bisherigen alleinigen Directors wurde Professor Dr. R. Foerster durch Verfügung des Königlichen Ministeriums der geistlichen etc. Angelegenheiten (mitgetheilt durch Schreiben des Königlichen Universitäts-Curatoriums vom 30. September 1891) zum Mitdirector des archäologischen Seminars ernannt, die Verwaltung des archäologischen Museums verbleibt dem bisherigen Director allein.

Rossbach.

Im Winter-Semester wurden von den sieben Mitgliedern der Abtheilung die François-Vase des Klitios und Ergotimos sowie ausgewählte Vasenbilder des Euphronios erklärt und stilistisch erörtert.

Foerster.

8. Das kunsthistorische Seminar.

Im Seminar für mittelalterliche und neuere Kunstgeschichte wurden im Sommer-Semester 1891 mit 6 ordentlichen Mitgliedern kritische Uebungen gehalten, und zwar über Masaccio-Masolino und die Anfänge der italienischen Malerei des Quattrocento.

Im Winter-Semester hielt Professor Schmarsow mit den 6 ordentlichen Mitgliedern Uebungen über ausgewählte Meisterwerke und theoretische Hauptfragen der Bildnerei; seit Neujahr 1892 schloss sich auch Privatdocent Dr. Semrau mit Uebungen über ausgewählte Denkmäler des deutschen Kirchenbaus an, in besonderer Rücksicht auf die im voraufgehenden Semester gehaltene Privatvorlesung des Professor Schmarsow. Es nahmen daran 4 Hörer Theil.

Anfang März 1892 erhielt das Seminar als Geschenk Sr. Excellenz des Herrn Ministers 42 vergrösserte Copien von Messbildaufnahmen nach deutschen Baudenkmälern, die einer früheren Anregung zu Folge aus den Publicationen der Anstalt des Geh. Baurath Dr. Meydenbauer für das Breslauer Seminar erbeten waren.

Schmarsow.

9. Das germanistische Seminar.

Professor Vogt legte im Sommer-Semester 1891 die gotische Bibelübersetzung, im Winter 1891/92 den zweiten Theil des Nibelungenliedes den mündlichen und schriftlichen Uebungen der Mitglieder zu Grunde. Es fanden sich im Sommer 13, im Winter 16 Theilnehmer.

Professor Koch behandelte in der Abtheilung für neuere Litteratur im Sommer Opitz' Buch von der deutschen Poeterei, im Winter Lessings Hamburgische Dramaturgie unter Betheiligung von 8 bezw. 9 Mitgliedern.

Die Bibliothek des Seminars erfuhr eine erhebliche Vermehrung dadurch, dass ihr bei der Auflösung der Studentenbibliothek aus dieser die dem germanistischen Studiengebiete nächstverwandten Werke (im Ganzen 1000 Bände) überwiesen wurden. Leider besitzt das Seminar bisher weder die nöthigen Mittel noch die nöthigen Räumlichkeiten, um diesen an sich sehr erwünschten und dankenswerthen Bücherzuwachs zweckentsprechend verwerthen zu können, wie es sich bisher auch nicht ermöglichen liess, den durch die Einrichtung der Abtheilung für neuere Litteratur vermehrten Bedürfnissen der Seminarbibliothek Rechnung zu tragen. Möchten die auf Beseitigung dieser Uebelstände zielenden wiederholten Anträge der Direction Berücksichtigung finden!

Vogt.

10. Das romanisch-englische Seminar.

a. Die romanische Abtheilung.

Im Sommer-Semester 1891 wurden im romanischen Seminar provenzalische Uebungen abgehalten, in der Weise, dass die weniger Vorgeschrittenen Stücke aus Bartsch's Chrestomathie interpretirten, die Geübteren Gedichte eines Trobadors (Uc Brunet) nach den handschriftlichen Texten kritisch herstellten, jede Abtheilung aber an den Uebungen der anderen Theil nahm. Die Anzahl der Mitglieder war 10.

Im Winter-Semester wurden Stücke aus dem altfranzösischen Theil von P. Meyer's Recueil d'anciens textes interpretirt (12 Mitglieder).

Die dem romanischen Seminar zu Gebote stehenden Mittel wurden in vorschriftsmässiger Weise für die Bereicherung der Seminarbibliothek verwendet.

Appel.

b. Die englische Abtheilung.

Im Sommer-Semester 1891 wurden die meisten Abschnitte aus Wülker's altenglischem Lesebuch I cursorisch gelesen und englisch abgefasste Abhandlungen der ordentlichen Mitglieder besprochen, deren Zahl 5 betrug. Ausserdem betheiligten sich 7 ausserordentliche Mitglieder an den Uebungen.

Im Winter-Semester 1891/92 wurden ausgewählte Stücke aus Wülker's Lesebuch II durchgenommen und freie Arbeiten besprochen, unter Betheiligung von 5 ordentlichen und 8 ausserordentlichen Mitgliedern.

Die für das Seminar ausgeworfenen Geldmittel wurden in vorgeschriebener Weise für die Bibliothek verwerthet.

Kölbing.

11. Das historische Seminar

stand von Ostern 1891 bis Ostern 1892 unter der Leitung der Professoren Röpell, Hüffer, Wilcken und Kaufmann, welche die Uebungen theils in ihren Wohnungen, theils in den Räumen des Seminars abhielten. Diese Räume erwiesen sich wieder als ungeeignet, eine der stärker besuchten Uebungen musste wiederholt vor Beendigung der zweiten Stunde abgebrochen werden, weil der Aufenthalt in dem engen und niedrigen Raume unerträglich geworden war. Durch Aenderung der Beleuchtung ist einiges gebessert worden, aber das Bedürfniss nach einem helleren und grösseren Zimmer besteht fort. Die Bibliothek erhielt aus der Auflösung der Studentenbibliothek eine erhebliche Vermehrung.

Kaufmann. Wilcken.

12. Das geographische Seminar.

Im Sommer-Semester 1891 erstreckten sich die Uebungen auf das Gebiet der mathematischen Geographie. Die 14 Theilnehmer wurden durch Lösung einschlägiger Aufgaben in das Verständniss der Grundlehren fester eingeführt und erhielten Gelegenheit, mit den wichtigsten Instrumenten (Theodolit, Sextant, Polarplanimeter) und ihrer Anwendung sich vertraut zu machen. Für die Ausführung einer Reihe trigonometrischer Höhenmessungen wurde mit Erlaubniss des Herrn Directors der Sternwarte deren Plattform gewählt. Da ihre Höhenlage und ihre Entfernung von zahlreichen Thürmen der Stadt und anderen Gegenständen des Gesichtsfeldes genau bekannt ist, waren für eine Menge von Zielpunkten alle Grundlagen der Höhenbestimmung und auch die Controle der Ergebnisse gegeben.

Im Winter-Semester 1891/92 galten die Uebungen, zu denen sich 10 Studirende gemeldet hatten, der Geographie von Frankreich, namentlich dem centralen Hochland und dem Alpenantheil. Die Theilnehmer arbeiteten auf Grund des ihnen gebotenen, recht reichhaltigen Quellen- und Karten-Materials Referate über die einzelnen Theile des Studiengebietes aus. Daran knüpften sich dann die Verhandlungen.

Die Auflösung der Studentenbibliothek führte dem geographischen Seminar einen kleinen, meist ältere Werke umschliessenden, aber immerhin sehr willkommenen Bücherbestand (59 Werke in 76 Bänden) zu. Es ist nun wenigstens ein Grundstock zur Entwickelung einer Handbibliothek für die Studirenden vorhanden, welche von der Gelegenheit, in den Seminarräumen zu arbeiten, gern und eifrig Gebrauch machen. Leider fehlen, da der kleine Etat von kartographischen Anschaffungen verzehrt wird, die Mittel zu einer gleichmässigen Ausstattung dieser Bibliothek mit den wichtigsten neueren Handbüchern und Nachschlagewerken. Nur eine ausserordentliche Bewilligung könnte die Anfänge dieser kleinen Handbibliothek zu der unbedingt wünschenswerthen Leistungsfähigkeit erheben.   J. Partsch.

13. Das mathematisch-physikalische Seminar.

Das mathematisch-physikalische Seminar hat in dem Jahre 1891/92 einen schweren Verlust erlitten.

Am 3. Januar 1892 verschied der Geh. Regierungs-Rath Professor Dr. Schroeter, welcher, nachdem er im Jahre 1863 an der Begründung des Seminars hervorragenden Antheil genommen, seit jener Zeit bis zum Schlusse des Sommer-Semesters 1891 ununterbrochen Uebungen an demselben geleitet hat. Einen ausführlichen Nekrolog von der Hand seines Amtsnachfolgers Herrn Professor Dr. Sturm bringen die folgenden Blätter.

Die Uebungen behandelten im Sommer-Semester 1891 Fragen aus der Differentialgeometrie, der Elasticitätstheorie, der analytischen Geometrie der Ebene und der Theorie der linearen Substitutionen; im Winter-Semester 1891/92 wurden Aufgaben aus der Differentialrechnung und den Elementen der Integralrechnung bearbeitet.   O. E. Meyer. J. Rosanes.

14. Die psychophysische Sammlung.

Kein Bericht eingegangen.

d. Die Institute der philosophischen Facultät.

1. Das physikalische Cabinet.

Dem physikalischen Cabinet wurden vom hohen Ministerium huldvollst die Mittel gewährt, eine neue verbesserte Anlage für elektrische Beleuchtung einzurichten. Statt der bisher benutzten Dampfmaschine von 3 Pferdekraft wurde ein Otto'scher Zwillings-Gasmotor von 6 Pferdekraft aufgestellt, während die kleine Pariser dynamoelektrische Serien-Maschine durch eine grössere Nebenschluss-Maschine von Siemens und Halske ersetzt wurde.

Die praktischen Uebungen im physikalischen Laboratorium fanden im Sommer-Semester 11, im Winter 14 Theilnehmer.

Als Assistenten waren angestellt Dr. Paul Schoop vom 1. Mai 1891 bis zum 30. September 1891, Dr. Oswald Venske seit dem 1. April 1891 und Dr. Kurt Mützel seit dem 1. October 1891.

O. E. Meyer.

2. Die Sternwarte.

In der Einrichtung und Vertheilung der regelmässigen astronomischen, meteorologischen und magnetischen Beobachtungen haben Veränderungen in dem verflossenen Jahre nicht stattgefunden und kann in dieser Hinsicht auf den vorjährigen Bericht verwiesen werden. Unter den für die Sternwarte neu angeschafften Instrumenten ist zu erwähnen ein Mikrotelephon aus der elektrotechnischen Fabrik von Ebert & Co. in Berlin, um die Uhrschläge bestimmter Uhren an verschiedenen Punkten der Sternwarte, namentlich bei Beobachtungen auf der Gallerie, hörbar zu machen, sodann ferner ein neuer grosser Libellenprüfer von G. Heyde in Dresden. Wegen des Zuwachses der Bibliothek, insbesondere durch zahlreiche seit einer Reihe von Jahren sehr angesammelte litterarische Geschenke von auswärtigen Instituten, wurde es erforderlich, mehrere neue Repositorien zu beschaffen, die theils in dem sogenannten magnetischen Zimmer, theils in dem Bibliothek-Zimmer der Sternwarte an Stelle eines seit länger als 40 Jahren nicht mehr benutzten und jetzt entfernten Ofens aufgestellt worden sind.

Galle.

3. Das chemische Institut.

Auch im Laufe des Jahres 1891/92 wurden noch einige bauliche Veränderungen in dem Institut vorgenommen, namentlich wurde das Auditorium durch Herstellung eines Oberlichts wesentlich verbessert. Durch die Bewilligung einer grösseren Summe für Neuanschaffungen, konnte sowohl die Präparaten-Sammlung einigermassen ergänzt, wie namentlich auch einige nothwendige Apparate erworben werden.

Die Frequenz des Instituts war dem Vorjahr ziemlich gleich geblieben. Im Sommer 1891 arbeiteten 37, im Winter 1891/92 60 Praktikanten. Als Assistenten fungirten: 1. Dr. Ahrens, 2. Dr. Bunzel, 3. im Sommer Dr. Sieber, im Winter Dr. Adam.

Folgende wissenschaftliche Arbeiten wurden ausgeführt und veröffentlicht:

1. Sieber: Ueber Trimethylenimin und eine Synthese des β Picolin. (Inaug.-Dissert. Breslau).
2. Passon: Ueber Alkylirung organischer Basen. (Inaug.-Dissert. Breslau).
3. Scholtz: Einwirkung von Ammoniak auf Xylylenbromid. (Inaug.-Dissert. Breslau).
4. Adam: Ueber Pseudoconhydrin. (Inaug.-Dissert. Breslau).
5. Krömer: Ueber Cumobenzylamin und Hemimellibenzylamin. (Inaug.-Dissert. Rostock).
6. Dr. Ahrens: Ueber Spartein.
7. Dr. Ahrens: Ueber Dipyridyl und Dipiperidyl.
8. Ladenburg: Ueber die Synthese des Hydro- und Paratropin.
9. Ladenburg: Ueber Tropin.
10. Ladenburg: Nachtrag zum Piperazin.

Ladenburg.

4. Das pharmaceutische Institut.

a. Chemische Abtheilung.

In der inneren Einrichtung des pharmaceutischen Instituts fanden wesentliche Veränderungen nicht statt, nur mussten bei der steigenden Frequenz der Praktikanten im Laboratorium noch einige neue Arbeitsplätze mit den entsprechenden Apparaten und Reagentien eingerichtet werden.

In den Vorlesungen trat gegen das Vorjahr eine Aenderung nicht ein.

Im Laboratorium arbeiteten im Sommer-Semester 73, im Winter-Semester 84 Praktikanten. Die rege Theilnahme an diesen Arbeiten und der Fleiss der Praktikanten verdient Anerkennung.

Als Assistenten waren im Sommer-Semester thätig Dr. Kassner, Dr. Grützner und Ded. Kwasnik. Kassner wurde im October 1891 als ausserordentlicher Professor der pharmaceutischen Chemie an die Akademie in Münster berufen und Kwasnik erlag am 6. Februar 1892 einer Gehirnentzündung. Der Tod dieses talentvollen und durch seine bisherigen wissenschaftlichen Leistungen zu den besten Hoffnungen berechtigenden jungen Mannes ist lebhaft zu beklagen. An seine Stelle trat im Winter-Semester Apotheker Höhnel.

Die Bibliothek, der chemische Apparat und die Sammlungen der Präparate wurden entsprechend vermehrt, letztere erhielten durch das Geschenk einer Suite chemischer Präparate aus der Fabrik von vormals Meister, Lucius und Brünning in Höchst einen interessanten Zuwachs.

Nachstehende Experimental-Untersuchungen sind mit den Hilfsmitteln des Instituts im Jahre 1891/92 beendet und veröffentlicht worden:

1. Ueber schwefelhaltige ätherische Oele, Asafoetida-Oel von Dr. F. W. Semmler. Verspätete Veröffentlichung im Archiv der Pharmacie Bd. 229 S. 1, 1891 und in den Berichten der deutschen chemischen Gesellschaft B. 24 S. 78.
2. Beiträge zur Kenntniss der Einwirkung von Ammoniak auf Chlorcadmium von W. Kwasnik, veröffentlicht im Archiv der Pharmacie Bd. 229 S. 569.

3. Ueber die Einwirkung von Baryumsuperoxyd auf Metall-
salze von W. Kwasnik, veröffentlicht im Archiv der
Pharmacie Bd. 229 S. 573 und in den Berichten der
chemischen Gesellschaft Bd. 25 S. 67.

4. Ueber einen krystallinischen Bestandtheil der Genipa
brasiliensis Mart. von W. Kwasnik, veröffentlicht in
der Chemiker-Zeitung 1892, Nr. 8.

5. Chemische Untersuchung des flüchtigen Oels der Lindera
fericea Bl. (Kuromoji-Oel) von W. Kwasnik, veröffentlicht im Archiv der Pharmacie Bd. 230 S. 265.

Poleck.

b. Pharmacognostische Abtheilung.

Die Arbeiten in dieser Abtheilung des Instituts wurden in
gewohnter Weise fortgesetzt. An dem mikroskopischen Cursus
betheiligten sich im Sommer-Semester 50, im Winter-Semester
51 Studirende. Die pharmacognostische Sammlung wurde in
entsprechender Weise vermehrt.

Poleck. Prantl.

5. Das landwirthschaftliche technologische Institut.

Das Institut war im Vorjahre unter die Leitung des Prof.
Dr. von Richter gestellt worden. Derselbe war während
des ganzen Sommer-Semesters wegen Krankheit von Breslau
abwesend und verstarb leider im Herbste, ohne bisher einen
Nachfolger erhalten zu haben. Nachdem die Räume des Institutes durch Erlass des Herrn Curators unter die Aufsicht des
unterzeichneten comm. Directors des landwirthschaftlichen
Institutes gestellt worden waren, wurde dem Privat-Docenten
Dr. Ahrens, welcher die technologischen Vorlesungen übernommen hatte, gestattet, die im Institute vorhandenen Geräthe,
Apparate und Chemikalien für seine in den Räumen des landwirthschaftlichen Instituts gehaltenen Vorlesungen zu benutzen.
Im Uebrigen ruhte die Thätigkeit des Institutes während des
ganzen Jahres.

Holdefleiss.

6. Das thierchemische Institut und agricultur-chemische Laboratorium.

Durch Ministerial-Rescript vom October 1890 wurde das thierchemische Institut und agriculturchemische Laboratorium „als ein selbständiges, von dem landwirthschaftlichen Institut unabhängiges Universitäts-Institut" unter die Direction des Unterzeichneten gestellt. Die am Matthiasplatz No. 5 im Hintergebäude I. Etage befindlichen Räumlichkeiten dieses Institutes bestehen aus dem chemischen Laboratorium, Wage-, Bibliothek- und Sammlungszimmer, sowie aus einem im Erdgeschoss gelegenen Raume für die Versuchsthiere.

Das thierchemische Institut dient zu wissenschaftlichen Untersuchungen auf dem Gebiete der thierischen Ernährung, das agriculturchemische Laboratorium dagegen zum Unterricht für Studirende; in letzterem arbeiteten während des Sommer-Semesters 6, und während des Winter-Semesters 11 Praktikanten.

Als Assistent des thierchemischen Instituts fungirte Dr. S. Gabriel und als Assistent des agriculturchemischen Laboratoriums Apotheker L. Graffenberger.

Die zur Benutzung für die Vorlesungen über Zoochemie etc. bestimmte Sammlung physiologisch-chemischer Präparate wurde durch Herstellung verschiedener neuer Präparate vermehrt; ausserdem gelangten folgende, in dem Institut ausgeführte wissenschaftliche Arbeiten zur Veröffentlichung:

Uebt die Beigabe von Ammoniumsalz zu einer an Eiweissstoffen armen, aber an Kohlenhydraten reichen Nahrung eine ähnliche eiweisssparende Wirkung aus wie das Asparagin? Von H. Weiske. (Journal für Landwirthschaft, Bd. XXXVIII. Seite 137.)

Zur Frage über den Nährwerth verschiedener Eiweisskörper. Von S. Gabriel. (Journal für Landwirthschaft, Bd. XXXVIII. Seite 463.)

Ueber Hoffmeister's krystallisirbares Albumin. Von S. Gabriel. (Zeitschrift für physiologische Chemie, Bd. XV. Seite 456.)

Uebt anhaltende Aufnahme von sauren Mineralsalzen einen Einfluss auf die Zusammensetzung der Knochen aus? I. u. II. Abhandlung. Von H. Weiske. (Landwirthschaftliche Versuchs-Stationen, Bd. XXXIX. Seite 17 und Seite 205.)

Ueber den Einfluss des Dämpfens auf den Nährwerth der Lupinen. Von S. Gabriel. (Journal für Landwirthschaft, Bd. XXXIX. Seite 59.)

Ueber die Zusammensetzung der Kaninchenknochen im hohen Alter. Von L. Graffenberger. (Landwirthschaftliche Versuchs-Stationen, Bd. XXXIX. Seite 115.)

Weiske.

7. Das mineralogische Museum.

Am 14. December 1891 starb der bisherige Director und um das Museum hochverdiente Begründer desselben, Herr Geheimer Bergrath Professor Dr. Ferdinand Römer. — Die Leitung des Museums wurde dann interimistisch von dem Unterzeichneten geführt, bis zu seiner im April 1892 erfolgten Ernennung zum Director.

Als Assistent am Museum fungirte Herr Dr. G. Gürich während des Etatsjahres 1891/92.

Die Verwaltung des Museums wurde wie bisher fortgeführt. Die Sammlungen wurden durch zahlreiche neue Erwerbungen vergrössert. Besonders zu erwähnen sind ein vollständiges und vorzüglich erhaltenes Exemplar von Ichthyosaurus quadriscissus Quenstedt, sowie eine werthvolle Sammlung von Kreideversteinerungen aus Texas.

Wie bisher wurden die Sammlungen Sonntags dem grösseren Publikum zugänglich gemacht. Mehrere auswärtige Gelehrte, so die russischen Geologen Fr. Schmidt, Tschernytschew und Michalski, sowie der texanische Staatsgeologe Dumble benutzten die Sammlungen des Museums zu wissenschaftlichen Forschungen.

Mit den Hilfsmitteln des Museums wurden die Untersuchungen zu folgenden Publicationen ausgeführt:

G. Gürich: Ueber eine cambrische Fauna von Sandomir in Russisch-Polen. Neues Jahrbuch für Mineralogie etc. 1892, 1, 69.

G. Gürich: Ueber einen neuen Nothosaurus von Gogolin in Oberschlesien. Zeitschrift der deutschen geologischen Ges. 1891, 967.

G. Gürich: Ueber Placodermen und andere devonische Fischreste im Breslauer mineralogischen Museum. Ebenda 1891, 902.

L. Milch: Ueber Epsomit-Krystalle von Stassfurt-Leopoldshall. Groth's Zeitschrift für Krystallographie etc. Bd. 20, 221.

L. Milch: Petrographische Untersuchung einiger Ostalpiner Gesteine. Erschienen als Anhang zu: „Die Karnischen Alpen von Dr. F. Frech", Halle 1892.

L. Milch: Beiträge zur Kenntniss des Verrucano, erster Theil. Leipzig 1892.

St. Zander: Krystallographische Untersuchungen über Picolinderivate und verwandte Körper. Groth's Zeitschrift für Krystallographie etc. Bd. 20, 236.

R. Michael: Cenoman und Turon in der Gegend von Cudowa in Schlesien. Inaugural-Dissertation, Breslau 1892.

C. Hintze: Handbuch der Mineralogie, fünfte und sechste Lieferung. Leipzig 1891—92.

Ausserdem wurde von Dr. Milch, Dr. Zander, Dr. Jenssen und dem Unterzeichneten eine Reihe von krystallographischen Untersuchungen ausgeführt an Krystallen organischer Verbindungen, welche in den chemischen Instituten der Universitäten Breslau, Bonn, Göttingen und Marburg dargestellt und von den Herren Geheimrath Ladenburg und Geheimrath Poleck in Breslau, Geheimrath Kekulé, Professor Anschütz und Professor Klinger in Bonn, Professor Wallach in Göttingen und Professor Zincke in Marburg dem Unterzeichneten zur Untersuchung übergeben worden waren.

Hintze.

8. Der botanische Garten.

Die gärtnerische Leitung des Gartens hat dadurch wesentliche Veränderung erfahren, dass der Königliche Garten-
Inspector B. Stein, welcher seit 15. April 1891 vom Dienste
suspendirt war, mit 1. December sein Amt niedergelegt hat.
Die Stelle wurde zunächst durch den bisherigen Gehilfen
M. Diedler, vom 1. November ab durch den aus Karlsruhe i. B.
berufenen Obergärtner J. Hölscher verwaltet.

Im Zusammenhange mit der allgemeinen Instandsetzung
des Gartens wurden die im vorigen Jahre begonnenen Aenderungen der Anlagen des Gartens fortgesetzt. Den Kernpunkt derselben bildet die Aufstellung der pflanzengeographischen Gruppen
von Kalthauspflanzen auf einer zusammenhängenden Fläche
unmittelbar vor dem die Mehrzahl derselben während des
Winters beherbergenden Gewächshause III. Durch diese Veränderung wird sowohl die jährlich erfolgende Aufstellung und
Abräumung der Gruppen erleichtert, als auch das Studium der
in unmittelbare gegenseitige Nachbarschaft gerückten Gruppen
gefördert. Zur Gewinnung des hierfür bestimmten Platzes
mussten die systematisch geordneten Gruppen von Freiland-
pflanzen weiter nach Osten zu ausgedehnt werden auf Kosten
von nutzlosen Gesträuchpartien, sowie unter Benützung des
Raumes, welcher durch Entfernung der sogenannten dendrologischen Partie No. 1 frei wurde. Die in dieser Partie aufgestellten Objecte waren zum grossen Theil den Witterungs-
einflüssen zum Opfer gefallen; was sich noch in gutem Er-
haltungszustande befand, wurde theils im Göppert-Pavillon
theils in der am Nordende der grossen Allee befindlichen
zweiten (nunmehr einzigen) dendrologischen Partie untergebracht. In den neu angelegten Gruppen des Systems sowie in
einem Theil der älteren wurden die Pflanzen nicht in der
früher üblichen Reihenanordnung angebracht, sondern in
einzelne kleinere oder grössere, von allen Seiten zugängliche
Beete entsprechend ihrer Verwandtschaft vereinigt.

Der Bestand an lebenden Pflanzen des Gartens wurde zum
Theil durch Kauf vermehrt und verdient die Cacteen-Sammlung
des verstorbenen Ober-Stabsarztes Dr. Schiller besonders
genannt zu werden; Geschenke wurden dem Garten überwiesen

insbesondere von den Herren Hofmarschall von St. Paul zu Fischbach, Sanitätsrath Dr. Wagner zu Königshütte, Gartenbau-Director Haupt zu Brieg, Obergärtner Schütze und Kunstgärtner Franke hier.

Die Sammlungen des botanischen Gartens konnten dadurch, dass Verwendung der bisherigen Wohnung des Garteninspectors zur erweiterten Aufstellung der Sammlungen genehmigt wurde, in erhöhtem Maasse zugänglich gemacht und zugleich besser verwahrt werden. Es enthält nunmehr das Erdgeschoss ausser den bisher vorhandenen Räumen ein für die Inserenten des Herbars bestimmtes Zimmer, die Sammlungen an Kryptogamen einschliesslich der dorthin gehörigen fossilen Reste, ferner die Hymnospermen, in einem besonderen Zimmer die reichhaltige Holzsammlung, sowie endlich das Herbarium silesiacum, welches die Belege für die schlesische Flora enthält und von Herrn Dr. Schiche in der dankenswerthesten Weise verwaltet und geordnet wird. Beiträge für dieses letztere wurden im abgelaufenen Jahre geliefert von den Herren: stud. Callier hier, Dr. Felsmann in Dittmannsdorf, E. Fiek in Cunnersdorf, Lehrer Leisner in Waldenburg, Inspector Nitschke hier, Seminarlehrer Richter in Oberglogau, Lehrer B. Schröter in Ochelhermsdorf und Rector Ziesché hier.

Das allgemeine Herbarium hat wiederum reichen Zuwachs zu verzeichnen. An erster Stelle sei hier das bereits im vorjährigen Berichte genannte Herbarium des verlebten Dr. Schumann zu Reichenbach erwähnt, welches in ganz hervorragender Weise das bestehende Herbar bereichert hat. Durch Schenkung, Tausch und Kauf wurden Sammlungen aus Kalifornien, Mexico, Bolivia, Brasilien, Südafrika, Sibirien erworben. Die definitive Ordnung des Herbars macht indess nur sehr langsame Fortschritte, da es trotz wiederholter Bemühung nicht möglich war, die Anstellung eines Custos, wie ihn andere, selbst viel kleinere Herbarien besitzen, zu erreichen. Freiwillige Unterstützung in den umfangreichen Arbeiten des Ordnens haben die Herren stud. Callier und Appel geleistet.

Die Bibliothek des Gartens erfuhr durch die Ueberweisungen aus der Studenten-Bibliothek namhaften Zuwachs besonders an älteren Werken. Prantl.

9. **Das pflanzen-physiologische Institut.**

Kein Bericht eingegangen.

10. **Das zoologische Institut und Museum.**

In den Verhältnissen des zoologischen Institutes ist seit der Uebernahme des Directorates durch den Unterzeichneten eine wesentliche Aenderung nicht eingetreten. Der Zustand der umfangreichen Sammlungen und der primitiven Institutsräume erheischt dringend eine baldige Abhilfe, die nur durch einen Neubau geboten werden kann.

Der grosse Sammlungssaal, ungenügend beleuchtet, ist vollgepfercht mit Objecten, welche in den nicht staubdicht schliessenden Schränken theilweise erheblich gelitten haben. Da sich keine Möglichkeit darbietet, den Saal zur Aufstellung weiterer Objecte verwerthbar zu machen, so ist mehr denn ein Drittel der Sammlung im obersten Stockwerk untergebracht. Im Auditorium, in den Assistentenzimmern und in den Laboratoriumsräumen sind, wo irgend ein Platz sich darbietet, die kostbaren Sammlungen von Echinodermen, Korallen, Mollusken und Insecten oft so dicht aufgestapelt, dass eine Benutzung der Objecte kaum möglich ist. Die grösseren Skelette, die Schädelsammlung, vor Allem aber die umfangreiche Sammlung ausgestopfter Wiederkäuer sind in Räumen, welche Bodenkammern gleichen, eng zusammengedrängt. Hier haben namentlich die Wiederkäuer durch Staub und Mottenfrass so gelitten, dass die Hälfte der Arten, als für eine Museums-Sammlung unbrauchbar, ausgeschieden werden muss.

Nicht minder unerfreulich sind die Zustände der Arbeitsräume. Das Auditorium, niedrig und schlecht beleuchtet, ist für die Zahl der Zuhörer zu klein; es musste daher mit Beginn des Winter-Semesters der Versuch, in dem bei Gaslicht unerträglich schwülen Raume zu lesen, aufgegeben werden und eine Vorlesung in das neben dem Lesezimmer der Universität befindliche Auditorium verlegt werden.

Das nach Norden belegene Arbeitszimmer ist für mikroskopische Untersuchungen wegen der niedrigen Fenster an den meisten Tagen (bei trüber Witterung) unbenutzbar und zudem so kalt, dass ein längerer Aufenthalt im Winter nicht möglich ist. Um wenigstens dem dringendsten Bedürfniss abzuhelfen, wurden die nach Süden belegenen Räume des grossen Corridors mit Oefen versehen und für Institutszwecke nothdürftig nutzbar gemacht. Auch in ihnen ist es nur um die Mittagszeit möglich, günstiges Licht für feinere Untersuchungen bei der geringen Höhe der Fenster zu erhalten.

Da die Sammlungsräume gänzlich unzureichend sind, da eine erspriessliche Thätigkeit in den Institutsräumen undenkbar ist, so giebt sich der Unterzeichnete der Hoffnung hin, dass höheren Ortes baldigst Abhilfe geschaffen wird. Eine weitere Ausdehnung der Institutsräume in dem Universitätsgebäude resp. eine Verlegung des Institutes in Räume, welche eventuell frei würden, käme einem Provisorium gleich, das auf die Dauer unhaltbar ist.

Soll einerseits eine Schausammlung geschaffen werden, welche nach modernen Grundsätzen geordnet und aufgestellt ist, soll andererseits den Anforderungen entsprochen werden, welche die biologische Forschungsweise, wie sie heutzutage die Zoologie charakterisirt, erfordert, so kann nur ein zweckentsprechender Neubau endgiltige Abhilfe bieten.

Chun.

e. Die Institute der medicinischen Facultät.
A. Die theoretischen Institute.
1. Das anatomische Institut.

Kein Bericht eingegangen.

2. Das physiologische Institut.

Während des verflossenen Jahres ist der Assistent für den histologischen Unterricht, Dr. von Kostanecki, als Prosector nach Giessen berufen und an seine Stelle Dr. med. R. Krause getreten.

Der Kreis der Vorlesungen hat dadurch eine Erweiterung erfahren, dass für Zahnärzte Herr Privatdocent Dr. Röhmann ein Colleg über Chemie und Herr Privatdocent Dr. Hürthle ein Colleg über Physiologie gelesen haben.

Arbeiten des Instituts.

I. Abgeschlossene und bereits veröffentlichte oder druckfertige Arbeiten.

1. F. Röhmann: Ueber die Reaction der quergestreiften Muskeln. Pflüger's Archiv, Bd. 50.

2. W. Spitzer: Ueber die Benutzung gewisser Farbstoffe zur Bestimmung von Affinitäten. Ebendas.

3. M. Bial: Ueber das diastatische Ferment des Blut- und Lymphserums. Ebendas. Bd. 51.

4. F. Röhmann: Zur Kenntniss des diastatischen Fermentes der Lymphe.

5. A. Tietze: Beiträge zur Lehre von den Gehirnpulsationen. Archiv für experimentelle Pathologie, Bd. XXIX.

6. W. T. Porter (Prof. in St. Louis): The filling of the heart.

7. E. Hirschmann: Die Pulscurve beim Volselva'schen Versuch.

8. K. Hürthle: Orientirungsversuche über die Wirkung des Oxyspartein.

9. K. Hürthle: Kritik des Luftstrom-Transmissionsverfahrens.

10. M. Teichmann: Mikroskopische Beiträge zur Lehre von der Fettresorption. Dissertation.

11. T. Cohn: Histologisches und Physiologisches über die grossen Gallenwege und die Leber. Dissertation.

12. E. Gotschlich und F. Reinbach: Ueber den Einfluss der venösen Stauung auf die Gallenabsonderung. Akademische Preisschrift.

II. Noch nicht abgeschlossene Arbeiten.

1. R. Heidenhain: Untersuchungen zur Physiologie und Histologie der Leber.

2. Dr. Rosenfeld: Ueber Phloridzoidiabetes.

3. E. Gotschlich: Ueber den Einfluss der Wärme auf thierische Gewebe, im Besondern auf das Muskelgewebe.

R. Heidenhain.

3. **Das pathologisch-anatomische Institut.**

Kein Bericht eingegangen.

4. **Das pharmakologische Institut.**

In dem Etatsjahre 1891/92 hat sich im pharmakologischen Institut nichts ereignet, was für eine Berichterstattung geeignet scheinen dürfte.

Filehne.

5. **Das hygienische Institut.**

Im Etatsjahr 1891/92 sind weder in Bezug auf Einrichtung und Ausstattung des Instituts, noch im Personalbestand Aenderungen eingetreten.

Auch die Vorlesungen, praktischen Curse und Excursionen fanden wie im Vorjahre statt.

Auf Veranlassung des Herrn Cultusministers hielt der Unterzeichnete vom 7. bis 28. März 1892 den ersten Fortbildungscursus in öffentlicher Gesundheitspflege für Medicinalbeamte der Provinzen Schlesien und Posen. An diesem Cursus betheiligten sich 19 Medicinalbeamte.

Folgende wissenschaftliche Arbeiten wurden im Institut ausgeführt:

1. C. Flügge: Ueber Milchsterilisirung. (Im Druck.)
2. H. Bitter: Ueber Festigung von Versuchsthieren gegen die Toxine der Typhusbacillen.
3. H. Bitter: Ueber die bakterienfeindlichen Stoffe thierischer Organe.
4. A. Steiner: Toxin liefernde Milchbakterien. (Im Druck.)
5. E. Hamburger: Ueber die Art und Weise des Uebergangs der Bakterien in die Luft. (Dissert.)
6. R. Traugott: Beiträge zur Desinfectionspraxis. (Im Druck.)
7. J. Olbrich: Die Verbreitung der Diphtherie in Breslau. (Als Dissertation erschienen, ausführlicherer Bericht im Druck.)
8. J. Kappen: Beiträge zur Verbreitungsweise des Abdominaltyphus. (Im Druck.)

9. **Gohlisch**: Witterungsverhältnisse und Erkältungskrankheiten in Breslau im Jahre 1890—91.

Ausserdem wurden auch im abgelaufenen Etatsjahr zahlreiche Untersuchungen zum Zweck der Erstattung von Gutachten für Communen und Behörden ausgeführt.

C. Flügge.

B. Die klinischen Institute.

1. Die medicinische Klinik und Poliklinik.

Kein Bericht eingegangen.

2. Die chirurgische Klinik.

Mit dem Beginn des Etatsjahres 1891/92 ist in den Verhältnissen der chirurgischen Klinik eine bedeutungsvolle Veränderung dadurch eingetreten, dass am 11. April die neuen Räume in der Thiergartenstrasse bezogen worden sind. Die bauliche Einrichtung ist im Jahrgang 5 dieser Chronik, pag. 64 u. ff., ausführlich beschrieben worden, es erübrigt hinzuzufügen, dass die äussere Umgestaltung auch von wesentlichem Einfluss auf die inneren Principien gewesen ist. Von vornherein war geplant worden, mehr und mehr von der Methode der Antiseptik zu derjenigen der Aseptik überzugehen. Es war daher für die Einrichtung und Ausstattung der nothwendigen Sterilisationsräume Sorge getragen worden; dann aber wurde eine strenge Scheidung zwischen primär-aseptischen und nicht aseptischen Operationen in der Weise vorgenommen, dass ein besonderes aseptisches Operationszimmer mit eigenem Apparat und je eine aseptische Männer- und Frauenstation eingerichtet wurden. Die septischen Operationen werden in dem poliklinischen Operationsraum ausgeführt. In dem grossen Auditorium werden vor den Studenten nur sehr wenige und nur solche Operationen vorgenommen, die sich leicht demonstriren lassen oder für den praktischen Arzt ganz besonderen Werth haben. Im Allgemeinen werden die Kranken am Tage vor ihrer Operation klinisch vorgestellt, während die betreffenden Praktikanten verpflichtet sind, am nächsten Tage der Operation beizuwohnen.

Neben der Klinik auf der Thiergartenstrasse wurde die Poliklinik im Allerheiligen-Hospitale als Filiale beibehalten.

Der Krankenbestand betrug am 11. April 1891 11 Männer, 2 Frauen.

Im Ganzen wurden in der Klinik behandelt 563 Männer, 319 Frauen gegen 541 Männer, 312 Frauen im Vorjahre.

. Poliklinisch sind behandelt worden:

a. in der Poliklinik Thiergartenstrasse 2 204
b. in der Poliklinik (Filiale) Allerheiligen 6 287

zusammen 8 491

gegen 7 006 im Vorjahre.

Die klinischen Vorlesungen wurden gehalten viermal wöchentlich von 9 bis 10½ Uhr. Die Zahl der Studirenden betrug im Sommer-Semester 67, im Winter-Semester 71.

An Aerzten waren in der Klinik im Etatsjahre thätig ausser dem Director vier Assistenzärzte und zwei bezw. drei Volontärärzte, nebst zwei Unterassistenten.

Während des Etatsjahres sind an wissenschaftlichen Arbeiten aus der Klinik erschienen:

Geheimer Medicinalrath Prof. Dr. Mikulicz:

1. Atlas der Krankheiten der Mund- und Rachenhälfte, zweite Hälfte (zusammen mit Michelson).

2. Ein Fall von Operation eines Chondrosarioms des Thorax mit Zwerchfellsresection. (Vortrag auf der Naturforscherversammlung in Halle.)

3. Ueber brandige Brüche. (Berl. klin. Wochenschrift 1892, Nr. 11 u. ff.)

Dr. Tietze:

1. Zur Lehre von den congenitalen Halsgeschwülsten. (Deutsche Zeitschrift für Chirurgie, Bd. 32.)

2. Beiträge zur Resection der Thoraxwandungen bei Geschwülsten. (Ebenda).

3. Erfahrungen über die Operationen an den Luftwegen. (Ebenda.)

4. Beiträge zur Lehre von den Gehirnpulsationen. (Archiv für experim. Pathologie und Therapie, 29. Bd.)

Kowallek:
Ueber die Aufrichtung der Sattelnasen. (Dissert. Breslau.)

Stiller:
Ueber die Unterbindung der zuführenden Schilddrüsenschlagadern zur Heilung des Kropfes. (Dissert. Breslau.)

Mikulicz.

3. Die Klinik für Augenkranke.

Personalien.

Als Assistenten fungirten im Jahre 1891/92 die Herren DDr. Grönouw und Ritter.

Gebäude.

In den Sommerferien 1891 wurden nachstehende Ausbesserungen ausgeführt:

1. Die Herstellung einer Ventilations-Vorrichtung für die Closets des 1. und 2. Stockwerks.
2. Die Erneuerung des Fussbodenanstrichs der Wohnzimmer des Assistenzarztes.
3. Die Umsetzung des Kochofens in der Anstaltsküche.
4. Die Neueindeckung des Pappdaches der im Anstaltsgarten befindlichen Laube.

Krankenzahlen.

In der poliklinischen Abtheilung wurden aufgenommen:

im Sommerhalbjahr 1891 . . . 2 246 Kranke,
im Winterhalbjahr 1891/92 . . . 1 793 ,
während des ganzen Jahres . . 4 039 Kranke.

Von diesen Kranken wurden 392 der stabilen Klinik überwiesen.

Die Zahl der zum Unterricht ausgewählten und an die Studirenden zum Unterricht vertheilten Kranken betrug:

im Sommerhalbjahr 1891 221
im Winterhalbjahr 1891/92 229

Studirende.

Im Sommer-Semester wurden die Vorträge und die klinischen Demonstrationen besucht:

von 57 Studirenden,

im Winter • 53 •

insgesammt von 110 Studirenden.

An wichtigeren Operationen wurden ausgeführt:

im Sommer 164
im Winter . . . . . , ... 133

insgesammt 297

Curse.

Der Assistent Dr. Grönouw las praktische Curse über den Gebrauch des Augenspiegels in den Osterferien, den Herbstferien, im Sommer- und Winter-Semester. In den Oster- und Herbstferien hielt derselbe praktische Uebungen in der Diagnose der Augenkrankheiten ab.

Wissenschaftliche Arbeiten.

An Abhandlungen gingen im Laufe des Jahres 1891/92 aus der Klinik hervor:

1. Dr. König: Ein objectives Krankheitszeichen der „traumatischen Neurose". Berliner klinische Wochenschrift 1891.

2. Dr. Grönouw: Ein Sterilisationsapparat für Augeninstrumente. Centralblatt für praktische Augenheilkunde 1891.

3. Derselbe: Ueber die Intoxicationsamblyopie. Archiv für Ophthalmologie 1892.

Förster.

4. Die geburtshilflich-gynäkologische Klinik.

Kein Bericht eingegangen.

5. Die Klinik für Haut- und venerische Krankheiten.

Kein Bericht eingegangen.

6. Die psychiatrische Klinik und Poliklinik für Nervenkrankheiten.

In der Berichtszeit wurden psychiatrische Klinik und Poliklinik für Nervenkrankheiten getrennt abgehalten, letztere als zweistündiges Publicum in den Räumen der Poliklinik.

Die psychiatrische Klinik wurde im Sommersemester 1891 von 35 Studirenden und 3 Aerzten, im Winter 1891/92 von 7 Studenten und 8 Aerzten besucht. Das Publicum fand beide Male zahlreiche Zuhörer. Durch die Vermehrung der Stundenzahl wurde es möglich, eine bedeutend grössere Zahl von Kranken vorzustellen als in früheren Semestern.

Die Frequenz der Poliklinik hat noch weiter zugenommen. Sie wurde im Berichtsjahre von 910 neuen Kranken aufgesucht.

Die Arbeitsräume der Klinik wurden von folgenden Herren benützt:

Herrn Dr. Sachs, prakt. Arzt in Breslau, vom 1. April 1891 bis 1. April 1892.

Herrn Dr. C. S. Freund, Specialarzt für Nervenkrankheiten in Breslau, vom 10. Januar bis 1. April 1892.

Herrn Dr. Magnus Matell, zweiter Arzt an der Irrenanstalt zu Lund in Schweden, vom 1. November 1891 bis 6. Februar 1892.

Die psychiatrische Klinik verlor ihren zweiten Arzt, Herrn Dr. H. Lissauer, am 19. September 1891 durch den Tod. Eine hervorragende wissenschaftliche Arbeit, welche ihrem Abschluss nahe war, fand dadurch eine jähe Unterbrechung. Wir betrachten dieselbe als ein Vermächtniss des Todten und hoffen, sie in irgend einer Form noch zur Publication bringen zu können.

In die erledigte Stellung ist der bisherige zweite Assistent, Herr Dr. Hahn, aufgerückt, und als vierter Assistent der prakt. Arzt, Herr Dr. Cassirer aus Berlin, neu angestellt worden.

Zur Stütze des überlasteten Assistenten an der Poliklinik haben

Herr Dr. Kiefer, prakt. Arzt in Breslau, vom 1. April bis 1. Mai 1891, und

Herr Dr. Toby Cohn, prakt. Arzt in Breslau, vom 23. September 1891 bis 1. April 1892

als Volontärärzte fungirt.   Wernicke.

7. Das provisorisch-zahnärztliche Institut
ist im Etatsjahr 1891/92 von 1 690 Kranken in Anspruch genommen worden. Die grösste Zahl derselben, 1 072, entfielen
auf die Poliklinik für Zahn- und Mundkrankheiten. Es waren
dies 466 männliche und 606 weibliche Individuen. An ihnen
wurden 1 536 Operationen ausgeführt und zwar wegen Pulpa-
erkrankungen 99, wegen Periosterkrankungen 513, wegen Fistelbildung 195, wegen perverser Stellung 65, wegen Dentitions-
behinderung 308, wegen anderer Ursachen, Neuralgien,
Geschwüren, Neubildungen und Cysten der Kiefer, Kieferhöhlen-
eiterungen, wegen Nekrosen u. s. w. 356.

In der Abtheilung für Zahnfüllung wurden 1 611 Füllungen
gefertigt, und zwar 389 in Gold, 93 in Zinngold, 315 in Amalgam,
37 in Cementamalgam, 383 in Cement, 65 in Guttapercha; in
15 Fällen wurde die Ueberkappung der Pulpa, in 18 Fällen
antiseptische Behandlung der Wurzelcanäle ausgeführt, 133 mal
die Pulpa kauterisirt. In die Zahl der Zahnbehandlungen sind
die Zahnreinigungen nicht mit einbegriffen.

Die zahntechnische Abtheilung des Instituts wurde von
137 Personen besucht. 937 künstliche Zähne, wovon 7 volle
Gebisse, wurden von den Studirenden gefertigt, ausserdem
3 Logankronen, 2 künstliche Nasen, 1 Obturator wegen luetischen
Defectes.

In der Verwaltung des Instituts sind Aenderungen nicht
eingetreten. Die Bibliothek hat sowohl durch Ueberweisung
einer grösseren Anzahl von Büchern bei der Auflösung der
Studentenbibliothek, sowie durch private Schenkungen seitens
des Herrn Sternfeld in München, der Redactionen der Monatsschrift für Zahnheilkunde und zahnärztlichen Wochenblattes,
des Dental Cosmos, des Journals für Zahnheilkunde, sowie
seitens der Lehrer des Instituts einen beträchtlichen Zuwachs
erfahren. Ebenso ist die mikroskopische Sammlung wesentlich
vermehrt worden, wie das Demonstrationsmaterial an Zeichnungen und Präparaten.

An Arbeiten sind aus dem Institut hervorgegangen:
1. Partsch: Die Aktinomykose der Mundgebilde. Als Vortrag gehalten auf der Versammlung des zahnärztlichen

Vereins zu Breslau, erschienen im Handbuch für Zahnheilkunde, herausgegeben von Scheff.

2. Partsch: Die Erkrankungen der Oberkieferhöhle. Ebenda.
3. Dr. W. Sachs: Das Füllen der Zähne. Abschnitt des II. Bandes des Handbuchs für Zahnheilkunde.
4. Dr. W. Sachs: Vergoldete Stahleinlagen für Kautschukpiecen. Monatsschrift für Zahnheilkunde 1891.
5. Dr. W. Sachs: Die Vorbereitung cariöser Höhlen zum Füllen. Monatsschrift für Zahnheilkunde 1891.

C. Partsch.

f. Das landwirthschaftliche Institut und die Thierklinik.

Das Institut wurde in der im vorjährigen Berichte gekennzeichneten Weise weitergeführt. Die Sammlungen wurden vervollständigt, insbesondere erfuhr die Anzahl der behufs Demonstrationen und Versuchen aufgestellten Racethiere eine wesentliche Vermehrung, so dass am Schlusse des Jahres 40 werthvolle Thiere der verschiedensten Racen (Rinder und Schafe) aufgestellt waren. Auch wurden die Versuche auf dem 5 ha grossen Versuchsfelde bei Schwoitsch begonnen; die Resultate der erstjährigen Ernte wurden zunächst weiteren landwirthschaftlichen Kreisen bekannt gegeben.

Die beiden genannten Einrichtungen wurden von den Studirenden regelmässig zum Studium benutzt.

Das landwirthschaftliche Laboratorium und namentlich die landwirthschaftlich-theoretischen (seminaristischen) Uebungen fanden zahlreiche Betheiligung.

Behufs späterer Promotion stellte ein Studirender auf einem Gute in der Nähe von Breslau statische Erhebungen an und bearbeitete das Material zu „Beiträgen für die Statik des Landbaues."

Zwei Studirende bestanden das Examen für die Lehrer der Landwirthschaft an den Landwirthschaftsschulen, und zwei andere unterzogen sich der landwirthschaftlichen Abgangsprüfung.

Der Erfolg des landwirthschaftlichen Studiums hatte noch unter den mannigfachen Veränderungen in der Besetzung der landwirthschaftlichen Lehrfächer zu leiden.

Mit dem Beginn des Sommer-Semesters wurde der Kreis-thierarzt Dr. Fiedeler mit dem Halten von thiermedicinischen Vorlesungen und Demonstrationen, sowie mit Ueberwachung der Thierklinik beauftragt; doch stellte derselbe schon nach wenigen Wochen seine Thätigkeit wieder ein, und leider blieb dann für den übrigen Theil des Jahres das Fach der Thier-medicin unvertreten. Erst nach Schluss des Winter-Semesters konnte der Privatdocent in Kiel, Herr Dr. Georg Schneide-mühl, für die Leitung der Thierklinik und die hiermit im Zu-sammenhange stehenden Verpflichtungen in Aussicht ge-nommen werden.

Die Vorlesungen und Demonstrationen über landwirth-schaftlichen Gartenbau konnten nicht gehalten werden, da die Stellung eines Garteninspectors am botanischen Garten längere Zeit unbesetzt war, und dem schliesslich angestellten Garten-inspector das Halten von Vorlesungen nicht gestattet wurde.

Auch das landwirthschaftlich-technologische Institut konnte keine Wirksamkeit entfalten. Nachdem schon während des ganzen Sommer-Semesters in Folge der Krankheit des mit der Leitung beauftragten Herrn Professors Dr. von Richter die Thätigkeit an diesem Institute fast vollständig ruhte, verstarb derselbe im Herbste und seine Stellung blieb vorläufig un-besetzt. Glücklicherweise übernahm der Privatdocent Herr Dr. Ahrens mit dem Winter-Semester die landwirthschaftlich-technologischen Vorlesungen.

Am 1. Juli verliess der Assistent am landwirthschaftlichen Institute Herr Courtin seine Stellung, um Director einer landwirthschaftlichen Winterschule in Moers am Rhein zu werden; an seine Stelle trat Herr Croce.

Holdefleiss.

g. Kunst-Institute.

1. Das Institut für alte Kunstgeschichte.
(Archäologisches Museum.)

Die Sammlung der Gypsabgüsse nach antiken Denkmälern erhielt in dem abgelaufenen Rechnungsjahre folgenden Zuwachs: aus London von Brucciani Statue des Herakles nach Skopas,

Hermesbüste Landsdown (der vorhandene alte Abguss war ungenügend), Büste eines Jünglings, aus Berlin Augustus-Statue, aus Dresden Büste der sogenannten Clytia (der alte Abguss war stumpf).

Die Bibliothek wurde in sehr ansehnlicher Weise vermehrt theils durch werthvolle Geschenke des K. Cultusministeriums, theils durch eine sehr beträchtliche Anzahl von Büchern aus der aufgelösten Studenten-Bibliothek und den Beständen der Bibliothek des dahier verstorbenen Geh. Regierungsraths Professor Dr. Studemund. Der K. Oberbibliothekar Professor Dr. Staender gestattete gütigst die wiederholte Durchsicht der in seinem Gewahrsam befindlichen Restbestände dieser Bibliotheken, durch welche dem Museum noch nachträglich eine Anzahl bedeutender Werke zugeführt werden konnte. Die Bücher enthalten vorwiegend die alten Quellenschriftsteller zur Archäologie, die bisher theils in mangelhaften Ausgaben, theils nur sehr lückenhaft vertreten waren. Sie wurden aus Institutsmitteln, soweit bis jetzt möglich, ergänzt und die fast ausnahmslos in unangemessenem Zustande befindlichen Bücher der Studenten-Bibliothek neu gebunden, bezw. wieder hergestellt, ausserdem die Fortsetzungen des „Jahrbuches, Mittheilungen, Antike Denkmäler", der „Wiener Vorlegeblätter" und eine Anzahl Bücher und Bildwerke für das Bedürfniss der archäologischen Uebungen angeschafft. Zur weiteren Completirung der Bibliothek, die bisher gegenüber den Denkmäler-Sammlungen zurückstehen musste, soll der Haupttheil des nächsten Jahresfonds verwandt werden.

Das Utensilien-Inventar wurde in Gemeinschaft mit dem K. Universitäts-Secretair Richter als Commissar des Universitäts-Curatoriums revidirt und ein neues Inventar angefertigt, welches von dem Universitäts-Curatorium bestätigt worden ist.

Die Remuneration der beiden Custoden (Studenten) wurde von jährlich 60 Mark auf 120 Mark erhöht.

Rossbach.

2. Das Institut für mittelalterliche und neuere Kunstgeschichte.

Kein Bericht eingegangen.

3. Das akademische Institut für Kirchenmusik.

In dem abgelaufenen Rechnungsjahre ist die Reorganisation des Instituts fortgesetzt worden:

I. Die von dem Director in Gemeinschaft mit den Lehrern der beiden neu errichteten Chöre entworfenen „Bestimmungen über die Leitung des katholischen St. Cäcilienchores", sowie die „Bestimmungen über die Leitung des evangelischen Johanneschores" wurden durch Erlass des kgl. Universitätscuratoriums dahier unter dem 5. September 1891 bestätigt. Den Statuten des Johanneschores sind im wesentlichen die Beschlüsse des vierten Congresses der deutschen evangelischen Kirchengesangvereine im September 1885 zu Nürnberg zu Grunde gelegt worden.

II. Die „Bestimmungen über die Leitung des evangelischen Johanneschores" wurden unter dem 14. September abschriftlich dem kgl. evangelischen Consistorium dahier übersandt, welches in dem „Kirchlichen Amtsblatt" vom 23. October 1891 die Verfügung erliess, dass die Candidaten der evangelischen Theologie bei der Meldung zum ersten Examen ein Zeugniss über ihre kirchenmusikalische Bildung von dem Leiter des evangelischen Johanneschores (gegenwärtig Prof. Dr. Kühl) beizubringen haben. — Zum Zwecke der geordneten Ausstellung von Zeugnissen wurden Formulare gedruckt.

III. Durch Erlass des kgl. Ministeriums der geistlichen etc. Angelegenheiten (mitgetheilt durch Schreiben des Universitäts-Curatoriums vom 23. December 1891) wurde der akademisch-evangelische Gottesdienst in die Kapelle des evangelischen Johannesstiftes verlegt. Die Mitglieder des evangelischen Johanneschores sind verpflichtet, bei dem Gottesdienste durch Theilnahme an dem Gemeindegesang und durch Vortrag anderer Gesänge mitzuwirken.

IV. Der Wirkungskreis des Lehrers der Instrumentalmusik und der Harmonielehre, Dr. Bohn, ist dahin erweitert worden, dass er befugt ist, neben dem Lehrer der Vocalmusik, welchem bisher die Geschichte der Musik allein oblag, Vorlesungen über Geschichte der Musik, namentlich der Instrumentalmusik u. s. w. zu halten, und dass er ferner verpflichtet worden ist, von Zeit zu Zeit Vorlesungen über den Bau und die Handhabung der Orgel zu halten.

V. Das Verhältniss der amtlichen Unterrichtsstunden zu dem Beginne der nachfolgenden Concerte und Vorträge ist definitiv festgesetzt worden. Störung der Unterrichtsstunden durch zu früh eintretende Besucher der Concerte in den Musiksaal können nöthigenfalls durch Schliessung der Thüren inhibirt werden, und Gesuche der Concertgeber um Abkürzung der Unterrichtsstunden bleiben ein für alle Mal unberücksichtigt.

VI. Der sachliche Institutsfonds, welcher seit einigen Jahren durch die Abführung der von fremden Miethern des Musiksaales für die Abhaltung von Concerten und Vorträgen gezahlten Beleuchtungskosten in den Titel „Insgemein des Hauptetats der kgl. Universitätskasse" in bedenkliches Schwanken gerathen war, ist nach längeren Verhandlungen durch Erlass des kgl. Cultusministeriums (mitgetheilt durch Schreiben des Universitäts-Curatoriums vom 4. April 1891) regulirt und definitiv fixirt, auch das ohne Verschuldung des Directors entstandene Deficit durch Verfügung des Universitäts-Curatoriums vom 15. April 1891 gedeckt worden. Die bisher dem Institutsdirector zustehende Normirung der Beleuchtungskosten der fremden Miether des Musiksaales ist auf den Controleur der kgl. Universitätskasse übergegangen.

VII. Das bisher schwankende Inventar der musikalischen Instrumente und Utensilien des Instituts wurde unter Mitwirkung des Prof. Dr. Schäffer und unter Controle des kgl. Universitäts-Secretärs Richter als Commissars des Universitäts-Curatoriums revidirt und ein neues Inventar angefertigt, welches von dem Universitäts-Curatorium unter dem 22. August 1891 bestätigt wurde. Der auf Institutskosten eingerichtete Gasbeleuchtungsapparat des Musiksaales und der anstossenden Corridore ist in den Besitz der Universität übergegangen; etwaige Reparaturen fallen daher dem Institut nicht mehr zur Last.

VIII. In dem musikalischen Auditorium wurde ein fünfflammiger Kronleuchter angebracht, sodass nunmehr das Auditorium mit 14 Gasflammen beleuchtet werden kann. — Zur Aufbewahrung der Bücher und Musikalien der beiden neu errichteten Chöre wurden Schränke angeschafft, sodass nunmehr der Lehrapparat für diese Chöre, abgesondert von der grossen musikalischen Bibliothek, für sich besteht.

IX. Ueber die von dem Director in Gemeinschaft mit den Lehrern vorgenommene Revision der Bibliothek, welche seit vielen Jahren unterblieben war, ist früher berichtet worden. Die Revision der nach dem Catalog vorhandenen ungefähr 17 000 Stimmen hat Prof. Dr. Schäffer zu übernehmen sich verpflichtet; die Catalogisirung der vorhandenen alten Musikalien steht noch theilweise aus. Durch Ministerialverfügung vom 15. October 1891 ist die Instituts-Bibliothek wie alle akademischen Instituts-Bibliotheken zur Präsenzbibliothek erklärt worden, und können daher Bücher und Musikalien ohne specielle Genehmigung des Universitäts-Curatoriums im Einzelfalle nicht mehr verliehen werden. Es wird dies besonders gegenüber auswärtigen Kirchenchören, Gesangvereinen und Musikern bekannt gegeben.

Das bisherige, durch Ministerialerlass vom 9. December 1845 bis auf weiteres bestehende Verhältniss des Instituts zu der hiesigen Singakademie, dem grössten, von dem ersten Lehrer an dem kirchenmusikalischen Institut, Mosewius, gegründeten und gegenwärtig unter der Direction des Prof. Dr. Schäffer zu hoher Blüthe gelangten Gesangsinstitute Schlesiens, an welchem nicht allein Studirende aller Facultäten Theil nehmen, sondern auch regelmässig der Obercursus der katholischen Seminaristen des Kirchenmusik-Instituts mitzuwirken hat, bleibt auch fernerhin bestehen, speciell ist der Singakademie das bisherige Recht auf Benutzung des Musikaales der Universität durch Curatorialverfügung vom 22. August 1891 von Neuem bestätigt worden.

Uebungen und Vorlesungen der einzelnen Abtheilungen, sowie Bibliothek:

I. Domvicar Pawlitzki berichtet über den St. Cäcilienchor (Chor der Studirenden der katholischen Theologie), der erst in diesem Rechnungsjahre zu völliger Einrichtung und Thätigkeit gelangte, Folgendes: „Im Beginn des Sommersemesters meldeten sich 113 Studirende zur Theilnahme an den Uebungen im gregorianischen Choral. Die durch diese grosse Zahl gebotene Theilung des Unterrichts fand in der

Weise statt, dass die Studirenden, welche bereits im letzten Semester standen, wöchentlich einmal in den Psalmengesang eingeführt wurden. Von den übrigen Studirenden erhielten die musikalischen Analphabeten wöchentlich einmal methodischen Unterricht in den Elementen (Tonalität und Rhythmus) des Choralgesanges, später kamen Responsorien, leichtere Hymnen und syllabische Gesänge aus dem Graduale Romanum hinzu. Desgleichen wurden die mit musikalischen Vorkenntnissen bereits ausgestatteten Theologen · mit dem Wesen des Chorals und seinem im Modus und Rhythmus begründeten Unterschied von der Mensuralmusik vertraut gemacht. Um die Gesänge während des von der kirchlichen Behörde für sie eingerichteten Gottesdienstes in der St. Martini-Kirche an den Sonn- und Feiertagen ausführen zu können, übten sie dieselben aus dem Graduale wöchentlich einmal ein. Für den mehrstimmigen Gesang wurde gleichfalls wöchentlich eine Uebung bestimmt. Gegenstand des Unterrichts bildete das deutsche katholische Kirchenlied älterer und neuerer Zeit, nicht minder Messen, Motetten, Antiphonen, Hymnen, älterer und neuerer Componisten. Den theoretischen Erörterungen, Text und Melodie und deren Behandlung betreffend, liefen historische Excurse parallel. Die Betheiligung war durchweg eine sehr rege und erfreuliche. — Im Wintersemester gestaltete sich der Unterricht als Erweiterung und Vertiefung der bereits erworbenen Kenntnisse. Die untere Chorabtheilung wurde ebensoweit geführt wie die Abtheilung der Fortgeschrittenen; die letzteren betheiligten sich auch sämmtlich an den mehrstimmigen Uebungen der obersten Abtheilung. — Der vorschriftsmässigen, am Schluss des Wintersemesters vor einem geladenen Publikum veranstalteten Gesangsaufführung wohnten der hochwürdigste Herr Fürstbischf, Professoren der katholisch-theologischen und philosophischen Facultät, sowie Mitglieder des Dom- und Stadt-Clerus bei. Das Programm (acht Nummern) enthielt ausser dem gregorianischen Choral Compositionen von Palestrina, Beltjens, Witt und Nordstern."

II. Prof. Dr. Kühl berichtet über den Johanneschor (Chor der Studirenden der evangelischen Theologie): „Die Thätigkeit des Johanneschores war im Grossen und Ganzen

dieselbe wie im Vorjahre. Es wurden Uebungen im Choral-
und Altargesang abgehalten, welche im Sommersemester von 36,
im Wintersemester von 28 evangelischen Theologen besucht
waren. Im Wintersemester las Prof. Dr. Kühl über „Geschichte
des Kirchenliedes und Gemeindesanges" vor 29 Zuhörern. In
den Uebungen wurden je 30 Choräle und die in Schlesien
üblichen Altarweisen durchgenommen. Die Chorabtheilung hat
in den meisten akademischen Gottesdiensten den Chorgesang
in der Liturgie geleistet. Kurz vor dem Weihnachtsfeste fand
eine liturgische Feier als Specimen vor einem geladenen Publikum
statt." — Prof. Dr. Kühl betheiligte sich wie im Vorjahre an
dem Entwurfe eines einheitlichen Melodien-Choralbuches für
die evangelischen Kirchen Schlesiens in hervorragender Weise
und hielt einen Vortrag über dasselbe auf dem Congress der
kirchenmusikalischen Vereine Schlesiens. Die bei derselben
Gelegenheit abgehaltene Probe der Einübung rhythmischer
Choräle durch einen Schülerchor wurde von der sachverstän-
digen Versammlung mit grossem Beifall aufgenommen.

III. Prof. Dr. Schäffer leitete die Uebungen der Chorklasse der Gymnasiasten und katholischen Seminaristen im
mehrstimmigen Gesange in der üblichen Weise. Die Zahl
der Schüler, mit welchen die Sopran- und Altstimmen besetzt
wurden, betrug im Sommersemester 23, im Wintersemester 24,
vorwiegend evangelischer Anstalten. Die gegen frühere Jahre
geringere Betheiligung der Schüler des katholischen St. Matthias-
Gymnasiums erklärt sich aus der Collision der Uebungszeit mit
den Turnstunden. Die Tenor- und Bassstimmen wurden durch
Zöglinge des katholischen Schullehrerseminars ausgeführt, deren
Obercursus zu seiner weiteren Durchbildung vorschriftsmässig
in die hiesige Singakademie delegirt wurde. Hierdurch wird
ihnen Gelegenheit geboten, ihren musikalischen Horizont zu
erweitern, namentlich grosse Meisterwerke classischer Vocalmusik, die in dem kirchenmusikalischen Institut nicht zur Aufführung kommen können, gründlich kennen zu lernen und sich
durch eigene Anschauung mit der Technik der Leitung eines
Gesangvereines vertraut zu machen, um später die Leitung eines
Gesangchores übernehmen zu können. Die von der Singakademie
unter Mitwirkung des Obercursus des kirchenmusikalischen

4*

Instituts aufgeführten Chorwerke waren: Schöpfung von Haydn; Paradies und Peri von R. Schumann; Requiem, Ave verum, Misericordias Domini, Offertorium de Venerabili und Chor aus Idomeneo von Mozart; C-dur Messe und Missa solemnis von Beethoven; Cantate „Wer da glaubet" von S. Bach, sechsstimmiges Crucifixus von Lotti und Mottette „Sei gegrüsset Jesu" von Hammerschmidt.

Das vorschriftsmässige Specimen der Chorklasse fand im Verein mit dem der Orgelklasse des Dr. Bohn am 11. Februar 1892 statt. Gesungen wurde: Choral „Aus tiefer Noth", fünfstimmig, von J. Eccard; Ave verum corpus von Mozart; Motette „Herr, wenn ich nur dich habe", fünfstimmig von Michael Bach; Salvum fac Imperatorem von Julius Schäffer. Ausserdem wurden in den gewöhnlichen Uebungen noch Chöre von Haydn, Caldara, Perti, Christoph Bach, Mendelssohn und J. Schäffer gesungen. — Vorlesungen hielt Prof. Dr. Schäffer im Sommersemester: „Die Altargesänge des evangelischen Geistlichen" (5 Z.), im Wintersemester: „Specielle Geschichte des evangelischen Gemeindegesanges im siebenzehnten Jahrhundert" (7 Z.).

IV. Dr. E. Bohn hielt nachstehende Vorlesungen, bezw. Uebungen: Im Sommersemester Harmonielehre, Theil 1, wöchentlich 2 Stunden (19 Z.), Orgelspiel zweimal wöchentlich (16 Theilnehmer), über Bau und Gebrauch der Orgel (19 studentische Z. und 5 Hospitanten, Geistliche und Lehrer), Orgelcursus für Seminaristen (6 Theilnehmer), im Wintersemester Harmonielehre, Theil 2 (16 Z.), Orgelspiel, zweimal wöchentlich (14 Th.), Orgelcursus für Seminaristen (5 Th., da einer wegen Krankheit ausschied). An dem im Musiksaale abgehaltenen Specimen betheiligten sich 9 Studenten durch Vortrag von Orgelstücken. In Folge dieser aussergewöhnlich grossen, bisher nicht erreichten Betheiligung wurde es nothwendig, die Orgelstunde häufig über die vorgeschriebene Zeit hinaus bedeutend zu verlängern. Den Theilnehmern am seminaristischen Orgelcursus konnten Zeugnisse ausgestellt werden, dass sie zur Uebernahme eines selbständigen Organistenpostens völlig befähigt seien, bei zwei besonders begabten und fleissigen Zöglingen gingen die Leistungen über die usuellen Forderungen weit hinaus. — Als kgl. Orgelrevisor nahm Dr. Bohn zehn fertiggestellte Orgelbauten ab und begutachtete eine Anzahl Kostenanschläge aus den Regierungsbezirken Breslau und Oppeln.

V. Die Bibliothek (Institutsbibliothekar Professor Dr. Schäffer) vermehrte sich theils durch werthvolle Geschenke des kgl. Cultus-Ministeriums (besonders Fortsetzungen von Palestrina's W., Gesellschaft für Geschichtsforschung, Monatshefte derselben Gesellschaft, Vierteljahrsschrift u. s. w., Zahn, Melodien), theils durch Ueberweisung von Büchern aus der aufgelösten Studentenbibliothek (8 Bände), theils durch Ankauf (Werke von S. Bach, H. Schütz, Mozart, Kümmerle, Dienel, Eitner, Musik. Wochenblatt.) — Für den Lehrapparat der beiden neu errichteten Chöre sind die zu den oben erwähnten Uebungen nothwendigen Stimmen und Handbücher angeschafft worden, die sich unter ausschliesslicher Verwahrung der beiden Chordirigenten befinden. Rossbach.

2. Die akademische Wittwen- und Waisen-Versorgungsanstalt.

Vermögensstand.

Das Vermögen bestand am Ende 1891/92:

in Wechseln über Antritts-Capitalien ..	450,00	M.
in Hypotheken......................	226 200,00	»
in Effecten	127 000,00	»
in einem Baarbestande von	5 426,32	»
//	359 076,32	M.

einschliesslich eingezahlter Antritts-Capitalien von 1 350 M.

Zahl der Mitglieder und der Pensionsberechtigten.

Die Zahl der Mitglieder betrug am Ende 1889/90 72. Pensionsberechtigt waren in derselben Zeit 16 Wittwen und 7 Halbwaisen.

Einnahmen.

Bestand aus dem Vorjahre	2 927,49	M.
Reste	—	»
Wechselzinsen..	2 250,00	»
Mitgliederbeiträge......................	288,00	»
Staatszuschuss	15 240,00	»
Zinsen von Capitalien....	13 685,00	»
Summa der Einnahmen	32 162,99	M.

Ausgaben.

Pensionen für die Wittwen und Halbwaisen

	20 466,67	M.
Zinsen von einem Stiftungs-Capital	240,00	.
Zur Capitalisirung verwendet	—	,
Verwaltungskosten..............	—	,
Zurückgezahlte Antritts-Capitalien	19,20	.
Insgemein	6 010,80	,
Ueberschuss zur Capitalisirung ...	5 426,32	.

Summa der Ausgaben 32 162,99 M.

In dem Etatsjahre 1891/92 wurde eine ordentliche General-versammlung am 22. December 1891 abgehalten, in welcher auf Grund der §§ 16 und 20 der Statuten vom 19. September 1889 zu Vorstehern der Anstalt Geh. Justizrath Prof. Dr. Brie und Prof. Elster gewählt worden sind.

Schmidt.   Brie.   Elster.

3. Honorar- und Stundungswesen.

An Collegien-Honoraren sind eingegangen:

Facultät	Im Sommer-Semester 1891		Im Winter-Semester 1891/92		Summa pro 1. April 1891/92	
	ℳ	₰	ℳ	₰	ℳ	₰
Evangelisch-theologische	5 975	50	5 331	—	11 306	50
Katholisch-theologische ..	6 612	50	4 816	—	11 428	50
Juristische	16 349	—	17 740	50	34 089	50
Medicinische	30 250	—	32 976	—	63 226	—
Philosophische	32 440	50	38 253	50	70 694	—
Summa	91 627	50	99 117	—	190 744	50

4. Stipendien und Stiftungen für Studirende.

a. Studenten-Unterstützungs-Fonds:

Zu demselben flossen im abgelaufenen Rechnungsjahre bei
einem Bestande von........................ 3 638,74 M.

1. der jährliche Staatszuschuss mit .... 4 560,00 »
2. an Collectengeldern für Studirende der
evangelischen Theologie .... 5 861,19 »
3. desgleichen für Studirende der katholischen
Theologie .... 5 537,71 »
4. das für Juristen, Mediciner und Philosophen
bewilligte jährliche Extraordinarium von .. 1 450,00 »
5. an Zinsen von Capitalien..... .... 2 367,50 »
6. von Immatriculationsgebühren .... 1 125,00 »
7. von Promotionen .... 6,00 »

im Ganzen 24 546,14 M.

Hieraus wurden für Studirende gewährt:
für Freitische........................ 14 603,40 »
und zwar:
für 10 048 Portionen an Studirende der evgl.-
theol. Facultät,
» 6 204 » an Studirende der kath.-
theol. Facultät,
» 688 » an Studirende der jurist.
Facultät,
» 1 812 » an Studirende der medicinischen Facultät,
» 1 752 » an Studirende der philosophischen Facultät,

zus. für 20 504 Portionen an Studirende,
sowie ausserdem an die Bisthums-Haupt-
kasse für das Fürstbischöfl. Studenten-
Convict hier...... .. .. 6 058,30 »
an Unterstützungen an arme Studirende
auf Anweisung des Universitäts-Curators 300,00 »
an Unterstützungen aus den Immatricula-
tions-Gebühren auf Anweisung des Rectors 1 143,00 »

b. Sipendien-Fonds:

Von den auf privaten Stiftungen beruhenden Stipendien wurden im Rechnungsjahr 1891/92 gewährt:

beim Abegg'schen Fonds ein Stipend. in Höhe von 120 M.,

beim Berliner Jubel-Fonds ein Stipend. von 120 M.,

beim von Bismarck'schen Fonds ein Stipend. von 131 M. bis 1. October 1891,

beim Brachvogel'schen Fonds drei Stipend. von je 170,80 M.,

beim Breslauer städt. Jubel-Fonds ein Stipend. von 225 M.,

beim Brückner'schen Fonds ein Stipend. von 63,75 M. bis 1. October 1891,

beim Cause'schen Fonds drei Stipend. mit zus. 814,01 M. und drei Familien-Stipend. mit zus. 1266,03 M.,

beim v. Closter'schen Fonds ein Stipend. von 135 M.,

beim Czernikow'schen Fonds zwei Stipend. von je 145 M.,

beim Duflos'schen Fonds ein Stipeud. von 143,15 M.,

beim Fonds „ex cassa montis pietatis" in Berlin ein Stipend. von 60 M. bis 1. October 1891,

beim Feige'schen Fonds zwei Stipend. von je 60 M.,

beim Ficker'schen Fonds ein Stipend. von 255,83 M., bezw. von 121,50 M.,

beim Gölike'schen Fonds ein Stipend. von 160 M. für das volle Jahr, sowie ein Stipend. in gleicher Höhe bis zum 1. October 1891,

beim Göppert'schen Fonds (für Studirende der Naturwissenschaft) ein Stipend. von 800 M.,

beim Göppert'schen Fonds (für Studirende der Pharmacie) ein Stipend. von 132 M.,

beim Gravenhorst'schen Fonds ein Stipend. von 191,55 M.,

beim Grötzner'schen Fonds ein Stipend. von 500 M, vier Stipend. von je 400 M. und ein Stipend. von 300 M.,

beim Grüneberg'schen Fonds ein Stipend. von 70,44 M.,

beim Guhrauer'schen Fonds ein Stipend. von 137,26 M.,

beim Haase'schen Fonds ein Stipend. von 115,50 M.,

beim Heidenreich'schen Fonds zwei Stipend. von je
200 M. voll, zwei Stipend. von gleicher Höhe bis
1. October 1891. (Dieselben sind von da ab aus Mangel
an geeigneten Bewerbern unverliehen geblieben.)

beim Hirt'schen Jubel-Fonds ein Stipend. von 72 M.,

beim Jungnitz'schen Fonds (für katholische Theologen)
zwei Stipend. von je 118,50 M.,

beim Jungnitz'schen Fonds (für Philologen) ein Stipend.
von 137,63 M.,

beim Kahlert'schen Fonds ein Stipend. von 765 M.,

beim Kaiser'schen Fonds ein Stipend. von 55,60 M.,

beim Krainski'schen Fonds zwei Stipend. von je 75 M.,

beim Lewald'schen Fonds zwei Stipend. von je 60 M.,

beim Löwig'schen Fonds (für Pharmaceuten) ein Stipend.
von 124,20 M.,

beim Löwig'schen Fonds (für Studirende der Naturwissenschaft) ein Stipend. von 120 M.,

beim Menschig'schen Fonds ein Stipend. von 157,50 M.,

beim Müller'schen Fonds zwei Stipend. von je 150 M.,

beim Primker'schen Fonds ein Stipend. von 223,50 M.,

beim Proll'schen Fonds ein Stipend. von 120 M.,

beim Pruckmann'schen Fonds drei Stipend. von je
78,45 M.,

beim Remer'schen Fonds ein Stipend. von 110,26 M.,

beim Rosenthal'schen Fonds ein Stipend. von 123 M.,

beim v. Schönaich-Amtitz'schen Fonds vier Stipend.
von je 180 M., ein Stipend. mit 120 M.,

beim v. Schönaich-Gersdorf'schen Fonds zwei
Stipend. von je 180 M.,

beim v. Schuckmann'schen Fonds ein Stipend. von
52,60 M.,

beim Schulz'schen Fonds ein Stipend. für evgl. Theologen von 206,40 M., ein Stipend. für Philologen von
gleicher Höhe,

beim Schwabe-Priesemuth'schen Fonds im Sommer-
Semester 1891 1 Stipend. von 375 M. und 27 Stipend.
von je 120 M., im Winter-Semester 1891/92 1 Stipend.
von 375 M. und 26 Stipend. von je 180 M.,

beim Stegmann'schen Fonds ein Stipend. von 405 M.,
beim Stenzler'schen Fonds war das Stipend. von 105 M.
an zwei Studirende vergeben,
beim Stendal'schen Fonds ein Stipend. von 112,50 M.,
beim Strobel'schen Fonds vier Stipend. von je 103,50 M.,
beim Werlienus'schen Fonds zwei Stipend. für Theologen, zwei Stipend. für Juristen, zwei Stipend. für
Mediciner, in Höhe von je 137,80 M.,
beim Wimpina'schen Fonds ein Stipend. von 84 M.,
beim Stipend. Wolfianum philologicum zwei Stipend.
von je 147 M.,
beim Stipend. Wolfianum alterum ein Stipend. von
150 M.,

Für die Sanitätsrath Dr. Grötzner'sche Stipendien-
Stiftung ist unter Einverständniss des Herrn Ministers nach-
stehendes Statut von dem Herrn Universitäts-Curator bestätigt worden.

Dasselbe lautet in seinen 7 Paragraphen wie folgt:

§ 1.

Das Stiftungs-Capital wird unter der Bezeichnung

Dr. Grötzner'sche Stipendien-Stiftung

von dem Universitäts-Curator nach den Vorschriften über die
Anlegung von Mündelgeldern (§ 39 der Vormundschaftsordnung
vom 5. Juli 1875) verwaltet.

Die Kassengeschäfte werden durch die Universitätskasse
wahrgenommen.

Die Verleihung der Stipendien erfolgt in der Regel zu
Anfang des Sommer-Semesters durch den Senat auf Vorschlag
der betreffenden Facultäten nach Massgabe der folgenden auf
Grund des Testaments festgesetzten Bestimmungen.

So lange Professor Foerster lebt und in Breslau wohnhaft ist, werden ihm vor der Verleihung der Stipendien durch
den Senat die Papiere der Bewerber und die Beschlüsse der
Facultäten über die Bewerber zur Kenntnissnahme zugesendet.
Hat er Bedenken gegen die Vorschläge der Facultäten geltend

zu machen, so wird er zu der Senatssitzung, in welcher die Verleihung stattfinden soll, zugezogen werden.

§ 2.

Aus dem Zinsertrage, werden 6 Stipendien gebildet:

a. 1 Stipendium zu 500 M. (ev. zu 450 M.) = 500 M. (ev. 450 M.)
b. 4 Stipendien zu je 400 M. . . . = 1600 M.
c. 1 Stipendium zu 300 M. . . . . = 300 M.

Sa. 2400 M. (ev. 2350 M.)

§ 3.

Das höchste Stipendium von 500 (eventuell 450) Mark fällt der philosophischen Facultät zu. 2 Stipendien zu je 400 Mark sind für Studirende der Medicin, 2 Stipendien von derselben Höhe für Studirende der katholischen Theologie bestimmt. Das Stipendium zu 300 Mark soll abwechselnd an einen Studirenden der Medicin und an einen Studirenden der katholischen Theologie verliehen werden.

§ 4.

Soweit die Zinsen für die in § 2 genannten Stipendien nicht aufgebraucht werden, sind dieselben zunächst zur Erhaltung des Nominalwerths des Stiftungs-Capitals auf der jetzigen Höhe zu verwenden.

Die hiernach noch übrig bleibenden Zinsen sind anzusammeln und jedesmal, wenn dieser Ueberschuss den Betrag von 300 Mark erreicht hat, ist ein Stipendium von dieser Höhe abwechselnd an einen Studirenden der Rechtswissenschaft und an einen Studirenden der evangelischen Theologie zu vergeben.

Der jedesmal am Ende des Rechnungsjahres über die letztgenannten 300 Mark hinausgehende Zinsüberschuss wird für sich aufgesammelt, und sobald auf diese Weise ein Betrag von 300 Mark erreicht ist, soll derselbe zu einem Stipendium für einen besonders tüchtigen Studirenden der Naturwissenschaften, welcher bereits eine wissenschaftliche Leistung aufweisen kann, verwendet werden. Wenn dieses Stipendium wegen Mangels eines geeigneten Bewerbers nicht zur Vergebung gelangt, so ist es im folgenden Jahre wieder auszuschreiben, und so fort, bis dasselbe eventuell den Betrag von 600 Mark erreicht hat. Findet sich auch dann unter den Studirenden der Naturwissenschaften kein geeigneter Bewerber, so sollen diese 600 Mark als 2 Stipendien von je 300 Mark an einen Studirenden der juristischen Facultät und an einen solchen der evangelisch-theologischen Facultät vergeben werden.

§ 5.

Die in § 2 genannten Stipendien werden auf 3 Jahre, eventuell bis Abgange von der Breslauer Universität oder bei den katholischen Theologen bis zum Eintritte in das Alumnat verliehen. Die übrigen Stipendien (§ 4) sind auf ein Jahr zu vergeben.

Die Auszahlung der Stipendien findet halbjährlich statt.

Ist ein Stipendium nicht abgehoben worden oder innerhalb der Verleihungszeit erledigt, so verbleibt es, resp. der Rest, der betreffenden Facultät.

§ 6.

Die Verleihung der Stipendien an die Studirenden der medicinischen, philosophischen und juristischen Facultät erfolgt ohne Rücksicht auf das religiöse Bekenntniss der Bewerber. Die Bewerber haben ihre Würdigkeit und Bedürftigkeit durch testimonia morum, diligentiae et paupertatis nachzuweisen. Dieser Nachweis ist alljährlich vor der Auszahlung der halbjährlichen Rate im Sommer-Semester von Neuem dem Decan der Facultät, welcher der Stipendiat angehört, zu erbringen. Genügt eines dieser Zeugnisse nicht, so kann das Stipendium entzogen werden. Die Entziehung wird auf Antrag der Facultät durch den Senat ausgesprochen.

Die Inhaber der in § 2 genannten Stipendien haben vor der Auszahlung der 3ten halbjährlichen Rate den betreffenden Facultäten eine wissenschaftliche Arbeit einzureichen. Ist diese Arbeit mit Ablauf des 3ten Semesters der Verleihungszeit nicht oder nicht genügend geliefert, so wird das Stipendium entzogen.

§ 7.

Bevorzugt werden unter sonst gleich qualificirten Bewerbern in nachstehender Reihenfolge

1. solche, welche zu dem Stifter in verwandtschaftlicher Beziehung stehen,
2. Studirende aus dem Frankensteiner Kreise oder der Grafschaft Glatz,
3. Schlesier überhaupt.

Sollte der Neffe des Erblassers, Josef Grötzner aus Peterwitz, auf der hiesigen Universität studiren, so erhält er bei nachgewiesener Würdigkeit auch ohne testimonium paupertatis das höchste zur Zeit verfügbare Stipendium.

Nachdem das Kapital der Apotheker Schwarts'schen Stipendien-Stiftung für Studirende der Naturwissenschaften — in der Höhe von 2127 Mark — durch den Concurs des zum Testaments-Vollstrecker bestellt gewesenen Rechtsanwalts Beinert zu Kempen bis auf den Betrag von 309 Mk. 55 Pfg. der Universität verloren gegangen ist, hat der Senat auf Anregung des K. Universitäts-Curatoriums vorgeschlagen, diese zur Bildung eines besonderen Stipendiums zu geringfügige Summe dem Sanitätsrath Dr. Grötzner'schen Stipendienfonds zuzuführen mit der Bestimmung, dass die Zinsen stets nur zu Gunsten des im § 4 Absatz 3 des obigen Statuts ausnahmsweise vorgesehenen Stipendiums für einen Studirenden der Naturwissenschaften verwendet werden sollen. Der Herr Minister der geistlichen etc. Angelegenheiten hat sich durch Erlass vom 24. August 1891 hiermit einverstanden erklärt.

5. Kranken- und Begräbnisskasse für Studirende.

a. Die Studenten-Kranken-Kasse.

Die Einnahmen haben im Jahre 1891/92 betragen und zwar:

a.	Beiträge der Studirenden	6 689,66 M.
b.	Zinsen von 32500 Mark 4 % consolid. Staats-Anleihe	1 300,00 =
	Zinsen von 6000 Mark 3 ½ % consolid. Staats-Anleihe	210,00 =
c.	dem Bestande aus dem Jahre 1890/91	3 732,16 =

Summa der Einnahme 11 931,82 M

Was die Zahl der Kranken anlangt, so wurden behandelt 868 Studirende. Die Ausgaben betrugen:

1. Remunerationen an Aerzte und Beamte . 1 391,00 M.
2. Unterstützungen an Studirende zu Bade-
   und Brunnenkuren.................... 2 397,25 :

es erhielten 20 Studirende à 100 M. = 2000,00 M.

1 Studirender	80	: =	80,00	:
1 Studirender	75	: =	75,00	:
3 Studirende à	60	: =	180,00	:
1 Studirender	50	: =	50,00	:
Porto etc.			12,25	:

26 Studirende zusammen 2397,25 M.

3. für Arzneien und ärztliche Behandlung:
   a. dem Apotheker .... 2 763,82 M.
      832 Studirenden wurden
      ärztlich Medicamente ver-
      ordnet.
   b. 36 Studirende wurden
      während 290 Tagen in den
      Universitäts-Kliniken und
      im Allerheiligen-Hospital
      verpflegt und behandelt . 408,45 :

      // 3 172,27 :
4. für Brillen, Bruchbänder etc........... 237,94 :
5. zur Capitalisirung................ ...... —,— :

Summa der Ausgabe 7 198,46 M.
Die Einnahmen betrugen.............. 11 931,82 :

Mithin bleibt Bestand 4 733,36 M.

Biermer.

b. Die Studenten-Begräbniss-Kasse.

A. Die Einnahmen im Jahre 1891/92 haben betragen:
1. Bestand aus dem Vorjahre .... 807,30 M.
2. Zinsen von Capitalien:
   a. von 2900 Mark 4% consol. Staats-
      Anleihe .... 116,00 :

Latus 923,30 M.

Transport 923,80 M.

b. von 2200 Mark 3½ % consol. Staats-
Anleihe ···· ······ ··········· 77,00 =

Summa der Einnahme 1000,30 M.

B. Die Ausgaben haben betragen.

Titel I. Begräbnisskosten für verstorbene
Studirende.. .... —,— M.

II. Amtsbedürfnisse..... —,— =

III. Zur Capitalisirung für
800 Mark 3½ % consol.
Staats-Anleihe..... 799,73 =

// 799,73 =

Bleibt am Schlusse des Jahres Bestand 200,57 M.

Königliche Universitäts-Kasse.

Klepper. Krause.

V. Akademische Grundstücke und Kapitalien.

1. Grundstücke.

Zu den Gebäuden der Königlichen Universität ist am Ende
des Jahres 1891/92 hinzugetreten die

medizinische Klinik.

Dieselbe wurde am 20. April 1892 in Benutzung genommen.

Die Klinik enthält:

I. Stationäre Klinik.

1. 4 grosse Krankensäle zu je 22 Betten III. Klasse;
2. 4 Absonderungs-Zimmer zu je 2 Betten III. Klasse;
3. 4 Zimmer für Kranke besserer Stände zu je 1 Bett;
4. 6 Zimmer für tobsüchtige Kranke zu je 1 Bett;
5. Tagesräume und offene Hallen für die Kranken III. Klasse;
6. Wärterzimmer, Leinenkammern, Bäder, Aborte und
   2 Speisen-Aufzüge, sowie einen Kohlen-Aufzug.

Die Hälfte der Betten ist für männliche, die andere
Hälfte für weibliche Kranke bestimmt.

II. Poliklinik.

7. 1 grösseres poliklinisches Untersuchungs-Zimmer;
8. 1 kleineres mit Verdunklungs-Vorrichtung versehenes Zimmer für besondere Untersuchungen;
9. 2 Wartezimmer für je 20 bis 30 Männer bezw. Frauen;
10. 2 Aborte neben denselben und
11. 1 Pförtnerzimmer.

III. Lehr- und Arbeits-Räume.

12. 1 Hörsaal mit 100 Sitzplätzen und Vorrichtungen zum Vorstellen von Kranken;
13. 1 Wartezimmer für die vorzustellenden Kranken;
14. 3 Räume für therapeutische, chemische und mikroskopische Arbeiten mit 11 chemischen und 10 mikroskopischen Sitzplätzen;
15. 1 Waagenzimmer;
16. 2 Zimmer zu 4 Plätzen für Kursisten in der Staatsprüfung;
17. 1 Zimmer für die Büchersammlung;
18. 1 Arbeitszimmer für den Direktor nebst Vorzimmer;
19. Aborte und Garderobe für Studirende;
20. 1 Raum für Versuchsthiere.

IV. Dienstwohnungen.

21. Wohnung des Pförtners, bestehend aus 4 Wohn- und Schlafräumen, 1 Küche, 1 Abort und 1 Keller;
22. 3 Wohnungen für Hülfsärzte zu je 1 Stube und einem Schlafzimmer;
23. 1 Zimmer für die Oberschwester;
24. 1 Zimmer für einen Heizer und
25. 10 Schlafräume für das Wärterpersonal.

Die vorstehend aufgeführten Räume sind in 3 durch niedrigere Zwischenbauten verbundenen Blocks untergebracht. Die Lage und Grösse der Baustelle an der neben der alten Oder neu hergestellten Uferstrasse bedingte eine hufeisenförmige Grundrissform. Der mittlere Theil, das Lehrgebäude, enthält die Lehrräume, die Räume der Poliklinik, die Diensträume und die Wohnungen; in den beiden Seitenflügeln sind

die Krankenräume untergebracht. Die nach dem Lehrgebäude
zu liegenden Eckbauten der Krankenblocks enthalten ausser
dem Keller oder Untergeschoss drei Geschosse, im Uebrigen
hat das Gebäude ausser dem Kellergeschoss zwei Stockwerke.
Der Haupteingang zur ganzen Gebäudeanlage liegt in dem nach
der Uferstrasse zu gerichteten Vorsprunge des Lehrgebäudes.
An den Eintrittsflur schliesst sich ein hallenartiger Mittelflur
mit der vom Kellergeschoss bis in den ersten Stock reichenden
Haupttreppe an, an welchem die Räume der Poliklinik, die
Zimmer des Directors, die Bibliothek und eine Hilfs-Arzt-
Wohnung liegen. Im ersten Stock ist der Mittelflur neben der
Haupttreppe nach Osten zu erweitert, um einen directen Zu-
gang zum Hörsaal für die Studirenden zu gewinnen. Dieses
Geschoss des Lehrgebäudes enthält neben dem Hörsaal das
Wartezimmer für vorzustellende Kranke, ferner die Arbeits-
zimmer für therapeutische, chemische und mikroskopische
Untersuchungen, das Waagezimmer und die Wohnung für einen
zweiten Assistenzarzt, sowie das Zimmer der Oberschwester.
Eine Nebentreppe führt zu der im Dachbodenraum ausgebauten
Wohnung des dritten Assistenzarztes. Neben den zur Verbindung des Lehrgebäudes mit den Krankenblocks dienenden
gallerieartigen Verbindungsgängen, welche im Grundriss eine
bogenförmige Gestalt erhalten haben, liegen im Erdgeschoss
und ersten Stock Baderäume und Closets.

Die Krankenblocks bestehen je aus einem langgestreckten
Saalbau und dem bereits erwähnten Eckbau. Ersterer enthält
in jedem Geschoss einen grossen Krankensaal nebst dem zugehörigen Tageraum und eine offene Halle; der durch einen
Mittelcorridor durchschnittene Eckbau enthält ausser der durch
sämmtliche Geschosse führenden Treppe im Erdgeschoss und
1. Stockwerk die Wärterzimmer, die Absonderungszimmer, die
Zimmer für Kranke besserer Stände, die Cursisten- und die
Leinenzimmer, im 2. Stock Schlafräume für das Wärterpersonal
nebst Abort.

In dem Untergeschoss sind ausser den Heiz- und Kaltluft-
kammern für die Centralheizung, sowie Kohlen- und Vorraths-
räumen im Lehrgebäude die Dienstwohnung des Pförtners, die
Aborte für Studirende und der Raum für Versuchsthiere, in

den Verbindungsbauten das Zimmer des Heizers, das Leichenzimmer und Aborte, in den Eckbauten die Deliranten-Abtheilung mit den zugehörigen Wärterzimmern und die Räume zur
Aufbewahrung der schmutzigen Wäsche, in den Saalbauten die
beiden Anrichteküchen untergebracht. Die letzteren sind je
durch einen besonderen Flur direct von aussen zugänglich.

Mittelst der Speisenaufzüge können die im Wirthschafts-
gebäude hergestellten und nach Bedarf in den Anrichteküchen
warm gehaltenen Speisen aus den letzteren in die Tagesräume
befördert werden, in welchen die nicht bettlägerigen Kranken
ihre Mahlzeiten einnehmen sollen.

Es sei noch erwähnt, dass in den Corridoren der Eckbauten Einwürfe für schmutzige Wäsche vorhanden sind,
welche mit Schächten in Verbindung stehen, aus denen die
Wäsche direct in die zu ihrer Aufbewahrung bestimmten
Räume hinunterfällt.

Das Keller- oder Untergeschoss ist durchgehends 3,50 m,
das Erdgeschoss 4,80 m hoch. Die Höhe des 1. Stockwerks
beträgt in den Saalbauten gleichfalls 4,80 m, in den Eckbauten
4,00 m, in den Verbindungsbauten 3,20 m, im Lehrgebäude
beim Hörsaal — bis Oberkante Gewölbe gerechnet — 6,15 m,
im Uebrigen 4,80 m. Das 2. Stockwerk der Eckbauten ist
3,10 m hoch. Der Kellerfussboden liegt durchschnittlich in
gleicher Höhe mit dem zwischen den klinischen Gebäuden verbleibenden Garten, während die Uferstrasse eine um 2,80 m
höhere Lage erhalten hat.

In den grossen Krankensälen kommt auf das Krankenbett
10 qm Grundfläche.

Die Aussenarchitektur und die sonstige bauliche Einrichtung des Gebäudes schliesst sich an diejenige der neuen
Frauenklinik und der neuen chirurgischen Klinik an.

Die äusseren Flächen sind in rothen Blendziegeln unter
Verwendung von Glasursteinen für einzelne Streifen und für
die Schrägen der Gesimse und Fenstersohlbänke verblendet.
Die Dächer sind in Schiefer auf Schalung nach deutscher
Art mit ausgeschieferten Kehlen eingedeckt, nur die Hallen
und die Verbindungsbauten haben Holzcementdächer auf Balken-
unterlagen erhalten.

Die offenen Hallen und der Verbindungsgang im 1. Stock, sowie die Assistenten-Wohnung im Dachgeschoss des Lehrgebäudes haben Balkendecken, im Uebrigen ist das Gebäude durchweg mit gewölbten Decken ausgeführt.

Die Haupttreppe und die beiden Treppen des Krankenblocks sind aus Granit hergestellt, die Treppen zu den Dachgeschossen in Eisen construirt.

Im Kellergeschoss sind die Wohnräume des Pförtners mit eichenen Riemenböden, welche in heissem Asphalt auf einer Beton-Unterlage verlegt wurden, die Küche des Pförtners, die Deliranten-Abtheilung und die Anrichteküchen mit Terrazzofussböden, die Flure, Aborte, das Leichenzimmer und das Zimmer für Versuchsthiere mit Asphaltanstrichen versehen. Die Fussböden der übrigen Kellerräume sind mit Ziegeln gepflastert. In den Stockwerken haben die grossen Krankensäle nebst den Tageräumen und die Poliklinik eichene Riemenböden, die übrigen Krankenzimmer, die Lehr-, Arbeits-, Dienst- und Wohnzimmer gewöhnliche kieferne Böden erhalten. Die Fussböden der offenen Hallen, der Treppenpodeste und der am meisten begangenen Flure sind mit Mettlacher Fliesen II. Wahl belegt, während die übrigen Flure, die Badezimmer und Aborte in Terrazzo ausgeführt wurden. Kranken-, Wohn-, Arbeits- und Lehrräume erhielten Doppelfenster, Flure und Treppenhäuser dagegen einfache Fenster. Auch bei der neuen medicinischen Klinik ist die Heizung nach dem System einer Vereinigung von Feuerluftheizung mit Kachelöfen eingerichtet, wobei die an den Luftheizöfen erwärmte frische Luft in die Zimmer geleitet und dort im Bedarfsfalle durch die Kachelöfen weiter erwärmt wird; bei den grossen Krankensälen treten an die Stelle der Kachelöfen die an den Kopfseiten aufgestellten eisernen Füll-Regulir-Oefen; der Hörsaal und die Aborte werden ausschliesslich durch Feuerluftheizung erwärmt. Das Gebäude hat Zuleitung von kaltem und warmem Wasser. Die Entnahme des letzteren ist auf einzelne Zapfstellen beschränkt, um der Vergeudung vorzubeugen. Die Entwässerung des Gebäudes ist im Anschluss an die städtische Schwemmcanalisation erfolgt.

Die Beleuchtung erfolgt durch Gas.

Die Baukosten betragen 471 500 Mark; die Kosten der inneren Ausstattung belaufen sich auf 56 700 Mark.

2. Capitalien.

Das Vermögen der Universität betrug am Schlusse des Jahres 1891/92 .... 587 869,50 M. und ist angelegt:

in Hypotheken...... 470 344,50 M.
in Werthpapieren ... 117 525,00 »
// 587 869,50 M.

Die Stiftungsfonds der Universität weisen am Schluss des Jahres 1891/92 ein Vermögen von .... 59 615,00 M. nach.

Dasselbe besteht:

in Hypotheken........ 39 840,00 M.
in Werthpapieren..... 19 775,00 »

Ausserdem besitzt der v. Hackemann'sche Professoren-Wittwen-Pensions-Fonds an Ländereien 36 ha 42 a 28 qm, welche zur Zeit einen jährlichen Pachtzins von 3934 M. und an Jagdpachtgeldern 41,20 M. einbringen.

Das Vermögen der Stipendien-Fonds betrug am Schlusse des Jahres 1891/92 .... 702 892,37 M. und ist angelegt:

in Hypotheken mit .... 480 000,00 M.
in Werthpapieren mit........ 222 855,00 »
in einem Sparkassenbuch über. 37,37 »
// 702 892,37 M.

Der Studenten-Unterstützungs-Fonds weist am Schlusse des Jahres 1891/92 ein Capitalvermögen von.... 58 875,00 M. nach.

Dasselbe besteht:

in Hypotheken von ... 34 500,00 M. und
in Effecten von .... .. 24 375,00 »

VI. Wichtigere Ministerial-Erlasse und Beschlüsse.

Für die Universität überhaupt.

a. Ministerial-Erlasse.

Nach einem Ministerial-Erlass vom 17. April 1891 haben Se. Majestät der Kaiser und König aus Anlass eines Specialfalles zu bestimmen geruht, dass die Anordnung, nach welcher von Allerhöchst ihrer Person oder Allerhöchst ihren Vorfahren weder Gemälde noch Bildwerke ohne Allerhöchstes Vorwissen für öffentliche Kunst- etc. Anstalten und Sammlungen, sowie überhaupt zu Lasten von Staats- oder öffentlichen Fonds, über welche Staatsbehörden zu verfügen haben, bestellt werden sollen, sich lediglich auf die von Künstlern herzustellenden oder bereits hergestellten Original-Bildnisse, nicht auch auf Vervielfältigungen und Photographien von Kunstwerken erstreckt.

Aus Anlass eines Specialfalles hat der Herr Minister der geistl. etc. Angelegenheiten durch Erlass vom 4. Mai 1891 allgemein angeordnet, dass, sofern Studirende, ausser in dem im § 13 der Vorschriften für die Studirenden der Landes-Universitäten vom 1. October 1879 vorgesehenen Falle, der Nichtannahme von Vorlesungen ohne ihren ausdrücklichen Willen in den Listen der Universität gestrichen worden sind, auf deren alsbaldigen Antrag die Wiederaufhebung der erfolgten Streichung regelmässig nicht zu versagen ist, da dieselbe nur aus der Vermuthung gerechtfertigt erscheine, dass der Studirende auf die Fortsetzung des Studiums an der Universität thatsächlich verzichtet habe.

Hierbei ist jedoch hervorgehoben, dass in derartigen Fällen immerhin in der Regel die Möglichkeit disciplinarischen Einschreitens wegen der Umstände, welche die Streichung herbeigeführt haben, offen bleiben wird.

Durch einen Erlass vom 20. Mai 1891 hat der Herr Minister darauf aufmerksam gemacht, dass die Einziehung und Verrechnung der Promotions- und Habilitationsgebühren gleich den Collegienhonoraren, Auditoriengeldern, Instituts-Gebühren,

Praktikanten - Beiträgen, Beiträgen zu den Studenten-Fonds, sowie den Immatriculations- und Abgangs- etc. Zeugniss-Gebühren durch die Quästuren zu erfolgen habe.

Durch Ministerial-Erlass vom 8. Juli 1891 ist bestimmt worden, dass vom Winter-Semester 1891/92 ab die Vorlesungen jedesmal innerhalb der ersten 7 Tage des Semesters zu beginnen haben und innerhalb der letzten 7 Tage zu schliessen sind.

Durch einen Ministerial-Erlass vom 15. October 1891 ist das Bibliothekwesen bei den Universitäts-Anstalten und deren Beziehungen zu den Universitäts-Bibliotheken einheitlich geregelt worden.

Nachdem durch den Nachtrag zum Staatshaushalts-Etat für 1. April 1890/91 die sämmtlichen Universitäts-Unterbeamten, als Pedelle, Haus- und Institutsdiener in eine Besoldungs-gemeinschaft gebracht worden sind, hat der Herr Minister der geistlichen etc. Angelegenheiten durch Erlass vom 24. März 1892 bestimmt, dass nunmehr alle Universitäts-Unterbeamten ohne Rücksicht auf die ihnen zu überweisenden Stellen nach einer probeweisen Beschäftigung von in der Regel 6 Monaten zunächst immer nur gegen Remuneration angenommen werden und dass ihnen erst im Falle des Freiwerdens von etatsmässigen Besoldungen bei nachgewiesener Diensttüchtigkeit nach Massgabe ihres Dienstalters etatsmässige Stellen verliehen werden. Die selbstständige Anstellung dieser Beamten ist den Herren Universitäts-Curatoren übertragen worden mit der Massgabe, dass die Anstellung stets unter dem Vorbehalt dreimonatlicher Kündigung stattzufinden hat.

Durch den Staatshaushalts-Etat für 1. April 1892/93 wird für die etatsmässigen Unterbeamten das Besoldungssystem nach Dienstaltersstufen eingeführt und ist durch Ministerial-Erlass vom 29. März 1892 die neue Gehalts-Regulirung vom 1. April 1893 ab angeordnet worden.

Durch Erlass des Herrn Ministers der geistlichen etc. Angelegenheiten vom 7. Januar 1892 bezw. das Curatorialschreiben vom 25. dess. Mts. sind neue staatsministerielle Vorschriften für die Lieferung und Prüfung von Papier zu amtlichen Zwecken zur Beachtung mitgetheilt worden.

Nach einer mittelst Ministerial-Erlasses vom 18. Februar 1892 zur Kenntniss mitgetheilten Auslegung des § 15 der Vorschriften vom 1. October 1879 Seitens des Rectors und Richters der Universität Berlin, mit der sich der Herr Minister einverstanden erklärt hat, sind die Universitätslehrer durchaus berechtigt, den Zeitpunkt, von welchem ab sie ihre Unterschrift für die Abmeldung der nicht abgehenden Studirenden gewähren wollen, je nach dem beabsichtigten Termin des Schlusses ihrer Vorlesungen unter Einhaltung des in dem gedachten Paragraphen gestatteten 14 tägigen Zeitraumes ihrer Zuhörerschaft gegenüber nach eigenem Ermessen festzusetzen.

Durch Erlass vom 30. März 1892 hat der Herr Minister angeordnet, dass die Universitätsstatistik für die Ortsanwesenheits-Controle der Studirenden nutzbar gemacht werde und zu diesem Zweck die Zählkarten in Zukunft im Sommer-Semester im Monat Juni und im Winter-Semester im Monat Januar durch die Studirenden auszufüllen sind. — Der durch den Erlass vom 18. Juli 1890 vorgeschriebenen Ermittelungen bei wenigstens 10 pCt. der Studirenden bedarf es in Folge dessen nicht mehr.

b. Senatsbeschlüsse.

Anlässlich eines Specialfalles hat der akademische Sena zur Herbeiführung eines einheitlichen Verfahrens in seiner Sitzung vom 4. Juli 1891 beschlossen, in Zukunft im deutschen Vorlesungs-Verzeichniss alle blossen Titel und alle ausserakademischen Amtsbezeichnungen fortzulassen, mit Ausnahme der Anführung des Amtscharakters bei denjenigen mit Halten von Vorlesungen beauftragten Herren, deren Lehrthätigkeit ausschliesslich auf ihrer staatsdienstlichen Stellung ausserhalb der Universität beruht.

Auf Beschluss des Senats vom 11. Juli 1891 werden die im § 18 des II. Abschnitts der Universitäts-Statuten vorgeschriebenen Bescheinigungen der Facultäten über die erfolgte Inscribirung der Studirenden seit dem Winter-Semester 1891/92 in den Anmeldungs-Büchern der Letzteren, und zwar in der

Rubrik Bemerkungen, eingetragen und sind die bisher üblich gewesenen besonderen Inscriptions - Scheine in lateinischer Sprache hierdurch als überflüssig ausser Gebrauch gesetzt worden.

Zur Ausführung der Universitätsstatistik mittelst Zähl- karten sind durch Beschluss vom 5. März 1892 neue Directiven festgestellt und von dem Herrn Universitäts-Curator genehmigt worden, dergestalt, dass vom Sommer-Semester 1892 ab jedem Studirenden und Hospitanten bei dem Belegen der Vor- lesungen auf der Quästur von dieser die Zählkarte nebst einer gedruckten Anweisung für deren Ausfüllung und Rückgabe behändigt wird.

Durch einen Senatsbeschluss vom 5. März 1892 ist ange- ordnet worden, von der erfolgten Streichung Studirender aus den Listen der Universität, sei es wegen Nichtannahme von Vorlesungen oder nach erfolgloser Citation am schwarzen Brett dem Decan der betreffenden Facultät, sowie dem von der Streichung Betroffenen Kenntniss zu geben und von Letzterem durch den Pedell die Erkennungs-Karte einziehen zu lassen. — Ist der Gestrichene nicht zu erlangen, so hat die Mittheilung an die Eltern oder event. den Vormund desselben zu erfolgen.

VII. Universitäts-Ereignisse, Feierlichkeiten, Programme, Adressen etc.

1. Akademische Feierlichkeiten.

In üblicher Weise fand am 15. October 1891 die feierliche Uebergabe des Rectorats von Seiten des ausscheidenden Rectors, Geh. Justiz-Raths Professors Dr. Brie, an den zu seinem Amts- nachfolger erwählten Professor Dr. Schmidt statt, wobei Letzterer nach Ableistung des vorgeschriebenen Eides seine Antrittsrede hielt über das Thema:

Der geschichtliche Christus als Stoff und Quelle der Glaubenslehre.

Ferner wurde am 27. Januar 1892 der Geburtstag Seiner Majestät des Kaisers und Königs in der durch Blattgewächse reich geschmückten Aula Leopoldina unter zahlreicher Betheiligung des Lehrkörpers sowohl, als der Studirenden und studentischen Corporationen mit deren Fahnen festlich begangen. Die Festrede hierbei hielt Herr Geheimer Regierungs-Rath Professor Dr. Hertz über „Die Universität Breslau beim 50jährigen Jubiläum 1861 und heut". Den Schluss der Feier bildete die Verkündigung der Preise für die Lösung der am 27. Januar 1891 gestellten Preisaufgaben, sowie die Bekanntmachung der Aufgaben für die neuen, am 2. December 1892 abzugebenden Preisbewerbungen.

Am Nachmittag hatten sich wie im Vorjahre die Docenten und Beamteten der Universität zu einem gemeinsamen Festmahl vereinigt, das auch dieses Jahr eine recht zahlreiche Betheiligung fand.

Die durch Ministerial-Erlass vom 28. März 1891 angeordnete Auflösung der bei hiesiger Universität bisher bestandenen Studenten-Bibliothek ist im Laufe des Sommer-Semesters 1891 nach den auf Seite 73 der vorjährigen Chronik gedachten Festsetzungen durch- bezw. zu Ende geführt worden.

Nachdem auf Antrag des akademischen Senats Se. Excellenz der Herr Minister unterm 11. Juli 1891 die Verwendung der im I. Stock des grossen Universitäts-Gebäudes belegenen Räume der früheren Dienstwohnung des Directors des chemischen Laboratoriums zu Geschäftsräumen genehmigt hatte, ist in denselben ein geräumiger Senatssaal geschaffen und dadurch einem längst gefühlten dringenden Bedürfniss begegnet worden. — Das bisherige Senatszimmer ist zu einem Auditorium umgewandelt und der bisher als Rectorzimmer verwendete Raum, das ebenfalls dahin mit verlegt wurde, dem zu begründenden slavisch-philologischen Seminar überwiesen worden.

Mit Genehmigung des Herrn Ministers der geistlichen etc. Angelegenheiten ist vom Sommer-Semester 1892 ab der bisher in der hiesigen Hofkirche abgehaltene evangelische Universitäts-Gottesdienst in die Kapelle des von Sedlnitzky'schen Johanneums verlegt worden.

Auf dem in der Zeit vom 10. bis 17. August 1891 in London stattgefundenen internationalen Congress für Hygiene und Demographie wurde unsere Hochschule durch Herrn Geheimen Medicinal-Rath Professor Dr. Ponfick vertreten.

2. Programme.

An Programmen sind im Etatsjahre 1891/92 erschienen:

a. das Programm im lateinischen Lectionskatalog für das Sommer-Semesters 1891 von Professor Dr. Richard Foerster: „Duae Choricii orationes nuptiales primum editae."

b. das Programm im lateinischen Lectionskatalog für das Winter-Semester 1891/92 von demselben: „Duae Choricii in Brumalia Justiniani et de Lydis orationes primum editae."

3. Adressen.

Zu der in den Tagen vom 18. bis 20. Mai 1891 stattgefundenen Feier der Erhebung der Akademie Lausanne zu einer Universität, bei welcher auf die ergangene Einladung die hiesige Universität durch ihren zeitigen Rector, Geh. Justiz-Rath Professor Dr. Brie, vertreten war, wurden die Glückwünsche des akademischen Senats in einer tabula gratulatoria durch Letzteren überreicht, die folgenden Wortlaut hatte:

Q. F. F. F. Q. S.
AMPLISSIMAE VNIVERSITATI LAVSANNENSI
EX ACADEMIAE FORMA
PER TRIA ET DIMIDIVM SAECVLVM GLORIOSE SVSTENTA
GENEROSITATE VETERIS DISCIPVLI ET LIBERALITATE
CIVIVM
AD ALTIOREM PLENAE ATQVE INTEGRAE
VNIVERSITATIS GRADVM
ELATAE
DIEBVS XVIII XIX XX M. MAI A. MDCCCLXXXXI
INAVGVRATIONIS FESTVM CELEBRANTI

EX ANIMI SENTENTIA GRATVLATVR
ET CVM QVODCVNQVE FAVSTVM FORTVNATVMQVE SIT
TVM VT SORORES HELVETIAS STVDIO ET SVCCESSV
OMNES LITTERAS SCIENTIASQVE
AVGENDI ET PROMOVENDI AEQVIPERET
ET CVM GERMANICIS VNIVERSITATIBVS EODEM QVO
ILLAE SOCIETATIS VINCVLO CONIVNCTA SIT
SINCERE EXOPTAT
VNIVERSITATIS VRATISLAVIENSIS RECTOR
SIGFRIDVS BRIE
CVM SENATV ACADEMICO.

Am 18. Mai 1891 waren 50 Jahre verflossen, seitdem der Herr Universitäts-Curator, Wirklicher Geheimer Rath und Ober-Präsident von Schlesien, Dr. von Seydewitz, in den Preuss. Staatsdienst getreten ist. Da der Herr Jubilar diesen Tag fern von hier auf seinem Rittergute Reichenbach O.-L. verlebte, so wurden ihm die Glückwünsche der Universität in folgendem Schreiben von Rector und Senat übermittelt:

Breslau, den 18. Mai 1891.

Hochzuverehrender Herr Curator!

Gestatten Euer Excellenz den ehrerbietigst Unterzeichneten zu der fünfzigjährigen Wiederkehr des Tages, an welchem Sie in den Dienst des Preussischen Staates eintraten, im Namen der Universität Breslau ihre ebenso aufrichtigen wie verehrungsvollen Glückwünsche darzubringen.

Mit freudiger Dankbarkeit gedenken wir heute, wie der zahlreichen hohen Verdienste, welche Euer Excellenz in vieljähriger Thätigkeit um die zu Ihrer zweiten Heimath gewordene Provinz und um das gesammte Vaterland sich erworben haben, so ganz besonders der einsichtigen und wohlwollenden Fürsorge, welche Sie seit zwölf Jahren den Interessen der Ihrer Obhut anvertrauten Hochschule und aller ihrer Glieder unermüdlich zugewandt haben. Von ganzem Herzen erhoffen wir, dass es Euer Excellenz noch lange vergönnt sein möge, in voller Kraft Ihre segensreiche Wirksamkeit auszuüben.

Rector und Senat der Königlichen Universität Breslau.

Dem ordentlichen Professor in der philosophischen Facultät, Geheimen Regierungs-Rath Dr. Roepell, sprachen Rector und Senat zu seinem 50jährigen Professoren-Jubiläum am 12. Mai 1891 ihre Glückwünsche in folgender tabula aus:

VNIVERSITATIS VRATISLAVIENSIS RECTOR
SIGFRIDVS BRIE
ET SENATVS ACADEMICVS
RICHARDO ROEPELL
VNIVERSITATIS VRATISLAVIENSIS PROFESSORI
QVINQVAGENARIO
S.

Quod ante hos septem annos te, collega maxime venerande, doctorem philosophiae quinquagenarium salutantes fecimus votum, ut diu nostrae universitati dulce decus maneres, id faustissimum habuit eventum. Aspicis enim diem ab eo quo professor historiae designatus es dimidio saeculo distantem senex quidem annis, sed vegetus corpore atque iuvenis ingenio, director seminarii historici, senator, universitatis nostrae in curia procerum columen, calamum novo operi scribendo tenens. Itaque hunc diem honorificentissimum tibi ex animi sententia gratulamur ita ut eum etiam nobis laetissimum illuxisse profiteamur ut qui idem sit dies communionis inter te et nostram universitatem semisaecularis.

Ut probus professor, simul sciscitari, simul docere studuisti. Alienus fuisti a manca atque solivaga sententia eorum qui operam historici fontibus rerum gestarum aperiendis contineri censent, quamquam etiam huic muneri in annalibus vetustissimis Poloniae et chronicis domus Sarensis ad amussim edendis parem te demonstrasti. Historiographus esse voluisti atque id quidem ita ut semper teneres quod in fronte operis tui palmaris posuisti: ‚Veritas sola facit liberum.‘ Genuinum tete praestitisti alumnum disciplinae tuorum Henrici Leonis et Leopoldi Rankii duobus illis operibus quae viam tibi ad nos paraverunt, quorum altero diluisti quae de genealogia et possessionibus comitum Habsburgensium caecus vel adulatorius amor non tam commentatus quam commentus erat, altero historiae Poloniae inde ab initio usque ad saeculi XIII finem proposuisti imaginem non quae circumferebatur poetice ficta, sed qualis e vetustissimis annalibus et chronicis emineret, ut sempiterna tibi mansura sit laus primum face criseos memoriam rerum Polonicarum illuminasse. Eandem rationem severam ab Halensi in Vratislaviensem cathedram vocatus adhibuisti historiae provinciae quae tibi nova patria facta est Silesiae, cui investigandae destinatam ephemerida primus edidisti atque complures annos direxisti. Libris autem qui hos secuti sunt in historia recenti saeculorum XVIII et XIX versantibus coniunctionem illam intimam quae historiae cum politica et iure publico intercedit tam praeclare explanasti, ut non solum aequares verum etiam superares artem Caroli illius de Rotteck, cuius effigiem oratione ad munus rectoris iterum auspicandum habita vivam et solidam nobis ante oculos posuisti. Denique quod difficilimum et summum est, res non modo vere sed etiam pulcre enarrare tibi ut paucis successit.

Neque vero minus vires tuas in parte altera eaque propria muneris professorii, doctrina atque institutione, probasti. Studio indefesso scholis tuis, id quod nunc paene incredibile est auditu, idem medium, recentius, recentissimum aevum copiosissime persecutus es et, donec munus professoris historiae antiquae crearetur, historiam universalem orbis antiqui adumbrasti. Atque ut semper id spectasti, ut iuventutis academicae animi non solum excitarentur patriaeque quo ipse ardebas amore inflammarentur, sed etiam condicionem rerum hodiernarum e praeteritis intellegerent, ita perquam breve tempus suffecit, ut omnium ordinum commilitonibus esses gratissimus ad cuius verba excipienda undique concurrebant, ut haut raro locus vix eos caperet. Quorum frequentia atque plausus cum te non retineret, quominus etiam paucis illis qui studium historiae peculiare amplexabantur praeceptis criseos historicae imbuendis et exercendis te dares, spatio quadraginta fere annorum quo directoris seminarii munus obis magnum numerum discipulorum nactus es qui non satis habentes tirocinia studiorum posuisse spectata sed altiora spirantes cognitionem rerum praeteritarum augere atque promovere perrexerunt nomenque historicorum cum praeceptoris honore meruerunt.

Nunquam tibi doctoris umbratici vita placuit non scholae, sed vitae nos discere recte dictum esse putanti, nunquam ‚communi deesse saluti‘ voluisti. Quamquam autem rebus publicis et urbicis deliberandis administrandisque insignem operam impendisti, tamen res universitatis communes in primis tibi cordi fuerunt. Quotiens splendida illa quam natura tibi dedit facultate res impeditas expediendi, perplexas explicandi et ordini tuo et senatui profuisti. Fiducia collegarum bis tibi tribuit fasces academicos, bis te decanum ordinis philosophorum, compluries senatorem elegit, denique vicem universitatis in curia procerum gerere iussit omnesque te his muneribus egregie functum et praeter ceteros de nostra universitate bene meritum esse testamur, constantiae et prudentiae qua iura eius defendisti sincere gratias tibi agimus et exoptamus ut Deus Optimus Maximus te quem omnes suspicimus et diligimus nobis, ut tuis patriaeque, diu incolumem corpore ingenioque valentem conservet.

Dabamus Vratislaviae IV ante idus Maias a. p. Chr. n. MDCCCLXXXXI.

VIII. Studirende.

1. Hörerzahl.

Sommer-Semester 1891.

a. Immatriculirte Studirende:

Aus dem vorigen Semester waren geblieben.....	914	
Neu hinzugekommen..	391	
	zusammen	1305

Davon zählt:

die katholisch-theologische Facultät	Preussen	204	
	Nichtpreussen.	—	204
die evangelisch-theologische Facultät	Preussen	159	
	Nichtpreussen.	5	164

Seitenbetrag 1305

		Uebertrag	1305

die juristische Facultät.... { Preussen ..... 244 / Nichtpreussen . 2 246

die medicinische Facultät.. { Preussen ..... 336 / Nichtpreussen. 4 340

die philosophische Facultät
- a. Preussen m. d. Zeugniss der Reife 165
- b. Preussen ohne Zeugniss der Reife nach § 3 der Vorschriften vom 1. October 1879 145

Preussen 310
- c. Nichtpreussen 41 351

b. Hospitanten, Preussen und Nichtpreussen 23

Die Gesammtzahl der zum Hören von Vorlesungen Berechtigten war also................... 1328

Es hörten Vorlesungen:

von den immatriculirten Studirenden.. 1302

von den Hospitanten............ 23

zusammen 1325

Vom Hören von Vorlesungen waren dispensirt:
2 in der katholisch-theologischen Facultät und 1 in der philosophischen Facultät, zusammen........ . 3

Winter-Semester 1891/92.

a. Immatriculirte Studirende:

aus dem vorigen Semester waren geblieben...... 905

neu hinzugekommen 324

zusammen 1229

Davon zählte:

die evangelisch-theologische Facultät { Preussen .. .. 136 / Nichtpreussen. 3 139

die katholisch-theologische Facultät { Preussen ... 181 / Nichtpreussen. — 181

die juristische Facultät.... { Preussen ..... 258 / Nichtpreussen. 4 262

die medicinische Facultät { Preussen ..... 299 / Nichtpreussen. 5 304

Seitenbetrag 1229

Uebertrag 1229

die philosophische Facultät
a. Preussen m. d. Zeugniss der Reife 146
b. Preussen ohne Zeugniss der Reife
nach § 3 der Vorschriften vom
1. October 1879.............. 160

Preussen 306
c. Nichtpreussen 37   343

b. Hospitanten, Preussen und Nichtpreussen   30

Die Gesammtzahl der zum Hören von Vorlesungen Berechtigten war also.... 1259

Es hörten Vorlesungen:

von den immatriculirten Studirenden... 1225

von den Hospitanten ....- 30

zusammen 1255

Vom Hören von Vorlesungen waren dispensirt:
je 2 in der katholisch-theologischen und in der philosophischen Facultät, zusammen.   4

2. Betheiligung an den Vorlesungen.

a. Es haben Inscriptionen stattgefunden.

1. bei der evangelisch-theologischen Facultät

im Sommer-Semester 1891:

zu 11 theol. Privatvorlesungen..... 390

» 2 » öffentlichen Vorlesungen........ 165

: 11 « seminaristischen Uebungen 240

im Winter-Semester 1891/92:

zu 13 theol. Privatvorlesungen....... 430

» 2 : öffentlichen Vorlesungen.... ... 142

: 10 « seminaristischen Uebungen 197

2. bei der katholisch-theologischen Facultät

im Sommer-Semester 1891:

zu 10 theol. Privatvorlesungen 747

: 6 » öffentlichen Vorlesungen....... . 417

: 4 : seminaristischen Uebungen 92

im Winter-Semester 1891/92:

zu 11 theol. Privatvorlesungen. 851
* 7 * öffentlichen Vorlesungen 323
* 3 * seminaristischen Uebungen 114

3. bei der juristischen Facultät

unter Einschluss der staatsw. Disciplinen

im Sommer-Semester 1891:

zu 20 jur. bezw. staatsw. Privatvorlesungen. 742
* 3 * * * öffentlichen Vorlesungen . 228
* 5 * * * seminaristischen Uebungen 132

im Winter-Semester 1891/92:

zu 20 jur. bezw. staatsw. Privatvorlesungen 760
* 2 * * * öffentlichen Vorlesungen. . 238
* 7 * * * seminaristischen Uebungen 162

4. bei der medicinischen Facultät

im Sommer-Semester 1891.

zu 39 medicinischen Privatvorlesungen 1400
* 27 * öffentlichen Vorlesungen . 549

im Winter-Semester 1891/92:

zu 44 medicinischen Privatvorlesungen 1357
* 29 * öffentlichen Vorlesungen . 676

5. bei der philosophischen Facultät

im Sommer-Semester 1891.

zu 74 Privatvorlesungen 1469
* 42 öffentlichen Vorlesungen. . . . 988
* 30 Seminarien 356

im Winter-Semester 1891/92:

zu 79 Privatvorlesungen 1994
* 35 öffentlichen Vorlesungen. . . . 1338
* 35 Seminarien. 335

1. Von Seiten der Studirenden der evangelisch-theologischen Facultät haben stattgefunden:

im Sommer-Semester 1891 bei einer Anzahl von 164 Hörern
zu 11 theol. Privatvorlesungen . . . . 390 Inscriptionen,
, 2 , öffentlichen Vorlesungen . . . . 165 ,
, 11 , seminaristischen Uebungen . . 240 ,
, ausserfachlichen (philos., historischen,
litterar., philologischen) Vorlesungen 15 ,
(6 privaten und 9 öffentlichen);

im Winter-Semester 1891/92 bei einer Anzahl von 139 Hörern
zu 13 theol. Privatvorlesungen . . . . 430 Inscriptionen,
, 2 , öffentlichen Vorlesungen . . . 142 ,
, 10 , seminaristischen Uebungen . . 197 ,
, ausserfachlichen Vorlesungen . . . . 27 ,
(12 privaten und 15 öffentlichen).

Mithin fallen auf jeden der Hörenden:

im Sommer-Semester 1891 (Zahl 164):
zu den theol. Privatvorlesungen . . . . 2,374 Inscriptionen,
, , , öffentlichen Vorlesungen . 0,006 ,
, , , seminaristischen Uebungen 1,536 ,
, , ausserfachlichen Vorlesungen . . . 0,091 ,

im Winter-Semester 1891/92 (Zahl 139)
zu den theol. Privatvorlesungen . . . . . . 2,446 Inscriptionen,
, , , öffentlichen Vorlesungen . . 1,022 ,
, , , seminaristischen Uebungen 1,417 ,
, , ausserfachlichen Vorlesungen . . . 0,180 ,

2. Von Seiten der Studirenden der katholischen Theologie haben stattgefunden:

im Sommer-Semester 1891 bei einer Anzahl von 204 Hörern
zu 10 theol. Privatvorlesungen . . . . 747 Inscriptionen,
, 6 , öffentlichen Vorlesungen . . . . 417 ,
, 4 , seminaristischen Uebungen . . . 92 ,
, ausserfachlichen Vorlesungen . . . . 32 ,
(15 private, 17 öffentliche);

im Winter-Semester 1891/92 bei einer Anzahl von 181 Hörern

zu 11 theol. Privatvorlesungen.......... 851 Inscriptionen,
* 7 * öffentlichen Vorlesungen..... 323 *
* 3 * seminaristischen Uebungen . 114 *
* ausserfachlichen Vorlesungen .... 34 *
   (20 private, 14 öffentliche).

Mithin entfallen auf jeden Hörenden:

   im Sommer-Semester 1891 (Zahl 204)

zu den theol. Privatvorlesungen .... 3,661 Inscriptionen,
* * * öffentlichen Vorlesungen .. 2,044 *
* * * seminaristischen Uebungen 0,451 *
* ausserfachlichen Vorlesungen....... . 0,167 *

im Winter-Semester 1891/92 bei einer Anzahl von 181 Hörern

zu den theol. Privatvorlesungen .... 4,702 Inscriptionen,
* * * öffentlichen Vorlesungen .. 1,783 *
* * * seminaristischen Uebungen 0,630 *
* ausserfachlichen Vorlesungen........ 0,162 *

3. Von Seiten der Studirenden der juristischen Faculläten haben stattgefunden:

im Sommer-Semester 1891 bei einer Anzahl von 246 Hörern

zu 20 juristischen Privatvorlesungen ..... 742 Inscriptionen,
* 3 * öffentlichen Vorlesungen 228 *
* 5 * seminar. Uebungen .... 132 *
* ausserfachlichen Vorlesungen .... 16 *
   (6 private, 10 öffentliche);

im Winter-Semester 1891/92 bei einer Anzahl von 262 Hörern

zu 20 juristischen Privatvorlesungen ..... 760 Inscriptionen,
* 2 * öffentlichen Vorlesungen 238 *
* 7 * seminar. Uebungen .... 162 *
* ausserfachlichen Vorlesungen .... 7 *
   (3 private, 4 öffentliche).

Mithin fallen auf jeden Hörenden:

im Sommer-Semester 1891 (Zahl **246**)

zu den juristischen Privatvorlesungen... 3,017 Inscriptionen,
, : : öffentl. Vorlesungen. 0,927 :
, , , seminar. Uebungen . 0,637 ,
, , ausserfachlichen Vorlesungen.... 0,074 ,

im Winter-Semester 1891/92 (Zahl 262)

zu den juristischen Privatvorlesungen... 2,901 Inscriptionen,
, , , öffentl. Vorlesungen. 0,901 ,
, : : seminar. Uebungen . 0,618 ,
: , ausserfachlichen Vorlesungen.... 0,030 ,

4. Von Studirenden der medicinischen Facultät haben, wenn die von ihnen gehörten obligatorischen naturwissenschaftlichen Vorlesungen zu den medicinischen gezählt werden, stattgefunden:

im Sommer-Semester 1891 bei einer Anzahl von 340 Hörern

zu 39 Privatvorlesungen. . . . . 1400 Inscriptionen,
, 27 öffentlichen Vorlesungen. . . . . 549 ,

im Winter-Semester 1891/92 bei einer Anzahl von 304 Hörern

zu 44 Privatvorlesungen. . . . . 1357 Inscriptionen,
, 29 öffentlichen Vorlesungen. . . . . 676 ,

Mithin fallen auf jeden Hörenden:

im Sommer-Semester 1891 (Zahl 340)

zu den Privatvorlesungen . . . . 4,236 Inscriptionen,
, , öffentlichen Vorlesungen . . . . . . 1,616 ,

im Winter-Semester 1891/92 (Zahl 304)

zu den Privatvorlesungen . . . . 4,464 Inscriptionen,
, , öffentlichen Vorlesungen. . . . . 2,223 ,

5. Von Seiten der Studirenden der philosophischen Facultät'haben stattgefunden:

im Sommer-Semester 1891 bei einer Anzahl von 351 Hörern

zu 74 Privatvorlesungen . . . . 1469 Inscriptionen,
, 42 öffentlichen Vorlesungen. . . . . 988 ,
, 30 Seminarien. . . . . 356 ,

Ausserfachliche Vorlesungen sind in der philosophischen Facultät in der Regel solche, die einem vom Specialfache verschiedenen Fache dieser Facultät selbst angehören:

im Winter-Semester 1890/91 bei einer Anzahl von 343 Hörern

zu 79 Privatvorlesungen........	1994	Inscriptionen,
' 35 öffentlichen Vorlesungen..........	1338	'
' 35 Seminarien.....................	335	'

Mithin fallen auf jeden Hörenden:

im Sommer-Semester 1891 (Zahl 351)

zu den Privatvorlesungen	4,187	Inscriptionen,
' ' öffentlichen Vorlesungen........	2,786	'
' ' Seminarien.	1,014	'

im Winter-Semester 1891/92 (Zahl 343)

zu den Privatvorlesungen	5,813	Inscriptionen,
' ' öffentlichen Vorlesungen.	3,901	'
' ' Seminarien...................	0,976	'

3. Lösungen von Preisaufgaben.

Die Preisaufgaben, welche für das Jahr 1891 gestellt waren, und deren Ergebnisse am diesjährigen Geburtstage Sr. Majestät des Kaisers und Königs bestimmungsmässig zur Verkündigung gelangten, sind in nachfolgender Weise gelöst worden:

I. In der evangelisch-theologischen Facultät fand die Aufgabe: „De peccato originali quae a Schleiermachero, Iulio Muellero, Ritschelio propositae sunt sententiae referantur atque examinentur" einen Bearbeiter in dem Cand. theol. ev. Gotthard Peisker aus Wilhelmsdorf, Kreis Goldberg-Haynau, welchem der volle Preis in Höhe von 150 Mark zugesprochen wurde.

In der katholisch-theologischen Facultät hat die gestellte Aufgabe: „Sacramenta Novi Testamenti quomodo gratiam operentur, secundum sacram scripturam, theologorum doctrinam, ecclesiae definitiones exponatur" drei Bearbeitungen gefunden, von denen der ersten von dem

Stud. theol. cath. Robert Kutsche aus Hennersdorf, Kreis Grottkau, zwar kein Preis, wohl aber eine ehrende Erwähnung zuerkannt werden konnte, wogegen die zweite und die dritte Abhandlung, als deren Verfasser sich der Cand. theol. cath. Alfons Peters aus Breslau und der Stud. theol. cath. Carl Wawra aus Neisse ergaben, je mit dem halben Preise in Höhe von 75 Mark gekrönt wurden.

In der medicinischen Facultät hat die Aufgabe: „Es ist bekannt, dass venöse Stauung die Harnabsonderung herabsetzt, die Lymphabsonderung steigert. Die Facultät wünscht eine Untersuchung über den Einfluss der venösen Stauung auf die Leberfunctionen" eine gemeinschaftliche Bearbeitung seitens der Cand. med. Georg Reinbach aus Breslau und Emil Gotschlich aus Neisse gefunden, denen hierfür der volle Preis von 150 Mark zuerkannt wurde.

In der philosophischen Facultät konnte der Bearbeitung der classisch-philologischen Aufgabe: „De Dioscurorum origine, mythis, cultu, monumentis agatur" durch den Cand. philol. Gustav Türk aus Ratibor der halbe Preis in Höhe von 75 Mark;

der mathematischen Aufgabe: „Das Problem der Configurationen in der Ebene (d. h. die Aufgabe, p Punkte und g Gerade in der Ebene so zu legen, dass durch jeden der p Punkte γ von den g Geraden hindurchgehen und auf jeder der g Geraden π von den p Punkten liegen) hat bisher nur für besondere Zahlenwerthe p, g, π, γ theils gelegentlich sich darbietende Lösungen gefunden, theils für besondere Gattungen von Configurationen eingehendere Untersuchungen hervorgerufen. Die Facultät wünscht eine übersichtliche Zusammenstellung der bisher gefundenen und die Hinzufügung einiger neuen Configurationen, wobei nicht allein ihre combinatorische Möglichkeit, sondern auch ihre geometrische Construction angegeben werde" durch den Stud. math. Ernst Steinitz aus Laurahütte O/S. der volle Preis von 150 Mark, sowie der slavisch - philologischen Aufgabe: „Grammatische Darstellung der Sprache eines umfangreicheren altslovenischen Sprachdenkmals, vornehmlich in lautlicher Hinsicht durch den Stud. philos. E z e c h i e l Z i v i e r aus Czenstochau in Polen gleichfalls der volle Preis von 150 Mark zuerkannt werden. Ausserdem ist die mathematische Arbeit als den Anforderungen einer Promotionsschrift entsprechend erklärt und dem Verfasser der slavistischen Arbeit kostenlose Promotion in Aussicht gestellt worden.

II. Es sind unbearbeitet geblieben:

Die beiden von der juristischen Facultät wiederholt bezw. neu gestellten Aufgaben: „Ueber den vertragsmässigen Ausschluss der Haftung für dolus und culpa nach gemeinem Recht" (wiederholt) und „Der Gerichtsstand des Vermögens und des Streitgegenstandes (C.-P.-O. § 24), insbesondere sein Verhältniss zum forum arresti des früheren gemeinen Prozesses", sowie die von der philosophischen Facultät gestellte germanistische Aufgabe: „Die Frage nach der Reihenfolge der epischen Dichtungen Hartmanns von Aue ist, mit Rücksicht auf die neueren über diesen Gegenstand aufgestellten Hypothesen, insbesondere auf Grund der metrischen und stilistischen Kriterien zu prüfen".

4. Verbindungen und Vereine.

Im abgelaufenen Rechnungsjahre zählte die Universität 4 Corps, 4 Burschenschaften, 6 farbentragende Verbindungen, 5 Landsmannschaften, 27 akademische Vereine, und zwar zählten an Mitgliedern:

	im S.-S. 91,	im W.-S. 91/92
das Corps Borussia	8	7
⸗ ⸗ Lusatia	16	12
⸗ ⸗ Marcomannia	8	13
⸗ ⸗ Silesia	11	8
die Burschenschaft Arminia	5	4
⸗ ⸗ Germania	9	6
	Inact.	2

	im S.-S. 91,	im W.-S. 91/92
die Burschenschaft Cheruscia ..	—	6
⸗ ⸗ Raczeks.. .	9	9
⸗ Verbindung Vandalia	17	17
⸗ ⸗ Viadrina (freie Verbindung). .	12	7
Inact.	4 Inact.	4
⸗ ⸗ Winfridia	44	24
Inact.	2	—
⸗ ⸗ Wingolf	10	8
Inact.	2	—
⸗ ⸗ Wratislavia....	11	15
⸗ akadem. odontolog. Verbindung Alsatia	7	6
Inact.	3	—
⸗ gesellschaftl. - wissenschaftl. Verbindung Cimbria	10	10
⸗ Landsmannschaft Alemannia	14	13
⸗ ⸗ Glacia .	14	11
⸗ ⸗ Macaria .	—	3
⸗ ⸗ Nissia....	5	5
Inact.	3 Inact.	4
⸗ ⸗ Teutonia .	6	6
der Verein deutscher Studenten	23	26
⸗ germanistische Verein	6	5
⸗ Universitäts-Gesangverein ..	12	8
⸗ akadem. Gesang-Verein Leopoldina	29	18
die akadem.-evang. Vereinigung	—	33
der akad. historische Verein ...	10	4
	Inact.	1
⸗ ⸗ landwirthschftl.Verein	6	9
⸗ ⸗ litterarische Verein ..	13	22
Inact.	5 Inact.	30
⸗ ⸗ mathematische Verein	6	—
⸗ ⸗ medicinische Verein..	7	8
⸗ ⸗ naturwissenschaftlich. Verein........	6	7

	im S.-S. 91,	im W.-S. 91/92
der wissenschaftl. pharmaceut. Verein	17	25
= philologische Verein	11	8
= Verein für class. Philologie	9	5
= = = neuere =	7	6
∘ = = wissenschaftlich. Theologie	19	22
	Inact. 4	Inact. 5
= akadem. Turn-Verein	35	44
	Inact. 26	Inact. 22
= = = Suevia	19	16
∘ kathol. Stud.-Verein Unitas	54	52
= neue evang.-theolog. Stud.-Verein	16	21
= akadem. Stenograph.-Verein Stolzeana	—	- -
= akadem. Stenograph.-Verein Gabelsberger	5	2
	Inact. 2	
= akadem. Schachclub Caissa	9	13
= Studenten-Verein Oppolonia	8	8
	Inact. 3	Inact. 1
= akademisch - orientalistische Verein	10	8
= akadem. Verein Concordia	—	21
= Studenten-Verein Neostadia	—	8

Hierzu sind neu hinzugekommen:

im Sommer-Semester 1891

die gesellschaftlich-wissenschaftliche Verbindund Cimbria und
der akademisch-orientalistische Verein, sowie

im Winter-Semester 1891/92

die akademisch-evangelische Vereinigung (gebildet aus dem ehem.
    stud. Gustav-Adolf-Verein und dem stud. Missions-Verein,
der akademische Verein Concordia und
der Studenten-Verein Neostadia.

Wegen Mangels an Mitgliedern hatten bezw. haben sich suspendirt:

die Burschenschaft Cheruscia seit dem Sommer-Semester 1891,

die Landsmannschaft Macaria seit dem Winter - Semester 1890/91 im Sommer-Semester 1891,

der akademische Stenographen-Verein Stolzeana seit dem Winter-Semester 1890/91,

der akademische mathematische Verein seit dem Winter-Semester 1891/92.

An sonstigen Veränderungen ist zu bemerken:

dass der bisherige akademisch-odontologische Verein seit dem Sommer-Semester 1891 den Namen: „Akadem.-odontol. Verbindung Alsatia" führt, und

der Studenten-Verein Oppelner Abend seit dem gleichen Semester seinen Namen in Oppolonia umgewandelt hat.

5. Akademische Disciplin.

Seitens der akademischen Behörde erfolgten keine Bestrafungen.

Von den ordentlichen Gerichten wurden verurtheilt:

im Sommer-Semester 1891:

Wegen vorsätzlicher Körperverletzung in zwei Fällen und wegen öffentlicher Beleidigung

1 Studirender der Zahnheilkunde mit 100 Mark Geldstrafe event. 20 Tagen Gefängniss.

Wegen ungebührlicher Erregung ruhestörenden Lärms, wegen öffentlicher Beleidigung und wegen Widerstands gegen die Staatsgewalt

1 Studirender der Rechte mit 10 Mark Geldstrafe event. 1 Tag Haft, bezw. mit zweimal 40 Mark Geldstrafe event. 4 Tagen Gefängniss.

Wegen Uebertretung des § 360, 11, St.-G.-B. und des § 125 der Polizei-Verordnung vom 23. März 1891

1 Studirender der katholischen Theologie mit 6 Mark Geldstrafe event. 2 Tagen Haft.

Wegen Widerstands gegen die Staatsgewalt

1 Studirender der Medicin mit 30 Mark Geldstrafe event.
6 Tagen Gefängniss.

Ausserdem wurde eine Anzahl Studirender mit Polizeistrafen in Höhe von 1, 3, 6, 9 und 20 Mark event. verhältnissmässiger Haft belegt.

IX. Promotionen.

1. Ehrenpromotionen und Diplom-Erneuerungen.

Von der medicinischen Facultät wurde:

dem Königlichen Sanitäts-Rath und Kreis-Physikus Dr. Friedrich Gottwald zu Frankenstein, das Diplom erneuert.

Von der philosophischen Facultät wurde:

der ordentliche Professor in derselben, Doctor der Staatswirthschaft Walter von Funke, zum Doctor der Philosophie hon. causa promovirt.

2. Promotionen auf Grund von Dissertationen und Prüfungen.

(Hinter Namen und Datum werden einfach die Dissertationen genannt.)

I. Von der katholisch-theologischen Facultät wurde zum Lic. theol. promovirt:

von Krzesiński, Bogumil Theophil, Probst aus Gr.-Luttom i. Posen, 28. Januar 1892: „Nach Veröffentlichung seiner Schrift über Stanislaus Orichovius und nach seiner mündlich bestandenen Prüfung."

II. Von der juristischen Facultät wurden promovirt:

1. Mankiewicz, Alfred, aus Breslau, 2. Mai 1891: „Ueber die Bedeutung des Satzes locus regit actum für das gemeine Recht."

2. **Wulff**, Albert, aus Hamburg, 28. November 1891: „Das Vollindossament zu Incassozwecken."

III. Von der medicinischen Facultät wurden promovirt:

1. **Ressel**, Johannes, aus Breslau, 18. April 1891: „Zur Kenntniss der Hautactinomycose."

2. **Rosinski**, Stefan, aus Oppeln, 25. April 1891: „Zur Casuistik der Spontanperforation von Ovarialcysten in die Peritonealhöhle."

3. **Courant**, Georg, aus Neisse, 11. Juli 1891: „Ueber die Reaction der Kuh- und Frauenmilch und ihre Beziehungen zur Reaction des Caseins und der Phosphate."

4. **Breuer**, Max, aus Falkenberg O/S., 21. Juli 1891: „Das epidemische Auftreten der verschiedenen Herpesformen (Herpes Zoster, facialis, genitalis)."

5. **Kowallek**, Georg, aus Cottbus, 1. August 1891: „Ueber die Aufrichtung von Sattelnasen."

6. **Jottkowitz**, Paul, aus Samotschin, 3. August 1891: „Beiträge zur Lehre von der Wärme-Regulation des normalen, fiebernden und künstlich entfieberten Organismus."

7. **Eyff**, Max, aus Nimptsch, 5. August 1891: „Ueber die Verbreitungsweise der Influenza nach den Ergebnissen der Epidemie 1889/90."

8. **Stiller**, Richard, aus Nicolai O/S., 5. August 1891: „Ueber die Unterbindung der zuführenden Schilddrüsenschlagadern zur Heilung des Kropfes."

9. **Geisler**, Adolf, aus Liegnitz, 6. October 1891: „Ueber Sarkoma uteri."

10. **Ginsberg**, Siegmund, aus Breslau, 7. December 1891: „Schwangerschaft im atretischen Horne eines Uterus bicornis unicollis — eine Variation der Nebenhornschwangerschaft."

11. **Mattersdorf**, Georg, aus Neumarkt i. Schl., 22. December 1891: „Allgemeines Oedem der Frucht und der Placenta."

12. **Teichmann**, Max, aus Breslau, 22. December 1891: „Mikroskopische Beiträge zur Lehre von der Fettresorption."

13. S c h i n d l e r, Carl, aus Berlin, 8. Januar 1892: „Die Methylenblaubehandlung der Neuralgien."

14. S c h r ö d e r, Hugo, aus Bromberg, 12. Januar 1892: „Beitrag zur Diagnose und Therapie der Pankreascysten."

15. H e r z, Hans, aus Breslau, 18. März 1892: „Die Wirkungen des Monochloralantipyrins (Hypnals), verglichen mit denen des Chloralhydrats und Antipyrins."

16. S c h r o e d e r, Albert, aus Labes i. Pom., 28. März 1892: „Ueber sogenannte Atheromatose kleinerer Arterien, besonders der arteria coronaria cordis."

17. C o h n, Tobias, aus Breslau, 31. März 1892: „Histolologisches und Physiologisches über die grossen Gallenwege und die Leber."

18. H a u r w i t z, Sigismund, aus Breslau, 31. März 1892: „Ein Beitrag zur Pathologie des Favus."

19. L o t z i n, Alfred, aus Dombrowken W.-Pr., 31. März 1892: „Ueber Störungen der Salzsäuresecretion des Magens bei Allgemeinerkrankungen und Erkrankungen anderer Organe."

IV. Von der philosophischen Facultät wurden promovirt:

1. D i t t r i c h, Ernst, aus Canth, 10. April 1891: „Ueber die Einwirkung von Pikrylchlorid auf Natriumacetessigsäureester."

2. S c h e u e r, Friedrich, aus Charlottenburg, 1. Mai 1891: „De Tacitei de oratoribus dialogi codicum nexu et fide, pars I."

3. K r o l l, Wilhelm, aus Breslau, 6. Mai 1891: „De Q. Aurelii Symmachi studiis Graecis et Latinis, pars I."

4. M ü t z e l, Kurt, aus Brieg, 13. Mai 1891: „Ueber innere Reibungen von Flüssigkeiten."

5. E c k a r t, Carl Ulrich, aus Nürnberg, 8. Juni 1891: „Chemische Untersuchung des Deutschen und Türkischen Rosenöls."

6. P r e u s s n e r, Oskar, aus Breslau, 12. Juni 1891: „Robert Manyng of Brunne's Uebersetzung von Pierre de Langtoft's Chronicle und ihr Verhältniss zum Originale."

7. Burmeister, Ernst, aus Güstrow i/M., 19. Juni 1891: „Der bildnerische Schmuck des Tempio Malatestiano zu Rimini."

8. Sieber, Josef, aus Warnsdorf i. Böhmen, 11. Juli 1891: „Ueber Trimethylenimin, eine neue Synthese von β-Picolin und über Diaethylendiamin."

9. Passon, Max, aus Rudypiekar, 24. Juli 1891: „Ueber Alkylirungen primärer und secundärer Basen mit alkylschwefelsaurem Kalium nebst einigen Bemerkungen über Raoult's Methode zur Bestimmung der Moleculargewichte durch Erniedrigung der Gefrierpunkte von Lösungen."

10. Heilborn, Ernst, aus Breslau, 31. Juli 1891: „Ueber den Zusammenhang der physikalischen Eigenschaften der Flüssigkeiten."

11. Paschke, Paul, aus Meleschwitz, 1. August 1891: „Ueber das anonyme mhd. Gedicht von den sieben weisen Meistern."

12. Scholtz, Max, aus Breslau, 3. August 1891: „Ueber die Einwirkung von Ammoniak auf o-Xylylenbromid."

13. Klitscher, Gustav, aus Stettin, 5. August 1891: „Die Fortsetzung zu Konrads v. Würzburg Trojanerkrieg und ihr Verhältniss zum Original."

14. Heyer, Alfons, aus Breslau, 10. October 1891: „Geschichte der Kartographie Schlesiens bis zur preussischen Besitzergreifung."

15. Rauprich, Max, aus Naselwitz, 13. October 1891: „Zur Handelspolitik Breslaus beim Ausgange des Mittelalters."

16. Dammann, Otto, aus Görlitz, 31. October 1891: „Die allegorische Canzone des Guiraut de Calonso: „A leis cui am de cor e de saber" und ihre Deutung I."

17. Olbrich, Carl, aus Gross-Glogau, 21, November 1891: „Nachahmung der klassischen Sprachen in Goethe's Wortstellung und Wortgebrauch."

18. Adam, Georg, aus Breslau, 28. November 1891: „Ueber ein neues Alkaloid aus Conium maculatum, seine Constitution und Versuche zu seiner Synthese."

19. **Kolbe, Max**, aus Tarnowitz, 21. December 1891: „Schild, Helm und Panzer zur Zeit Lazamons und ihre Schilderung in dessen Brut, verglichen mit der im Roman de Brut von Wace."

20. **Lengert, Oscar**, aus Frausladt, 23. Januar 1892: „Die schottische Romanze Roswall and Lillian I. II."

21. **Bredau, Friedrich**, aus Danzig, 12. März 1892: „De Callimacho verborum inventore."

22. **Reichel, Kurt**, aus Breslau, 15. März 1892: „Die mittelenglische Romanze Sir Fyrumbras und ihr Verhältniss zum altfranzösischen und provenzalischen Fierabras."

23. **Kuhn, Friedrich**, aus Breslau, 23. März 1892: „Symbolae ad doctrinae περὶ διχρόνων historiam pertinentes. Pars I."

Das Pflanzenphysiologische Institut
(Director Prof. Dr. Ferdinand Cohn)

hat im Jahre 1891 das fünfundzwanzigste Jahr seines Bestehens zurückgelegt. Der von mir am 18. Juni 1864 an Se. Exc. den Minister von Mühler gerichtete Antrag auf Begründung eines zur Förderung des Studiums der biologischen Botanik an hiesiger Universität bestimmten Pflanzenphysiologischen Instituts gelangte im Herbst 1866 zur Verwirklichung, nachdem von Sr. Exc. dem Minister der Landwirthschaft, Herrn v. Selchow, 400 Thaler zur ersten Einrichtung bewilligt worden waren, und es konnte in Folge dessen am 20. November 1866 das Institut in den durch Verlegung des Mineralogischen Cabinets nach dem neuen Institutsgebäude frei gewordenen Räumen des alten Convicts eröffnet werden. Durch den am 29. April 1888 eingeweihten Neubau im Botanischen Garten ist das Institut in den Besitz so zweckmässiger Localitäten gelangt, wie sie nur wenig ähnlichen Anstalten des In- und Auslandes zu Theil geworden sind; auch die Sammlungen des Instituts haben in dem neuen botanischen Museum geeignete, jetzt freilich schon fast überfüllte Räumlichkeiten gefunden. Wenn in Folge des in den letzten Jahren eingetretenen Rückganges in der Zahl der

Studirenden der beschreibenden Naturwissenschaften auch die Zahl der in unserem Institut arbeitenden Praktikanten sich erheblich vermindert hat, so ist dasselbe doch auch im abgelaufenen Etatsjahr nicht blos in ausgiebigstem Maasse für die Vorlesungen und die praktischen Curse des Directors, sowie des Oberstabsarzt Prof. Dr. Schröter benutzt worden, sondern es sind in demselben auch ihre wissenschaftlichen Arbeiten, sowie die der nachstehenden Herren ausgeführt worden:

Zahnarzt Siegfried Bandmann: Ueber die Pilze der Abwässer;

Dr. Hugo Fischer (Ostern 1892 als Assistent an das Botanische Institut in Tübingen berufen): Ueber die Morphologie der Farnsporen;

Cand. rer. nat. Paul Schottländer: Ueber die Sexualzellen der Cryptogamen (Inaugural-Dissertation);

Cand. phil. Remer: Ueber die Mechanik der Bewegungen von Hedysarum gyrans;

Assistent Dr. Rosen: Ueber die Zellkerne der Pilze und der phanerogamischen Geschlechtszellen (Habilitationsschrift);

Apotheker Krull: Ueber den Zunderschwamm (Polyporus fomentarius) und die Weissfäule des Buchenholzes.

Mikroskopische Curse wurden von dem Director, mykologische und bacteriologische von Prof. Dr. Schröter geleitet. Der Letztere hielt ausserdem im April 1891 und März 1892 im Auftrage des Kgl. Sanitätsamts des VI. Armeecorps sehr zahlreich besuchte bacteriologische Curse für Assistenzärzte ab.

Auch im Wintersemester 1891/92 wurde im Institut ein Botanisches Seminar in Gemeinschaft mit Prof. Dr. Prantl geleitet, dessen Theilnehmer auch zu den Sitzungen der Botanischen Section der Schlesichen Gesellschaft eingeladen waren.

Unter den Geschenken für die Sammlungen des Botanischen Museums sind hervorzuheben:

Neue botanische Modelle aus der Fabrik von Robert Brendel in Berlin, welche, aus den Anregungen und unter dem wissenschaftlichen Beirath des Instituts begründet, im verflossenen Jahre ebenfalls ihr 25jähriges Jubiläum gefeiert hat;

das grosse Flechtenherbar des Pfarrer em. Dr. Eduard
Wenck, von ihm selbst wissenschaftlich geordnet;
exotische Pflanzenproducte von Dr. Sandberg sen. u. jun.;
riesige Cycadeenzapfen von Frau Emma v. Hüttner (San
Remo).

Für den physiologischen Garten wurden von Lehrer Liebig
(Forstbauden) und Zimmermann (Striegau) eine Anzahl
lebender Pflanzen geliefert.

In Folge der Auflösung der Studenten-Bibliothek wurden
der Instituts-Bibliothek eine Anzahl werthvoller botanischer
Werke überwiesen.

Als Assistent wurde vom 1. April 1891 ab Dr. Felix Rosen,
bis dahin Assistent am Botanischen Institut in Tübingen,
angestellt.

Ferdinand Cohn.

X. Nekrologe.

Bezüglich des am 7. September 1891 verstorbenen Professor
Dr. Heinrich Grätz folgt der Nekrolog in der nächstjährigen
Chronik.

Eduard Isidor Magnus

wurde am 17. Juni 1810 zu Berlin geboren. Auf dem dortigen
Gymnasium zum Grauen Kloster für die Universitätsstudien
vorbereitet, studirte er von 1829 an in Berlin, Breslau und
Halle Theologie und semitische Sprachen. Im Begriff, sich in
Berlin zu habilitiren, wurde er 1835 von einem langwierigen,
heftigen Nervenleiden befallen. Diese Krankheit und ungünstige
äussere Verhältnisse zwangen ihn, zehn Jahre lang in kleinen
Orten in wissenschaftlicher Abgeschlossenheit ein vereinsamtes
Dasein zu führen. 1846 wurde es ihm möglich, nach Breslau
überzusiedeln. 1853 habilitirte er sich daselbst als Privatdocent
für semitische Sprachen einschliesslich der Rabbinischen Lite-

ratur. 1858 wurde er zum a. o., 1871 zum ordentlichen Professor ernannt. Er starb am 1. October 1891, nachdem er seines hohen Alters wegen schon mehrere Jahre zuvor von der Verpflichtung, Vorlesungen zu halten, befreit worden war. An selbständigen Schriften hat er hinterlassen einen Commentar zum Hohen Lied und einen Commentar zu Hiob.

Victor von Richter.

Geboren am 15. April 1841 zu Doblen im Kurland, wo sein Vater evangelischer Prediger war, besuchte er zuerst eine Primärschule und dann das klassische Gymnasium in St. Petersburg, das er 1858 mit dem Zeugniss der Reife verliess. Alsdann bezog er die Universität Dorpat, wo er zunächst Physik, später aber Chemie studirte. Im Jahre 1864 erhielt er eine Stellung als Assistent am technologischen Institut in Petersburg, 1871 wurde er zum Lehrer für analytische Chemie daselbst befördert. Auf Grund einer Dissertation über die Structur der Benzolderivate promovirte er 1872 und erhielt alsbald eine Stelle als Professor der allgemeinen und analytischen Chemie an dem agronomischen Institut zu Alexandrija in Polen, nachdem er vorher einen Ruf als Professor der Chemie nach Kasan ausgeschlagen hatte. Doch schon im Juni 1874 musste er aus Gesundheitsrücksichten seine Entlassung nehmen. Nach einer seiner Erholung gewidmeten Reise durch Italien, Frankreich und die Türkei, liess er sich in Bonn nieder, wo er unter Kekulé's Leitung seine Forschungen und Studien wieder aufnahm.

Im Winter 1875 habilitirte er sich an der hiesigen Universität, nachdem ihm auf Antrag der Facultät die Habilitationsleistungen erlassen worden waren, durch eine öffentliche Vorlesung „Ueber das periodische System der Elemente und das neu entdeckte Element Gallium", als Privatdocent der Chemie.

Löwig, damals Director des chemischen Instituts und schon hochbejahrt, überliess ihm die Leitung der organischen Abtheilung des Laboratoriums und veranlasste ihn, Vorlesungen über technische Chemie zu halten. Im Mai 1879 wurde er zum ausserordentlichen Professor ernannt. In dieser Stellung verblieb er zehn Jahre lang, mit Ausnahme eines Semesters, Winter 1882/83, welches er in München zubrachte. Freilich wurde seine Lehr- und Forscherthätigkeit vielfach durch Krankheit unterbrochen. Das Lungenleiden, das ihn aus Russland fortgetrieben hatte, meldete sich nun auch in Breslau und von 1886 an musste er fast in jedem Semester seine Vorlesungen unterbrechen und verbrachte die Ferien vielfach in Görbersdorf, wo er wie so viele Andere Erholung und Genesung suchte. Dort lernte er die verwittwete Frau Vogel v. Falkenstein, geb. Glenk, kennen, die das gleiche Leiden dahin geführt hatte. Doch hatte die Krankheit ihre Anmuth und Schönheit nicht zu zerstören vermocht, und sie übte einen unwiderstehlichen Reiz auf Richter aus. Im Januar 1887 ward der Ehebund geschlossen, der freilich nur von kurzer Dauer war, aber doch den Lebensabend Beider zu einem harmonischen und glücklichen gestaltete.

Nach Löwigs Rücktritt und nach der Berufung eines neuen Directors, zog sich Richter von seiner Stellung am chemischen Institut zurück und wurde bald darauf, im März 1890, zum Director des technologischen Instituts ernannt. Damit wurde endlich sein Lieblingswunsch, eine selbstständige Stellung zu haben und ein eigenes Institut dirigiren zu können, erfüllt, und Pläne für wissenschaftliche Forschungen der verschiedensten Art, die Hoffnung einer fruchtbaren und lohnenden Lehrthätigkeit, knüpften sich daran. Leider sollte dies Alles ihm versagt bleiben. Seine Krankheit entwickelte sich zusehends und absorbirte alle seine Kräfte, und wenige Monate, nachdem der Tod ihm sein Liebstes, seine Gattin, entrissen hatte, bekam er am 8. October 1891, im Begriff einen Besuch zu machen, einen Blutsturz und starb auf der Strasse.

Richter hat eine Reihe experimenteller Untersuchungen ausgeführt, von denen namentlich die über sog. aromatische Körper bemerkenswerth sind und Einfluss auf die Entwicklung der organischen Chemie gehabt haben. Das Schwergewicht aber seiner Leistungen lag auf litterarischem Gebiet. Schon 1866 schrieb er ein Lehrbuch der Titrirmethode in russischer

7*

Sprache, in Bonn begann er die Bearbeitung seines Lehrbuchs der anorganischen Chemie, welches im Januar 1875 erschien. Ihm folgte 1876 das Lehrbuch der organischen Chemie. Diese beiden Werke sichern ihrem Verfasser einen dauernden Namen in der Litteratur unserer Wissenschaft. Sie haben sich sehr rasch an allen höheren Lehranstalten des deutschen Reichs eingebürgert und alle Werke ähnlichen Inhalts und Umfangs verdrängt. Beide erschienen rasch hintereinander in 6 Auflagen, von denen jede als eine neue Bearbeitung des gewaltigen Stoffs betrachtet werden kann. Aber nicht nur in Deutschland, auch in Russland, Italien, England und Amerika wussten sich Richters Bücher grosse Geltung zu verschaffen. Es waren alsbald Uebersetzungen in die betreffenden Sprachen erschienen, und auch diese erlebten zahlreiche Auflagen.

Was Richters Lehrthätigkeit betrifft, so konnte diese in Folge seines schwankenden Gesundheitsstandes nicht voll zur Wirksamkeit kommen, immerhin hinterlässt er eine stattliche Zahl von Schülern, die in Achtung und Verehrung seiner gedenken und trauernd an seinem Grabe standen.

Ladenburg.

Julius Ferdinand Raebiger.

Am 18. November 1891 verlor die Universität durch den Tod des greisen 80½ Jahre alten Professors Dr. Raebiger eines jener immer seltener werdenden Mitglieder des akademischen Lehrkörpers, die ihre ganze Lebensarbeit derselben Hochschule gewidmet haben. Ueber ein halbes Jahrhundert hat Raebiger der Breslauer Universität gedient, und seit Jahrzehnten schien er fast zu ihrem unveräusserlichen Bestande zu gehören. Mit ihm ist ein Mann geschieden, dessen ganze Liebe, mit seltener Wärme und Treue, der Universität Breslau gehörte.

Raebiger wird als Gelehrter von seinen Fachgenossen jederzeit mit hoher Achtung genannt werden; seine zahlreichen Schüler aus sechs Jahrzehnten werden, was er ihnen als Lehrer gewesen, für immer in Ehren halten; seine Freunde und Verehrer

werden in ihm den ganzen Mann von unbestochener Wahrheit
und unerschütterter Festigkeit feiern: — wenn aber an dieser
Stelle die Universität als Korporation das Gedächtnis ihrer
Toten festhält, so darf sie bei Raebiger des Umstandes nicht
vergessen, dass in wenigen ihrer Lehrer der Sinn für die
Würde der Universität stärker ausgeprägt war. Raebiger schien,
wo es die Ehre und Würde der Hochschule galt, das lebendige
Gewissen der Universität darzustellen; bis in die Tiefe seines
Wesens war er durchdrungen von der Bedeutung ihrer an-
gestammten Rechte und Freiheiten für die Zukunft der deutschen
Wissenschaft. —

Julius Ferdinand Raebiger wurde am 20. April 1811 zu Lohsa
in der damals noch sächsischen Oberlausitz als Sohn eines Guts-
besitzers und Jüngster von 8 Geschwistern geboren. Fröhlich
wuchs der lebhafte Knabe in der Freiheit des Landlebens
heran, gesund an Leib und Seele, die Freude seiner Eltern,
der Liebling seiner vortrefflichen Mutter. Den ersten Unterricht empfing er von einem Hauslehrer, einem Kandidaten der
Theologie, und schon in dieser frühen Jugendzeit erwachte in
ihm der feste Vorsatz, Theologe zu werden, im Gegensatz zu
seinen älteren Brüdern, welche sämmtlich Landwirte geworden
sind.

Mit 10 Jahren kam Raebiger auf die Lateinschule des
Gymnasiums zu Bautzen, das damals unter der Leitung des
Directors Siebelist in hoher Blüte stand und den sicheren
Grund zu des Verewigten vortrefflicher klassischer Bildung
legte. Zeitlebens sprach er fliessend ein elegantes Latein.
Von 1829 bis 1831 studirte Raebiger in Leipzig, sodann von 1831
an in Breslau Philosophie und Theologie; während dieser Studien-
Zeit verfasste er mehrere Preisschriften. Im Herbst 1834
übernahm er eine Hauslehrerstelle bei einer polnischen Familie
von Radetzki-Mikulisez, welche ihm das grösste Vertrauen und
in seinem Zögling Karl eine rührende Anhänglichkeit bis in
späte Lebensjahre bewiesen hat.

Am 18. November 1836 promovirte Raebiger in der philosophischen Fakultät der Breslauer Universität zum Doktor, sowie
im Jahre 1838 in der evang.-theologischen Fakultät zum Licen-

tiaten der Theologie und habilitirte sich noch im gleichen Jahre als Privatdocent der evangelischen Theologie. 1847 wurde er zum ausserordentlichen Professor befördert; 1853 verlieh ihm die Fakultät die Würde eines Doktors der Theologie.

Raebiger war neben reicher gelehrter Anlage und Ausrüstung eine durchaus praktische Natur. Wissenschaft und Leben sind ihm nie getrennte Gebiete gewesen. Das Eingreifen in die mancherlei kirchlichen Angelegenheiten und Streitfragen und die Bethätigung seiner wissenschaftlichen Grundsätze in ihnen schien ihm Pflicht. So begann für Raebiger bald nach seinem Eintritt in das akademische Lehramt eine Zeit mannigfacher und zum Teil recht stürmischer Kämpfe. Es ist nicht die Aufgabe dieser Skizze, Raebiger als Kirchenmann zu schildern. Aber auch seine Gegner haben ihm willig das Zeugnis ausgestellt, dass er in vielfach ungünstigen Zeiten mannhaft und überzeugungstreu zu seinen Grundsätzen stand.

Verhältnismässig spät, erst mit 48 Jahren, gelang es Raebiger, ordentlicher Professor zu werden. Die Ursache lag nicht in mangelnder wissenschaftlicher Bethätigung, sondern in der Schwierigkeit seiner persönlichen Stellung gegenüber der damals herrschenden Richtung. Seine Ernennung erfolgte 1859 nach der Uebernahme der Regierung durch den damaligen Prinzregenten und im Zusammenhang mit den durch den Kultusminister von Bethmann-Hollweg verfolgten neuen Grundsätzen. Raebiger empfand sie begreiflicherweise als Erlösung von schwerem Drucke. Aber auch der Universität als Ganzem scheint sie als ein Akt von allgemeinerer Bedeutung gegolten zu haben: Raebigers Ernennung zum ordentlichen Professor wurde von den Studirenden aller Fakultäten durch einen glänzenden Fackelzug begrüsst.

Schon im Jahre 1836 hatte Raebiger begonnen als Schriftsteller aufzutreten. Seine letzte Schrift fällt in das Jahr 1885. So umspannt seine Arbeit ein halbes Jahrhundert deutschen Geisteslebens in bewegter, für die Wissenschaft überhaupt und die Theologie im besonderen nach mehr als einer Richtung entscheidungsreicher Zeit. Lehrthätigkeit wie schriftstellerische Arbeit waren bei ihm ungewöhnlich vielseitig. Er las und

schrieb über eine Anzahl der wichtigsten alt- und neutestamentlichen Gegenstände sowie über theologische Encyklopädie.*)

Das hervorragendste unter Raebigers Werken ist un-
streitig seine Theologik, ein Buch, an dem vielfache Spuren
die Arbeit eines Lebens erkennen lassen. Raebiger zeigt
sich darin angeregt von Hegel und Schleiermacher und ist
bemüht, den Wegen des letzteren folgend, der Theologie in
eigentümlicher Weise ihre Aufgabe zu bestimmen. Als er
um die Mitte der dreissiger Jahre anfing wissenschaftlich zu
arbeiten, stand noch die Hegel'sche Philosophie in voller
Blüte. Schleiermacher war eben vom Schauplatz abge-
treten, aber sein grosser Geist lebte fort. Fast gleichzeitig
hatte Strauss sein Leben Jesu veröffentlicht. Seit den Tagen
der Reformation war keine Zeit für die Theologie reicher an
Anregungen und Kämpfen gewesen als die, welche jetzt anbrach.
Die theologische Wissenschaft sollte auf neue Grundlagen gestellt werden und sie sah die Nötigung, sich auf ihr Existenz-
recht unter den Wissenschaften zu besinnen, an sich herantreten.
Und es war, als ob die in der Jugend gewonnenen Eindrücke
und Anregungen Raebiger nicht mehr losgelassen hätten:
immer wieder kehrt er in Vorlesungen und Schriften zu ihnen
zurück. Bis an sein Lebensende waren die Vorlesungen über

---

*) Ein Verzeichniss von Raebigers selbständig erschienenen Schriften
mag hier folgen:

1) Ethice librorum apocryphorum Veteris Testamenti I 1836. II 1838.
2) Lehrfreiheit und Widerlegung der kritischen Principien Bruno
Bauers 1843.
3) Die allgemeine Kirche. Ein Wort an die Protestirenden unter Katho-
liken und Protestanten 1845.
4) Kritische Untersuchungen über den Inhalt der beiden Briefe . . . an
die korinthische Gemeinde 1847. 2. Ausg. 1886.
5) De christologia Paulina contra Baurium .. . 1852.
6) Dissertatio de libri Jobi sententia primaria (Festschrift für Middel-
dorpf) 1860.
7) Bearbeitung der 4. Aufl. von de Wettes Lehrbuch der hebräisch-
jüdischen Archäologie 1864.
8) Die Entwicklung der Theologie als Wissenschaft (Rede) 1869.
9) Ueber die päbstliche Unfehlbarkeit (Vortrag) 1871.
10) Theologik oder Encyklopädie der Theologie 1880.
11) Zur theologischen Encyklopädie. Kritische Beiträge 1882.

den Begriff der Theologie und das Wesen des theologischen
Studiums ihm besonders vertraute Stunden; zum Antritt seines
Rektorats hat er über die Entwicklung der Theologie zur
Wissenschaft geredet; an der Schwelle des Greisenalters stehend
hat er sein Hauptwerk den ein ganzes Leben hindurch ihn
bewegenden Fragen gewidmet.

Als akademischer Lehrer wirkte Raebiger nach dem
Zeugnis seiner Schüler durch umfassendes Wissen, klare Darstellung, ruhigen Fluss der Rede und unbefangene wissenschaftliche Haltung. Im öffentlichen Leben ein unentwegter Streiter
von zäher Energie und unbeugsamer Festigkeit war er im persönlichen Umgang mild und wohlwollend, reich an heiterer
Liebenswürdigkeit und von harmlosem, nie verletzendem Humor.
Wer ihm nähertrat, war überrascht, in dem Vielen für schroff
und herb geltenden Manne einen Zug wahrhaft kindlichen
Gemütslebens zu finden. Seinen Schülern war er stets Freund
und Ratgeber, ihnen stand sein Herz, und wenn es not war,
auch seine Hand, jederzeit offen. Hunderte von ihnen aus
alter und neuerer Zeit bewahren ihm dankbares Andenken und
wärmste Verehrung. In den Angelegenheiten der Universität
war er ein seit Jahrzehnten erfahrener und der Geschäfte kundiger
Berater, dessen charaktervolles Wort allezeit Gehör fand. —

Vom Jahre 1849—1851 war Raebiger Herausgeber der „Schlesischen Zeitschrift für evangelische Kirchen-Gemeinschaft" und
später Mitarbeiter der Schlesischen und der Protestantischen
Kirchenzeitung. Vielen religiösen und kirchlichen Vereinen widmete er sein reges Interesse, unter ihnen dem Gustav Adolf-Verein
und dem Allgemeinen evang.-protestantischen Missionsverein.
Er war Mitglied des Ausschusses des deutschen und Begründer
und Vorsitzender des schlesischen Protestantenvereins, zugleich
lange Jahre der Führer der Liberalen auf den Kreis- und Pro-
vinzialsynoden. Im Gemeindekirchenrat von Bernhardin in
Breslau nahm er lange Zeit eine leitende Stellung ein. Das
Vertrauen seiner Mitbürger berief ihn in stets erneuter Wahl
in die Stadtverordnetenversammlung, der Raebiger 25 Jahre lang
angehörte; bei der Ablösung des Patronates leistete er als Ver-
mittler in schwierigen Auseinandersetzungen der Stadt Breslau
sowie den Kirchgemeinden wesentliche Dienste.

Ohne mancherlei Kämpfe liess sich eine so reiche Thätigkeit im öffentlichen Leben von Kirche und Gemeinde, wie sie
hier der gelehrten Arbeit des Professors zur Seite ging, nicht
denken. Aber in allen Kämpfen seines Lebens fand Raebiger
Ausgleich und Frieden in seinem Hause und an der Seite einer
ihm verständnisvoll und mit voller Hingebung zugethanen
Gattin. 32 Jahre -- seit 1859 bis zu seinem Lebensende —
hat er in beglückender Ehe gelebt.

Die stattliche Reihe der von Kollegen, Schülern und Freunden
ihm bereiteten Feiern — mit den zunehmenden Jahren sich
mehrend — brachte seinem Lebensabend manchen erhebenden
Lichtblick. Schon den Tag des oben erwähnten Fackelzuges
(1859) und den seiner einstimmigen Erwählung zum Rektor der
Universität (1868) hat er zeitlebens als Ehrentage in Erinnerung
behalten. Im Jahre 1881 war ihm die Feier seines 70. Geburtstages beschieden, 1884 die seiner silbernen Hochzeit. 1886 beging
er das Fest seines 50jährigen Doktorjubiläums (unter Verleihung
des Roten Adlerordens 3. Klasse mit der Schleife). Zwei Jahre
darauf, 1888, feierten seine Schüler das Jubelfest seiner fünfzigjährigen Lehrthätigkeit, und wenige Monate vor seinem Tode,
im Frühjahr 1891, war ihm die glänzende Feier seines 80. Geburtstages vergönnt. —

Dieses von reicher Verehrung und Liebe getragene Fest
war die letzte Freude seines Lebens gewesen. Körperlich schon
etwas kränkelnd, aber in voller jugendlicher Frische des Geistes
hatte er es mitgemacht. Aber bald nach Beginn der Vorlesungen brach die Kraft zusammen, die Herzthätigkeit erlahmte
und wiederholte asthmatische Anfälle beendeten am 18. November 1891 Raebigers inhaltreiches und vielfach gesegnetes
Leben. Sein Todestag war vor 55 Jahren der Tag seines Eintritts in die gelehrte Laufbahn gewesen. Seine Leiche ruht
auf dem Bernhardin-Kirchhof zu Rothkretscham.

Wie nahe Raebiger der Universität ging, bewies sein
Leichenbegängnis — wie nahe sie ihm, sein letzter Wille.
Er hatte die Universität mit einer namhaften Summe zu Stipendien
für Studirende der evangelischen Theologie bedacht.

Kittel.

Ferd. Roemer.

Am 14. December 1891 starb zu Breslau Dr. Carl Ferdinand Roemer, Geheimer Bergrath, ordentlicher Professor und Director des mineralogischen Museums unserer Universität.

Roemer wurde am 5. Januar 1818 zu Hildesheim geboren, wo sein Vater Obergerichtsrath war. Seine wissenschaftliche Vorbildung erhielt er auf dem evangelischen Gymnasium Andreanum seiner Vaterstadt. Dort wurde ihm auch besondere Anregung zu naturhistorischen Beobachtungen von seinem dankbar verehrten Lehrer Dr. Muhlert und im Verkehr mit seinen Brüdern Förderung seiner Vorliebe für die Naturwissenschaften zu Theil. Auf Excursionen mit seinem ältesten Bruder Friedrich Adolf Roemer, sodann mit Fr. Hoffmann und Quenstedt, wurde besonders die Liebe zur Geologie erweckt. Als Ferd. Roemer dann das Gymnasium absolvirt hatte, war es sein lebhafter Wunsch, sich ganz den Naturwissenschaften zu widmen; doch nahm er auf Abrathen seines Bruders wegen der Unsicherheit des Lebensberufes davon Abstand und studirte in Göttingen 1836 bis 1839 Rechtswissenschaft. Aber auch in dieser Zeit widmete er sich vorzugsweise den Naturwissenschaften, die ihn mit unwiderstehlichem Reiz anzogen. Mit grossem Eifer hörte er Geognosie bei Hausmann, der auf zahlreichen Ausflügen ein vortrefflicher Lehrer war; während des in Heidelberg verbrachten Sommersemesters 1838 besuchte er besonders Bronns Vorlesungen über Zoologie. Entscheidend für Roemers späteren Lebensgang wurde der Umstand, dass ihm bei der Meldung zum Examen für die höhere juristische Laufbahn ohne sein Verschulden aus Gründen der Politik Schwierigkeiten gemacht wurden. So beschloss er, sich ganz der Geologie zuzuwenden. Zu Ostern 1840 ging Roemer nach Berlin, hörte bei Chr. Sam. Weiss Mineralogie und Krystallographie, bei Gustav Rose Geognosie und Mineralogie, bei von Dechen Geologie Deutschlands, und besuchte auch die Vorlesungen des berühmten Johannes Müller, die des Zoologen Lichtenstein, des Physikers Dove, sowie der Chemiker Mitscherlich und Heinrich Rose. Am 10. Mai 1842 erwarb er dann zu Berlin die philosophische Doctorwürde auf Grund einer paläontologischen

Dissertation „De astartarum genere". Die nächsten Jahre vielfach auf wissenschaftlichen Reisen, hielt sich Roemer nur
während der Wintermonate in Berlin auf. Die Frucht seiner
Arbeiten in dieser Zeit war die im Jahre 1844 erschienene
geognostische Schrift „Das rheinische Uebergangsgebirge", ein
Werk, welches Jahrzehnte hindurch die Grundlage für die geo-
logische Forschung im genannten Gebiet geblieben ist. Sodann
wandte sich Roemer der Untersuchung anderer Theile des
rheinisch-westfälischen Gebirges zu, besonders auch dem Teuto-
burger Walde; jedoch trat er bald darauf, im Frühjahr 1845,
eine mehrjährige naturwissenschaftliche Reise nach Nordamerika
an, ausgestattet mit reichen, zum Theil von der Berliner Akademie gewährten Mitteln, und versehen mit warmen Empfeh-
lungen an die amerikanischen Fachgenossen von Seiten Alexanders
von Humboldt und Leopolds von Buch. Auf dieser Reise
besuchte Roemer die meisten der Vereinigten Staaten, nahm
aber besonders einen anderthalbjährigen Aufenthalt in Texas
zur Erforschung von dessen fast noch ganz unbekannten natürlichen Verhältnissen. Kurz nach der Rückkehr erschien der
Reisebericht: „Texas, mit besonderer Rücksicht auf deutsche
Auswanderung und die physikalischen Verhältnisse des Landes
nach eigener Beobachtung geschildert; mit einem naturwissenschaftlichen Anhange und einer topographisch-geognostischen
Karte von Texas; Bonn 1849." Als weitere Frucht der amerikanischen Reise erschien 1852 eine Monographie der texa-
nischen Kreidefauna und 1860 eine Monographie der silurischen
Fauna des westlichen Tennessee. Der besondere Werth dieser
Abhandlungen, abgesehen von der Beschreibung neuer Formen,
liegt hauptsächlich in den mit den gleichaltrigen Faunen Euro-
pas gezogenen Vergleichen; ein wissenschaftliches Verfahren,
wie es in damaliger Zeit fast noch einzig dasteht.

Im Sommer 1848 habilitirte sich Ferdinand Roemer bei der
philosophischen Facultät der Universität in Bonn als Privatdocent
für die mineralogisch-geologischen Wissenschaften, insbesondere
für Paläontologie. Zu Ostern 1855 erhielt Roemer einen Ruf als
ordentlicher Professor und Director des „mineralogischen
Cabinets" nach Breslau. Dieses „Cabinet" enthielt nur einige
wenige Mineralien, wie sie heute kaum zum Unterricht auf

einer Realschule als genügend erachtet werden würden; überdies war das „Cabinet" in durchaus unzweckmässigen und unzureichenden Räumen untergebracht, im zweiten Stockwerk des sogenannten Convictgebäudes auf der Schmiedebrücke. Roemer sah es als seine ganz besondere Aufgabe an, hier Wandel zu schaffen. Er hat diese Aufgabe in glänzendster Weise gelöst. Als Roemer im Sommer 1860 einen ehrenvollen Ruf nach Göttingen erhielt, lehnte er ihn ab; man wird hiermit die Erfüllung seines Wunsches nach einem Neubau in Verbindung bringen dürfen, indem bei Gelegenheit des Breslauer Universitäts-Jubiläums von Seiten des Königlichen Ministeriums die Zusage zu einem solchen Neubau ertheilt wurde, welcher ausser einem „Mineralogischen Museum" in den anderen Stockwerken das physikalische Cabinet und das pharmaceutische Institut aufnehmen sollte. Dieser Neubau, an der Oder zwischen Schuhbrücke und Universitätsplatz errichtet, wurde im Frühjahr 1866 seiner Bestimmung übergeben und war vielfach, besonders natürlich in Bezug auf die für das Museum bestimmten Räumlichkeiten des zweiten Stockwerkes, nach Roemers Angaben construirt. Hier hat Roemer eine, sowohl an Mineralien wie an Petrefacten, überaus reiche und wohlgeordnete Sammlung geschaffen. Für die Ordnung und Aufstellung speciell der mineralogischen Sammlung wusste Roemer einen unübertrefflichen Mitarbeiter an dem damaligen Oberbergrath Martin Websky zu gewinnen, der bald seine bisherige Laufbahn aufgab, um sich ganz der Wissenschaft zu widmen. Es ist hier nicht der Ort, um die Verdienste dieses ausgezeichneten Gelehrten zu würdigen, der 1868 zum ausserordentlichen Professor in Breslau ernannt und 1873 als Nachfolger Gustav Roses nach Berlin berufen wurde; — jedoch muss hervorgehoben werden, dass es ein ganz besonderes Verdienst Roemers um die Mineralogie ist, Martin Websky für die Wissenschaft „gerettet" zu haben.

Neben dem ungewöhnlichen Organisations-Talent, das sich an der Einrichtung des mineralogischen Museums bewährte, kommt aber auch in den nicht öffentlich ausgestellten Sammlungen des Museums, den für die Vorlesungen und für die Studirenden zum Repetiren bestimmten Sammlungen, Roemers

hervorragendes Lehrtalent zum Ausdruck. Ferd. Roemers
Lehrsammlungen sind unter den Fachgenossen geradezu welt-
berühmt. Roemers Meisterschaft der Didaktik, die Klarheit
seines Vortrages in allen von ihm behandelten Kapiteln, das
ungewöhnlich Anregende seiner Lehrweise wurden naturgemäss
die Veranlassung, dass Roemer eine ganz beträchtliche Anzahl
von Schülern, wohl mehr als irgend ein anderer Geologe,
herangezogen hat, die sich für's Leben den geologisch-minera-
logischen Wissenschaften widmeten. So bedeutendes Gewicht
aber auch Roemer auf seinen Lehrberuf legte, und so gross
auch seine Liebe zum Lehren bis an sein Ende war, ebenso
unermüdlich und fruchtbar war stets auch seine Forscher-
Thätigkeit.

Es mögen hier nur noch einige seiner wichtigsten Arbeiten*)
hervorgehoben werden. Nachdem Roemer noch in Bonn eine
Neubearbeitung von Bronns Lethaea geognostica „Erste Periode, Kohlengebirge“ übernommen hatte, beschäftigte er sich
auch in Schlesien zuerst vorzugsweise mit Untersuchungen
von Petrefacten der paläozoischen Formationen. Daneben zog
ihn besonders das Studium der erratischen Blöcke an. Er
begnügte sich aber nicht, neue Arten aus Geschieben zu be-
schreiben, sondern sah die Hauptaufgabe der Erforschung der
Geschiebe in der Bestimmung ihrer Heimath und somit ihres
Transportweges. Die Beschreibung einer reichen Sammlung
von Geschieben, welche bei Sadewitz unweit Oels vorkamen,
ist in der Gratulations-Schrift der Schlesischen Gesellschaft
an die Universität Breslau zu deren 50jährigem Jubiläum 1861
gegeben. Im nächsten Jahre wurde vom Preussischen Handels-
ministerium die Herstellung einer geognostischen Karte von
Oberschlesien angeordnet und an Roemer die wissenschaftliche Leitung dieses Unternehmens übertragen. Acht Jahre
nahm die Herstellung dieser Karte in Anspruch, zu welcher
Degenhardt, Eck und Halfar als Mitarbeiter zugezogen
wurden. Die Ergebnisse der Untersuchungen bei dieser Kar-

*) Ein vollständiges Verzeichniss derselben ist Roemers von Dames
verfasstem Nekrolog im Neuen Jahrbuch für Mineralogie 1892, 1,16 bei-
gegeben.

tirung brachte das 1870 erschienene dreibändige Werk „Geologie von Oberschlesien". Als der Plan gefasst worden war, Bronns Lethaea geognostica in erweitertem Umfange neu erscheinen zu lassen, übernahm Roemer wieder die Bearbeitung der palaeozoischen Formationen, die als Lethaea palaeozoica in einem abgeschlossenen Werke erscheinen sollte: 1876 kam zunächst ein Atlas mit 62 Tafeln heraus, dem 1880 die erste und 1883 die zweite Lieferung des Textbandes folgte. Leider ist dieses Werk unvollendet geblieben, indessen noch bei Lebzeiten hat Roemer die Fortsetzung desselben einem jüngeren Gelehrten übertragen, den er dazu für besonders geeignet hielt. Dass Roemer aber keineswegs arbeitsmüde geworden war, das zeigen die noch in ununterbrochener Reihenfolge bis zu seinem Tode erscheinenden kleineren und grösseren Abhandlungen, von denen hier nur noch die über die Knochenhöhlen von Ojcow in Polen (1883), die Lethaea erratica (1885) und die über eine obertrone Fauna von Texas (1888) erwähnt sein mögen. Aus unermüdlicher Thätigkeit, in voller Frische seines reichen Geistes und ungeschwächter körperlicher Rüstigkeit, plötzlich und unerwartet, ist Ferdinand Roemer aus dem Leben geschieden.

Geheimrath Roemer war in beinahe 23 jähriger, überaus glücklicher Ehe verheirathet. Seine Freunde wissen recht wohl, dass sie es ganz besonders der unermüdlichen, stets bereiten liebevollen Umsicht und treuen Sorgfalt, mit der ihn seine Gattin umgab, zu verdanken haben, wenn sie sich so lange des herrlichen Mannes in rüstiger Frische und Kraft erfreuen durften. Waren ihm auch keine eigenen Kinder beschert, so entbehrte er keineswegs ihm entgegengebrachter, wahrhaft kindlicher Liebe und Dankbarkeit, die ihm von den in seinem Hause als Pflegetöchter erzogenen Nichten seiner Frau zu Theil wurde.

Ferdinand Roemer war ein in jeder Beziehung frei denkender Mann, doch achtete er auch die Ueberzeugung Anderer. Ein fester, selbständiger Charakter, war er eine durch und durch vornehme Natur. Die Vielseitigkeit seiner Bildung war erstaunlich. Nicht nur beherrschte er in einem immer seltener werdenden Maasse alle beschreibenden Naturwissenschaften, er besass auch eine eingehende Kenntniss der classischen wie der modernen schönen Litteratur. Beneidenswerth war seine Fertigkeit in fremden Sprachen, welche ihm natürlich bei seinen vielen Reisen sehr zu Statten kam. Von seiner grossen amerikanischen Reise war schon oben die Rede. In Europa hat er wohl kein Land unbesucht gelassen; häufig war er in England, in der Schweiz und Italien, wiederholt in Spanien, auch in Frankreich, Irland, Norwegen, Schweden, Russland und in der Türkei bis Constantinopel. Seine Liebenswürdigkeit und seine lebendige Unterhaltungsgabe gewannen ihm die Zuneigung aller Fachgenossen. So ist es erklärlich, dass Roemer im Auslande wohl der bekannteste und gefeiertste deutsche Geolog war. Allen, die mit ihm in Berührung kamen, wird sein feiner Humor und treffender Witz unvergesslich sein, der auch sarkastisch werden konnte, wenn des geistreichen und scharf beobachtenden Mannes feine Empfänglichkeit für das geistig und körperlich Schöne sich gereizt fühlte. Ein begeisterter Verehrer des classischen Alterthums, besass er in seinem Wesen etwas von olympischer Heiterkeit, das bis in seine letzten Lebenstage in Stunden frohen Zusammenseins mit gleich gestimmten Freunden zum Ausdruck kam. Ihm war auch wie wenigen Glücklichen beschieden, befriedigt auf die Summe seines Lebens zurückblicken zu können. Auch sein letzter Wunsch, nicht hinsiechend den Beschwerden des Alters zu erliegen, sondern lieber im Vollbesitz seiner Kräfte von einem raschen Tode abberufen zu werden — „wen die Götter lieben, den nehmen sie mit dem Blitze zu sich", pflegte er zu sagen — auch dieser Wunsch ist ihm in Erfüllung gegangen. Ein ehrenvolles dankbares Andenken ist ihm für alle Zeit gesichert!

Hintze.

Heinrich Schröter.

Heinrich Eduard Schröter wurde am 8. Januar 1829 in Königsberg in Pr. geboren. Er war der älteste von drei Söhnen eines angesehenen Kaufmanns, der als technisches Mitglied des früheren Commerzien- und Admiralitäts-Collegiums

in Königsberg den Titel Commerzienrath führte und später
zum Geheimen Commerzienrath ernannt wurde. Sein Schulunterricht begann mit dem Besuche einer Privatschule; mit
11 Jahren trat er in die Quarta des Altstädtischen Gymnasiums
ein. Dieses Gymnasium hatte damals in dem Professor Müttrich
einen hervorragenden Lehrer der Mathematik, welcher es in
ausgezeichneter Weise verstand, die Liebe für diesen Unter-
richtsgegenstand bei seinen Schülern zu entflammen, und wiederholt die fähigeren Primaner über das Ziel des Gymnasial-Unter-
richts hinausführte. So wurde auch Schröter schon auf der
Schule mit den Elementen der Differentialrechnung bekannt
gemacht. Clebsch, der 1872 als Professor in Göttingen gestorben
ist, Karl Neumann in Leipzig und Lipschitz in Bonn sind
ebenfalls in jener Zeit Schüler dieses Gymnasiums gewesen.

Schon auf der Schule zeichnete sich Schröter durch Fleiss,
Sauberkeit und Ordnungsliebe aus; mathematische Hefte aus
der Tertianerzeit, die sich in seinem Nachlasse vorfanden, bekunden nicht nur diese Eigenschaften, sondern lassen auch
durch die Präcision des Ausdruckes und die Selbständigkeit,
mit der der Verfasser beherrschend sich über den von der
Schule behandelten Stoff stellt, den künftigen Mathematiker
erkennen. Auch ein gewisses manuelles Geschick war ihm
eigen; er verfertigte während der letzten Schuljahre, oft aus
den primitivsten Mitteln, stereometrische Modelle und physikalische Apparate, trieb Bau- und Planzeichnen.

Wie manche seiner Fachgenossen gedachte er sich einem
technischen Studium, dem Baufache, zu widmen und trat nach
der Reifeprüfung bei einem Feldmesser in die Lehre.

Allein er gab dieses bald wieder auf und bezog im Alter
von 19 Jahren die Universität seiner Vaterstadt.

Diese nahm damals in Bezug auf Mathematik einen hohen
Rang unter den deutschen Universitäten ein. Zwar war Jacobi,
der dort seit den zwanziger Jahren gewirkt, die Wissenschaft
nach allen Seiten hin bereichert und zuerst in Deutschland
eine mathematische Schule begründet hatte, schon nach Berlin
übergesiedelt, um in der freieren Stellung eines Akademikers
die letzten Jahre seines kurzen Lebens zuzubringen; aber er
hatte in seinem Schüler Richelot einen würdigen Nachfolger

hinterlassen, der in seinem Sinne weiter wirkte. Franz Neumann, der grosse Meister und Lehrer der mathematischen Physik, — heute der Nestor der deutschen Gelehrten — stand damals in der Vollkraft seiner Jahre und seiner schöpferischen Thätigkeit. Endlich lehrte dort, in seiner ersten akademischen Stellung, auch ein geborener Königsberger, wie Richelot und Neumann, Otto Hesse, welcher, Jacobi's algebraische Arbeiten fortsetzend, der Begründer der algebraischen Behandlung der analytischen Geometrie geworden ist.

Am meisten schloss sich Schröter an Richelot an, der ihn in Jacobi's functionentheoretische Arbeiten einführte, ihm grosses Wohlwollen entgegenbrachte und später mit ihm in Freundschaft verbunden war.

In Königsberg diente Schröter sein Freiwilligen-Jahr bei der Artillerie ab und begab sich dann auf zwei Jahre nach Berlin, um hier vorzugsweise unter Dirichlet und Steiner seine Studien fortzusetzen. Die Vorlesungen über Zahlentheorie, über bestimmte Integrale und über partielle Differentialgleichungen, welche er später wiederholt gehalten, sind die Frucht seines fleissigen Studiums bei Dirichlet; am meisten aber hat doch in Berlin Jacob Steiner auf ihn gewirkt durch die Vorlesungen und wohl vor allem durch den persönlichen Verkehr, durch welchen er diesen seinen Schüler auszeichnete. Für die wissenschaftliche Richtung, welche Schröter den grössten Theil seines Lebens eingehalten hat, ist diese Studienzeit bei Steiner entscheidend gewesen.

Für seine ersten Arbeiten war jedoch die von Richelot empfangene Anregung noch bestimmend. Er kehrte nach Königsberg zurück, versenkte sich von neuem in Jacobi's Arbeiten und promovirte am 13. Juli 1854 mit einer Abhandlung aus der Theorie der elliptischen Functionen De aequationibus modularibus. Bald darauf unterzog er sich auch der Staatsprüfung für das Gymnasial-Lehrfach und erwarb sich die unbedingte Lehrbefähigung für die Mathematik, entschloss sich jedoch zur Universitäts-Laufbahn und habilitirte sich an unserer Universität am 20. October 1855 mit einer ebenfalls aus der Theorie der elliptischen Functionen entnommenen Abhandlung: Ueber die Entwickelung der Potenzen

der elliptischen Transcendenten Θ und die Theilung
dieser Functionen.

Am 21. August 1858 wurde er ausserordentlicher Professor
und am 24. October 1861 erhielt er die ordentliche Professur,
die vor ihm Kummer und Joachimsthal innegehabt haben.

Ein Jahr vorher, am 8. August 1860, hatte er sich mit
Fräulein Clara Rodewald, Tochter des Justizraths Rodewald
in Breslau, verheirathet; vier Kinder, ein Sohn und drei Töchter,
sind aus dieser Ehe hervorgegangen; von diesen sind zwei
glücklich verheirathet, die dritte verlobt.

Der Breslauer Universität hat er bis zu seinem Tode angehört, nachdem er 1868, als Clebsch von Giessen nach
Göttingen übersiedelte, einen Ruf an jene Universität abgelehnt
hatte. Das Decanat der philosophischen Facultät verwaltete
er zweimal, 1870/71 und 1885/86; zum Rectorat beriefen ihn
seine Collegen für das Studienjahr 1874/75. Im Laufe dieses
Jahres erhielt er, als Vertreter der Universität, bei Gelegenheit
der Anwesenheit des Kaisers in Breslau, den Rothen Adler-
orden und im Jahre 1888 den Titel als Geheimer Regierungsrath.

Seit Joachimsthal's Tode war er Mitglied der Wissenschaftlichen Prüfungs-Commission und 4 Jahre lang war ihm
die Direction derselben übertragen.

Seine ersten Arbeiten gehören, wie schon erwähnt, der
Theorie der elliptischen Functionen an; sie behandelten
Probleme, die damals zu den schwierigsten gehörten, und sind
auch heute noch anerkannt und werthvoll.

Literarisch hat er sich später nur selten mit diesem Gebiete der höheren Analysis beschäftigt; sein Interesse aber hat
er ihm immer bewahrt, regelmässig kehrten in der Reihe seiner
Vorlesungen und Seminar-Uebungen die elliptischen Functionen
wieder, ihnen entnommene Dissertationen sind unter seiner
Leitung entstanden.

Aber bald machte sich Steiner's Einfluss geltend; in den
ersten Breslauer Jahren erschienen mehrere Abhandlungen, in
denen Schröter Steiner's Spuren folgte, vor allem der schöne
Aufsatz über die Raumcurven 3. Ordnung, der für die Theorie
dieser Curven grundlegend geworden ist. In dieser Zeit war
auch der Unterzeichnete Schröter's Schüler und empfing von

ihm die Anregung zu seinen synthetischen Untersuchungen über die Flächen 3. Ordnung.

Nach dem Tode Steiner's 1863 übernahm dann Schröter eine grössere Arbeit, durch welche er dauernd der synthetischen Geometrie gewonnen und ein Hauptvertreter dieser Richtung der mathematischen Forschung wurde. Von Steiner's hinterlassenen Manuscripten wurde ihm der Theil der Lehre von den Kegelschnitten übergeben, in welchem die projectiven Erzeugungen dieser Curven zu Grunde gelegt sind. Es handelte sich darum, diese vielfach auf losen Blättern zerstreuten Notizen Steiner's zu ordnen und mit der eigenen Nachschrift Steiner'scher Vorlesungen zu verweben.

Daraus ist das 1867 in erster, 1876 in zweiter Auflage erschienene Werk hervorgegangen: Jacob Steiner's Vorlesungen über synthetische Geometrie. Zweiter Theil. Die Theorie der Kegelschnitte, gestützt auf projectivische Eigenschaften. Den ersten Theil: Die Theorie der Kegelschnitte in elementarer Behandlung hatte Geiser in Zürich, der Neffe Steiner's, selbst übernommen.

Steiner-Schröter'sche Vorlesungen: so wird dies Buch gewöhnlich genannt in Anbetracht des nicht unerheblichen Theils eigener Leistung Schröter's in Beweisführung und Darstellung.

Neben Reye's gleichzeitig erschienener Geometrie der Lage hat dasselbe seitdem wohl allen, in Deutschland und ausserhalb, die sich mit der synthetischen Geometrie vertraut machen wollten, zur Einführung gedient und wesentlich dazu beigetragen, dass die Gefahr, in den Hintergrund gedrängt zu werden, welche nach Steiner's Tode derselben drohte, von ihr abgewandt wurde.

Indem Schröter an seiner Universität eine Stätte schuf, wo sie eifrig gepflegt wurde, und ihr so einen Schülerkreis gewann, hob er sie zu grösserer Anerkennung und bewirkte, dass sie auch an anderen Hochschulen unter die Zahl der regelmässigen Vorlesungen aufgenommen werde.

Steiner selbst hatte einst die Abfassung eines grossen Werkes über synthetische Geometrie geplant, das fünf Theile umfassen sollte: Systematische Entwickelung der Abhängigkeit geometrischer Gestalten von einander. Aber davon ist nur der erste Theil (1832) erschienen, in dem er über die Kegel-schnitte und die geradlinigen Flächen der 2. Ordnung nicht hinausgekommen ist.

Als die Berliner Akademie die Herausgabe der Gesammelten Werke ihres grossen Geometers unternahm, welche dann 1881 und 1882 erschienen, revidirte Schröter in ihrem Auftrage die genannte Schrift.

Er war aber in dieser Zeit schon mit einer selbständigen Fortsetzung des Planes Steiners beschäftigt. Im Jahre 1880 erschien von den drei Büchern, mit denen es ihm noch ver-gönnt war, den aufgenommenen Steiner'schen Plan fortzu-setzen, das umfangreichste: Die Theorie der Oberflächen zweiter Ordnung und der Raumcurven dritter Ord-nung als Erzeugnisse projectivischer Gebilde, welches wohl als das Hauptwerk Schröter's bezeichnet werden darf. Bald nach dem Erscheinen desselben, am 6. Januar 1881, wählte ihn die Akademie zu Berlin, nachdem sie ihm am 6. Juli 1876 den von Steiner gestifteten Preis für synthetische Geometrie „als Anerkennung für seine Verdienste um Erhaltung, Verbreitung und weitere Ausbildung der geometrischen Methoden Steiner's" verliehen hatte, zu ihrem Correspondenten, und am 9. December 1882 that dies die Göttinger Gesellschaft der Wissenschaften.

Dem genannten Buche, in welchem umfangreiche Abschnitte der Theorie der in seinem Titel genannten Flächen und Curven ihre erste synthetische Darstellung gefunden haben, folgten dann 1888 die Theorie der ebenen Curven dritter Ordnung und 1890 die Grundzüge einer rein geo-metrischen Theorie der Raumcurve vierter Ordnung erster Species.

Zwischen diesen grösseren Arbeiten veröffentlichte er eine ziemliche Anzahl von Abhandlungen in verschiedenen Zeit-schriften, vornehmlich dem Journal für Mathematik, den Mathe-matischen Annalen und der Zeitschrift für Mathematik und Physik (im Ganzen hat er bezw. 19, 9, 8 Abhandlungen diesen Journalen übersandt, zu denen noch 4 in andern veröffentlichte kommen). Zur Redaction des erstgenannten, des ältesten von den deutschen mathematischen Journalen, gehörte er in den letzten Jahren, neben Weierstrass, Helmholtz und Fuchs, als berathendes Mitglied.

Diese Arbeiten stehen zum grösseren Theil mit den von ihm verfassten Büchern im Zusammenhang; sie bringen Nachträge oder sind Vorläufer. So kennzeichnen denn die Bücher und die sich ihnen anschliessenden Abhandlungen fünf Gebiete der Geometrie, in denen Schröter sich forschend und darstellend bewegt hat: die Curven und Flächen 2. Ordnung, die ebenen und unebenen Curven 3. Ordnung, die eine Art der Raumcurven 4. Ordnung. In den Abhandlungen hat er sich noch mit den Flächen 3. Ordnung und in seiner letzten Lebenszeit insbesondere mit den sogenannten Configurationen beschäftigt, bei denen es ihm vor allem auf eine möglichst einfache Herstellungsweise ankommt. Diese Untersuchungen stehen daher einer weiteren Gruppe von Arbeiten Schröter's nahe, die für ihn charakteristisch sind und in denen er auf elementarem Wege den Eigenschaften und dem Zusammenhange der Gebilde nachging oder die „fertige" Construction einer Aufgabe mittheilte. Hierzu gehört die Abhandlung, welche er im November 1891, kurz vor seinem Tode, beendet hat.

Ferngehalten hat sich Schröter von gewissen neuen Ideen: von nichteuklidischer oder mehrdimensionaler Geometrie finden wir nichts in seinen Arbeiten; für speculative Betrachtungen war er nicht geschaffen. Wie er unklare Empfindungen im Leben von sich wies, so verhielt er in der Wissenschaft sich ablehnend gegen Theorien, die sich der Anschauung entziehen.

In weiser Selbstbeschränkung hat er sich auf ein engeres Gebiet begrenzt, dessen Pflege und Ausbildung seine Leidenschaft war und in das er sich immer mehr versenkte.

In der Klarheit der inneren Anschauung, in der Energie des auf fest umschriebene Ziele gerichteten Denkens beruhte seine Stärke. Anerkannt ist die Durchsichtigkeit seiner Darstellung; um verständlich zu sein, scheute er nicht die Breite; er mied die moderne Knappheit, die oft nicht weit von Unverständlichkeit entfernt ist, und liess sich behaglich gehen, wie es die älteren Mathematiker gethan haben. Seine Arbeiten lesen sich leicht und bedürfen keines grossen Apparats von Zwischenarbeit und weiterer Lectüre; sie werden deshalb auch dauernd verständlich sein.

Nicht das Erkennen einer wissenschaftlichen Wahrheit war für Schröter Selbstzweck, auch nicht, sie überhaupt irgendwie zu begründen; sein Erkenntnisstrieb ging auf Ordnung und Zusammenhang; er ruhte nicht, bis er ein geometrisches Gebilde nach allen Beziehungen erkannt, die gegenseitige Abhängigkeit seiner verschiedenen Eigenschaften erforscht und die natürlichsten Beweismomente aufgefunden hatte. Bei der Ausgestaltung seiner Arbeiten wurde er von der Ueberzeugung geleitet, dass die Mathematik ebensowohl eine Kunst als eine Wissenschaft sei.

Wenn Schröter die Lagenbeziehungen in grosser Anschaulichkeit darzulegen wusste, jedoch im allgemeinen ohne Versinnlichungsmittel, — denn er hielt es mit Steiner's Ausspruch, den er einem seiner Bücher als Motto vorangesetzt hat, dass räumliche Betrachtungen dann allein richtig aufgefasst sind, wenn sie nur durch die innere Vorstellung angeschaut werden —; so hat er doch auch den Maasseigenschaften ihr Recht werden lassen und bisweilen mit einer gewissen Vorliebe sich mit ihnen beschäftigt. Reich an metrischen Beziehungen ist vornehmlich der zweite Theil seines Buches von 1880. Ich möchte diese Formeln insbesondere als Schröter's geistiges Eigenthum bezeichnen; er hat viel Scharfsinn für ihren Beweis aufgewandt und eine besondere Begabung für solche Beweise besessen; es scheint, dass er die Leistungsfähigkeit der synthetischen Geometrie auch nach dieser ihr etwas ferner liegenden Richtung habe zeigen wollen.

Der Vortrag Schröter's war nicht das gefällige Darbieten eines fertigen Stoffes; der Zuhörer fühlte das Arbeiten des Geistes, das Lebendigwerden der Gedanken; für seine Schüler gab es kein blosses Aufnehmen, Mitarbeiten war die Losung.

Die Seminar-Uebungen schloss er gern an die eigenen, bisweilen noch im Werden begriffenen Arbeiten an, in ihnen gab er sein Bestes, durch sie hat er am nachhaltigsten gewirkt.

Zwar freundlich und hilfreich gegen jedermann, war er im Kerne seines Wesens eine ostpreussisch-spröde Natur; er verschenkte sein Vertrauen nicht leicht; wer es aber durch

Zuverlässigkeit und wissenschaftlichen Ernst gewonnen, der konnte sich fest auf ihn stützen. Besonnen, friedliebend, stets gleichmässig gestimmt, war er immer bereit zu versöhnen und entgegengesetzte Meinungen auszugleichen. Nie versagte er seine herzliche Theilnahme am ernsten, wie am heiteren Gespräche; nichts Niedriges wagte sich an die Schlichtheit und Lauterkeit seiner Natur heran. Einfach und anspruchslos und doch erhobenen Hauptes ging er durchs Leben; auf ihm ruhte der Adel der Wissenschaft und der vornehmen Gesinnung.*)

Erholung von der geistigen Arbeit fand Schröter in einem schönen reich gesegneten Leben in der Familie, in welcher der Frohsinn zu Hause war, in der Pflege der Musik, in der Turnkunst und in jährlichen Reisen. Unter diesen mag die im Frühjahr 1877 mit seiner Frau unternommene Reise nach Italien erwähnt werden, auf welcher er in Rom mit Cremona und dem damals auch dort weilenden englischen Synthetiker Hirst — der ebenfalls unmittelbarer Schüler Steiner's war und kurze Zeit nach dem Tode seines Altersgenossen Schröter auch gestorben ist — bekannt wurde und viel mit ihnen verkehrte. Hirst bezeichnete es als einen Hauptgewinnst seines damaligen Aufenthalts in Rom, dass er Schröter's Bekanntschaft gemacht habe.

Schröter war ein begeisterter Freund der Musik; als kunstgeübter Dilettant im Geigenspiel hat er bei den Aufführungen der Singakademie im Orchester mitgewirkt. Als feinfühliger Musiker zeigte er sich besonders im Quartett, das er mit gleichgestimmten Freunden im Kreise der Familie eifrig und unermüdlich im Wiederholen pflegte.

Im Dilettanten-Orchesterverein Philharmonie, bei dessen Gründung und Constituirung er den Vorsitz führte, war er 2 Jahre hindurch in hervorragender Weise ausübend thätig, bis er durch eine Verletzung des Zeigefingers der linken Hand genöthigt wurde, das Geigenspiel ganz aufzugeben.

---

*) Da meine eigene Studienzeit schon etwas weit zurückliegt und ich in den letzten 20 Jahren Schröter nur selten gesehen habe, so habe ich in Bezug auf seine persönlichen Eigenschaften einem jüngeren Schüler und Freunde, der mit ihm dauernd in Berührung geblieben ist, das Wort gegeben; auch einige Aeusserungen über Schröter's Arbeiten stammen von demselben.

Eine grosse Rolle in seinem Leben hat das Turnen gespielt. Er trat 1862 in die Alte Riege des Alten Breslauer Turnvereins und betheiligte sich bald so lebhaft, dass er 1866 zum Vorsitzenden des Vereins gewählt wurde. Bis 1891 hat er ihn geleitet und zu hoher Blüthe gebracht. Als Vorsitzender befand er sich auch im Vorstande der grösseren Turnverbände, zu denen sein Verein gehört. Seine Verdienste ehrte dieser beim 25 jährigen Stiftungsfeste durch einen glänzenden Fackelzug und die Ernennung zum Ehrenmitgliede und Ehrenvorsitzenden, als er 1891 den Vorsitz niederlegen musste.

Mit eifrigem Wohlwollen hat er die Entwickelung des akademischen Turnvereins verfolgt und seiner warmen Fürsprache war es zu danken, dass der Unterrichts-Minister demselben eine jährliche Unterstützung bewilligte.

Bei dieser Neigung zu körperlichen Uebungen war es natürlich, dass er auch ein Freund der Jagd und (in jüngeren Jahren) des Reitens war. Und doch sollte ihn, der zeitlebens den Körper gestählt, der Tod so frühzeitig dahinraffen.

Während eines Aufenthaltes im Harze in den grossen Ferien 1890 erkrankte er; doch gelang es dem Arzte, ihn so weit wieder herzustellen, dass er den amtlichen und geselligen Pflichten genügen konnte. Da traf ihn Ende Februar 1891 eine Lähmung der Beine. Es wurde zuerst wieder besser, so dass er, sich stützend, kleine Spaziergänge unternehmen konnte; er hat auch im Sommerhalbjahre, zu Hause unterrichtend, seine amtliche Thätigkeit noch nicht aufgegeben. Dann aber verschlimmerte sich sein Zustand wieder, er musste das Gehen ganz aufgeben. Ein längerer Aufenthalt in Warmbrunn half nichts mehr. Bald nach der Rückkehr begann das Gehör zu schwinden. Eine strenge sechswöchentliche Cur, welche der berathende Nervenarzt verordnete, brachte keine Besserung; auch das Gesicht nahm ab und am 3. Januar 1892, kurz vor vollendetem 63. Lebensjahre, erlöste ihn der Tod.

Der schwere Verlust, der die bisher so glückliche Familie traf, sollte leider verdoppelt werden. Der Sohn kam erkrankt aus der Garnison zum Begräbniss, wurde nach der Rückkehr noch kränker und 6 Wochen später folgte er dem Vater im Tode.

R. Sturm.

Inhalts-Verzeichniss.

Chronik

der

Königlichen Universität

zu Breslau

für das Jahr

vom 1. April 1892 bis zum 31. März 1893.

———

Herausgegeben

von

Rector und Senat.

~~~~~~

Jahrgang 7.

Breslau.

Druck von Grass, Barth & Comp. (W. Friedrich).

1893.

I. Behörden der Universität.

1. Curatorium.

Wie bisher.

2. Akademischer Senat.

a. Sommer-Semester 1892.

Rector: Prof. Dr. Schmidt.

Exrector: Geh. Justiz-Rath Prof. Dr. Brie.

Universitäts-Richter: Geh. Reg.-Rath Dr. Willdenow.

Decane:

der evang.-theol. Facultät: Prof. Dr. Hahn;
der kath.-theol. Facultät: Prof. Dr. Commer;
der juristischen Facultät: Prof. Dr. Wlassak;
der medicinischen Facultät: Prof. Dr. Flügge;
der philosophischen Facultät: Prof. Dr. Praetorius.

Gewählte Senatoren:

Geh. Justiz-Rath Prof. Dr. Dahn;
Fürsterzbischöfl. Geistl. Rath Prof. Dr. Scholz;
Geh. Reg.-Rath Prof. Dr. Ladenburg;
Geh. Med.-Rath Prof. Dr. Ponfick;
Prof. Dr. Partsch;
Prof. Dr. Elster.

b. Winter-Semester 1892/93.

Rector: Geh. Med.-Rath Prof. Dr. Ponfick;

Exrector: Prof. Dr. Schmidt;

Universitäts-Richter: Geh. Reg.-Rath Dr. Willdenow.

1*

Decane:

der kath.-theolog. Facultät: Prof. Dr. Friedlieb:

der evang.-theol. Facultät: Prof. Dr. Kittel;

der juristischen Facultät: Prof. Dr. Fischer;

der medicinischen Facultät: Geh. Med.-Rath Prof. Dr. Fritsch;

der philosophischen Facultät: Prof. Dr. Caro.

Gewählte Senatoren:

Geh. Reg.-Rath Prof. Dr. Galle;

Geh. Reg.-Rath Prof. Dr. Ladenburg;

Geh. Med.-Rath Prof. Dr. Mikulicz;

Prof. Dr. Bennecke;

Prof. Dr. Elster;

Prof. Dr. Hillebrandt.

II. Lehrkörper der Universität.

Veränderungen gegen das Vorjahr.

A. Abgang.

1. Todesfälle.

Es sind verstorben:

am 25. April 1892 der ordentliche Professor in der evang.-theol. Facultät, Dr. Hermann Weingarten,

am 24. Juni 1892 der ordentliche Professor in der medicinischen Facultät, Geh. Med.-Rath Prof. Dr. Biermer und

am 24. Februar 1893 der ordentliche Professor in der philosophischen Facultät, Director des botanischen Gartens, Dr. Karl Prantl.

Näheres hierüber enthalten die unter Abschnitt X beigefügten Nekrologe.

2. Berufungen an andere Universitäten oder in andere Stellungen; Ruhestands-Bewilligungen etc.

Aus der evangelisch-theologischen Facultät wurde der ausserordentliche Professor Lic. theol. und Dr. phil. Ernst Kühl

durch Allerh. Bestallung vom 14. August 1892 zum ordentlichen Professor in der theologischen Facultät der Universität
zu Marburg ernannt. Derselbe hat sein neues Amt zu Beginn
des Sommer-Semesters 1893 anzutreten.

Aus der juristischen Facultät ist ausgeschieden der Privat-
Docent, Gerichtsassessor Dr. Georg Frommhold in Folge
seiner Berufung als ausserordentlicher Professor an die Universität Greifswald mit Beginn des Winter-Semesters 1892/93.

Aus der medicinischen Facultät wurde der ordentliche
Professor Dr. Friedrich Müller vom 1. Mai 1892 ab in
gleicher Eigenschaft an die Universität zu Marburg versetzt.

Der Privat-Docent Dr. Maximilian Freund ist als
solcher im Mai 1892 ausgeschieden.

Aus der philosophischen Facultät wurde der ordentliche
Professor Dr. Franz Praetorius vom 1. April 1893 ab
in gleicher Eigenschaft an die Universität Halle-Wittenberg
versetzt.

Ausserdem

wurde durch Erlass des Herrn Ministers der geistl. etc.
Angelegenheiten vom 18. November 1892 der ordentliche
Professor in dieser Facultät, Geh. Reg.-Rath Dr. Martin
Hertz, seinem Antrage entsprechend von der Verpflichtung zur Abhaltung von Vorlesungen, sowie von
den Obliegenheiten als Director des philologischen
Seminars und als Professor der Beredsamkeit zum
1. April 1893 mit dem Ausdrucke der wärmsten Anerkennung für seine langjährige verdienstvolle Wirksamkeit
entbunden.

Der s. Zt. dem Dr. Bernhard Schulze ertheilte Lehr-
auftrag am landwirthschaftlichen Institut ist seitens des
Herrn Ministers der geistl. etc. Angelegenheiten wieder
zurückgezogen und der Genannte von der Vertretung
des Professors Dr. Holdefleiss im Fache der Agriculturchemie von Ende September 1892 ab unter dem Ausdrucke der Anerkennung für die geleisteten erspriess-
lichen Dienste entbunden worden.

B. Zugang.

1. Neuberufungen und Ernennungen innerhalb der Universität selbst.

In der evangelisch-theologischen Facultät wurden ernannt der Privat-Docent Lic. theol. et Dr. phil. Max Lœhr von Königsberg i. Pr. durch Erlass des Herrn Ministers der geistl. etc. Angelegenheiten vom 16. September 1892 zum ausserordentlichen Professor mit dem Lehrauftrage, die alttestamentliche Theologie und Exegese zur Ergänzung der Lehrthätigkeit des dafür bestellten Ordinarius und unter möglichstem Zusammenwirken mit demselben in Vorlesungen und Uebungen zu vertreten,

ebenso durch Ministerial-Erlass vom 9. November 1892 der Privat-Docent Lic. theol. William Wrede von Göttingen mit dem Lehrauftrage, die neutestamentliche Theologie und Exegese in Vorlesungen und Uebungen zu vertreten und, soweit sich ein Bedürfniss dazu ergiebt, seine Lehrthätigkeit auch auf die Encyklopädie der theologischen Wissenschaften zu erstrecken. — Derselbe hat sein neues Amt zu Beginn des Sommer-Semesters 1893 anzutreten.

In der medicinischen Facultät
wurde der ausserordentliche Professor für innere Medicin und Vorstand der medicinischen Poliklinik Dr. Friedrich Müller durch Allerhöchste Bestallung vom 29. April 1892 zum ordentlichen Professor ernannt, s. Abgang;

ferner der Privat-Docent Dr. Johannes Kolaczek durch Erlass des Herrn Ministers der geistlichen etc. Angelegenheiten vom 7. Juni 1892 zum ausserordentlichen Professor ohne Anspruch auf Gehalt.

In der philosophischen Facultät
wurde durch Allerh. Bestallung vom 19. September 1892 der ausserordentliche Professor Dr. Friedrich Holdefleiss zum ordentlichen Professor ernannt und demselben das durch den Staatshaushalts-Etat begründete Ersatzordinariat mit der Verpflichtung verliehen,

die eigentlichen landwirthschaftlichen Disciplinen (Allgemeine Ackerbaulehre einschliesslich der landwirthschaftlichen Bodenlehre, Culturtechnik und Maschinenkunde, specielle Pflanzenbaulehre, allgemeine Thierzuchtlehre und landwirthschaftliche Betriebslehre) zu vertreten, die Uebungen im landwirthschaftlichen Laboratorium abzuhalten, das landwirthschaftliche Institut zu leiten und die Bewirthschaftung des Versuchsfeldes zu besorgen.

Ferner wurde der Privat-Docent Dr. Ferdinand Wohltmann zu Halle durch Erlass des Herrn Ministers der geistl. etc. Angelegenheiten vom 12. October 1892 zum ausserordentlichen Professor in der philosophischen Facultät hiesiger Universität ernannt und ihm das durch die vorberegte Ernennung des Professors Dr. Holdefleiss erledigte Extraordinariat mit der Verpflichtung verliehen, in Gemeinschaft mit dem ordentlichen Fachprofessor und in Ergänzung der Lehrthätigkeit desselben für eine umfassende Vertretung der landwirthschaftlichen Disciplin Sorge zu tragen und insbesondere Vorlesungen und Uebungen über landwirthschaftliche Taxationslehre und Buchführung, über landwirthschaftliche Bodenkunde, über Züchtung der Culturpflanzen und über Molkereiwesen zu halten.

Durch Erlass des Herrn Ministers der geistl. etc. Angelegenheiten vom 16. Februar 1893 ist der ordentliche Professor in der philosophischen Facultät der Universität Greifswald Dr. Friedrich Marx an die hiesige Universität mit der Verpflichtung versetzt worden, das ganze Gebiet der klassischen Philologie im Verein mit den übrigen für dieses Fach bestellten Professoren in Vorlesungen und seminaristischen Uebungen zu vertreten. Gleichzeitig ist demselben die Mitdirection des philologischen Seminars übertragen, und ist derselbe ferner neben dem ordentlichen Professor Geh. Regierungs-Rath Dr. Foerster zum Professor der Eloquenz ernannt worden.

Der ausserordentliche Professor Dr. Siegmund Fraenkel ist durch Allerh. Erlass vom 6. März 1893 zum ordentlichen Professor ernannt und ihm das durch die Versetzung des Professors Dr. Praetorius nach Halle zur Erledigung gekommene Ordinariat mit der Verpflichtung verliehen worden, die semitische Philologie und Literatur in Vorlesungen und Uebungen möglich umfassend zu vertreten

Ferner wurde der Privat-Docent an der Universität zu Kiel Dr. Georg Schneidemühl vom Sommer-Semester 1892 ab mit der Wahrnehmung der Functionen eines Lectors der Thierheilkunde am landwirthschaftlichen Institut hiesiger Universität beauftragt und demnächst durch Ministerial-Erlass vom 22. October 1892 bis auf Weiteres zum Vorsteher der mit dem hiesigen landwirthschaftlichen Institut verbundenen Thierklinik bestellt.

Der Senior an der Elftausend-Jungfrauen-Kirche hierselbst Dr. phil. Rudolf Abicht wurde zu Beginn des Sommer-Semesters 1892 mit den Obliegenheiten eines Lectors der polnischen und russischen Sprache an der hiesigen Universität beauftragt.

2. Habilitationen.

In der evangelisch-theologischen Facultät habilitirte sich:
der Lic. theol. et Dr. phil. Georg Beer am 28. Mai 1892 für alttestamentliche Theologie und Hebräisch; geboren zu Schweidnitz den 12. November 1865, promovirt zum Dr. phil. in Leipzig im August 1887 und zum Lic. theol. in Bonn im August 1891.

In der katholisch-theologischen Facultät habilitirte sich:
der Dr. theol. August Nürnberger am 3. Juni 1892 für Kirchengeschichte; geboren zu Habelschwerdt den 6. Januar 1854, promovirt in Tübingen den 26. November 1883.

In der medicinischen Facultät habilitirten sich:
Dr. Arthur Groenouw am 22. December 1892 für Augenheilkunde; geboren zu Bosatz bei Ratibor den 27. März 1862, promovirt hierselbst am 18. Mai 1886.

Dr. Ernst Gaupp am 7. Januar 1893 für Anatomie und Entwicklungsgeschichte; geboren zu Beuthen O.-S. den 13. Juli 1865, promovirt hierselbst am 24. Juni 1889.

Dr. Bruno Mester am 18. März 1893 für innere Medicin; geboren zu Bremen den 30. December 1863, promovirt in Freiburg i. B. am 1. August 1889.

In der philosophischen Facultät habilitirten sich:

Dr. Bruno Liebich am 30. Juni 1892 für indische Sprache und Literatur; geboren zu Altwasser den 7. Januar 1862, promovirt in Göttingen 1885.

Dr. Felix Rosen am 20. October 1892 für Botanik; geboren in Leipzig den 15. März 1863, promovirt in Strassburg am 6. Juni 1886.

Dr. Ludwig Milch am 22. October 1892 für Mineralogie und Geologie; geboren in Breslau den 4. August 1867, promovirt in Heidelberg am 6. Juni 1889.

Dr. Carl Brockelmann am 1. Februar 1893 für orientalische Philologie; geboren in Rostock in Mecklenburg den 17. September 1868, promovirt in Strassburg am 9. April 1890.

Dr. Julius Abel am 7. Februar 1893 für Chemie; geboren in Hamburg den 24 Februar 1866, promovirt in Kiel am 19. Juni 1888.

C. Beurlaubungen.

Beurlaubt waren:

a. im Sommer-Semester 1892:

der ordentliche Professor in der philosophischen Facultät, Geh. Regierungs-Rath Dr. Hertz aus Gesundheitsrücksichten für die Dauer des Semesters,

b. im Winter-Semester 1892/93:

der ordentliche Professor in derselben Facultät Dr. Hüffer zur Ausführung einer wissenschaftlichen Reise nach Frankreich für die Dauer des Semesters,

ebenso der ausserordentliche Professor und Director des Instituts für mittelalterliche und neuere Kunstgeschichte Dr. Schmarsow zur Ausführung einer derartigen Reise ins Ausland.

D. Auszeichnungen.

Von preussischen Orden erhielten:

der ordentliche Professor in der philosophischen Facultät, Geheime Regierungs-Rath Dr. Hertz am 22. August
1892 den Königlichen Kronen-Orden II. Klasse mit der
Zahl 50 aus Anlass seines 50jährigen Doctor-Jubiläums,

der ausserordentliche Professor in der medicinischen
Facultät Dr. Auerbach am 5. December 1892 und
der ordentliche Professor in derselben Facultät und
Director des anatomischen Instituts, Geh. Med.-Rath Dr.
Hasse am 18. Januar 1893 je den Rothen Adler-Orden
IV. Klasse, sowie

der Privat-Docent in der medicinischen Facultät,
Oberstabsarzt I. Klasse, Professor Dr. Schröter bei
seinem Ausscheiden aus dem activen Militairdienst den
Rothen Adler-Orden III. Klasse mit der Schleife.

Ausserdem ist

dem ordentlichen Professor in der philosophischen
Facultät Dr. Foerster am 14. Januar 1893 der Charakter
als Geheimer Regierungs-Rath verliehen worden.

E. Sonstige Veränderungen.

Dem ausserordentlichen Professor in der medicinischen
Facultät Dr. Kolaczek ist durch Erlass des Herrn Ministers
der geistlichen etc. Angelegenheiten vom 30. Juli 1892 die
nachgesuchte Genehmigung zur Beibehaltung seines Amtes als
dirigirender Arzt des St. Josef-Krankenhauses hierselbst vor-
behaltlich des Widerrufs ertheilt worden.

Durch gleichen Erlass vom 6. December 1892 wurde der
ordentliche Professor in der philosophischen Facultät Dr. Caro
zum Mitdirector des historischen Seminars bestellt.

Durch Beschluss des akademischen Senats vom 23. Juli
1892 ist der ordentliche Professor in der medicinischen Facultät und Director der medicinischen Klinik Dr. Kast zum Curator der akademischen Krankenkasse an Stelle des verstorbenen
Geh. Med.-Raths Professor Dr. Biermer erwählt worden.

III. Beamte der Universität.
(Akademische Verwaltung.)
Keine Veränderungen.

IV. Anstalten und Commissionen der Universität.

1. Wissenschaftliche Anstalten.
a. Die Königliche und Universitäts-Bibliothek.

Vom 1. April 1892 bis 31. März 1893 wuchs der Bücherbestand um 8910 Bände. Gekauft wurden davon aus dem Ordinarium und den dauernden Sonderfonds 1851, aus dem Extraordinarium 143 Bände; geschenkt wurden 437 Bände, als Pflichtexemplare kamen ein 743 Bände, endlich aus dem Tauschverkehr 5736 Bände bezw. Progamme, Dissertationen und andere Gelegenheitsschriften. *(I. Vermehrung des Bücherbestandes.)*

Verausgabt wurden für den Bücherkauf im Ganzen 19791 Mark 71 Pf. — Zeitschriften 5981 Mark 33 Pf.; Fortsetzungen 7851 Mark 16 Pf.; Nova 5224 Mark 47 Pf.; Antiquaria 734 Mark 75 Pf. — Auf die Buchbinderei entfallen 3985 Mark 25 Pf.; auf die sämmtlichen übrigen sächlichen Ausgabe-Titel 7561 Mark 2 Pf. *(II. Rechnungswesen.)*

Abgesehen von der unmittelbaren und nicht kontrolirten Benutzung der Handbibliothek des Lesesaals, sowie der Bücher in den Magazinen selbst seitens der Betheiligten wurden auf Grund der eingelaufenen Bestellzettel im Ganzen benutzt 63608 Bände. Der bedeutende Unterschied gegenüber dem Vorjahr (77779 Bände) kommt fast ausschliesslich auf Rechnung der für den Lesesaal bestellten Werke und erklärt sich durch die erfolgte reichere Ausstattung der Handbibliothek des Lesesaales. Letzterer war an 292 Tagen geöffnet und wurde von 9675 Personen besucht. (9027 im Vorjahre). — Von der Gesammtsumme der eingereichten Bestellzettel konnte auf 13688 eine Benutzung nicht erfolgen: 5229 der *(III. Benutzung.)*

gewünschten Sachen waren nicht vorhanden, 8459 anderweitig
verliehen. Auf Grund der erstern Klasse der Fehlbestellungen
ohne Weiteres irgend welche Schlüsse zu ziehen, sei es hinsichtlich der erstrebenswerthen Reichhaltigkeit des Bücherbestandes, sei es hinsichtlich der Grundsätze, nach denen der
Bücherbestand erweitert wird, erscheint mir nicht angängig;
es wird manches Buch bestellt, dessen Fehlen keine ausfüllungs-
bedürftige Lücke bedeutet; andererseits aber nehmen die Fehlbestellungen in demselben Maasse ab, wie die Besteller daran
gewöhnt oder auch dazu genöthigt werden, bevor sie Wunsch-
zettel einreichen, die Kataloge zu Rathe zu ziehen, und auf
diese Weise es vermeiden, Bücher zu bestellen, welche die
Bibliothek nicht besitzt. Im Uebrigen hat es seine grossen Bedenken, wollte man die Zahl der in Rede stehenden Fehlbestellungen künstlich herabdrücken; es würde dadurch eines
der besten Hilfsmittel für die dem thatsächlichen Bedürfniss
gebührend Rechnung tragende Vermehrung des Bücherbestandes
zum Schaden des Ganzen beeinträchtigt. Unter allen Umständen bedauerlich bleiben die zahlreichen Fälle der Bestellungen bereits anderweit verliehener Bücher. Die Verwaltung
war nach Möglichkeit bemüht, durch Beschaffung zweiter Exemplare hier Abhilfe zu erzielen.

Die Gesammtzahl der entleihenden Bibliotheksbenutzer betrug im Sommer-Semester 1892: a) Einheimische 770, b) Auswärtige 176 Personen; von letzteren waren 54 ausserhalb der
Provinz Schlesien wohnhaft; im Winter-Semester 1892/93: a) Einheimische 833, b) Auswärtige 240 Personen, von letzteren
wohnten 44 ausserhalb Schlesiens. An die auswärtigen Benutzer gingen in 602 Sendungen 3469 Bände.

Von den immatrikulirten Studenten haben reichlich 25%
Bücher entliehen: den höchsten Satz erreichten die evangelischen Theologen mit 48%, es folgten die Juristen mit 31,7%,
die Philosophen mit 28%, die katholischen Theologen mit 21,4%,
endlich die Mediciner mit 8,4%. Werden aus der Gesammtzahl der philosophischen Facultät die Philologen und Historiker ausgesondert, so tritt diese Gruppe mit 55,7% an die
Spitze der bücherentleihenden Studenten.

Sehr lebhaft gestaltete sich der Handschriften-Entleiheverkehr aus auswärtigen Bibliotheken. Die Zahl der gleichzeitig hier zum Gebrauche seitens diesseitiger Gelehrten vorhandenen fremden Handschriften erreichte zuweilen die Höhe von nahezu vierzig. Ausser den Bibliotheken Deutschlands, Oesterreich-Ungarns, Dänemarks, Hollands und der Schweiz haben sich zu directem Leiheverkehr bereit finden lassen die Königliche Bibliothek zu Stockholm, die Bibliothek des Gonville und Cajus College zu Cambridge, das Emmanuel College ebendaselbst, die R. Biblioteca nazionale centrale zu Florenz, die Universitäts-Bibliothek zu Upsala, das Königlich italienische Staatsarchiv zu Modena, die Bibliothek der India Office zu London, die Bibliothek des Merton College zu Oxford, die Universitäts-Bibliothek zu Durham und die Kaiserliche Universitäts-Bibliothek zu St. Petersburg. — Handschriften sowie auch Druckschriften von anderen als den hier genannten Instituten zu entleihen ist zur Zeit noch nur auf dem Wege diplomatischer Vermittelung möglich.

Zwischen der Königlichen Bibliothek in Berlin und der hiesigen ist seit Ende Januar 1893 ein festgeregelter Leiheverkehr eingerichtet. Die Bestellscheine werden in der Regel an jedem Dienstag und nach Bedürfniss auch am Freitag von der entleihenden Bibliothek abgesandt und spätestens am Tage nach ihrem Eingange von der verleihenden Bibliothek erledigt. Die Entleihungsfrist beträgt ausschliesslich der Hin- und Rücksendung, wenn der Vorsteher der verleihenden Bibliothek für den einzelnen Fall nichts Anderes bestimmt, drei Wochen; für Zeitschriften und Sammelbände eine Woche. Seitens der Benutzer ist für jeden übersandten Band an die vermittelnde Bibliothek eine Gebühr von 20 (zwanzig) Pfennig zu entrichten. Aus Zweckmässigkeitsgründen wird der vorbeschriebene Weg künftig den betheiligten Kreisen bei eintretendem Bedürfniss als der allein beschreitbare gelten müssen.

Der seit Januar 1886 an der hiesigen Bibliothek mit voller Hingabe an die Sache und bestem Erfolge thätige Assistent Dr. Ernst Dorsch wurde zum 1. October als Custos an die Königliche Bibliothek in Berlin berufen. In Folge davon wurde dem langjährigen Volontär an der Königlichen Universitäts-

IV.
Personal.

Bibliothek zu Kiel Dr. Walther Wischmann durch Ministerial-Erlass vom 21. November eine diesseitige Assistentenstelle übertragen.

v.
Bausache.
Durch Erlass vom 24. Juni 1887 hatte des vorgesetzten Herrn Ministers Excellenz angeordnet, dass behufs Neueinrichtung eines Lesesaals, Ausleihelokals, sowie der übrigen Geschäftsräume ein allgemeiner Plan ausgearbeitet werde. Der Grund zu diesem ministeriellen Vorgehen lag ebenso sehr in der Gesammtanlage der alten Räume, wie in der Unzulänglichkeit der einzelnen Lokale ihrer besondern Zweckbestimmung gegenüber. Die Bibliotheks-Verwaltung kam dem ihr gewordenen Auftrage baldigst nach. Entscheidend war dabei für sie der Gesichtspunkt, die herzustellenden neuen Geschäfts- und Arbeitsräume so anzuordnen und auszustatten, dass durch vollkommene Einheitlichkeit und Uebersichtlichkeit der ganzen Anlage höchste Concentration der Arbeitskräfte und damit intensivste Leistungsfähigkeit des Instituts ermöglicht würde. Nachdem mehrere Jahre lang die für den Bau benöthigten Geldmittel hinter ältere Ansprüche hatten zurücktreten müssen, gelang es der überaus dankenswerthen Vorsorge des Herrn Geheimen Ober-Regierungsrath Naumann im Kultusministerium, die recht erhebliche Bausumme in den Etat des Rechnungsjahres 1892/93 hineinzubringen. Ausgeführt wurde der Umbau vom Beginn des Frühjahrs bis zu Ende Herbst 1892. Am 5. November wurden die neuen Räume eröffnet. Der bei Aufstellung der Pläne von der Bibliotheks-Verwaltung beabsichtigte Zweck ist vollkommen erreicht; dabei macht die ganze Anlage einen vornehmen Eindruck, sie ist vorzüglich belichtet und ventilirt. Die Arbeiten unterstanden der Leitung des akademischen Bauamts, mit der speciellen Führung war Herr Regierungsbaumeister Buchwald betraut, dessen sachkundige Umsicht und bereitwillige Rücksicht auf alle Wünsche der Bibliotheks-Verwaltung mit gebührendem Danke hervorgehoben werden muss.

Staender.

b. Das akademische Lese-Institut.

In den Verhältnissen des akademischen Lese-Instituts hat sich während des Rechnungsjahres 1892/93 nichts Wesentliches geändert.

Die Zahl der ordentlichen Mitglieder, welche zu Anfang des Jahres 1892 98 betragen hatte, belief sich zu Anfang des Jahres 1893 auf 94; die Zahl der ausserordentlichen nicht-akademischen Mitglieder verminderte sich in demselben Zeitraum von 36 auf 34. Studirende betheiligten sich im Sommer-Semester 1892 135 (gegen 113 im vorhergehenden Sommer-Semester), im Winter-Semester 1892/93 111 (gegen 121 im vorhergehenden Winter-Semester).

Als Dirigent des Vorstandes fungirte wiederum Geheimer Justizrath Professor Dr. Brie, als stellvertretender Vorsitzender Oberbibliothekar Professor Dr. Staender, als Schriftführer Professor Dr. J. Partsch.

Das zu Anfang des Jahres 1893 ausgegebene Verzeichniss der vom Verein in seinen Lesezimmern aufzulegenden Zeitungen und Zeitschriften enthält 516 Nummern. Broschüren wurden im Laufe des Jahres 47 aufgelegt.

Das finanzielle Ergebniss des Jahres 1892 war ein günstiges. Die Einnahmen betrugen 4283 Mark 50 Pf., darunter Mitgliederbeiträge 3599 Mark, Staatszuschuss 600 Mark; die Ausgaben beliefen sich auf 4200 Mark 3 Pf. An Kassenbestand verblieben zu Ende des Jahres 175 Mark 47 Pf.

Brie.

c. Seminare.

1. Das katholisch-theologische Seminar.

Das katholisch-theologische Seminar enthält vier Abtheilungen:

1. für neutestamentliche Exegese unter der Leitung des Professors Dr. Friedlieb, welcher auch die Seminar-Bibliothek verwaltet;

2. für alttestamentliche Exegese unter der Leitung des Professors Dr. Scholz;

3. die kirchengeschichtlich-kanonistische Abtheilung unter der Leitung des Prälaten, Professor Dr. Laemmer;

4. die dogmatische Abtheilung unter der Leitung des Professors Dr. König.

Die Uebungen in sämmtlichen Abtheilungen werden in lateinischer Sprache abgehalten. Zur mündlichen Interpretation in der neutestamentlichen Abtheilung wurden im ersten Semester des Studienjahres ausgewählte Stücke aus den heil. Evangelien zu Grund gelegt. Im folgenden Semester wurden in der Apostelgeschichte einige Kapitel historisch und chronologisch erläutert, sowie einige längere Reden interpretirt. Schriftliche Aufsätze aus dem Gebiete der biblischen Archäologie wurden von der Mehrzahl der Seminaristen angefertigt und vom Director der Abtheilung censirt. An diesen Uebungen betheiligten sich im Ganzen 17 Studirende.

In der alttestamentlichen Seminar-Abtheilung dienten ausgewählte Kapitel aus Jesaias zur Interpretation für die ordentlichen Mitglieder. Die Uebungen der ausserordentlichen Mitglieder bestanden in Uebersetzung und Erklärung der aramäischen Stücke des Propheten Daniel. Grössere und recht befriedigende schriftliche Arbeiten wurden von zwei älteren Seminaristen angefertigt. An diesen Uebungen waren drei ordentliche und sechs ausserordentliche Mitglieder betheiligt.

Die kirchengeschichtlich-kanonistische Abtheilung zählte im Sommer 1892 48, im Winter-Semester 1892/93 49 Mitglieder. Ausser Disputationen über Themata aus der Kirchengeschichte und dem kanonischen Rechte wurden die Trienter Reform-Decrete der Sitzungen 7. 13. 22; ferner im Winter-Semester der Text von drei Decretalen Leo's d. Gr. erklärt. Drei Mitglieder lieferten umfassende Jahresarbeiten. In der Abtheilung für Dogmatik wurde gelesen und erklärt J. Thomae Aquin. in symbolum apostolorum expositio. Ausserdem wurden Vorträge und Disputationen über in das Gebiet der Dogmatik fallende Themata und Thesen abgehalten. Von den 13 Mitgliedern im Sommer 1892 und 14 Mitgliedern im folgenden Winter-Semester haben drei der älteren, ordentlichen Seminaristen auch anerkennungswerthe wissenschaftliche Arbeiten geliefert.

Friedlieb, z. Z. Decan.

2. Das evangelisch-theologische Seminar.

I. Die alttestamentliche Abtheilung des evangelisch-theologischen Seminars wurde von Professor Dr. Kittel geleitet. Im Sommer-Semester 1892 wurden exegetische Uebungen über den Propheten Sacharia gehalten und schriftliche Arbeiten über verschiedene Themen aus dem Gebiete der alttestamentlichen Wissenschaft ausgearbeitet. Im Winter-Semester 1892/93 wurden textkritische Uebungen und Untersuchungen über das Buch des Propheten Ezechiel vorgenommen und Themen zu schriftlichen Arbeiten über Ezechiel gestellt.

Kittel.

II. Den Uebungen der neutestamentlichen Abtheilung, welche Dr. Hahn leitete, wurden im Sommer-Semester 1892 ausgewählte Stücke aus den synoptischen Evangelien, im Winter-Semester 1892/93 die Briefe an die Colosser und Philipper zu Grunde gelegt. Der im Ganzen lobenswerthe Fleiss der Studirenden erwies sich auch durch Einreichung einer grösseren Zahl zum Theil recht tüchtiger schriftlicher Arbeiten.

Hahn.

III. In der kirchengeschichtlichen Abtheilung wurden unter Leitung Dr. Müllers im Sommer-Semester 1892 Luthers Predigten aus den Jahren 1512—17, sowie die Hauptschriften aus dem Ablassstreit gelesen und erklärt und schriftliche Arbeiten über diese und andere Schriften Luthers veranlasst. Im Winter-Semester 1892/93 wurden Tertullians Adversus Praxean sowie die Urkunden über den Streit der beiden Dionyse gelesen und zum Ausgangspunkt von schriftlichen und mündlichen Untersuchungen über die Geschichte der vornicänischen Christologie gemacht.

Müller.

3. Das praktische Seminar der evangelisch-theologischen Facultät

stand auch in dem Berichtsjahr unter Leitung der Professoren Consistorialrath D. Meuss und D. Schmidt, und zwar in der Weise, dass je im Sommer die homiletische Abtheilung der speciellen Leitung von D. Schmidt, im Winter-Semester der von D. Meuss anvertraut war, während bezüglich der katechetischen Abtheilung die entsprechende entgegengesetzte Ordnung inne gehalten wurde. Da der eine der beiden Directoren, Consistorialrath D. Meuss, vor Abfassung des Berichtes, 1. Juli d. J., starb, so liegt nur der Bericht für den andern Theil des Seminars von Seiten D. Schmidt's vor.

An den homiletischen Uebungen des Sommers 1892 betheiligten sich 24 Studirende, die grösstentheils regelmässig erschienen, wenn einzelne auch zum Schluss sich definitiv beurlauben liessen. Mit Zuhilfenahme einer Verdoppelung der Predigtleistungen für jede Uebungszeit konnte dem weitaus grösseren Theile der Studirenden die Möglichkeit verschafft werden, als Prediger nicht nur aufzutreten, sondern auch durch Uebernahme von Recensionen sich eingehender als Referenten zu betheiligen. In der Mehrzahl blieben die homiletischen Leistungen unter dem Durchschnittsmaass dessen, was von einem wohlbegabten wissenschaftlich geschulten Theologen erwartet werden könnte; wie an dogmatischer Bestimmtheit so an logischer Folgerichtigkeit fehlte oft Wesentliches. Doch zeigte sich grossentheils ein rühmlicher Eifer, auf die Lösung der Aufgabe den nöthigen Fleiss zu verwenden, und namentlich in den Referaten auch die gegebenen Anweisungen zur Anwendung zu bringen.

An den katechetischen Uebungen des Winter-Semesters 1892/93 nahmen 22 Studirende Theil. Durch eine ähnliche Zerlegung der Seminarzeit, wie sie beim homiletischen Semester stattfand, wurde es auch hier möglich, dem Bedürfniss, einem jeden einzelnen Theilnehmer auch eine Katechese zuzuweisen, nachzukommen. Im Allgemeinen kann das Ergebniss dieser Uebungen für befriedigend angesehen und gesagt werden, dass sich bei einem grösseren Theil der Studirenden, als dies nach früheren Vorgängen zu erwarten war, ein gewisses Verständniss für die katechetische Aufgabe herauszubilden begann.

Endlich ist, wie bisher, auch im Sommer-Semester 1892 der Betrieb der Innern Mission Gegenstand seminaristischer Unterweisung durch den Unterzeichneten geworden. Auch zu diesen Uebungen hatten sich etwa 22 Studirende herbeigefunden, die theilweise ein recht lebendiges sachliches Interesse bekundeten. Zur Besprechung kamen insbesondere diejenigen Veranstaltungen, welche die Stamina weiterer Verzweigungen werden sollten, die Rettungsanstalt, das Diakonissenhaus, das Bruderhaus; die zum Theil eingehende Betrachtung der hier in Frage kommenden Veranstaltungen fand in dem Besuch mehrerer Anstalten hiesiger Stadt (Bethanien, Lehmgruben u. s. w.)

und namentlich in der Fahrt nach Kraschnitz mit 10 Theilnehmern am Sonnabend nach Pfingsten weitere Illustration.

Schmidt.

4. Das juristische Seminar.

Die Uebungen in den verschiedenen Abtheilungen des
juristischen Seminars stehen unter der Leitung derjenigen
ordentlichen Professoren der Facultät, in deren Fach sie einschlagen. Die Bibliothek verwaltet Professor Dr. Wlassak.
Geh. Justizrath Professor Dr. Dahn setzte im Winter-
Halbjahr 1892/93 die Auslegung der Germania des Tacitus fort,
beendete sie im Sommer-Halbjahr 1893 und begann die Auslegung von Sachsenspiegel I. 32 f. In der dogmatischen Abtheilung des Seminars wurden im Winter-Halbjahr 1892/93
das V. Buch des Handels-Gesetzbuches (Seehandelsrecht)
erklärt, im Sommer 1893 der allgemeine Theil des Deutschen
Privatrechts und das Personenrecht. Ein praktischer Fall aus
dem Deutschen Privatrecht fand mehrfache Bearbeitung, ebenso
eine Reihe von Aufgaben aus dem Handelsrecht.

Geh. Justizrath Professor Dr. Brie legte im Sommer-
Semester die Deutsche Reichsverfassung vom 16. April 1871,
im Winter-Semester die Preussische Verfassungs-Urkunde vom
31. Januar 1850 den Uebungen zu Grunde. In beiden Semestern wurden von mehreren Mitgliedern schriftliche Arbeiten
verfertigt.

Unter Leitung des Professor Dr. Schott wurden im
Sommer-Semester 1892 der 3. Titel des 39. Buches und im
Winter-Semester 1892/93 einige Titel des 43. Buches der
Digesten erläutert.

Prof. Dr. Wlassak legte im Sommer- und im Winter-
Semester den Mitgliedern des romanistischen Seminars die
Fragmente aus Celsus Digesten, Buch 27—36, zur Erläuterung
vor. Die meisten Mitglieder hielten Vorträge über neuere Abhandlungen aus dem Gebiete der Privatrechts-Dogmatik und
Geschichte. Einige dieser Vorträge waren schriftlich ausgearbeitet.

Professor Dr. Fischer gab im Sommer-Semester Anleitung zu selbständigen wissenschaftlichen Arbeiten aus dem

2*

Civilrecht. Im Winter-Semester hielt derselbe gemeinschaftlich mit dem Privat-Docenten Dr. Schultze Uebungen auf dem Gebiete der Geschichte des Civil-Processes, an welchen sich ausser Studirenden auch einige Referendare mit grossem Eifer betheiligten. Die eigenen Arbeiten der Theilnehmer bestanden vorzugsweise in mündlichen Vorträgen über Themata aus dem älteren deutschen und dem französischen Processrecht. Von einzelnen Theilnehmern sind auch Forschungen auf diesem Gebiete unternommen worden. Doch gelang es nicht, dieselben innerhalb des Semesters zum Abschluss zu bringen.

Professor Dr. Bennecke leitete im Seminar selbständige wissenschaftliche Arbeiten aus dem Gebiete des heutigen Strafrechts. Eine Reihe der Arbeiten sind bereits abgeschlossen und werden zum Theil demnächst im Druck erscheinen.

Otto Fischer, z. Z. Decan.

5. Das staatswissenschaftlich-statistische Seminar.

Im Sommer-Semester 1892 nahmen an den von Professor Dr. Elster geleiteten Uebungen des Seminars 15 Studirende Theil. Es fanden im Ganzen 12 Sitzungen, die sich auf je zwei Stunden erstreckten (erste Sitzung: 29. April; letzte Sitzung: 30. Juli) und eine Excursion statt. Jedes Seminar-Mitglied war zur Einreichung einer Arbeit verpflichtet; die betreffenden Arbeiten bezogen sich auf die verschiedensten Gebiete der Volkswirthschaftslehre.

Die Excursion galt der Besichtigung der Karten-Halle der Invaliditäts- und Alters-Versicherungs-Anstalt für die Provinz Schlesien. Dieser Besuch bot Veranlassung zu einer eingehenden Besprechung der durch Reichs-Gesetz vom 22. Juni 1889 geschaffenen Invaliditäts- und Alters-Versicherung und gab den Seminar-Mitgliedern ein klares Bild von dem grossen Verwaltungs-Apparat, welcher allein für die Provinz Schlesien zur Durchführung dieses Versicherungs-Zweiges geschaffen werden musste. — Von weiteren Excursionen wurde in diesem Semester im Hinblick auf die von Professor Sombart gehaltene Vorlesung „Schlesiens wirthschaftliche und sociale Zustände mit Excursionen" Abstand genommen.

Im Winter-Semester 1892/93 fanden unter Theilnahme von 16 Studirenden 15 Sitzungen statt (erste Sitzung: 28. October 1892; letzte Sitzung: 3. März 1893). Bezüglich der Arbeiten der Mitglieder gilt dasselbe, was oben bemerkt ist. In diesem Halbjahr wurden ausserdem zwei Excursionen unternommen. Eine (am 1. December) in die Buch- und Zeitungsdruckerei von W. G. Korn, die zweite (am 23. Januar) in die Buntpapier-Fabrik, Buch-, Stein- und Lichtdruckerei von C. T. Wiskott, beide in Breslau. Den Mitgliedern des Seminars war bei diesen Besichtigungen Gelegenheit geboten, den Productionsprocess kennen zu lernen, vor allem aber sich über die Lage der in diesen Betrieben beschäftigten Arbeiter, über Lohnverhältnisse etc. genauer zu unterrichten.

Sowohl im Sommer-Semester wie im Winter-Semester wurde über jede Sitzung und über jede Excursion Protokoll geführt; die Seminar-Mitglieder mussten der Reihe nach diese Protokolle übernehmen, die in ein besonderes Protokollbuch eingetragen worden sind. Die Verlesung der Protokolle der Excursionen in den nachfolgenden Seminar-Sitzungen bot Veranlassung, die auf den Ausflügen gemachten Beobachtungen etc. weiter zu besprechen und zu beleuchten. —

Professor Dr. Sombart hielt im Sommer-Semester 1892 kein Seminar ab. Für das Winter-Semester 1892/93 hatte er angekündigt: „Kritische Uebungen im Anschluss an die Lectüre der Schriften von Karl Marx für Fortgeschrittene". Es betheiligten sich fünf Studirende an den wöchentlich abgehaltenen Uebungen. Ausser einigen kleineren Schriften von Marx gelangten aus dem I. Bande des „Kapitals", vornehmlich der erste‘ zweite, fünfte und sechste Abschnitt zur Lesung und Besprechung. Eingehenderen Discussionen wurden unterzogen: Die Marx'schen Lehren vom Werth, vom Arbeitslohn, von der industriellen Reservearmee. Soweit nicht der Text wörtlich in den Uebungen zur Verlesung gelangte, wurde von Stunde zu Stunde je eines der Mitglieder mit dem Referat über einen begrenzten Abschnitt des „Kapitals" betraut, der dann in der darauf folgenden Stunde zur Discussion gestellt wurde. —

Die für das Seminar ausgeworfenen Geldmittel sind zur Anschaffung von Büchern und Zeitschriften in vorschriftsmässiger Weise verwendet worden. Leider weist die Seminar-Bibliothek, welche von dem Senior des Seminars, Dr. Gebauer, verwaltet wird, trotz der aus der ehemaligen Studenten-Bibliothek ihr überwiesenen Druckschriften, noch sehr bedauerliche Lücken auf, die nur durch eine bei dem hohen Ministerium beantragte Erhöhung des für die Zwecke des Seminars zur Verfügung gestellten Fonds beseitigt werden können.

Elster.

6. Das historische Seminar.

Herr Geh.-Rath Prof. Röpell war leider durch Krankheit am Abhalten von Seminar-Uebungen verhindert.

Prof. Kaufmann hielt 1. Kritische Uebungen, wöchentlich zwei Stunden; 2. Uebungen zur Einführung in die Werke der modernen Geschichtsschreiber, wöchentlich eine Stunde. An den kritischen Uebungen nahmen im Sommer 12, im Winter 8, an den andern Uebungen je 6 und 11 Herren Theil. In den kritischen Uebungen wurden im Sommer erst die Quellen der staufischen Periode im Anschluss an die über das Herzogthum Sachsen schwebenden Streitfragen, dann Urkunden zur Entstehung der Städte untersucht, im Winter Abschnitte aus Gregor von Tours nebst anderen Quellen der fränkischen Zeit untersucht, sodann die Nachrichten über die Kaiserkrönungen der Ottonen. — In den anderen Uebungen werden Werke von Ranke, Sybel, Nitsche, Ficker, Roth, Sohm, Janssen Treitschke u. A. besprochen.

Professor Hüffer liess im Sommer 1892 eine Reihe von Einzelfragen zur Geschichte Friedrichs des Grossen an der Hand der Oeuvres-Correspondenzen und anderer Quellen, unter Einbeziehung der einschlägigen Litteratur, kritisch erörtern (5 Mitglieder). Im Winter-Semester war er behufs eigener Arbeiten von Breslau beurlaubt.

Die Uebungen des Professor Caro, der im Beginn des Winter-Semesters 1892/93 in die Direction eintrat, wurden durch die Geschäfte der Decanats-Verwaltung mehrfach beeinträchtigt. Ausser eingehenden Besprechungen neuer Litteratur-Erscheinungen liess er vornehmlich Untersuchungen über die österreichische pragmatische Sanction und über den Werth

der Memoiren und Tagebücher des Heinrich de Catt an-
stellen.

Professor Wilcken behandelte im Sommer 1892 die
römische Kaisergeschichte im Anschluss an das Monumentum
Ancynanum (vier Mitglieder). Im Winter-Semester 1892/93
veranstaltete er Uebungen über die Quellen zur griechischen
Geschichte des V. Jahrhunderts vor Christi, im Besonderen
über Stesimbrotos von Thasos und Plutarch's Themistokles
(fünf Mitglieder).

Die von der Studenten-Bibliothek übernommenen Bücher
wurden katalogisirt und, soweit möglich, in die bisherige
Sammlung eingeordnet. Nach dem Abgang des früheren
Seniors wurde kein neuer Senior ernannt; die Geschäfte werden
vielmehr von den Directoren selbst übernommen.

Auch in diesem Studienjahre erwiesen sich die Räume
des Seminars, sowie die zur Verfügung stehenden Geldmittel
als durchaus unzureichend.

Wilcken, z. Z. Geschäftsführer.

7. Das kunsthistorische Seminar.

Im Sommer-Semester 1892 hielt der Director des Seminars,
Herr Professor Schmarsow, mit fünf ordentlichen Mitgliedern
kritische Uebungen über das Malerbuch des Lionardo da Vinci ab.
Im Winter-Semester 1892/93 war derselbe zu Studienzwecken
amtlich beurlaubt.

Der Unterzeichnete, der den abwesenden Director in Erledigung der laufenden Geschäfte vertrat, hielt zwei Vorlesungen
in seminaristischer Behandlungsweise (über deutsche Malerei
des Mittelalters, im Sommer-Semester 1892, und über Geschichte
des Kupferstichs und Holzschnitte, im Winter-Semester
1892/93) mit Benutzung der Räumlichkeiten und der Sammlungen
des Seminars.

I. V.: Semrau.

8. Das philologische Seminar.

Das philologische Seminar stand unter der Leitung der
Geh. Regierungsräthe Prof. Dr. Hertz, Rossbach und
Foerster. In Folge des Rückganges der Zahl der Philologie-

Studirenden mussten die bisher getrennten Abtheilungen der ordentlichen und ausserordentlichen Mitglieder bis auf Weiteres vereinigt werden.

Prof. Hertz war im Sommer-Semester beurlaubt. Im Winter-Semester leitete er in 19 Sitzungen die Uebungen in Interpretation des ersten Buches der Briefe des Horaz und die kursorische Lectüre des ersten Buches der Annalen des Tacitus.

Prof. Rossbach liess im Sommer-Semester nach einer litterar-historischen Einleitung die Theogonie des Hesiod ins Lateinische übersetzen und hierauf Vorträge über den Inhalt mit Erklärung der bedeutendsten Mythenkreise halten, im Winter - Semester dasselbe Gedicht mit Uebergehung der Proömien, über welche nur kurz gehandelt wurde, von V. 116 an kritisch-exegetisch interpretiren.

Prof. Foerster liess in beiden Semestern über schriftliche Arbeiten der Mitglieder disputiren, im Sommer-Semester ausserdem die cena Trimalchionis des Petronius interpretiren.

Im Sommer-Semester betrug die Zahl der ordentlichen Mitglieder 8, im Winter-Semester 7. Ausserdem betheiligte sich eine grössere Anzahl Studirender als Hospites an den Uebungen.

Hertz. Rossbach. Foerster.

9. Das archäologische Seminar.

Im Sommer-Semester 1892 wurde das im vorausgehenden Winter-Semester begonnene Repetitorium der Geschichte der griechischen Plastik mit Erklärung der hervorragendsten Denkmäler durch die Studirenden unter Benutzung der Gypsabgüsse des archäologischen Museums fortgesetzt und zu Ende geführt, im Winter-Semester 1892/93 wurden ausgewählte Blätter der „Denkmäler der griechischen und römischen Sculptur, herausgegeben unter der Leitung von Brunn," interpretirt und kunstmythologische Uebungen begonnen, die im nächsten Sommer-Semester fortgesetzt werden sollen. Die Zahl der Seminaristen betrug im Sommer-Semester 18, im Winter-Semester 17, die Vorträge sind in regelmässiger Folge wöchentlich einmal gehalten worden.

Rossbach.

Im Sommer - Semester erstreckten sich die Uebungen der Mitglieder im Anschluss an die Vorlesungen über Ikonographie der Griechen und Römer auf die Besprechung einiger Gyps-abgüsse des archäologischen Museums, welche diesem Gebiete angehören, im Winter - Semester unter Zugrundelegung der Wiener Vorlegeblätter auf die Erklärung von Vasenbildern des Hieron. Im Sommer-Semester betheiligten sich 7, im Winter-Semester 10 Studirende der Philologie und Geschichte an den Uebungen.

Foerster.

10. Das germanistische Seminar.

Prof. Vogt liess im Sommer-Semester 1892 ausgewählte Stücke aus Wolframs von Eschenbach Parzival, im Winter-Semester 1892/93 Denkmäler der altdeutschen Alliterations-Poesie in mündlichen und schriftlichen Uebungen behandeln, an denen sich 9 und 17 Mitglieder betheiligten.

Den Uebungen zur neueren Litteraturgeschichte legte Prof. Koch im Sommer einzelne Abschnitte aus Lessings Ham-burgischer Dramaturgie, im Winter den zweiten Theil von Goethes Faust zu Grunde. Es fanden sich im Sommer 7, im Winter 11 Theilnehmer.

Durch den erheblichen Zuwachs aus der Studenten-Bibliothek war eine Neuordnung des gesammten Bücherbestandes des Seminars erforderlich geworden. Die Directoren fertigten daher aus den vorhandenen Zetteln einen systematischen Katalog an, nach welchem sie die Bücher neu aufstellten. Bei der Signirung leisteten einige Seminar-Mitglieder freiwilligen Beistand.

Vogt.

11. Das romanisch-englische Seminar.

a. Die romanische Abtheilung.

Im Sommer-Semester 1892 wurde die I. bis IX. Satire Mathurin Regnier's gelesen, woran sich eine Anzahl französischer Vorträge der Mitglieder des Seminars knüpfte. Die Zahl der Theilnehmer war 11.

Im Winter-Semester betheiligten sich 5 Mitglieder an italienischen Uebungen, in denen Dante's Vita Nuova bis zum 31. Kapitel interpretirt wurde.

Die der Abtheilung zur Verfügung stehenden Mittel wurden zur Vervollständigung des Seminars verwendet. Zur Ausfüllung vorhandener grosser Lücken reicht die ausgeworfene Summe leider nicht hin. Selbst für das Französische konnten weder die Schriftsteller der classischen Periode in genügender Zahl und in guten Ausgaben beschafft werden, noch konnte für die Litteratur des 19. Jahrhunderts auch nur das Nothwendigste geschehen.

Appel.

b. Die englische Abtheilung.

Im Sommer-Semester 1892 wurden mehrere Gesänge des Beowulf cursorisch gelesen und englisch abgefasste Abhandlungen der ordentlichen Mitglieder besprochen.

Im Winter-Semester 1892/93 wurden die ersten 11 Abschnitte in Pollard's English Miracle Plays (Oxford 1890) gelesen und eingehend erklärt, sowie freie Arbeiten der Mitglieder besprochen.

Die zu Gebote stehenden Geldmittel werden in vorgeschriebener Weise für die Bibliothek verwerthet.

Kölbing.

12. Das slavisch-philologische Seminar.

Das Seminar für slavische Philologie wurde, nachdem im Jahre 1892 das ehemalige Rectorzimmer mit Genehmigung des Königlichen Ministeriums mit dem nothwendigsten Mobiliar ausgestattet war, und nachdem durch hohe Verfügung des Königlichen Ministeriums weitere Fonds zu den Kosten der Errichtung und Erhaltung eines Seminars für slavische Philologie bewilligt worden (Curatorialschreiben vom 16. Januar 1893), im Januar eröffnet. Mit den 5 Theilnehmern an der Vorlesung über altslovenische Grammatik wurden bis zum Beginn der Osterferien Uebungen im Lesen und Erklären altslovenischer Texte abgehalten.

Die Bibliothek des Seminars ist den bewilligten Fonds entsprechend nur zum Theil mit den wichtigsten Werken der slavischen Philologie versehen; werthvolle Geschenke von Publicationen slavischer wissenschaftlicher Institute sind in dankenswerther Weise der Seminar-Bibliothek überwiesen worden oder stehen in Aussicht.

Nehring.

13. Das geographische Seminar.

An den Uebungen des Sommer-Semesters 1892 betheiligten sich 9, an denen des Winter - Semesters 1892/93 8 Studirende. Als Grundlage der Verhandlungen wurde im ersten Halbjahre Ed. Brückner's bahnbrechende Untersuchung über Klimaschwankungen, im anderen A. von Humboldt's Reise in die Aequinoctial-Gegenden gewählt. Ausser der Betheiligung an der kritischen Erörterung der durch diese Werke gebotenen Darstellungen und Streitfragen behandelten die Mitglieder des Seminars in selbständigen Vorträgen selbstgewählte Themata. Die Kartensammlung und der nur allzu bescheidene Bücherbestand des Seminars wurden auch für besondere Arbeiten der Studirenden und der Prüfungs-Candidaten eifrig in Anspruch genommen. An die Oeffentlichkeit traten davon drei Dissertationen.

Partsch.

14. Das mathematisch-physikalische Seminar.

Prof. Meyer liess im Sommer-Halbjahr 1892 Aufgaben aus der Lehre vom Erdmagnetismus, im Winter-Halbjahr 1892/93 Aufgaben aus der Theorie der Gase bearbeiten.

Unter der Leitung des Professor Rosanes bezogen sich die Uebungen im Sommer-Halbjahr 1892 auf die Theorie der Irrationalzahlen und die Theorie der algebraischen Gleichungen, im Winter-Halbjahr 1892/93 auf die analytische Geometrie der Ebene im Anschluss an die gleichzeitige Vorlesung über denselben Gegenstand.

In der Abtheilung des Prof. Sturm wurden im Sommer-Halbjahr 1892 Lehrsätze über grösste und kleinste Figuren nach elementar-geometrischer Methode behandelt. Im Winter-Halbjahr 1892/93 bestanden die Uebungen in der Lösung von Aufgaben aus der darstellenden Geometrie auf dem Reissbrette im Anschluss an die gleichzeitige Vorlesung über darstellende Geometrie. Es betheiligten sich an diesen Uebungen 8 Studirende; für diese Anzahl aber war das Zimmer des Seminars zu klein und gab, da sein einziges Fenster zudem sehr niedrig ist, zu wenig Licht. Herr Privat-Docent Dr. Semrau, der stellvertretende Director des kunsthistorischen Seminars, gab freundlichst die Erlaubniss zur Benutzung des einen Zimmers seines Seminars, so dass die Hälfte der Theilnehmer dort arbeiten konnte. In diesem zweiten vom ersten durch einen längeren Flur getrennten Raume übernahm dann mit grosser Bereitwilligkeit Herr Privat-Docent Dr. London die Beaufsichtigung der Arbeiten.

Ob sich bei einer Wiederholung solcher graphischen Uebungen, welche für die Studirenden der Mathematik sehr empfehlenswerth sind, ein ähnliches Arrangement wird ermöglichen lassen, ist die Frage, und es liegt daher das dringende Bedürfniss nach einem grösseren Raume für das mathematisch-physikalische Seminar vor.

Einen schönen Schmuck für sein Zimmer hat das Seminar der Frau Geheimrath Schröter zu verdanken, welche ihm sieben Bilder von Mathematikern aus dem Studirzimmer ihres verstorbenen Gemahls geschenkt hat.

O. E. Meyer. Rosanes. Sturm.

15. Die psychophysische Sammlung.

Zur Erweiterung des psychophysischen Apparates reichten die noch vorhandenen Mittel nicht aus. Um so dankbarer begrüsste der Unterzeichnete die Möglichkeit, von dem Rest des Geldes einige psychologische Bücher zu kaufen, und so dem Conflict zwischen der Verpflichtung, philosophische Uebungen abzuhalten, und der Unmöglichkeit, die dafür erforderlichen Bücher zu beschaffen, in einigen besonderen dringenden Fällen zu entgehen.

Th. Lipps.

d. Die Institute der philosophischen Facultät.

1. Das physikalische Cabinet.

Als das physikalische Cabinet im Jahre 1867 in das erste Stockwerk des damals neu erbauten Institutengebäudes an der Ecke der Burgstrasse und der Schuhbrücke verlegt wurde, erhielt das Institut Räume, welche sich vor den alten, den auch jetzt noch zum Cabinet gehörigen Zimmern des ehemaligen Convicthauses durch Höhe und Helligkeit sehr vortheilhaft auszeichneten. Bald genug aber wurden im neuen Gebäude bedenkliche Fehler und Uebelstände bemerkt. Da das Haus unbegreiflicher Weise mit eisernen Trägern und Säulen überreich ausgestattet ist, so können magnetische Messungen nur mit grosser Schwierigkeit angestellt werden.*) Noch schlimmer ist, dass in dem Institutengebäude fest fundamentirte Pfeiler zur Aufstellung von Messinstrumenten gänzlich fehlen. Anfänglich genügte es, solche Instrumente an den sehr solid gemauerten Wänden anzubringen. Als aber die städtische Bauverwaltung, rücksichtslos Wünsche und Bitten missachtend, die Burgstrasse pflastern liess, war in den Institutsräumen kein Platz mehr zu finden, an dem ein Messinstrument hinlänglich vor Erschütterungen gesichert gewesen wäre. Eine Verlegung des physikalischen Cabinets ist aus diesen Gründen schon seit Jahren zu einer unabweisbaren Nothwendigkeit geworden.

Das vorige Jahr hat einen weiteren zwingenden Grund für eine Verlegung dadurch gebracht, dass auf der Burgstrasse eine elektrische Bahn gebaut worden ist. Die starken Ströme dieser Bahn wirken störend auf die magnetischen und galvanischen Apparate des Instituts ein. Ueber die Art und Stärke dieser Einwirkung sind von dem Assistenten Herrn Dr. Mützel und mir Beobachtungen angestellt worden, deren Ergebnisse ich hier mittheilen will. Eine genauere Beschreibung der Versuche wird die elektrotechnische Zeitschrift bringen.

Die Bahn umkreist das Institutengebäude in der Weise, dass die elektrischen Wagen sich von Südosten her nähern

---

*) Messungen der erdmagnetischen Kraft in Schlesien, 66. Jahresbericht der Schles. Ges. f. vaterl. Cultur für 1888, Seite 57.

und nach Westen hin sich entfernen. Der Strom der positiven Elektricität fliesst von der oberirdischen Zuleitung durch die Maschine des Wagens nach den Schienen im Erdboden und weiter zur Kraftstation am Luisenplatz zurück.

Ein in der Richtung von Südosten herkommender Motorwagen lenkt bei seiner Annäherung den Nordpol der Nadel nach Osten ab; in dem Augenblicke, wo der Wagen vorüberfährt, kehrt die Nadel die Richtung ihrer Bewegung um und zeigt eine Ablenkung nach Westen an. Diese Ablenkungen erreichen die Grösse von 10 Bogenminuten, sind also beträchtlicher, als der durchschnittliche Werth der Aenderung, welche die Richtung der erdmagnetischen Kraft unter normalen Verhältnissen im Laufe eines Tages erfährt. Da die Störung sich mit jedem vorbeifahrenden Wagen, also nach je 5 Minuten wiederholt, so ist klar, dass feine magnetische Messungen im physikalischen Cabinet nicht mehr ausgeführt werden können.

Ausser den von den elektrischen Leitungen der Motorwagen unmittelbar auf die magnetischen Apparate ausgeübten Wirkungen bringt die Bahn, wie zuerst Professor Dorn in Halle erkannt hat, noch eine Störung anderer Art dadurch zu Stande, dass die Rückleitung der elektrischen Ströme nicht ganz der Schienenleitung folgt. Ein Theil der zu den Schienen abgeleiteten Elektricität fliesst durch den feuchten Erdboden und durch die in ihm liegenden Gas- und Wasserleitungsröhren zur Maschinenstation zurück.

Das Dasein dieser Ströme haben wir dadurch unmittelbar nachgewiesen, dass wir im Grundstück des Institutengebäudes zwei Metallplatten eingraben liessen, die eine hart an der Burgstrasse, die andere an der entgegengesetzten Grenzmauer. Als wir beide Platten durch Leitungsdrähte und ein Galvanometer mit einander in Verbindung setzten, zeigte der dadurch entstandene elektrische Strom jedesmal, wenn ein Motorwagen sich näherte, mit unverkennbarer Deutlichkeit eine Verstärkung, welche wieder verschwand, sobald der Wagen sich entfernte. Diese im Erdboden verlaufenden Ströme sind freilich durchaus nicht stark, aber sie üben in unserem Falle doch eine sehr merkliche Wirkung auf die Magnetnadel aus, weil sie ihr nahezu gleich gerichtet von Norden nach Süden verlaufen; sie lenken die Nadel bis zu 10 Bogenminuten ab.

Mit solchen von der elektrischen Bahn herrührenden Strömen ist, wie wir durch Wiederholung der Messungen an einem anderen Orte gefunden haben, der ganze Untergrund der Stadt Breslau erfüllt. Es giebt also in dieser Stadt keinen Platz mehr, der von solchen Strömen völlig frei wäre, selbst nicht an Stellen, die von den Bahngeleisen weit entfernt sind. Aber es lassen sich noch Plätze angeben, an denen jene Erdströme so schwach sind, dass ihre Wirkungen nicht einmal für sehr feine Messungen in Betracht kommen.

Bei den jetzigen Verhältnissen ist es unmöglich, im hiesigen physikalischen Institut Untersuchungen durchzuführen, bei denen es auf genaue magnetische oder elektrische Messungen ankommt. Die Schuld an diesem bedauerlichen Zustande würde die elektrische Bahn zu tragen haben, wenn das Institutengebäude nicht schon vor dem Bau der Bahn zu solchen Zwecken ungeeignet gewesen wäre.

Die Vorlesungs-Experimente werden, da sie nicht die äusserste Feinheit beanspruchen, auch in Zukunft nicht erheblich durch die elektrische Bahn gestört werden; und ebenso werden die praktisch-experimentellen Curse für Studirende im Convictgebäude auch ferner in der bisherigen Weise abgehalten werden können.

O. E. Meyer.

2. Die Sternwarte.

In der Einrichtung und Vertheilung der regelmässigen astronomischen, meteorologischen und magnetischen Beobachtungen, sowie deren Verwerthung, haben in dem verflossenen Jahre Veränderungen nicht stattgefunden. Mit dem Schlusse des Jahres 1892 hat der zweite Assistent Herr Richard Stelzer die Sternwarte verlassen, um einer anderen Berufsthätigkeit in Stuttgart sich zu widmen, und ist an seine Stelle der Candidat des höheren Schulamts Herr Hugo Michnik eingetreten. In baulicher Beziehung war in diesem Jahre die Sternwarte in die allgemeine bauliche Renovation des ganzen Universitäts-Gebäudes mit einbezogen und ist dadurch nicht blos der äussere Abputz des Thurmes wieder erneut worden, sondern haben auch einige sonstige wesentliche Verbesserungen bei dieser Gelegenheit stattgefunden. Als die wichtigste von diesen ist die Aufstellung einer neuen Windfahne auf der Spitze des Thurmes aus Aluminium-Blech zu verzeichnen, da die im Jahre 1873 aufgestellte Windfahne aus Kupferblech wegen zu grosser Schwerfälligkeit ihrer Fassung und Construction bei geringen Windstärken den Anforderungen nicht hinreichend genügte. Die gegenwärtige in der hiesigen Kunstschlosserei von Trelenberg angefertigte und nach neueren Principien von dem Ingenieur Halfpaap entworfene Windfahne wurde am 13. August aufgebracht und hat sich in Betracht der Empfindlichkeit und der Wahl des Metalls bisher in der besten Weise bewährt. Sonst wurde noch auf der Galerie der Sternwarte an die Stelle des bisherigen schadhaften Bohlen-Belages über dem Kupferdache ein sorgfältig gearbeiteter mit Carbolineum getränkter Latten-Belag angebracht. Die Bibliothek-Räume der Sternwarte erhielten neue Fenster. Während der Bauzeit wurde eine theilweise Umstellung der Instrumente erforderlich und mussten einige der meteorologischen Instrumente zeitweis im zweiten Stock angebracht werden.

Galle.

3. Das chemische Institut.

In den Verhältnissen des Instituts hat sich im Etatsjahr 1892/93 nichts Wesentliches geändert. Die Zahl der Praktikanten betrug im Sommer 54, im Winter 56. Als Assistenten fungirten 1. Dr. Ahrens, 2. Dr. Bunzel, 3. Dr. Adam bis zum 1. Januar, dann Dr. Wolffenstein.

Folgende wissenschaftliche Arbeiten wurden ausgeführt und veröffentlicht:

1. Wendler: Ueber Nipecotinsäure. (Inaug. - Dissert. Breslau.)
2. Schuster: Ueber die Einwirkung von Benzaldehyd auf Lutidin. (Inaug.-Dissert. Breslau.)
3. Kirchner: Ueber Hydrofuryllutidinsäure. (Inaug.-Dissert. Breslau.)

4. **Karau**: Ueber Tetravinylpyridin und Isonipecotinsäure. (Inaug.-Dissert. Breslau.)

5. **Auerbach**: Ueber ein neues Collidin und die Reduction der Methylnicotinsäure. (Inaug.-Dissert. Breslau.)

6. **Schubert**: Ueber die Einwirkung von Chloral auf Collidin. (Inaug.-Dissert. Breslau.)

7. **Abel**: Ueber die Einwirkung von Formaldehyd auf Phenole. (Habilitationsschrift. Breslau.)

8. **Wolffenstein**: Ueber die Oxydation des Piperidins.

9. **Prausnitz**: Ueber Derivate von α Methyl β' Aethylpyridylalkin.

10. **Alexander**: Reductions-Producte des Cumaron.

11. **Derselbe**: Einwirkung von Formaldehyd auf Orthodimethyltoluidin.

12. **Heiber**: Ueber den Hydrofuryllutidincarbonsäureester.

13. **Ahrens**: Zur Kenntniss des Spartëins.

14. **Ladenburg**: Ueber das Hyoscin.

15. **Derselbe**: Ueber ein Dimethyldipiperidyl.

16. **Derselbe**: Ueber Piperidincarbonsäuren.

17. **Derselbe**: Ueber das Isoconiin und den asymmetrischen Stickstoff.

Ladenburg.

4. Das pharmaceutische Institut.

a. Chemische Abtheilung.

In der inneren Einrichtung des pharmaceutischen Instituts fanden wesentliche Veränderungen nicht statt und ebenso wenig trat in den Vorlesungen gegen das Vorjahr eine Aenderung ein.

Im Laboratorium des Instituts waren im Sommer-Semester 78 Plätze und im Winter-Semester 80 Arbeitsplätze belegt.

Als Assistenten waren thätig Dr. Bruno Grützner und die Apotheker Höhnel und Braun.

Die Bibliothek, der chemische Apparat und die Sammlungen wurden entsprechend vermehrt, letztere erhielten durch Geschenke aus den chemischen Fabriken von vormals Heyden in Dresden und Riedel in Berlin einen Zuwachs von interessanten neuen Präparaten.

Nachstehende Experimental-Untersuchungen sind mit den Hilfsmitteln des Instituts im Jahre 1892/93 beendet und veröffentlicht worden:

1. Ueber die Haltbarkeit titrirter Lösungen des Kaliumpermanganats von Dr. Bruno Grützner. 1892. Archiv der Pharm. Bd. 231 S. 321.

2. Ueber das ätherische Oel von Allium sativum von Dr. F. W. Semmler. Verspätete Veröffentlichung im Archiv der Pharm. 1892. Bd. 231 S. 434.

3. Ueber Jalapin, das Glycosid der Stipites Jalapae von Th. Poleck. 1892. Zeitschrift des österreichischen Apotheker-Vereins S. 391.

4. Ueber krystallisirte Eisen-Wolfram-Legirungen von Th. Poleck und Dr. Grützner. 1893. Berichte der deutschen chem. Gesellschaft Bd. 26 S. 35.

5. Ueber den Gehalt an Aethylalcohol im deutschen und türkischen Rosenöl von Th. Poleck. 1893. Berichte der deutschen Gesellschaft Bd. 26 S. 38.

Poleck.

b. Pharmacognostische Abtheilung.

Die Arbeiten in der pharmacognostischen Abtheilung des Instituts wurden in gewohnter Weise fortgesetzt. An den mikroskopischen Uebungen betheiligten sich im Sommer-Semester 49, im Winter-Semester 50 Studirende der Pharmacie. Die Anzahl der Mikroskope sowohl, wie die pharmacognostische Sammlung wurden in entsprechender Weise vermehrt.

Poleck. Prantl.

5. Das landwirthschaftlich-technologische Institut.

Auch im Laufe des Jahres 1892/93 ruhten die Arbeiten im genannten Institute. Es wurde nur in der Weise benutzt, dass der Privat-Docent Herr Dr. Ahrens für seine im landwirthschaftlichen Institut gehaltenen technologischen Vorlesungen die Vorräthe und Apparate des Instituts verwendete, welche letzteren für diesen Zweck gepflegt und ergänzt wurden. Es blieb noch der Aufsicht des unterzeichneten Directors des landwirthschaftlichen Instituts unterstellt. Der rege Besuch

der technologischen Vorlesungen lässt es höchst wünschenswerth erscheinen, dass wiederum ein besonderer Leiter des
landwirthschaftlich - technologischen Instituts berufen werde,
um die Mittel und Räume desselben zweckentsprechend zu
verwerthen.

Holdefleiss.

**6. Das thierchemische Institut und agricultur-
chemische Laboratorium.**

Im thierchemischen Institut und agriculturchemische Laboratorium haben wesentliche Veränderungen gegenüber dem
vorhergehenden Jahre nicht stattgefunden. Als Assistent für
das thierchemische Institut fungirte Dr. S. Gabriel, und
als Assistent für das agriculturchemische Laboratorium Dr.
L. Graffenberger.

Die Bibliothek, sowie die Sammlung physiologisch-
chemischer Präparate wurde den Bedürfnissen entsprechend
vermehrt und ein Theil der letzteren im Laboratorium hergestellt. Ausserdem gelangten folgende in dem Institut ausgeführte wissenschaftliche Arbeiten zur Veröffentlichung:

1. Versuche über das Entbittern der Lupinen. Dr. S. Gabriel.
Journal für Landwirthschaft Bd. XXXIV. S. 160.

2. Beiträge zur quantitativen Bestimmung der freien Salz-
säure im Mageninhalte. Dr. L. Graffenberger. Landw.
Versuchs-Stationen Bd. XXXIV. S. 455.

3. Versuche über den Einfluss, welchen die Beigabe verschiedener Salze zur Nahrung auf das Körpergewicht und
die Zusammensetzung der Knochen und Zähne ausübt.
III. Abhandlung. H. Weiske. Landw. Versuchs-Stationen
Bd. XL. S. 81.

4. Fütterungsversuche mit entbitterten Lupinen. Dr. S. Gabriel.
Journal für Landwirthschaft Bd. XL. S. 23.

5. Versuche zur Feststellung des zeitlichen Ablaufes der
Zersetzung von Fibrin, Leim, Pepton und Asparagin im
menschlichen Organismus. Dr. L. Graffenberger. Zeitschrift für Biologie. Bd. XXVIII. S. 318.

6. Eine einfache Bestimmungsmethode der Rohfaser. Dr.
S. Gabriel. Zeitschrift für physiologische Chemie. Bd.
XVI. S. 370.

7. Ueber Milchfettbestimmungen mit dem Lactobutyrometer von Demichel. Dr. L. Graffenberger. Landw. Versuchs-Stationen Bd. XLI. S. 43.

8. Versuche über die Verdaulichkeit des Futters unter verschiedenen Verhältnissen und bei verschiedenen Thieren. H. Weiske. Landw. Jahrbücher Bd. XXI. S. 791.

H. Weiske.

7. Das mineralogische Museum.

Die Verwaltung des Museums wurde wie bisher fortgeführt. Die Sammlungen wurden durch zahlreiche neue Erwerbungen vergrössert.

Wie bisher wurden die Sammlungen Sonntags dem grösseren Publikum zugänglich gemacht. Mehrfach wurde das Museum von Breslauer Vereinen, wie dem Gewerbe - Verein u. A. besucht. Am 4. September 1892 blieb das Museum den ganzen Tag für die Theilnehmer des Allgemeinen Deutschen Bergmannstages geöffnet.

Am 5. Januar 1893 wurde im Museum eine von Freunden, Verehrern, Collegen und Schülern Ferdinand Römer's gestiftete Büste des Verewigten feierlich enthüllt. Die von Bildhauer Ernst Seger in carrarischem Marmor ausgeführte Büste ruht auf einem obeliskartigen Sockel von Laurvikit und hat im paläontologischen Saale des Museums Aufstellung gefunden.

Als Assisent fungirte Herr Dr. L. Milch, nachdem Herr Dr. Gürich am 1. Mai 1892 auf seinen Wunsch aus seinen bisherigen Functionen entlassen worden war.

Mit den Hilfsmitteln des Museums wurden die Untersuchungen zu folgenden Publicationen ausgeführt:

G. Gürich: Ueber die quartäre Säugethierfauna von Venezuela und über nordamerikanische Mastodonten;

— Ueber Monograptus priodon und über Silen und Devon des polnischen Mittelgebirges;

— Ueber ein neues Vorkommen von Lias und oberem Jura auf der Insel Rotti bei Thinor und über diluviale Knochen von Münsterberg; sämmtlich veröffentlicht im Jahresbericht der Schlesischen Gesellschaft für vaterländische Cultur für 1892.

G. Grunenberg: Beiträge zur Kenntniss der physikalischen Eigenschaften des Coelestins, Breslau 1892.
(Als Inaugural-Dissertation der Universität Erlangen
eingereicht.)

C. Hintze: Handbuch der Mineralogie, siebente Lieferung.
Leipzig 1893.

Weiter brachte Herr Dr. Gürich seine Monographie über
die Geologie und Paläontologie des polnischen Mittelgebirges
zum Abschluss; Herr Dr. Milch setzte seine Untersuchungen
am Verrucano, besonders an den Sandsteinen, Conglomeraten
und Schiefern dieser Formation fort, begann die Untersuchung
einer Gesteinssuite aus Paraguay, sowie die eines neuen Mine-
rals von Laurion. Ausserdem wurde wie in den vorhergehenden Jahren die krystallographisch - optische Untersuchung
künstlicher Krystalle aus den chemischen Instituten von
Breslau und anderen Universitäten ausgeführt, besonders von
Herrn Dr. Milch die Untersuchung der von Herrn Geheimrath
Prof. Dr. Ladenburg dargestellten Pipecolin-, Coniin- und
Isoconiin-Verbindungen.

Hintze.

8. Der botanische Garten und das Garten-Museum.

Am 24. Februar 1893 starb nach längerer Krankheit der
bisherige Director des botanischen Gartens und Garten-Museums
Herr Professor Dr. Karl Prantl. In Folge seiner Erkrankung
wurde er seit Ende Januar bis Schluss des Semesters in den
Vorlesungen durch den Privat-Docenten Dr. Felix Rosen
vertreten. Der Unterzeichnete wurde noch am Schluss des
Winter-Semesters 1892/93 als Nachfolger Prantl's berufen und
trat mit Beginn des neuen Etatsjahres, nach am 12. April
1893 erfolgter Bestätigung, seine neue Stelle an.

Während des Etatsjahres 1892/93 fungirte als Assistent
am botanischen Garten und Garten-Museum Herr Victor
Hellmann; bei den mikroskopischen Cursen assistirte ausserdem noch der Candidat des höheren Lehramtes, Herr Wilhelm
Remer, da einerseits der etatsmässige Assistent durch die
laufenden Arbeiten zu stark in Anspruch genommen wurde
und anderseits in Folge der grossen Zahl der Theilnehmer an

den Cursen eine geeignete Hilfskraft herangezogen werden musste.

1. Im Garten selbst wurden grössere Veränderungen nicht vorgenommen, nur die schon früher begonnene Umlegung einzelner Quartiere zu Ende geführt; hierüber ist schon im vorigen Bericht Mittheilung gemacht worden. Der Bestand an lebenden Pflanzen wurde durch Kauf und Tausch erhalten und vermehrt. Samen und lebende Pflanzen erhielt der Garten ferner geschenkt von den Herren: Apotheker Callier, z. Z. in Gnadenfeld, Gartenbau-Director Haupt in Brieg, Prof. Haussknecht in Weimar, Director Jenner in Polnisch-Peterwitz bei Schmolz, Hofgärtner Kurzmann in Sibyllenort, Professor Lagerheim in Quito, Curator Latham in Edinburgh, Lehrer Liebig in Forstlangwasser, Governement Botanist Baron Ferd. von Müller in Melbourne, Handelsgärtner Schneider in Breslau, Hofmarschall von St. Paul in Fischbach, Hofgarten-Inspector Umlauft in Schönbrunn, Dr. Wagner in Königshütte und von der deutschen Colonial-Gesellschaft in Berlin. — Der Besuch des botanischen Gartens war ein sehr reger.

2. Die Sammlungen des botanischen Gartens wurden entsprechend vermehrt und weiter durchgearbeitet.

a. Das Herbar erhielt eine wesentliche Bereicherung durch die von dem verstorbenen Dr. Felsmann in Dittmannsdorf dem Garten testamentarisch vermachte werthvolle Sammlung, welche die europäische Flora gut vertreten und gut conservirt enthält. Dieselbe hat auch für das Herbar. silesiacum Bedeutung, weil die Flora des Waldenburger Berglandes darin vollständig erhalten ist. Geschenkt erhielt das Herbar auch eine Anzahl Pflanzen aus dem Berliner Museum. Durch Kauf wurden erworben Pflanzensammlungen aus Bolivien (Coll. Rusby), dem Caplande (Coll. Prager) und Bulgarien (Coll. Velenovský). Um die Ordnung des Herbars hat sich auch in diesem Etatsjahre Herr Realgymnasiallehrer Dr. Th. Schube grosse Verdienste erworben. Er führte die Durcharbeitung des Herbar. silesiac. fast bis zu Ende durch und bereicherte die Sammlung durch werthvolle Beiträge.

b. Das Garten-Museum hat grössere Erwerbungen nicht gemacht.

c. Die Bibliothek des Gartens wurde durch Ankauf von Büchern entsprechend vermehrt und erhielt durch testamentarische Zuwendung mit dem Herbar eine Anzahl Bücher aus dem Nachlass des Herrn Dr. Felsmann.

Die wissenschaftlichen Arbeiten, welche während des Etatsjahres 1892/93 ausgeführt wurden, sind folgende:

1. Prantl: Das System der Farne (Arbeiten aus dem kgl. botanischen Garten zu Breslau).

2. Hellmann: Botanische Mittheilungen (Jahresbericht der schles. Ges. für vaterl. Cultur).

3. Stenzel: Anatomie der Laubblätter und Stämme der Celastraceae und Hippocrateaceae (Dissertation Erlangen 1893).

4. Staritz: Ein neuer Inhaltskörper in den Siebröhren einiger Leguminosen (Festprogramm d. Maria-Magdalenen-Gymnasiums Ostern 1893).

F. Pax.

9. Das pflanzenphysiologische Institut.
(Director Prof. Dr. Ferdinand Cohn.)

Zu den bisherigen, im Institut von dem Director, sowie von Oberstabsarzt a. D. Professor Dr. Schröter geleiteten mikroskopisch-anatomischen und mykologischen Cursen ist im Winter-Semester 1892/93 noch ein von dem Assistenten des Instituts, Dr. Rosen, abgehaltener Cursus der mikroskopischen Prüfung von Nahrungsmitteln getreten, nachdem derselbe sich als Privat-Docent für Botanik an hiesiger philosophischer Facultät habilitirt hatte.

Professor Dr. Schröter hielt wiederum im März 1893 einen bacteriologischen Cursus im Auftrage des Kaiserlichen Sanitätsamts des VI. Armeecorps ab, an welchem 25 Assistenzärzte Theil nahmen.

Als Praktikanten arbeiteten neun Herren im Institut, von denen Paul Schottländer am 30. August 1892 auf Grund seiner Dissertation: „Beiträge zur Kenntniss des Zellkernes und der Sexualzellen bei Kryptogamen" von der Philosophischen Facultät zum Doctor promovirt wurde.

Im Winter-Semester 1892/93 fand, wie in früheren Jahren, unter Leitung des Directors ein botanisches Colloquium, abwechselnd mit den Sitzungen der botanischen Section der Schlesischen Gesellschaft, statt.

An der von dem Ministerium der geistlichen etc. Angelegenheiten bei der Weltausstellung in Chicago veranstalteten Ausstellung der Preussischen Universitäten hat sich das Institut, insbesondere durch ein Album mit Photographien seiner Einrichtungen und Sammlungen, betheiligt, welche von Herrn Apotheker Krull aufgenommen worden sind; derselbe hat auch sonst als Volontair-Assistent dem Institut Dienste geleistet.

Auch in diesem Jahre ist das Institut von vielen Seiten zur Beantwortung oder Begutachtung botanischer Fragen in Anspruch genommen worden.

Der physiologische Garten erhielt Geschenke lebender Pflanzen von Garten-Inspector Richter hier, Rittergutsbesitzer J. Schottländer-Hartlieb, Lehrer Liebig-Forstbauden, Rittergutsbesitzer von Salisch-Postel, Professor Dr. Stoll-Proskau.

Dem mit dem Institut verbundenen Botanischen Museum wurde von dem Schlesischen Forstverein eine ausgezeichnete Sammlung zur Demonstration der Beschädigung der Waldbäume durch Insecten in neun grossen verglasten Kästen als Geschenk überwiesen, welche die gesammte Entwickelung der Forst-Schädlinge und die Art ihrer Verwüstungen an den Bäumen in instructivster Weise veranschaulicht; dieselbe ist im Auftrage des Schlesischen Forstvereins von Förster Gerike-Kaiserswalde angefertigt worden.

Ferner gingen dem Museum als Geschenke zu von

Rittergutsbesitzer von Salisch-Postel: Sammlung schlesischer Holzarten;

Dr. Wawrzik, hier: Kryptogamisches Herbar;

Botanisches Museum-Hamburg (Director Professor Dr. Sadebeck): Fruchtrispe von Phytelephas;

Baron Ferdinand von Müller-Melbourne: Australische Insectenpilze;

Frau Emma von Hüttner und Kaiserlich Deutscher Consul
Schneider-San Remo: Blüthenrispe einer Cocospalme
und Fruchtzapfen von Cycadeen;

Handelsgärtner Lorenz-Bunzlau: männlicher Blüthenzapfen
von Cycas circinnalis;

Heilanstalt Görbersdorf: Fruchtzapfen von Encephalartos
Altensteinii;

Dr. med. M. B. Freund, hier: Verschiedene Früchte aus
Italien;

Herr Auras, hier: Moderner Papyrus aus Syracus;

Professor Dr. Buchenau-Bremen: Proben verschiedener
Indigoarten;

Dr. Richard Sandberg, hier: Pflanzen-Producte aus Ost-
Afrika;

Apotheker Mortimer Scholz, hier: Schraubiger Stamm
von Aristolochia Sipho.

Allen Geschenk-Gebern spreche ich hiermit verbindlichen
Dank aus.

Ferdinand Cohn.

10. Das zoologische Institut.

In den äusseren Verhältnissen des zoologischen Institutes und
Museums sind wesentliche Aenderungen nicht eingetreten. Die
alte und breite Holztreppe, welche zu der Privatwohnung von
Geheimrath Galle hinabführte, wurde abgebrochen und der
hierdurch frei gewordene Raum fand durch Dielung des Bodens
Verwerthung zur Unterbringung von Skeletten. Ausserdem
sind die gesammten nach Süden gelegenen Räume des Instituts
mit einem neuen Anstrich versehen worden.

Die Missstände, deren im vorjährigen Berichte gedacht
wurde, gaben Veranlassung, dass Museum, Arbeitsräume und
Auditorium einer eingehenden Besichtigung von Seiten der
Königlichen Commissarien, Herrn Geh. Ober-Regierungsrath
Naumann und Herrn Geh. Baurath Lorenz unterzogen
wurden. In einer am 13. Juli 1892 anberaumten Conferenz
wurde die Unzulänglichkeit der genannten Räume anerkannt
und eine Lösung zur anderweitigen Unterbringung des zoologischen Instituts gesucht. Der Unterzeichnete nahm Ver-

anlassung, sich gegen die verschiedenen vorgeschlagenen Projecte auszusprechen und nachdrücklich zu betonen, dass nur durch einen Neubau den Anforderungen einer zoologisch-biologischen Forschung Rechnung getragen werden könne.

Für Mehrung der Sammlungen gaben namentlich die Beziehungen zum zoologischen Garten Anlass. Eine Anzahl werthvoller, dort eingegangener Vögel und Säugethiere wurden behufs Aufstellung der Skelette angekauft. Mit besonderem Danke sei erwähnt, dass eine Summe von 500 Mark durch Erlass des Königlichen Curatoriums als Zuschuss zum Ankauf eines Nashorn-Skelettes bewilligt wurden. Da dem zoologischen Institute geeignete Macerationsräume für umfängliche Säugethier-Skelette fehlen, so war es nicht zu vermeiden, dass die wenig aromatischen Hantirungen zu vielfachen Klagen von Seiten der Vorsteher angrenzender Seminarräume und anwohnender Universitäts-Beamten Veranlassung gaben.

Als Geschenk wurde dem Museum eine in 18 Kästen enthaltene Schmetterling - Sammlung durch Frau Stetter in Schmiedeberg überwiesen.

An wissenschaftlichen Publicationen sind im vergangenen Jahre folgende aus dem Institute hervorgegangen:

E. Rohde: 1. Muskel und Nerv bei Nematoden. Sitzber. d. Preuss. Akad. der Wissensch.

2. Muskel und Nerv bei Mermis und Amphioxus. Sitzber. d. Preuss. Akad. d. Wissensch.

3. Giebt es Holomyarier. Sitzber. der Preuss. Akad. d. Wissensch.

4. Muskel und Nerv, I. Ascaris. Zoolog. Beiträge mit sechs Tafeln.

5. Muskel und Nerv, II. Mermis und Amphioxus. Zoolog. Beiträge mit vier Tafeln.

6. Muskel und Nerv, III. Gordius. Zoolog. Beiträge mit zwei Tafeln.

F. Braem: 1. Die Keimblätter der Bryozoënknospe. Zoolog. Anz. 28. III. 1892.

2. Notiz über Cristatella. Zoolog. Anz. 27. II. 1893.

3. Das Princip der organbildenden Keimbezirke und die entwickelungsmechanischen Studien von H. Driesch. Biol. Centralbl. 1. III. 1893.

4. Ein Wort über Herrn Prof. K. Kraepelin und seinen neuesten Beitrag zur Bryozoënkunde. Cassel 1893.

Wawrczik: Ueber das Stützgewebe des Nervensystems der Chaetopoden. Zoolog. Beitr. mit sechs Tafeln. (Dissertation.)

J. Wackwitz: Beiträge zur Histologie der Mollusken-Muskulatur, speciell der Heteropoden und Pteropoden. Zoolog. Beitr. mit drei Tafeln. (Dissertation.)

C. Chun: 1. Die Dissogonie, eine neue Form der geschlechtlichen Zeugung; mit fünf Tafeln.

2. Die Canarischen Siphonophoren in monographischen Darstellungen. II. Die Monophyiden mit fünf Tafeln. (Abh. Senckenberg. Gesellsch. Bd. 16.)

3. Die Bildung der Skelettheile bei Echinodermen. Zool. Anz. 1892.

4. Die Cölenteraten, Lieferung 2—5. (Bronn's Klassen und Ordnungen des Thierreichs.)

Chun.

e. Die Institute der medicinischen Facultät.
A. Die theoretischen Institute.
1. Das anatomische Institut.
Kein Bericht eingegangen.

2. Das physiologische Institut.

In den äusseren Verhältnissen der Anstalt und in der Besetzung ihrer Beamtenstellen hat sich im Laufe des verflossenen Etatsjahres nichts Wesentliches geändert.

Arbeiten des Instituts.

I. Abgeschlossene und bereits veröffentlichte oder druckfertige Abhandlungen:

1. Ernest Starling: Contributions to the physiology of lymph secretion. Journal of physiology XIV.

2. K. Hürthle: Ueber die Erklärung des Cardiogramms mit Hilfe der Herztonmarkirung und über eine Methode

zur mechanischen Registrirung der Töne. Deutsche med. Wochenschrift 1893.

3. E. Gotschlich: Ueber den Einfluss der Wärme auf Länge und Dehnbarkeit des elastischen Gewebes und des quergestreiften Muskels. Pflüger's Archiv Bd. 54.

4. R. Krause: Beiträge zur Histologie der Wirbelthierleber. I. Abhandlung.

5. F. Röhmann: Verzuckerung der Stärke durch Blutserum. Berichte der Deutschen chemischen Gesellschaft Bd. 25.

6. F. Röhmann: Ueber den Stoffumsatz in dem thätigen elektrischen Organ des Zitterrochen. Archiv für Physiol. 1893 S. 425.

7. M. Bial: Weitere Beobachtungen über das diastatische Ferment des Blutes. Pflüger's Archiv Bd. 53.

8. M. Bial: Ein weiterer Beitrag zum Chemismus des zuckerbildenden Blutfermentes. Pflüger's Archiv Bd. 54.

9. R. Heidenhain: Ueber Darmresorption. Vortrag in der medic. Section der Schlesischen Gesellschaft. Jahresbericht 1893.

II. Noch nicht abgeschlossene Arbeiten:

1. R. Heidenhain: Fortsetzung der Untersuchungen über Darmresorption.

2. C. Hürthle: Ueber den Bau der Schilddrüse.

3. R. Krause: Ueber den Bau der Wirbelthierleber.

4. E. Gotschlich: Untersuchungen zur Chemie des Muskels.

5. F. Röhmann: Ueber die Verzuckerung von Glycogen durch Blutserum.

6. Röhmann und Spitzer: Ueber die postmortale Zuckerbildung in der Leber.

7. M. Werther: Ueber die Affinitäten einiger Eiweisskörper und der aus ihnen entstehenden Peptone.

8. E. Dürkopf: Ueber die Verdauung von Casein durch Trypsin.

9. G. Rosenfeld: Ueber Fettleber bei Phloridzindiabetes.

R. Heidenhain.

3. Das pathologisch-anatomische Institut.

Am 1. September 1892 wurde in Gegenwart des Curators, Wirkl. Geh. Raths und Ober-Präsidenten Herrn Dr. von Seydewitz, des Curatorial-Rathes Herrn Geh. Reg.-Raths v. Frankenberg, des Verwaltungs-Directors Herrn Geh.-Med.-Raths Prof. Dr. Fritsch, des Bauleiters Herrn Reg.- u. Bauraths Waldhausen und der übrigen Baubeamten das neue pathologische Institut, welches seit dem 1. April 1889 als integrirender Bestandtheil der neuen Krankenhaus-Anlage im Maxgarten errichtet worden war, dem unterzeichneten Director feierlich übergeben.

Da letzterem die Leitung des bisherigen im Allerheiligen-Hospital befindlichen Instituts vorerst verbleibt, so konnte sich die Uebersiedelung weder auf das ganze Inventar, noch auf das gesammte Personal erstrecken. Denn wenngleich der erste und zweite Stock des alten Gebäudes von nun ab dem städtischen Magistrate zu selbständiger Bestimmung überlassen werden sollten, so dauerte doch die Obductions-Thätigkeit, trotz der nunmehrigen räumlichen Beschränkung auf den Umfang des Erdgeschosses, durchaus unverändert fort. Es war also Vorsorge dafür zu treffen, dass es an der alten Stelle an allem demjenigen nicht fehle, was mit der Vornahme der Sectionen und den davon unzertrennlichen mikroskopischen Untersuchungen zusammenhängt und dass stets je nach Bedarf zwei Assistenten zu deren Ausführung verfügbar seien.

Dagegen musste der bei weitem grösste Theil der Hauseinrichtung, vor Allem aber die Tausende von Sammlungs-Präparaten, nach der neuen Anstalt übergeführt werden.

Die Wiederaufstellung dieser im Laufe von 14 Tagen hinausgeschafften Gegenstände nahm die nächsten 2 Monate vollauf in Anspruch. Ja die Unterbringung der Sammlung und die hiervon unzertrennliche Neuordnung nebst Katalogisirung erforderte so viel Zeit und Mühe, dass bis zum Schlusse des Berichts-Jahres das erstrebte Ziel noch nicht hat erreicht werden können.

Nachdem indess die innere Einrichtung — wenigstens vorläufig — vollendet war, erfolgte am Vormittage des 1. November eine allgemeine Besichtigung der Anstalt seitens einer grossen Zahl von akademischen und ärztlichen Berufsgenossen. Am 3. November endlich wurde der Unterricht in dem grossen Hörsaale des Erdgeschosses eröffnet.

In seiner Neugestaltung, dem Ergebniss der Pläne des Directors und der sich daran knüpfenden Berathungen mit dem Bauleiter, Regierungs- und Baurath Waldhausen, verkörpert das neue pathologische Institut einen eigenartigen, gewiss aus vielen Gründen sehr zweckmässigen Gedanken insofern, als es aus zwei ganz selbständigen Gebäuden besteht, die nur durch einen galerieartigen Gang mit einander verbunden sind. Während das grössere mit der Front nach der alten Oder, also ganz frei gelegene Gebäude lediglich der wissenschaftlichen Forschung und dem Unterrichte dient, ist das andere ebenso ausschliesslich für die Leichenöffnungen bestimmt. Unter den drei Räumen, welche letzteres Haus für den genannten Zweck enthält, verdient vor Allem der zehneckige klinische Obductions-Saal hervorgehoben zu werden. Er empfängt nämlich von allen Himmelsrichtungen, ausser von Süden — der Zugangsseite — her, eine Fülle von Licht, zu deren Verstärkung überdies eine mächtige Oberlicht-Oeffnung sorgt, jedoch nur an besonders trüben Tagen Bedürfniss sein wird. Hierdurch und durch den weiteren Umstand, dass die Zuschauer-Reihen in dichten concentrischen Kreisen um den Leichentisch amphitheatralisch emporsteigen, sind die denkbar günstigsten Bedingungen geboten, um einer grossen Hörerzahl, 80—100, die Verfolgung des Ganges der Section aus unmittelbarster Nähe zu gestatten.

Das Unterrichtsgebäude enthält im Kellergeschoss die Niederdruck-Dampfheizung, Räume für Thierversuche, Photographie u. s. w. Im Erdgeschoss ist ein umfänglicher Hörsaal nebst anstossenden Experimentirzimmern untergebracht, sodann die Bücherei und eine ganze Flucht von Arbeitsstuben für die Docenten und Assistenten, sowie vorgerücktere Studirende. Ferner umschliesst es eine chemisch-bacteriologische Abtheilung, ausgestattet mit allen den Vorkehrungen, welche für die Herstellung von Reinculturen aus den in der Leiche gefundenen Mikroorganismen erforderlich sind, mit Züchtungs- und Untersuchungs-Kammer.

Der erste Stock beherbergt ein weites, für die Zwecke des demonstrativen Cursus eingerichtetes Auditorium. Dadurch, dass die zum Studium bestimmten Leichentheile in einem aus dem Keller emporführenden Schachte mittelst Aufzuges hinauf- und hinabgefördert werden, bleibt das ganze übrige Haus frei von jeder Berührung mit jenen Objecten.

Hierneben folgt der gewaltige, in seiner ganzen Länge nach Norden gerichtete Mikroskopirsaal. Durch nicht weniger als 16 hohe gothische Fenster erhellt, gewährt die lange Reihe seiner Tischreihen eine Fülle tadelloser Plätze für histologische Arbeiten. An ihn reiht sich endlich die pathologisch-anatomische Sammlung an, in einem unverhältnissmässig hohen Raum, welcher durch einen horizontalen, aus eisernem Gitterwerk gebildeten Boden in zwei übereinander liegende Abtheilungen gegliedert wird. Durch letztere Anordnung wird, ungeachtet der Menge des zur Schau Gestellten, eine allseitige freie Uebersicht gewährleistet.

Alles in Allem darf der in gothischem Backsteinstil ausgeführte, aus dem Grün eines alten Parkes hervorschauende Bau als eine Anstalt bezeichnet werden, welche den heutzutage an ein pathologisches Institut zu stellenden Anforderungen in vollem Maasse entspricht und besonders auch der modernen Entwickelung der Bacteriologie in ihrer mannigfachen Wechselwirkung auf allgemeine, wie specielle Pathologie gebührende Rechnung trägt.   Ponfick.

4. Das pharmakologische Institut.

Kein Bericht eingegangen.

5. Das hygienische Institut.

Gegen Ende des Etatsjahres 1892/93 verliess Dr. H. Bitter seine Stelle als Assistent des Instituts, um nach einem kurzen Aufenthalt am Berliner Institute für Infections-Krankheiten einem Rufe als Chef des Gesundheitswesens der Stadt Alexandrien Folge zu leisten. An seine Stelle trat der bisherige Leiter der bacteriologischen Abtheilung der zoologischen Station in Neapel, Dr. med. W. Kruse.

Vom 1. Februar 1893 ab wurde ferner durch Erlass des Herrn Cultusministers die Anstellung zweier Hilfs-Assistenten am hygienischen Institut verfügt, deren Function in der Unterstützung der auf Ermittelung und Abwehr der Cholera gerichteten Maassregeln bestehen sollte. Diese beiden Stellen wurden den praktischen Aerzten Dr. Gläser und Dr. Kaensche übertragen.

Die Vorlesungen, praktischen Curse und Excursionen fanden wie in den Vorjahren statt.

Folgende wissenschaftliche Arbeiten wurden im Institut ausgeführt resp. publicirt:

1. C. Flügge: Ueber die Verbreitungsweise und die Verhütung der Cholera. Zeitschrift für Hygiene Bd. 14.

2. Derselbe: Ueber die Wirkung schwächster Luftströme auf die Fortbewegung von Luftstaub und Luftbacterien (im Druck).

3. N. William aus Moskau: Versuche über die Verbreitung der Cholerabacterien durch Luftströme. Zeitschrift für Hygiene Bd. 15.

4. F. Rauer: Untersuchungen über die Giftigkeit der Exspirationsluft. Zeitschrift für Hygiene Bd. 15 und Dissertation.

5. F. Harazim: Untersuchungen über das Breslauer Grundwasser. (Mit dem Preise der Grätzer - Stiftung gekrönt.)

6. W. Kruse: Ueber die Dysenterie-Amöben. Zeitschrift für Hygiene Bd. 16.

7. Derselbe: Experimentelle Beiträge zur Frage der Trinkwasser-Begutachtung. (Noch nicht abgeschlossen.)

Die Zahl der im abgelaufenen Etatsjahr erstatteten Gutachten für Behörden und Communen hat sich gegen früher erheblich gesteigert. Zum Theil waren für diese Gutachten umfangreiche Untersuchungen erforderlich, so namentlich für das Gutachten über die Breslauer Wasserwerke. Letztere Untersuchungen gaben Anlass, dass der Unterzeichnete beim Magistrat die Vorarbeiten für eine Grundwasser-Versorgung der Stadt Breslau in Anregung brachte. — Endlich wurde das Institut sehr stark in Anspruch genommen durch die Untersuchung der zahlreichen choleraverdächtigen Fälle, welche im Spätsommer und Herbst in Schlesien vorkamen, sowie durch Betheiligung an den Vorbereitungen, welche zur Abwehr der Cholera getroffen wurden.

C. Flügge.

B. Die klinischen Institute.

1. Die medicinische Klinik und Poliklinik.

Kein Bericht eingegangen.

2. Die chirurgische Klinik und Poliklinik.

In den Verhältnissen der chirurgischen Klinik ist in dem Berichtsjahre dadurch eine Veränderung eingetreten, dass die bis zum 31. März 1892 im Allerheiligen-Hospitale als Filiale gehaltene Poliklinik aufgegeben wurde. Das in der ersten Zeit nach der Verlegung der Klinik in die neuen Gebäude der Thiergartenstrasse noch spärliche Krankenmaterial hatte sich bereits im ersten Jahre soweit vermehrt, dass es überflüssig erschien, durch eine zweite Poliklinik für dessen Verbesserung zu sorgen, zumal dasselbe durch Contractabschlüsse mit verschiedenen Krankenkassen und Abmachungen mit dem Polizei-Präsidium, durch welche mehr frische für die klinische Demonstration wichtige Verletzungen als bisher der Klinik zugeführt wurden, sich wesentlich reichhaltiger gestaltete.

Die klinischen Räumlichkeiten sind durch den Neubau einer isolirt im Garten hinter der Klinik stehenden Baracke für Diphtheriekranke vermehrt worden. Dieselbe enthält elf Krankenbetten und konnte zum 20. April 1892 belegt werden. Durch diesen Neubau ist dem bis dahin unvermeidlichen Uebelstand, derartige infectiöse Patienten in den Räumen des klinischen Hauptgebäudes selbst verpflegen zu müssen, in bester Weise abgeholfen.

Der Krankenbestand betrug am 1. April 1892 46 Männer, 36 Frauen. Im Ganzen wurden in der Klinik behandelt 682 Männer, 402 Frauen gegen 563 Männer und 319 Frauen im Vorjahre.

Poliklinisch sind behandelt worden 3521 Patienten gegen 8491 im Vorjahre.

Von letzterer Zahl

in der Poliklinik Thiergartenstrasse , ... **2204**,

in der Poliklinik Allerheiligen-Hospital . . . . . . **6287**.

Die klinischen Vorlesungen wurden fünf Mal wöchentlich von 10½,—12 Uhr abgehalten.

Die Zahl der Studirenden betrug im Sommer-Semester 78, im Winter-Semester 75.

Die Leitung der Klinik wie die Zahl der Assistenten und Volontairärzte hat keine Veränderung erfahren.

Während des Etatsjahres sind an wissenschaftlichen Arbeiten erschienen:

Geh. Rath Prof. Dr. Mikulicz:

1. Ueber eine eigenartige symmetrische Erkrankung der Thränen- und Mundspeicheldrüsen. (Billroth's Festschrift p. 610. 1892.)
2. Die heutige Chirurgie und der chirurgische Unterricht. (Klinisches Jahrbuch Bd. IV. 1892 p. 24.)
3. Die Entwicklung der Chirurgie an den deutschen Universitäten. (Sammelwerk zur Chicagoer Weltausstellung „Die Deutschen Universitäten".)

Dr. W. von Noorden:

1. Ein Fall von Thiersch'scher Transplantation der ganzen Orbitalhöhle. (Berl. klinische Wochenschrift XXIX. 41. 1892.)
2. Beitrag zur Technik der Gastrotomie bei Oesophagusstenosen. (Berl. klin. Wochenschrift XXX. 1. 1893.)

Dr. Tietze:

1. Ueber den osteoplastischen Verschluss von Schädeldefecten. (Archiv für klinische Chirurgie Bd. 45 p. 227.)
2. Beitrag zur Kenntniss des Rankenneuroms. (Archiv für klin. Chirurgie. Bd. 45 p. 326.)

Dr. Martin:

Beitrag zur Lehre von der Polymastie und ihrer Beziehung zur Entwicklung von Brustdrüsengeschwülsten. (Archiv für klin. Chirurgie Bd. 45 p. 880.)

Dr. Conrad Kaensche:

Untersuchungen über das functionelle Resultat von Operationen am Magen. (Deutsche medicin. Wochenschrift 1892. No. 49.)

Woelm:

Ueber Jodoformbehandlung bei Tuberkulose der Knochen und Gelenke. (Dissert. Breslau.)

Modrze:

Beitrag zur Lehre und Behandlung der Blutgeschwülste des Kopfes. (Dissert. Breslau.)

Mikulicz.

3. Die Klinik für Augenkranke.

Personalien.

Als Assistenten fungirten im Jahre 1892/93 die Herren DDr. Groenouw, Ritter und Asmus. Dr. Ritter, welcher seine Stellung als Assistent am 1. October 1890 angetreten, verliess dieselbe nach zweijähriger Thätigkeit am 1. October 1892. Als Nachfolger ist Herr Dr. Asmus aus Bonn gewählt und bestätigt worden.

Herr Dr. Groenouw habilitirte sich am 22. December 1892 als Privatdocent für Augenheilkunde.

Gebäude.

In den Sommerferien 1892 wurden nachstehende Ausbesserungen ausgeführt:

1. Renovation der beiden Wärterinnenzimmer in dem ersten und zweiten Stockwerk.
2. Fussbodenanstrich in den Zimmern.

Krankenzahlen.

In der poliklinischen Abtheilung wurden aufgenommen:

im Sommerhalbjahr 1892   2080 Kranke,
im Winterhalbjahr 1892/93 1738   „

während des ganzen Jahres 3818 Kranke.

Von diesen Kranken wurden 359 der stabilen Klinik überwiesen.

4*

Die Zahl der zum Unterricht ausgewählten und an die Studirenden zur Untersuchung vertheilten Kranken betrug:

im Sommerhalbjahr 1892 149,
im Winterhalbjahr 1892/93 . . . 147.

Studirende.

Im Sommer-Semester wurden die Vorträge und die klinischen Demonstrationen besucht:

von 34 Studirenden und
im Winter . . von 40 dto.

insgesammt . . von 74 Studirenden.

An wichtigeren Operationen wurden ausgeführt:

im Sommer 153,
im Winter 129,
insgesammt . . . . 282.

Curse.

Der Privatdocent Dr. Groenouw las praktische Curse über den Gebrauch des Augenspiegels während der Osterferien, des Sommer-Semesters und der Herbstferien 1892, sowie im Winter-Semester 1892/93. Ferner las derselbe während der Osterferien einen Cursus „Uebungen in der Diagnose der Augenkrankheiten" und in den Herbstferien „Uebungen in der Diagnose der Refractions- und Accommodationsanomalien".

Wissenschaftliche Arbeiten.

An Abhandlungen gingen im Laufe des Jahres 1892/93 aus der Klinik hervor:

Privatdocent Dr. Groenouw: Ueber die Sehschärfe der Netzhautperipherie und eine neue Untersuchungsmethode derselben. Habilitationsschrift. (Archiv für Augenheilkunde Bd. 26, Heft 2.)

Von demselben: Ueber die Beurtheilung der Erwerbsfähigkeit bei Sehstörungen. (Deutsche medicinische Wochenschrift 1893.)

Von demselben: Giebt es eine Miterregung im Bereiche homonymer Gesichtsfeldbezirke, wie sie Schiele beschrieben hat? (Archiv für Augenheilkunde.)

Dr. Asmus: Ueber einen neuen Fall von Akromegalie mit temporaler Hemianopsie. (Archiv für Ophthalmologie.)

Förster.

4. Die Frauenklinik und Poliklinik.

Kein Bericht eingegangen.

5. Die Klinik und Poliklinik für Haut- und venerische Krankheiten.

Kein Bericht eingegangen.

6. Die psychiatrische Klinik und Poliklinik für Nervenkrankheiten.

Die Zuhörerzahl der psychiatrischen Klinik ist in erfreulichem Aufschwung begriffen. Sie betrug im Sommer-Semester 1892 33 Studirende und 2 Aerzte, im Winter-Semester 1892/93 23 Studirende und 2 Aerzte. Noch zahlreicheren Besuches erfreute sich das Publikum über Nervenkrankheiten.

Die Frequenz der Poliklinik betrug im Berichtsjahre 999 neu aufgenommene Kranke.

Die Arbeitsräume der Klinik wurden von folgenden Herren benutzt:

Herrn Dr. N. Sachs, prakt. Arzt in Breslau, vom 1. April 1892 bis 1. April 1893.

Herrn Dr. C. S. Freund, Specialarzt für Nervenkrankheiten in Breslau, vom 1. April 1892 bis 1. April 1893.

Herrn Dr. Wallerstein, Volontairarzt der Poliklinik, vom 28. October 1892 bis 15. März 1893.

Herrn Dr. Dubbers, Oberarzt an der Provinzial-Irrenanstalt zu Bunzlau, vom 9. Januar bis 18. Februar 1893.

Als Volontairärzte an der Poliklinik fungirten:

Herr Dr. Toby Cohn, vom 1. April 1892 bis Anfang Januar 1893.

Herr Dr. Wallerstein, vom 28. October 1892 bis 15. März 1893.

Herr Dr. Traugott, vom 1. Februar bis 1. April 1893.

Wernicke.

7. Das provisorische zahnärztliche Institut.

Der Besuch des Instituts hat auch im Etatsjahr 1892/93 wieder zugenommen. Die Zahl der in der Poliklinik für Zahn- und Mundkrankheiten behandelten Patienten belief sich auf 1284, von denen 620 männlichen, 664 weiblichen Geschlechts waren. An diesen sind 2009 Operationen vorgenommen worden. Die Einrichtung des Instituts hat keine wesentlichen Aenderungen erfahren, nachdem Se. Excellenz der Herr Minister verfügt hatte, dass das Institut nach Ablauf des ersten Contractes auch auf fernere 2 Jahre in den bisher innegehabten Miethsräume verbleiben soll, trotzdem dieselben nach mancher Richtung hin als unzulänglich sich erwiesen. Auf Vermehrung der Bibliothek, der Unterrichtsmittel, der mikroskopischen Präparatensammlung ist in zweckmässiger Weise Bedacht genommen worden.

An wissenschaftlichen Arbeiten sind veröffentlicht worden:

Partsch: Ueber 2 Fälle von Odontomen. Monatsschrift für Zahnheilkunde 1892.

— Die von Weil beschriebene Schicht unter den Odontoblasten. Ebenda 1892.

— Ueber Kiefercysten. Ebenda 1892.

— Die Erkrankungen der Kieferhöhle. Abschnitt aus dem Handbuch der Zahnheilkunde, herausgegeben von Dr. J. Scheff.

— Die Geschwülste der Mundgebilde. Ebenda.

— Die Eingangspforte des Aktinomyces. Wiener klinische Wochenschrift 1893.

In der Abtheilung für Zahnfüllung wurden 1414 Füllungen gefertigt, und zwar 375 in Gold, 82 in Zinngold, 367 in Amalgam, 100 in Amalgamcement, 462 in Cement, 28 in Guttapercha. In 31 Fällen wurde die Ueberkappung der Pulpa, in 315 Fällen die antiseptische Behandlung der Wurzelcanäle ausgeführt, 225 Mal die Pulpa cauterisirt mit nachfolgender Füllung der Wurzelcanäle. In die Zahl der Zahnbehandlungen sind die Zahnreinigungen nicht mit inbegriffen.

An litterarischen Publicationen gingen hervor:

Sachs: Stiftzähne, Abschnitt des III. Bandes des Handbuches der Zahnheilkunde, herausgeg. von Dr. J. Scheff.

Sachs: „Praktische Neuerungen", Vortrag, gehalten auf der
31. Jahresversammlung des Centralvereins deutscher
Zahnärzte in Hannover.

Während des Universitätsjahres 1892/93, also vom 27. April
1892 bis 25. April 1893 wurden auf der technischen Abtheilung
des zahnärztlichen Instituts von den Studirenden der Zahnheilkunde 843 künstliche Zähne angefertigt. Ausserdem
wurden 4 Logan-Kronen, bei erworbenem Defect des harten
Gaumens ein Obturator, bei angeborenem Defect des harten
und weichen Gaumens ein Obturator, bei Fractur des Oberkiefers ein Interdental-Verband, desgleichen bei Fractur des
Unterkiefers ein solcher angefertigt.

C. Partsch.

f. Das landwirthschaftliche Institut und die Thierklinik.

Das Institut ist dadurch seiner definitiven Gestaltung näher
gerückt, dass der bisher commissarisch mit der Leitung desselben beauftragte ausserordentliche Professor Dr. Holdefleiss
zum ordentlichen Professor in der philosophischen Facultät
und zum Director des Gesammt - Instituts ernannt wurde.
Ferner wurde der Lehrplan des landwirthschaftlichen Studiums
in zweckentsprechender Weise vervollständigt durch die Ernennung des bisherigen Privatdocenten in Halle a. S. Herrn
Dr. Ferd. Wohltmann zum ausserordentlichen Professor.
Derselbe hält Vorlesungen über landwirthschaftliche Boden-
und Klimalehre, über Züchtung von landwirthschaftlichen
Culturpflanzen, über landwirthschaftliche Taxationslehre und
Buchführung und über Molkereiwesen, wodurch sehr wesentliche Lücken in der Vertretung der Fachvorlesungen ergänzt
worden sind. Durch diese Ernennung und durch die Bereitwilligkeit, mit welcher Herr Prof. Dr. Weiske seine Vorlesung über Thierchemie in eine solche über „Thier- und
Pflanzenchemie" erweiterte, erschien der dem Herrn Dr. B. Schulze
provisorisch ertheilte Auftrag, Vorlesungen über Agriculturchemie zu halten, nicht mehr als nothwendig und wurde daher
zurückgezogen. Die Vorlesungen über Thiermedicin und die
Leitung der Thierklinik wurden vom Frühjahr 1892 an von

Herrn Dr. G. Schneidemühl, Privatdocenten in Kiel, übernommen.

Das Versuchsfeld, der Raceviehstall und die Sammlungen
des Instituts, fanden angemessene Pflege und Ergänzung und
wurden von Studirenden und praktischen Landwirthen mit
regstem Interesse besucht und benutzt; ebenso erfuhren
sämmtliche im Institute gehaltenen Vorlesungen und Uebungen
rege Betheiligung. Ein Studirender der Landwirthschaft erwarb in der philosophischen Facultät den Doctorgrad nach
Vorlegung der im Institute bearbeiteten Studie: „Beiträge zur
Statik des Landbaues", veröffentlicht in „Landwirthschaftliche
Jahrbücher" 1893, Heft 1.

Holdefleiss.

g. Kunst-Institute.

1. Das Institut für alte Kunstgeschichte.

(Archäologisches Museum.)

Entsprechend der im vorigen Jahresbericht kundgegebenen
Absicht wurde der Haupttheil des Jahresfonds zur weiteren
Completirung und Herstellung der Bibliothek, welche durch
die Ueberweisung von Büchern aus der aufgelösten Studenten-
Bibliothek und der Bibliothek des dahier verstorbenen Geh.
Reg.-Rathes, Prof. Dr. Studemund, bedeutend vermehrt
worden war, aber wie ein Aggregat von zufällig zusammen-
gebrachten, zum Theil nicht gebundenen oder nicht gut gehaltenen Bücher aussah, benutzt und wurden die nöthigen
Schränke theils angeschafft, theils die aus der prähistorischen
Sammlung herstammenden Schränke reparirt und für den
neuen Zweck eingerichtet; eine Vermehrung der Sammlung
der Gypsabgüsse hat daher nicht stattfinden können. — Seine
Excellenz der Herr Minister der geistlichen etc. Angelegenheiten übersandte die Fortsetzung der „Denkmäler der griechischen und römischen Sculptur" und „Olympia Tafelband I"
und „Textband II", beides „Erste Hälfte". — Die Aussenseiten
des Museumsgebäudes, welche einen sehr verkommenen An-
blick darboten, sind jetzt, soweit es bei dem alten Gebäude,
dessen unterer Stock aus dem 15. Jahrhundert stammt, möglich

war, zweckentsprechend hergestellt und die Wände des archäologischen Auditoriums neu gefärbt worden. Die Feuchtigkeit des unteren Stockes lässt sich jedoch nicht beseitigen und der Rauch der Dampfschiffe, sowie die unmittelbare Nähe der Oder üben auf die Gypsabgüsse einen ungünstigen Einfluss.

Rossbach.

2. Das Institut für mittelalterliche und neuere Kunstgeschichte.

Im Berichtsjahre erfuhr insbesondere die Bibliothek durch verschiedene grössere Anschaffungen eine ansehnliche Vermehrung. Als Geschenk des Herrn Ministers erhielt die Sammlung das Werk: Die Gemäldegalerie der königlichen Museen zu Berlin, Lieferung I—VII.

Nach Fertigstellung des Zettelkatalogs der Photographien etc. nach Meisternamen, wobei die Herren Cand. Weese und Cand. Buchwald freiwillige Hilfe leisteten, wurde mit der Anfertigung des Ortskatalogs insbesondere für die Werke der Plastik und Malerei, die unter Meisternamen nicht wohl Platz finden konnten, begonnen und derselbe soweit fortgeführt, als die vorhandenen Mittel gestatteten. Einen provisorischen Zettelkatalog der Bibliothek nahm Herr Buchwald in Arbeit.

Mit der Vertretung des beurlaubten Directors des Instituts, Herrn Prof. Schmarsow, war im Winter-Semester 1892/93 der Unterzeichnete amtlich beauftragt.

I. V.: Semrau.

3. Das akademische Institut für Kirchenmusik.

Die Reorganisation des Instituts ist auch in dem abgelaufenen Rechnungsjahre fortgesetzt worden:

1. Da Chorgesang-Uebungen ohne regelmässigen Besuch der Theilnehmer und ohne einen festen Chorstamm nicht mit Sicherheit fortgesetzt werden können (ein Umstand, der in früheren Decennien dahin führte, dass die Studirenden der Theologie überhaupt nicht mehr an den kirchenmusikalischen Uebungen theilnahmen), so sind die bisher getroffenen Einrichtungen noch folgendermaassen modificirt worden: Nach Mittheilung Sr. Hochwürden, des Königl. General-Super-

intendenten und Ober-Consistorialrathes, Prof. Dr. Erdmann wird das den Candidaten der evangelischen Theologie für das erste theologische Examen ertheilte Prädicat über die Theilnahme an den kirchenmusikalischen Uebungen und Vorträgen des Johanneschors in das Prüfungsprotokoll aufgenommen. — Seine Eminenz, der Cardinal-Fürstbischof Dr. Georg Kopp hat die Theilnahme der Studirenden der katholischen Theologie an den kirchenmusikalischen Uebungen und Vorträgen des St. Cäcilienchors für die genannten Studirenden als obligatorisch erklärt und angeordnet, dass jeder Candidat zu dem Examen pro ingressu in alumnatum ein besonderes Zeugniss des Chorleiters über die Theilnahme an den Uebungen und Vorträgen des Chors mit einem Prädicate über den Erfolg beizubringen hat.

2. Die Subregenten der beiden neu errichteten Chöre sind angewiesen, wenn nöthig, Uebungen mit kleinen Abtheilungen der Chöre vorzunehmen, bez. zurückgebliebenen Theilnehmern Nachhilfe zu gewähren.

3. Zu den Uebungen des evang. Johanneschores und zu den Gesangvorträgen in dem evangelisch-akademischen Gottesdienst können nach Befinden des Chordirigenten ausser den Studirenden der evangel. Theologie auch andere evangel. Studirende zugelassen werden.

4. Es sind neue zweckmässige Titel des Institutsfonds mit gleichmässiger Rücksicht auf den paritätischen Charakter des Instituts dem Königl. Ministerium unterbreitet worden.

5. Die bisherige, theilweise veraltete Geschäftsordnung ist nach Maassgabe der veränderten Verhältnisse umgestaltet worden.

Nach Verlauf von drei Jahren darf nunmehr die Neuorganisation des Instituts im Wesentlichen als abgeschlossen angesehen werden, jedoch ist der Gehalt für die Lehrer der beiden neu errichteten Chöre bis jetzt erst vorläufig regulirt. Früher hatten gerade die Gesangübungen und Vorträge gefehlt, welche dem nächsten Gründungszwecke des Instituts, d. h. den Bedürfnissen der Studirenden der Theologie als den „dereinstigen praktischen Geistlichen und berufenen Leitern der Gottesdienste" entsprechen. Neben den beiden confessionellen

Chören fungiren zwei Abtheilungen für mehrstimmige höhere Vocalmusik und Orgelspiel, sowie für Geschichte und Theorie der Musik, in denen über jenen unmittelbaren praktisch-kirchlichen Zweck hinausgegangen wird und eine confessionelle Scheidung nicht stattfindet. An diesen beiden Abtheilungen können nach dem Gründungszweck nicht allein Studirende aller Facultäten, Seminaristen und Schüler, sondern auch Lehrer, Cantoren, Organisten und andere Musiker für ihre Fortbildung nach Maassgabe der vorgängigen Beurtheilung durch die Institutslehrer theilnehmen, wie überhaupt das Institut nicht als blosses Universitäts-, sondern als „Provinzial-Institut" gegründet worden ist.

Uebungen und Vorlesungen der einzelnen Abtheilungen sowie Bibliothek.

I. **Prof. Dr. Kühl** berichtet über den Johanneschor (Chor der Studirenden der evangelischen Theologie) Folgendes:

Im Sommer-Semester 1892 nahmen 37 Studenten an den Uebungen im Choral- und Altargesang Theil. Es mussten drei Abtheilungen gebildet werden. Eingeübt wurden circa 35 Choräle und die in Schlesien üblichen Weisen des Altargesanges.

Im Winter-Semester 1892/93 betrug die Zahl der Theilnehmer 27. Es wurde in diesem Semester mehr Gewicht gelegt auf Geschichte und Theorie des Gemeindegesanges. Zur Einübung gelangten 25 Choräle und die üblichen Altarweisen. — Der Johanneschor hat in beiden Semestern bei den akademischen Gottesdiensten regelmässig den Chorgesang geleitet; im Winter-Semester fanden drei liturgische Gottesdienste vor zum Theil geladenen Gästen statt (zum Todtenfest, zu Weihnachten und zum Anfang der Passionszeit). —

Mit Schluss des Etatsjahres folgte Prof. Dr. Kühl einem Rufe als ordentlicher Professor der Theologie an die Universität Marburg. Es sei ihm hier der wärmste Dank für seine ungemein energische und erfolgreiche Thätigkeit im kirchenmusikalischen Institut ausgesprochen.

II. **Domvicar Pawlitzki** berichtet über den St. Cäcilienchor (Chor der Studirenden der katholischen Theologie):

Im Sommer-Semester begann der Cursus mit der Ein-
führung der neu Eingetretenen in das Wesen des Chorals.
An die Erklärung der Tonschrift und der Modi schlossen sich
Intervallübungen an, denen die Einübung leichterer Stücke
(Te Deum, Dies irae, Requiem, Credo u. A.) aus dem Graduale
Romanum in der authentischen Ausgabe folgte. Die Fortgeschrittenen übten aus dem gleichen liturgischen Buche
die Gesänge ein, welcher sie bei dem Gottesdienste an
Sonn- und Feiertagen benöthigen. Die Praxis begleiteten
theoretische Erklärungen, namentlich in rhythmischer Hinsicht.
Hiermit wechselten mehrstimmige Gesänge älterer und neuerer
Componisten, welche an den Festtagen sowie an den Mai-
andachten verwerthet wurden. Den Candidaten wurde ein
kurzer Abriss der Geschichte des katholischen Kirchengesangs
mit besonderer Berücksichtigung des gregorianischen Chorals
geboten. Die Zahl der Theilnehmer betrug 20 und 37; der
Besuch und das Interesse war recht rege.

III. Am Schlusse des Sommer-Semesters wurde Domvicar
Pawlitzki als Pfarrer nach Gross-Kottulin, Kreis Gleiwitz,
versetzt; auch ihm sei hiermit der wärmste Dank ausgesprochen
An seine Stelle trat der jetzige Domkapellmeister Max
Filke, welcher Folgendes berichtet:

Die theoretischen Uebungen bestanden im Winter-Semester
(zwei Stunden wöchentlich) in der Erklärung der Octavengattungen, der alten Tonarten und der Psalmentöne. Daran
schlossen sich praktische Uebungen im gregorianischen Choral;
es wurden mehrere Introiten gesungen, ferner die Sequenz
„Victimae paschali", das „Te Deum" und Anderes, auch ein
deutscher Choral „Weihnachtslied von F. Commer". Dann
wurden verschiedene mehrstimmige Gesänge eingeübt: Tu es
Petrus von Haller vierstimmig mit Begleitung, Magnificat von
Zacharias, Salve Regina vierstimmig von Witt. Die Zahl der
Theilnehmer betrug 30—40.

Beide Lehrer des St. Cäcilienchors hatten mit Schwierigkeiten zu kämpfen, die nunmehr durch die oben erwähnte
Anordnung Sr. Eminenz des Cardinal-Fürstbischofs Dr. Kopp
gehoben sind.

IV. Aus dem ausführlichen Jahresberichte des Professors Dr. Schäffer ist Folgendes hervorzuheben: Die Uebungen der Chorklasse wurden in der bisher stets bewährten Weise fortgeführt, die Zahl der Gymnasiasten betrug im Sommer 34, im Winter 31, von denen das St. Matthias-Gymnasium und das Realgymnasium zum heil. Geist das Haupt - Contingent stellten. Zur Ausführung der Tenor- und Bassstimmen hatte das Königl. katholische Schullehrer-Seminar die sämmtlichen Zöglinge der drei Curse gesandt. Die des Obercursus wurden in der vorschriftsmässigen Weise zur Breslauer Singakademie delegirt und hatten somit Gelegenheit, bei den Aufführungen folgender Werke mitzuwirken: Jahreszeiten und Schöpfung von Haydn, Missa solemnis von Beethoven, Paulus von Mendelssohn, Motette „In den Armen Dein" von Melchior Franck, Chor aus dem deutschen Requiem von Brahms und Requiem von Cherubini. — Das reglementsmässige Specimen der Chorklasse wurde im Verein mit der Orgelklasse des Dr. Bohn am 9. Februar 1893 abgehalten und hierbei 4 mehrstimmige Compositionen von Orlandus Lassus, Mendelssohn und J. Schäffer gesungen. Ausser diesen Stücken wurden in den Uebungsstunden noch mehrstimmige Chöre und Choräle von Perti, Caldara, Graun, Heinrich Schütz, Michael Bach, Haydn, Hauptmann, Mendelssohn und J. Schäffer vorgetragen. — Vorlesungen hielt Prof. Dr. Schäffer für fortgeschrittene Studirende: im Sommer Erklärung und Uebung der Psalmentöne, im Winter Geschichte des Gemeinde- und Chorgesanges in der zweiten Hälfte des 17. Jahrhunderts.

V. Dr. E. Bohn hielt im Sommer-Semester Vorlesungen über Harmonielehre I (3 Stunden mit 20 Zuhörern), Uebungen im Orgelspiel für Studirende (2 Stunden mit 20 Theilnehmern), ebenso für fortgeschrittene katholische Seminaristen (zwei Stunden mit 6 Theilnehmern), im Winter-Semester Harmonielehre II und Uebungen im Orgelspiel in zwei Abtheilungen in der üblichen Weise. Ueber den studentischen Orgelcursus ist sehr Günstiges zu berichten. Sechs Studirende betheiligten sich an dem Specimen durch Solovorträge zum Theil sehr schwieriger Art auf der Orgel; unter den Seminaristen waren nicht alle hinreichend vorbereitet. — Abnahme neu gebauter

Orgeln, Revisionen reparaturbedürftiger Werke und Prüfung von Kostenanschlägen, zu denen Dr. Bohn nach seiner Dienst-Instruction verpflichtet ist, fanden im Auftrage der Königl. Regierungen in Breslau und Oppeln statt.

VI. Die Bibliothek (Vorsteher Prof. Dr. Schäffer) ist theils durch sehr werthvolle Geschenke Sr. Excellenz des Herrn Cultusministers, theils durch Ankäufe aus dem kirchen-musikalischen Fonds ansehnlich vermehrt worden, auch die Lehrapparate der beiden confessionellen Chöre, deren Verwaltung allein den betreffenden Lehrern zusteht, haben zweckentsprechend zugenommen.

Rossbach.

2. Die akademische Wittwen- und Waisen-Versorgungsanstalt.

Vermögensstand.

Das Vermögen bestand am Ende 1892/93:

in Wechseln über Antritts-Kapitalien ..	450,00	M.
in Hypotheken	226 200,00	»
in Effecten.......................	131 000,00	=
in einem Baarbestande von..........	10 160,48	«
//	367 810,48	M.

einschliesslich eingezahlter Antritts-Kapitalien von 1 350 M.

Zahl der Mitglieder und der Pensionsberechtigten.

Die Zahl der Mitglieder betrug am Ende 1891/92 79. Pensionsberechtigt waren in derselben Zeit 15 Wittwen und 6 Halbwaise.

Einnahmen.

Bestand aus dem Vorjahre	5 426,32	M.
Reste...........................	—	»
Wechselzinsen................................	22,50	»
Mitgliederbeiträge	288,00	»
Staatszuschuss	16 740,00	»
Zinsen von Kapitalien........................	13 796,00	»
Insgemein...........................	300,00	»
Summa der Einnahmen	36 572,82	M.

Ausgaben.

Pensionen für die Wittwen und Halbwaisen

        21 933,84 M.

Zinsen von einem Stiftungs-Kapital	235,40	,
Zur Kapitalisirung verwendet	—	,
Verwaltungskosten	17,20	,
Insgemein	4 226,40	,
Ueberschuss zur Kapitalisirung	10 160,48	,

Summa der Ausgaben 36 572,82 M.

In dem Etatsjahre 1892/93 wurde eine ordentliche General-versammlung am 22. December 1892 abgehalten, in welcher auf Grund der §§ 16 und 20 der Statuten vom 19. September 1889 zu Vorstehern der Anstalt Geh. Justizrath Prof. Dr. Brie und Prof. Elster gewählt worden sind.

    Ponfick.   Brie.   Elster.

3. Honorar- und Stundungswesen.

An Collegien-Honoraren sind eingegangen:

Facultät	Im Sommer-Semester 1892 ℳ ₰	Im Winter-Semester 1892/93 ℳ ₰	Summa pro 1. April 1892/93 ℳ ₰
Katholisch-theologische ..	5 793 50	5 390 50	11 184 —
Evangelisch-theologische .	5 282 —	4 680 50	9 962 50
Juristische	20 479 50	20 420 50	40 900 —
Medicinische	28 072 —	28 238 —	56 310 —
Philosophische	34 536 —	38 835 —	73 371 —
Summa	94 163 —	97 564 50	191 727 50

4. Stipendien und Stiftungen für Studirende.

a. Studenten-Unterstützungs-Fonds:

Zu demselben flossen im abgelaufenen Rechnungsjahre bei
einem Bestande von .... 1 836,89 M.

1. der jährliche Staatszuschuss mit .... 4 560,00 =
2. an Collectengeldern für Studirende der
   evangelischen Theologie............. .... 6 070,13 =
3. desgleichen für Studirende der katholischen
   Theologie .... 5 792,11 =
4. das für Juristen, Mediciner und Philosophen
   bewilligte jährliche Extraordinarium von.. 1 800,00 =
5. an Zinsen von Kapitalien.... .... 2 367,50 =
6. von Immatriculationsgebühren .... 1 127,00 =
7. von Promotionen .... 21,00 =

im Ganzen 23 574,63 M.

Hieraus wurden für Studirende gewährt:

für Freitische .... 16 258,51 M.
und zwar:

für	7 627 Portionen	an Studirende der kath.-theol. Facultät,
=	9 556 =	an Studirende der evgl.-theol. Facultät,
=	1 324 =	an Studirende der jurist. Facultät,
=	2 225 =	an Studirende der medicinischen Facultät,
=	1 321 =	an Studirende der philosophischen Facultät,

zus. für 22 053 Portionen an Studirende,
sowie ausserdem an die Bisthums-Haupt-
kasse für das Fürstbischöfl. Studenten-
Convict hier.......... .... 4 938,51 =

an Unterstützungen an arme Studirende
auf Anweisung des Universitäts-Curators 65,00 =

an Unterstützungen aus den Immatricula-
tions-Gebühren auf Anweisung des Rectors 1 118,00 =

b. Stipendien-Fonds:

Von den auf privaten Stiftungen beruhenden Stipendien wurden im Rechnungsjahre 1892/93 gewährt:

beim Abegg'schen Fonds ein Stipend in Höhe von 120 M.,

beim Berliner Jubel-Fonds ein Stipend. von 120 M.,

beim von Bismarck'schen Fonds ein Stipend. von 141 M.,

beim Brachvogel'schen Fonds drei Stipend. von je 144,62 M.,

beim Breslauer städt. Jubel-Fonds ein Stipend. von 228 M.,

beim Cause'schen Fonds 2 Preise von je 200 M., drei Stipend. mit zus. 258,93 M. und drei Familien-Stipend. mit zus. 1266,08 M.,

beim v. Closter'schen Fonds ein Stipend. von 135 M.,

beim Czernikow'schen Fonds zwei Stipend. von je 145 M.,

beim Duflos'schen Fonds ein Stipend. von 138 M.,

beim Fonds „ex cassa montis pietatis" aus der Kasse des mont. pietat. in Berlin zwei Stipend. von je 60 M.,

beim Feige'schen Fonds zwei Stipend. von je 60 M.,

beim Ficker'schen Fonds ein Stipend. von 255 M., bezw. von 121 M.,

beim Gölicke'schen Fonds zwei Stipend. von je 160 M.,

beim Göppert'schen Fonds (für Studirende der Naturwissenschaft) ein Stipend. von 1070 M.,

beim Göppert'schen Fonds (für Studirende der Pharmacie) ein Stipend. von 132 M.,

beim Gravenhorst'schen Fonds ein Stipend. von 191 M.,

beim Grötzner'schen Fonds ein Stipend. von 500 M., vier Stipend. von je 400 M. und ein Stipend. von 300 M.,

beim Grüneberg'schen Fonds ein Stipend. von 70 M.,

beim Guhrauer'schen Fonds ein Stipend. von 137 M.,

beim Haase'schen Fonds ein Stipend. von 115 M.,

beim Heidenreich'schen Fonds drei Stipend. von je 200 M. (Ein Stipendienantheil ist Mangels geeigneter Bewerber unverliehen geblieben.),

beim Hirt'schen Jubel-Fonds ein Stipend. von 72 M.,

beim Jungnitz'schen Fonds (für katholische Theologen)
zwei Stipend. von je 118 M.,

beim Jungnitz'schen Fonds (für Philologen) ein Stipend.
von 137 M.,

beim Kahlert'schen Fonds ein Stipend. von 765 M.,

beim Krainski'schen Fonds ein Stipend. von 75 M.,

beim Lewald'schen Fonds zwei Stipend. von je 60 M.,

beim Löwig'schen Fonds (für Pharmaceuten) ein Stipend.
von 124 M. bis 1. October 1892,

beim Löwig'schen Fonds (für Studirende der Naturwissenschaft) ein Stipend. von 120 M.,

beim Menschig'schen Fonds ein Stipend. von 157 M.,

beim Müller'schen Fonds zwei Stipend. von je 150 M.,

beim Poleck'schen Fonds (für stud. Pharmaceuten) ein
Stipend. von 160 M. seit 1. October 1892,

beim Primker'schen Fonds ein Stipend. von 223 M.,

beim Proll'schen Fonds ein Stipend. von 120 M.,

beim Pruckmann'schen Fonds drei Stipend. von je
78 M.,

beim Remer'schen Fonds ein Stipend. von 110 M.,

beim Rosenthal'schen Fonds ein Stipend. 123 M.,

beim v. Schönaich-Amtitz'schen Fonds vier Stipend.
von je 180 M., ein Stipend. mit 120 M.,

beim v. Schönaich-Gersdorf'schen Fonds zwei Stipend.
von je 180 M.,

beim v. Schuckmann'schen Fonds ein Stipend. von
52 M.,

beim Schulz'schen Fonds ein Stipend. für evgl. Theologen von 206 M., ein Stipend. für Philologen von
gleicher Höhe,

beim Schwabe-Priesemuth'schen Fonds im Sommer-
Semester 1892 2 Stipend. von je 375 M. und 24 Stipend.
von je 120 M., im Winter-Semester 1892/93 3 Stipend.
von 375 M. und 21 Stipend. von je 180 M.,

beim Stegmann'schen Fonds ein Stipend. von 405 M.,

beim Stenzler'schen Fonds war das Stipend. von 193 M.
an zwei Studirende vergeben,

beim Stendal'schen Fonds ein Stipend. von 112 M.,

beim Strobel'schen Fonds vier Stipend. von je 103 M.,
beim Werlienus'schen Fonds zwei Stipend. für Theologen, zwei Stipend. für Juristen, zwei Stipend. für
Mediciner, in Höhe von je 117 M.,
beim Wimpina'schen Fonds ein Stipend. von 84 M.,
beim Stipend. Wolfianum philologicum zwei Stipend.
von je 147 M.,
beim Stipend. Wolfianum alterum ein Stipend. von
150 M.

Im abgelaufenen Rechnungsjahre haben die wohlthätigen
Stiftungen an hiesiger Universität eine nicht unwesentliche
Bereicherung erfahren, indem durch Ueberweisungen von
Jubel-Stiftungen bezw. durch testamentarische Zuwendungen
folgende Stipendien theils bereits begründet wurden, theils in
Aussicht stehen.

So ist von dem ordentlichen Professor in der philosophischen Facultät und Director des pharmaceutischen Instituts,
Geh. Reg.-Rath Dr. Poleck ein ihm bei Vollendung seines
70. Lebensjahres überreichtes, von seinen Schülern und Freunden
zusammengebrachtes Kapital von 4000 M. der Universität zu
einem seinen Namen tragenden Stipendium für an derselben
studirende Pharmaceuten übereignet worden, zu dessen Annahme die nachgesuchte landesherrliche Genehmigung durch
Allerhöchste Cabinets-Ordre vom 18. Juli 1892 ertheilt wurde.

Die von dem Geschenkgeber entworfenen und höheren
Orts genehmigten Statuten für dieses unter der Bezeichnung:
„Poleck-Stiftung für studirende Pharmaceuten an der Universität zu Breslau" nunmehr ins Leben getretene, vom
1. October 1892 ab erstmalig verliehene Stipendium lauten
wie folgt:

Statut
der Poleck-Stiftung für studirende Pharmaceuten an der Universität zu Breslau.

Bei der Vollendung meines siebzigsten Lebensjahres ist
mir von einem aus den Apothekern Werner, Seibert und
Rusch bestehenden Comité ein durch dasselbe aus Beiträgen
meiner Schüler und Freunde aus dem Apothekerstande und

aus anderen Kreisen zusammengebrachtes und in vierprocentigen Breslauer Stadt-Obligationen angelegtes Kapital von Viertausend Mark übergeben worden, um damit für studirende Pharmaceuten an der Universität Breslau ein meinen Namen tragendes Stipendium mit der Bezeichnung

Poleck-Stipendium

zu gründen.

Da das Comité mir die zu treffenden weiteren Anordnungen selbständig überlassen hat, so übereigne ich hierdurch zu dem gedachten Zwecke der Königlichen Universität zu Breslau das vorgenannte Kapital von

4000 Mark, i. W. Viertausend Mark

in vierprocentigen Breslauer Stadt-Obligationen mit der gleichzeitigen Bestimmung, dass die Verwaltung und Verwendung desselben nach den nachstehend von mir getroffenen Festsetzungen zu erfolgen hat.

§ 1.

Die Verwaltung des, wie gedacht, in vierprocentigen Breslauer Stadt-Obligationen bestehenden, inzwischen von mir der Königlichen Universitäts-Kasse bereits übergebenen Kapitals der durch Mitaufnahme in die Chroniken der Universität zur Kenntniss der in Breslau studirenden Pharmaceuten zu bringenden Stiftung erfolgt durch die genannte Kasse unter Oberaufsicht des Königlichen Universitäts-Curatoriums nach Massgabe der für die Verwaltung hiesiger Universitäts-Stiftungen bestehenden Normen.

§ 2.

Die Zinsen dieses Kapitals werden zu einem Stipendium für einen Studirenden der Pharmacie an der Breslauer Universität verwandt, der sich durch gute Führung, Talent, Fleiss und Kenntnisse auszeichnet und bereits ein halbes Jahr an der Breslauer Universität studirt hat. Mittellosigkeit ist nicht nothwendige Vorbedingung für den Bezug des Stipendiums.

§ 3.

Das Stipendium wird in zwei gleichen Raten zu verschiedenen Zeiten nach Maassgabe der eingehenden Zinsen semesterweise ausgezahlt und zwar die eine Rate am 10. No-

vember zur Erinnerung an die Veranlassung der Stiftung, die
andere Rate am 1. Mai. Entspricht der Stipendiat nach Auszahlung der ersten Rate nicht den Bestimmungen des § 2
oder macht er sich sonst dieser Berücksichtigung unwürdig,
so kann ihm die zweite Rate von den Collatoren verweigert
und einem anderen überwiesen werden, der obigen Anforderungen genügt.

§ 4.

Von gleich würdigen Bewerbern um dieses Stipendium
sollen jene den Vorzug erhalten, welche näher oder entfernter
mit meiner Familie verwandt sind.

§ 5.

Die Verleihung des Stipendiums erfolgt, so lange ich lebe,
von mir, nach meinem Tode fällt sie an die Commission für
die pharmaceutische Staatsprüfung und sind dann die Gesuche
an den jeweiligen Vorsitzenden derselben zu richten. Sollte
künftig einmal bei etwaigen organisatorischen Veränderungen
die letztere ganz aufgelöst werden, so wird die Vergebung dem
Professor der pharmaceutischen Chemie und Director des
pharmaceutischen Instituts, dem Professor der Chemie und
Director des chemischen Instituts, dem Professor der Botanik
und Director des botanischen Gartens, sowie dem pharmaceutischen Medicinal-Assessor oder dem ältesten activen Apotheker in Breslau als Vertreter der hiesigen Apotheker übertragen und nach diesen Statuten von ihm verfahren. Bei
Stimmengleichheit giebt der an Jahren ältere den Ausschlag.
Sollte der eine oder andere von den Collatoren nicht zur
Stelle sein, so entscheiden die Anwesenden. Von der Wahl
des Stipendiaten ist der akademische Senat und die philosophische Facultät zu benachrichtigen.

§ 6.

Die Verleihung wird dem Stipendiaten von dem Unterzeichneten oder später nach dessen Ableben von dem Vorsitzenden der pharmaceutischen Staatsprüfungs - Commission
bezw. von den an seine Stelle getretenen Collatoren bekannt
gemacht.

§ 7.

Vorstehende Stiftung ist zu einem anderen Zwecke als zu dem bei ihrer Entstehung festgesetzten niemals zu verwenden. Sollte die Breslauer Universität und mit ihr die zum pharmaceutischen Studium erforderlichen Einrichtungen, Institute und Vorlesungen jemals an einen anderen Ort verlegt werden, so geht das Stipendium mit denselben auch an diesen Ort über.

Breslau, den 30. November 1891.

Dr. Theodor Poleck,
Professor und Director des pharmaceutischen Instituts
der Universität zu Breslau,
Königlicher Geheimer Regierungsrath.

Ferner hat der ordentliche Professor in derselben Facultät Geh. Regierungsrath Dr. Roepell das ihm aus Anlass seines 50jährigen Professoren-Jubiläums von wohlwollenden Freunden zur Gründung einer seinen Namen tragenden Stiftung übergebene Kapital von 4420 Mark 10 Pf. der Universität als Geschenk überwiesen, über deren Bestimmung das nachfolgende, nach Ertheilung der landesherrlichen Genehmigung zur Annahme der Stiftung — durch Allerhöchste Cabinets-Ordre vom 6. October 1892 — höheren Orts bestätigte diesbezügliche Statut das Nähere enthält:

An dem Tage, an welchem ich vor 50 Jahren zum Professor an der Universität Breslau ernannt worden bin, der ich seitdem ununterbrochen angehört habe, haben wohlwollende Freunde mir ein in Höhe von 4420 Mark 10 Pf. angesammeltes Kapital zur Gründung einer

Roepell-Stiftung

übergeben, welche in dauernder Verbindung mit der hiesigen Universität mein Andenken bei derselben erhalten soll.

Da mir die zu treffenden weiteren Bestimmungen überlassen worden sind, so übereigne ich hierdurch zu dem gedachten Zweck der Königlichen Universität zu Breslau das vorgedachte Kapital von 4420 Mark 10 Pf., in Worten „Viertausendvierhundertzwanzig Mark zehn Pfennig", mit der gleichzeitigen Bestimmung, dass die Verwaltung und Verwendung desselben nach den nachstehend von mir getroffenen Festsetzungen zu erfolgen hat.

§ 1.

Die Verwaltung des Stiftungs-Kapitals erfolgt durch die hiesige Königliche Universitäts-Kasse unter Oberaufsicht des Königlichen Universitäts-Curators nach Massgabe der für die Verwaltung der sonstigen Universitäts-Stiftungen bestehenden Normen und darf demgemäss auch das Kapital nur in der im § 39 der Vormundschaftsordnung vom 5. Juli 1875 angegebenen Art und Weise zinsbar angelegt werden.

§ 2.

Die Zinsen des Kapitals werden angesammelt, bis ihre Summe 900 Mark (neunhundert Mark) beträgt.

§ 3.

Erst dann, wenn diese Summe zur Verfügung steht, tritt eine Verwendung derselben ein und zwar in der Art, dass dieselbe einem jungen Historiker verliehen wird, der bereits von der juristischen oder philosophischen Facultät in Breslau auf Grund einer geschichtlichen oder rechtsgeschichtlichen, gedruckten Abhandlung aus dem Gebiet der mittleren oder neueren Geschichte, die mindestens das Prädicat magna cum laude erhalten hat, zum Doctor promovirt worden ist und zur Vollendung einer begonnenen grösseren historischen Arbeit einer wissenschaftlichen Studienreise zur Benutzung von auswärtigen Bibliotheken und Archiven bedarf, welche Studienreise ihm diese Stiftung erleichtern oder überhaupt ermöglichen soll.

Zur Bewerbung um dieses Reise-Stipendium ist am schwarzen Brett zuvor in üblicher Weise aufzufordern.

§ 4.

Sollte der Fall eintreten, dass wegen des Mangels einer würdigen Bewerbung die Verleihung der zum Betrage von 900 Mark angesammelten Zinsen nicht stattfinden kann, so sollen diese 900 Mark nach einem halben Jahre von Neuem zur Bewerbung ausgeschrieben werden, und sind dieselben, falls auch dann innerhalb eines halben Jahres sich kein würdiger Bewerber findet, dem Stiftungs-Kapitale zuzuschlagen.

§ 5.

Nach der zufolge § 2 stattgehabten Ansammlung einer Summe von 900 Mark aus den Zinsen des Stiftungs-Kapitals sind die weiter aufkommenden Zinsen immer wieder von Neuem bis zu Beträgen von 900 Mark anzusammeln, und sind auch diese neu angesammelten Beträge von 900 Mark nach den in den §§ 3 und 4 getroffenen Festsetzungen als Reisestipendien zu verleihen und event. dem Stiftungs-Kapital zuzuschlagen.

§ 6.

So lange ich lebe, behalte ich mir selbst die Stipendien-Verleihung vor, falls eine solche gemäss § 2 und § 3 eintreten sollte. Nach meinem Tode soll die philosophische Facultät hiesiger Universität das Recht haben, auf Grund eines Gutachtens ihrer ordentlichen Professoren der Geschichte die Stipendien nach Maassgabe der vorstehenden Bestimmungen zu verleihen.

Breslau, im Juni 1892.

(gez.) Professor Dr. Röpell.

Ebenso hat der ordentliche Professor in der gleichen Facultät, Geheime Regierungs-Rath Dr. Hertz, ein ihm anlässlich seines 50jährigen Doctor-Jubiläums übergebenes Kapital von 3400 Mark der Universität zur Begründung einer Hertz-Stiftung übereignet, zu deren Annahme die landesherrliche Genehmigung durch Allerhöchste Cabinets-Ordre vom 14. Januar 1893 ertheilt worden ist.

Das wie in den beiden vorerwähnten Fällen vom Geschenkgeber entworfene und höheren Orts bestätigte Stiftungs-Statut hat folgenden Wortlaut:

Statut
der Hertz-Stiftung an der Königlichen Universität zu Breslau.

Auf Veranlassung meines am 3. September 1892 begangenen Doctor-Jubiläums ist mir von Gönnern, Freunden,

Amts- und Fachgenossen und ehemaligen Schülern und Zuhörern die Summe von 3400 (Drei Tausend und Vierhundert)
Mark zur Gründung einer

Hertz-Stiftung

übergeben worden. Demgemäss übereigene ich hierdurch die
gedachte Summe der Königlichen Universität zu Breslau mit
der Bestimmung, dass ihre Verwaltung und Verwendung in
der nachfolgend bezeichneten Weise erfolge.

§ 1.

Die Verwaltung des Stiftungs-Kapitals geschieht durch die
hiesige Königliche Universitäts-Kasse unter Oberaufsicht des
Königlichen Universitäts-Curators nach Massgabe der für die
Verwaltung der hiesigen Universitäts-Stiftungen bestehenden
Bestimmungen.

§ 2.

Das gedachte Kapital soll zunächst auf Zinseszins liegen
bleiben, bis es einen jährlichen Zinsertrag von 184 Mark gewährt. Dann soll nach fünf ferneren Jahren die Summe von
920 Mark zur Vertheilung kommen.

§ 3.

Von diesen 920 Mark sollen 900 Mark einem jüngeren
classischen Philologen verliehen werden, der mittelst einer
tüchtigen Dissertation auf der hiesigen Königlichen Universität
promovirt worden ist oder von der hiesigen königlichen
Prüfungs-Commission, nachdem er während seiner Studienzeit
mindestens drei Semester auf der Breslauer Universität imma-
triculirt gewesen ist, sich ein gutes Zeugniss erworben hat
und der zur Vollendung einer grösseren wissenschaftlichen
Arbeit einer Studienreise bedarf. Zur Bewerbung um dieses
Stipendium ist zuvor in üblicher Weise am schwarzen Brette
und, so weit es kostenfrei geschehen kann, in öffentlichen
Blättern durch den Decan der philosophischen Facultät aufzufordern.

Die Summe von 20 Mark aber ist zur Honorirung des
Professors oder der Professoren dieser Facultät durch den genannten Decan nach dessen Ermessen bestimmt, dessen resp.

deren Mühewaltung bei Beurtheilung der eingegangenen Bewerbungen vorzugsweis hat in Anspruch genommen werden müssen.

§ 4.

Sollte der Fall eintreten, dass Mangels einer würdigen Bewerbung die Verleihung nicht stattfinden kann, so soll nach einem halben Jahre eine neue Ausschreibung vorgenommen werden. Hat auch diese keinen Erfolg, so soll die Summe von 900 Mark, falls auch keine besondere Mühwaltung obgedachter Art stattgefunden hat, 920 Mark, dem Stiftungs-Kapital zugeschlagen werden.

§ 5.

Auch weiter sind die aufkommenden Zinsen immer wieder bis zu dem obengedachten Betrage anzusammeln und dann jedesmal nach den in §§ 3 und 4 enthaltenen Festsetzungen zu verwenden event. dem Stiftungs-Kapital zuzuschlagen.

§ 6.

Die Verleihung des Stipendiums erfolgt nach vorstehenden Bestimmungen durch die philosophische Facultät der hiesigen Königlichen Universität auf das Gutachten der ordentlichen Professoren der classischen Philologie.

Breslau, den 3. November 1892.

(gez.) Professor Dr. Martin Hertz,
Geheimer Regierungs-Rath.

Sodann hat der zu Branitz verstorbene Gutsbesitzer Kottula der Universität ein Kapital von 7500 Mark mit der Bestimmung testamentarisch ausgesetzt, dass die Zinsen hiervon jährlich an seinem Todestage an drei katholische Studenten von näher bezeichneter Qualification zu gleichen Theilen vergeben werden. — Die Allerhöchste Genehmigung zur Annahme dieses Legats ist unterm 13. December 1892 ertheilt. Das von dem akademischen Senat nach Maassgabe der testamentarischen Festsetzungen entworfene und von dem Herrn

Universitäts-Curator demnächst ausgefertigte bezügliche Statut hat folgenden Wortlaut:

Statut
für das Gutsbesitzer Ernst Kottula'sche Stipendium.

Der am 16. April 1892 zu Branitz verstorbene Gutsbesitzer Ernst Kottula hat in seinem am 7. Mai 1892 publicirten Testamente vom 27. November 1890 der Universität zu Breslau ein Kapital von 7500 Mark, „Siebentausend Fünfhundert Mark" zur Begründung von drei Stipendien für katholische Studirende unter den im § 2 dieses Statuts aufgenommenen näheren Bestimmungen vermacht.

§ 1.

Das gedachte Stiftungs-Kapital wird unter der Bezeichnung:

„Gutsbesitzer Ernst Kottula'sches Stipendium für katholische Studirende an der Universität Breslau"

von dem Universitäts-Curator nach den Vorschriften über die Anlegung etc. von Mündelgeldern (§ 39 der Vormundschafts-Ordnung vom 5. Juli 1875) verwaltet.

Die Kassengeschäfte werden durch die Universitäts-Kasse wahrgenommen. Die Collation der Stipendien steht dem akademischen Senat der Universität Breslau zu nach Massgabe der nachstehenden Festsetzungen.

§ 2.

Die Zinsen des Stiftungs-Kapitals sind alljährlich am 16. April, dem Todestage des Stifters, an drei katholische bedürftige und befähigte Studirende der hiesigen Universität, welche in Schlesien geboren sind, zu gleichen Theilen auszuzahlen.

§ 3.

Die Verleihung des Stipendiums erfolgt ohne Unterschied der Facultät und zwar alljährlich gegen Ende des Winter-Semesters, nach erfolgter Ausschreibung am schwarzen Brett.

Den einzureichenden Bewerbungsgesuchen sind neben dem Zeugniss der Reife und dem Anmeldungsbuche Zeugnisse über Fleiss, sittliche Führung und Bedürftigkeit beizufügen.

§ 4.

Verwandte des Testators haben im Falle der Bedürftigkeit bei gleicher Würdigkeit den Vorzug.

Breslau, den 20. Januar 1893.

Der Universitäts-Curator

Wirkliche Geh. Rath

(gez.) von Seydewitz.

Durch Testament des zu Rossberg O/S. verstorbenen Chemikers Gustav Kramer ist die hiesige Universität zur theilweisen Nacherbin des Testators nach dem Ableben der Brüder desselben berufen worden.

Der akademische Senat hat sich für die Annahme der angeordneten Erbessubstitution unter dem Vorbehalt der Rechtswohlthat des Inventarii erklärt.

Der Werth dieser Zuwendung, über deren der Universität von den directen Erben angebotene Cedirung gegenwärtig Unterhandlungen schweben, ist ein recht beträchtlicher.

Der hierselbst verstorbene ordentliche Professor in der evangelisch-theologischen Facultät Dr. Raebiger hat in einem Codicill zu seinem wechselseitigen Testament der überlebenden Wittwe den Wunsch hinterlassen, nach seinem Ableben in ihrem Testament ein Legat von 6000 Mark der evangelisch-theologischen Facultät hiesiger Universität zu einem Stipendium Raebigeranum zuzuwenden, dessen Zinsen jährlich einem wissenschaftlich strebsamen und fleissigen Studirenden der evangelischen Theologie an hiesiger Universität, welcher nicht einer confessionell-orthodoxen Richtung zugethan ist, sondern aus voller Ueberzeugung zu der unirt evangelischen Kirche sich bekennt, verliehen werden sollen.

5. Kranken- und Begräbnisskasse für Studirende.

a. Die Studenten-Kranken-Kasse.

Die Einnahmen haben im Jahre 1892/93 betragen und zwar:

a. Beiträge der Studirenden .... 6 190,08 M.

b. Zinsen von 32 500 Mark 4% consolid.
   Staats-Anleihe .... 1 300,00 «

   Zinsen von 6000 Mark 3 ½% consolid.
   Staats-Anleihe .... 210,00 »

c. dem Bestande aus dem Jahre 1891/92 4 733,36 »

Summa der Einnahme 12 433,89 M.

Was die Zahl der Kranken anlangt, so wurden behandelt 880 Studirende. Die Ausgaben betrugen:

1. Remunerationen an Aerzte und Beamte.. 1 550,00 M.

2. Unterstützungen an Studirende zu Bade-
   und Brunnenkuren .... 3118,50 »

es erhielten 1 Studirender 150 M. = 150,00 M.

22 Studirende à 100 » = 2200,00 »

3 Studirende à 80 « = 240,00 »

1 Studirender 70 » = 70,00 »

5 Studirende à 60 » = 300,00 »

2 Studirende à 50 » = 100,00 »

1 Studirender 20 » = 20,00 »

1 Studirender 15 » = 15,00 »

1 Studirender 12 » = 12,00 »

Porto etc. 11,50 »

37 Studirende zusammen 3118,50 M.

3. für Arzneien und ärztliche Behandlung:

a. dem Apotheker .... 2 661,86 M.
   838 Studirenden wurden
   ärztlich Medicamente ver-
   ordnet.

b. 42 Studirende wurden
   während 656 Tagen in den
   Universitäts - Kliniken und
   im Allerheiligen - Hospital
   verpflegt und behandelt .. 1 843,98 » 4 505,84 »

Seite 9 174,34 M.

Uebertrag 9 174,<small>34</small> M.

4. für Brillen, Bruchbänder etc. . . . .   493,<small>80</small> .

5. zur Kapitalisirung . . . . —,— .

Summa der Ausgabe 9 668,<small>14</small> M.

Die Einnahmen betrugen . . . . 12 433,<small>39</small> =

Mithin bleibt Bestand 2 765,<small>25</small> M.

Der bisherige Curator, Geheime Medicinal-Rath Professor Dr. Biermer, wurde wegen Kränklichkeit auf seinen Antrag vom 1. April 1892 ab von seinen dienstlichen Verpflichtungen an hiesiger Universität entbunden und von dem Decan der medicinischen Facultät, Professor Dr. Flügge, die Geschäfte bis Ende des Sommer-Semesters weiter geführt.

Vom 1. October 1892 ist der Director der medicinischen Klinik, Prof. Dr. Kast, von Rector und Senat zum Curator gewählt worden.

Kast.

b. Die Studenten-Begräbniss-Kasse.

A. Die Einnahmen im Jahre 1892/93 haben betragen:

  1. Bestand aus dem Vorjahre . . . . 200,<small>67</small> M.

  2. Zinsen von Kapitalien:

      a. von 2900 Mark 4% consol. Staats-Anleihe . . . . 116,<small>00</small> .

      b. von 2200 Mark 3½% consol. Staats-Anleihe . . . . 77,<small>00</small> ꞌ

Summa der Einnahme 393,<small>67</small> M.

B. Die Ausgaben haben betragen:

  Titel I. Begräbnisskosten für verstorbene Studirende . . . . 120,<small>00</small> M.

    II. Amtsbedürfnisse . . . . . —,— ꞌ

   III. Zur Kapitalisirung . . —,— ꞌ

// 120,<small>00</small> .

Bleibt am Schlusse des Jahres Bestand . . . . . 273,<small>67</small> M.

Königliche Universitäts-Kasse.

Klepper. Krause.

V. Akademische Grundstücke und Kapitalien.

I. Grundstücke.

Im Rechnungsjahre 1892/93 sind zu den Gebäuden der Königlichen Universität hinzugetreten:

1. Die Klinik für Hautkrankheiten und Syphilis.

Die Uebergabe dieser an der Südwestecke des Maxgartengrundstücks an der Ecke der Thiergarten- und Maxstrasse gelegenen Klinik erfolgte am 28. Juli 1892.

Die Grundrissanlage weist der Hauptsache nach einen an der Maxstrasse liegenden Mittelbau mit dem Haupteingange und zwei rechtwinkelig zu diesem gerichtete, nach dem Innern des klinischen Platzes gehende Seitenflügel auf. Das Gebäude enthält ein Kellergeschoss, ein Erdgeschoss und ein erstes Stockwerk, sowie einzelne höher geführte Ausbauten im Dachgeschoss.

Die innere Eintheilung des Gebäudes ist so getroffen, dass das Erdgeschoss des Mittelbaues die poliklinischen, sowie die wissenschaftlichen und Unterrichtsräume, die Seitenflügel, sowie der ganze erste Stock die Krankenräume enthalten. Die Trennung der Kranken nach Geschlecht ist in verticaler Richtung des Gebäudes durchgeführt, so dass die rechte Hälfte desselben für Männer, die linke für Frauen eingerichtet ist. In den durch den Vorderbau und die Seitenflügel gebildeten einspringenden Ecken befindet sich je eine bis zum Dachgeschoss führende Treppe.

An dem Eintrittsflur, welcher auf den, das Gebäude der Länge nach durchschneidenden Mittelflur mündet, liegen unmittelbar rechts die poliklinischen Räume, so dass die Kranken, ohne das Innere des Gebäudes zu betreten, direct ins Wartezimmer gelangen können. An den Warteraum schliesst sich das poliklinische Abfertigungszimmer, zwischen dessen beiden Fenstern eine hohe Holzwand eingeschoben ist, um zu gleicher Zeit zwei Kranke in diesen nach rückwärts durch eine Gardine abgeschlossenen Kammern untersuchen zu können.

An dieses stossen zwei kleinere, durch einen Vorhang getrennte Räume. Der eine für besondere Untersuchungen,

Katheterisiren, Kehlkopfspiegeln u. s. w., der andere als Verbandzimmer für ambulante Kranke. Auf die Beschaffung des
letzteren ist besonderer Werth gelegt worden, weil durch diese
ambulante Behandlung eine grosse Anzahl von Hautkranken,
welche sonst ein Hospital aufsuchen müssten, die genügende
Behandlung finden.

Links vom Eingange befinden sich 3 Zimmer, welche zu
wissenschaftlichen Laboratorien für mikroskopische, bacteriologische und experimentelle Arbeiten bestimmt sind. Die
Fenster dieser Zimmer liegen theils nach Nordwesten, theils
nach Norden, so dass, wenigstens während des grössten
Theiles des Tages die Sonne nicht direct auf die die Mikro-
skopirtische enthaltenden Fenster fällt.

Auf der Rückseite des Corridors befindet sich ferner ein
einfenstriges Zimmer als Abtretezimmer für den Director,
daneben die Bibliothek, welche zugleich als Lese- und Arbeitszimmer für Assistenten, Laboranten u. s. w. dienen soll, ein
Zimmer für die Lehrsammlungen und Atlantenschränke, welches
zugleich als Warteraum für die in der Klinik vorzustellenden
Kranken dient; an dieses schliesst sich der Hörsaal. Derselbe
enthält 68 Sitzplätze, die so angeordnet sind, dass die zu
beiden Seiten Sitzenden den Kranken, der sich in bester Beleuchtung gegenüber dem Fenster befindet, leicht und bequem,
ohne selbst geblendet zu werden, sehen können.

Jeder Seitenflügel enthält im Erdgeschoss einen Krankensaal für 10 Betten, 1 Wärterzimmer, 1 Verbandzimmer,
1 Baderaum und 2 Closets. Der Zugang zu diesen Räumen
wird durch einen an der Treppe vorbeiführenden Seitenflur
ermöglicht, welcher sich vor dem Krankensaal zu einem Vorraum erweitert, der den nicht bettlägerigen Kranken als Tageraum dienen kann.

Das erste Stockwerk weist in den Seitenflügeln genau dieselbe Eintheilung wie das Erdgeschoss auf. Der Mittelbau
enthält an der Hinterfront zwischen den beiden Treppen-
häusern 2 Krankensäle zu je 6 Betten und 1 Leinenzimmer.
Strassenwärts liegen 2 grössere Zimmer II. Kl. und 1 Zimmer
III. Kl. zu je 2 Betten, 4 Zimmer I. Kl. zu je 1 Bett, 1 Krankenzimmer, welches auch als permanentes Bad benutzt werden

kann, und ein Operationszimmer mit entsprechend breitem Fenster, endlich noch 2 Closets.

Im Dachgeschoss liegt die aus Zimmer und Kammer bestehende Wohnung für einen Hilfsarzt, je ein Wohnzimmer für die Oberwärterin und den Heizer, das photographische Atelier nebst Dunkelkammer und ein Raum für Vorräthe.

Das Untergeschoss enthält an der Vorderfront die Wohnung des Hausmeisters, dessen Dienstzimmer mit dem Eingangsflur durch eine Treppe und ein Fenster in directer Verbindung steht, 2 Präparirräume, 1 Raum für Sterilisationszwecke und 1 desgl. für Thierställe. Im Uebrigen ist das Untergeschoss zur Unterbringung von 2 Dampf- bezw. Heissluftbädern nebst Vorräumen, 2 Anrichteräumen bezw. Spülküchen nebst Räumen für Vorräthe, 2 Räumen zum Ansammeln der schmutzigen Wäsche, 1 Abort für die Studirenden und der Heiz- und Kohlenräume benutzt worden.

In jedem Seitenflügel vermittelt ein Aufzug den Transport der Speisen vom Untergeschoss bis zum ersten Stockwerk, während ein in jedem Stockwerk mit Einwurfsthürchen versehener Schacht die schmutzige Wäsche in dem dazu bestimmten Raum des Kellergeschosses ansammelt.

Die Kellersohle liegt durchschnittlich 0,35 m unter Erdoberfläche; die Stockwerkshöhen betragen für das Kellergeschoss 3,50 m, für das Erdgeschoss und das erste Stockwerk 4,80 m. In diesen Maassen sind die Deckenwölbungen eingeschlossen. An Grundfläche kommen in den grösseren Zimmern auf das Bett rund 9 qm.

Die Aussenarchitektur stimmt mit derjenigen der übrigen Kliniken überein und zeigt Ziegelverblendung mit Glasuren und deutsche Schieferdächer. Nur die kleinen Verbindungsbauten zwischen dem Mittelbau und den Krankenblocks haben ein Holzcementdach erhalten. Sämmtliche Zwischendecken sind massiv eingewölbt worden. Die Treppen sind durchweg aus Granit hergestellt. Die Wohnräume im Keller, ferner die Krankensäle und die Räume der Poliklinik erhielten eichene in heissem Asphalt verlegte Riemenböden, die übrigen Zimmer kieferne Fussböden. Flure, Bäder und Aborte sind mit Terrazzo belegt. Die Wände der Krankenräume sind mit

Stuckputz und Oelfarbenanstrich versehen, während in den anderen Räumen gewöhnlicher Wandputz mit Leimfarbenanstrich und nur stellenweise für die unteren Theile Oelfarbenanstrich zur Anwendung gekommen ist.

Die Klinik ist in ausgedehntem Maasse mit Leitungen für warmes und kaltes Wasser sowie für Leuchtgas versehen. Der in einem stehenden Querröhrenkessel von 6,6 qm Heizfläche und 4,5 Atm. Ueberdruck entwickelte Dampf wird ausser zum Betriebe der Dampfbäder auch zur Warmwasserbereitung, zu Sterilisationszwecken und zur Wasserverdunstung in den Heizkammern der Sammelheizung benützt.

Die Beheizung der Klinik erfolgt, wie auch diejenige der anderen Kliniken, durch eine Vereinigung von Feuerluftheizung mit Stubenofenheizung. Sobald die in den Luftheizkammern vorgewärmte frische Luft die Wärmeabgabe der Räume nicht mehr deckt, werden die Stubenöfen, welche in den kleineren Zimmern aus Kacheln, in den grösseren aus Eisen hergestellt sind, in Thätigkeit gesetzt. Der Hörsaal und die Flure werden ausschliesslich durch Feuerluftheizung erwärmt.

Die Kosten des Baues betrugen 280 000 Mark, diejenigen der inneren Ausstattung 40 000 Mark.

2. Die Absonderungsbaracke der chirurgischen Klinik.

Die Uebergabe dieser im Maxgarten nordwärts des östlichen Krankenblocks der chirurgischen Klinik gelegenen Baracke erfolgte am 20. April 1892.

Die Baracke dient in erster Linie für diphtheriekranke Kinder, an denen der Luftröhrenschnitt vorgenommen werden soll. Deshalb gruppiren sich die Räume um ein genügend durch Tageslicht erhelltes Operationszimmer. Indessen werden hier auch andere Kranke mit schweren Eiterungen u. s. w. operirt und in den Zimmern der Baracke verpflegt. Die chirurgische Baracke ist auf 9 Betten für Kinder und 3 Betten für Pflegerinnen berechnet. Je nachdem auch Erwachsene untergebracht werden müssen, werden an Stelle einzelner Kinderbetten grosse Betten aufgestellt. Um dem wechselnden Bedürfniss zur Unterbringung von Kindern bezw. Erwachsenen

jederzeit leicht entsprechen zu können, haben die vorhandenen
3 Krankenzimmer verschiedene Grössen erhalten, nämlich eine
Grundfläche von 12 qm für 1 Kinderbett und eine Pflegerin,
ferner von 25 qm für 3 Kinderbetten und von 35 qm für
5 Kinderbetten. Für die Wärterinnen ist endlich noch ein
besonderer Raum mit 2 Betten vorgesehen. Ein kleines Badezimmer und ein Closet vervollständigen die innere Raum-
eintheilung.

Die Baukosten betrugen 17 000 Mark, die der inneren Ausstattung 5000 Mark.

3. Die Absonderungsbaracke der medicinischen Klinik.

Die Uebergabe dieser im Maxgarten nördlich von der
medicinischen Klinik gelegenen Baracke erfolgte am
28. Juli 1892.

Die Baracke ist auf 18 Krankenbetten berechnet, welche
in vier von einander vollständig getrennten Abtheilungen
untergebracht sind; von letzteren sind je zwei für Männer
bezw. Frauen bestimmt. Im Allgemeinen werden in dieser
Baracke die Diphtherie- und Scharlach-Kranken der medicinischen Klinik untergebracht werden. Dementsprechend sind
die beiden an den Kopfenden des Gebäudes liegenden Abtheilungen für die Diphtherie-Kranken, die beiden Mittelabthei-
lungen für die Scharlach-Kranken bestimmt. Die Trennung
zwischen den Diphtherie- und Scharlach-Abtheilungen erfolgt
durch feste Glaswände. Die ersteren enthalten 6 Krankenbetten in 2 Zimmern, 1 Wärterzimmer, 1 Badezimmer und
1 Closet. Die Scharlach-Abtheilungen sind an Umfang verschieden, insofern, als für die Frauenabtheilung, die gleichzeitig auch für Kinder bestimmt ist, 4 Betten, für die Männer-
Abtheilung dagegen nur 2 Betten vorgesehen wurden. Auch
jede dieser Abtheilungen hat ein besonderes Bad und ein
Wärterzimmer, sowie ein Closet. Um die Diphtherie- bezw.
Scharlach-Abtheilungen unmittelbar von Aussen zugänglich zu
machen, hat das Gebäude 3 Eingänge erhalten und zwar je
einen an den Kopfseiten und einen in der Mittelachse der
Vorderfront.

Die Baukosten betrugen 50 000 Mark, die der inneren Ausstattung 7 100 Mark.

4. Das pathologische Institut.

Die Uebergabe dieses Instituts erfolgte am 1. September 1892.

Dasselbe hat an der Nordspitze des Maxgartens seinen Platz erhalten. Diese Lage bietet den Vortheil, dass der gesammte Verkehr nach und von dem Institut sich vollziehen kann, ohne von den in den Kliniken untergebrachten Kranken wahrgenommen zu werden; besonders gilt dies für die Beerdigungen der in den Kliniken Verstorbenen.

Die Unterbringung der in dem Bauprogramm geforderten Räume ist gruppenweise in zwei, durch eine kurze Halle verbundenen Gebäuden erfolgt; dem Obductionshaus und dem durch einen kurzen Gang mit jenem verbundenen eigentlichen pathologischen Institut.

Bei dieser Zweitheilung bilden einerseits die für die Leichen und die Sectionen derselben bestimmten Räume, sowie andererseits die Lehrräume je eine besondere Gruppe. Die in der ersteren sich vielfach ergebende starke Luftverderbniss wird dadurch von den Arbeitszimmern und Hörsälen unbedingt fern gehalten.

Im Untergeschoss des Obductionshauses befinden sich der auch von aussen zugängliche Leichenkeller, sowie je ein Raum zum Aufbewahren von Gläsern und Särgen; ferner ein Macerationsraum, ein Leichenaufzug und ein Einsargungsraum neben der Beerdigungskapelle. Auch eine kleine, mit Zugang von aussen versehene Sakristei ist hier angeordnet. Das Erdgeschoss enthält zwei Sectionsräume mit je zwei Secirtischen, das Berathungszimmer, Aborte, den Obductionssaal mit Stehplätzen für 80 Zuschauer und die zur obersten Stufe des in demselben eingebauten Podiums führende Treppe. Von dem Podest derselben zugänglich ist die Garderobe für Studirende.

Der Hauptzugang zum Obductionshause, welcher besonders von den Studirenden benutzt werden soll, liegt an der Westseite des Gebäudes.

Im Untergeschoss des eigentlichen Institutsgebäudes befinden sich zwei Präparir-Räume, eine Waschküche für Leichenwäsche, Aborte und die Räume für die Centralheizung; die Wohnung des Hausmeisters, die für den Leichendiener, der Raum für frische Präparate und endlich die Stallungen für Versuchsthiere, welche mit dem Innern des Gebäudes gar keine Verbindung haben.

Im Erdgeschoss dieses Gebäudetheils liegen das Zimmer für chemische Untersuchungen und je ein Raum für Pilzzucht und für die Waage; zwei Assistentenzimmer und das Arbeitszimmer für Geübtere; ferner die beiden Zimmer des Directors, ein Assistentenzimmer, die Bibliothek, das Thierexperimentirzimmer, das Zimmer des Dieners und in einem besonderen einstöckigem Anbau der Hörsaal mit 80 Sitzplätzen.

Im ersten Stockwerk wird die ganze Nordseite von dem Mikroskopirsaal, welcher an drei Seiten Fenster hat, eingenommen; an der Ostseite liegt ein Vorbereitungszimmer und der Demonstrationssaal; gegen Süden der Sammlungsraum, der durch einen Zwischenboden in zwei Geschosse getheilt ist. Die Verbindung zwischen diesen vermittelt eine in einem erkerartigen, an der Westseite liegenden Ausbau untergebrachte Treppe. Ueberdies kann auch der an die Erkertreppe anschliessende Theil des Dachgeschosses bei eintretendem Bedürfniss zur Vergrösserung der Sammlungsräume ausgenutzt werden.

Das Kellergeschoss hat eine Höhe von 3,30 m, das Erdgeschoss eine solche von 4,80 m und das erste Stockwerk eine solche von 5,70 m erhalten. Für letztere Höhe ist einestheils der der Höhe nach getheilte Sammlungssaal und anderntheils der Umstand maassgebend gewesen, dass sowohl im Mikroskopirsaal, wie auch im Demonstrationssaal das directe Himmelslicht möglichst tief in den Raum hineinfallen muss, um selbst auf den zurückliegenden Plätzen Präparate und mikroskopische Objecte genau untersuchen zu können.

Die Aussenarchitektur ist in Uebereinstimmung mit den anderen klinischen Neubauten als Ziegelrohbau ausgebildet worden. Mit Ausnahme des Daches der Verbindungshalle und der gleichzeitig als Dach dienenden Decke des Hörsaales, für welche

Holzcement gewählt ist, sind sämmtliche Dächer mit deutschem Schiefer eingedeckt. Im Innern des Instituts sind die Decken des Kellers und des Erdgeschosses durchgehends gewölbt, ebenso auch die Decke des Sammlungssaales im ersten Stockwerk, sowie des Flures und des Treppenhauses daselbst; die übrigen Räume des ersten Stockes haben Holzdecken erhalten.

Im Obductionshause sind mit Holzbalkendecken versehen: die Secirräume, das Berathungszimmer, die Garderoben und der Obductionssaal, letzterer hat zur besseren Beleuchtung des Secirtisches auch ein mit Kathedralglas verglastes Oberlicht von 3,10 m Durchmesser erhalten.

Für reichliche Versorgung des Gebäudes mit kaltem und warmem Wasser sowie mit Gas ist Bedacht genommen worden.

Die Beheizung und Lüftung erfolgt derart, dass das Berathungszimmer, die beiden Assistentenzimmer, das Thierexperimentirzimmer, die Bibliothek und das Vorzimmer des Directors durch Kachelöfen erwärmt werden, während für alle übrigen Räume eine Niederdruck-Dampfheizung mit Selbstregulirung zur Ausführung gekommen ist. Von einer Erwärmung der Flure ist Abstand genommen worden.

Die Baukosten betrugen 204000 Mark, wozu für die theilweis künstliche Gründung 13500 Mark treten; die der inneren Ausstattung 27000 Mark.

2. Kapitalien.

Das Vermögen der Universität betrug am Schlusse des Jahres 1892/93.............................. 588019,50 M. und ist angelegt:

in Hypotheken .... 473844,50 M.
in Werthpapieren........ 114175,00 »

|| 588019,50 M.

Die Stiftungsfonds der Universität weisen am Schlusse des Jahres 1892/93 ein Vermögen von .... 60615,00 M. nach.

Dasselbe besteht:

in Hypotheken............ 23340,00 M.
in Werthpapieren......... 37275,00 »

Ausserdem besitzt der v. Hackemann'sche Professoren-Wittwen-Pensions-Fonds an Ländereien 36 ha 42 a 28 qm, welche zur Zeit einen jährlichen Pachtzins von 3934 M. und an Jagdpachtgeldern 47,33 M. einbringen.

Das Vermögen der Stipendien-Fonds betrug am Schlusse des Jahres 1892/93 .... 729 150,53 M. und ist angelegt:

in Hypotheken mit .... 420 000,00 M.
in Werthpapieren mit .... 309 112,85 •
in einem Sparkassenbuch über ___37,68_ •
‖ 729 150,53 M.

Der Studenten-Unterstützungs-Fonds weist am Schlusse des Jahres 1892/93 ein Kapitalvermögen von .... 58 875,00 M. nach.

Dasselbe besteht:

in Hypotheken von ... 34 500,00 M. und
in Effecten von ...... 24 375,00 •

VI. Wichtigere Ministerial-Erlasse und Beschlüsse.

1. Für die Universität überhaupt.

a. Ministerial-Erlasse.

Durch Erlass vom 1. April 1892 ist die Bezeichnung der Assistenten, Volontaire und Hilfsarbeiter an den Königl. und Universitäts-Bibliotheken derart einheitlich geregelt worden, dass

1. als Assistenten fortan nur diejenigen zu bezeichnen sind, welche für den staatlichen Bibliotheksdienst, wenngleich ohne etatsmässige Anstellung, dauernd angenommen sind und in der Regel gegen Remuneration beschäftigt werden;

2. Diejenigen, welche sich dem staatlichen Bibliotheksdienst dauernd zu widmen beabsichtigen, einstweilen jedoch behufs Feststellung ihrer Befähigung nur probeweise zur

unentgeltlichen Beschäftigung zugelassen sind, Volontaire heissen;

3. Hilfsarbeiter diejenigen sind, welche, ohne für den staatlichen Bibliotheksdienst wie die Assistenten dauernd angenommen oder wie die Volontaire zu demselben probeweise zugelassen zu sein, mit oder ohne Remuneration vorübergehend beschäftigt werden.

Da die Stellung der Hilfsarbeiter als solche eine ausserordentliche ist, so ist die Bezeichnung „ausserordentlicher Hilfsarbeiter" hinfort nicht mehr zu gebrauchen.

Durch Erlass vom 14. Juni 1892 hat der Herr Minister dem diesbezüglichen Antrage entsprechend genehmigt, dass bei hiesiger Universität von der Herausgabe eines lateinischen Lections-Katalogs neben dem deutschen Vorlesungs-Verzeichnisse fernerhin Abstand genommen werde und ist demgemäss das Vorlesungs-Verzeichniss für das Sommer-Semester 1893 erstmalig nur in deutscher Sprache, jedoch in veränderter Art erschienen.

Nach einem Erlass vom 15. August 1892 ist der Herr Minister der geistlichen etc. Angelegenheiten wie bereits früher bezüglich der studirenden Offiziers-Aspiranten, so nunmehr auch wegen der Termine der militairischen Dienstleistungen der Docenten mit dem Herrn Kriegsminister in Verbindung getreten, so dass also wie bei jenen die Einziehungen thunlichst in den überwiegend in die Ferien fallenden Monaten März, April, August und September stattfinden möchten. Der Herr Kriegsminister hat hiervon den obersten Waffenbehörden mit dem Ersuchen Kenntniss gegeben, die zum Ausdruck gebrachten Wünsche in derselben Weise wie hinsichtlich der studirenden Offiziers-Aspiranten zu berücksichtigen.

Durch Erlass vom 2. October 1892 ist die allmälige Einführung des 100theiligen statt des 80theiligen Thermometers angeordnet worden.

Durch Erlass vom 21. December 1892 hat der Herr Minister zu den Vorschlägen für die Unterstützung der Hinterbliebenen von Universitätslehrern aus Kapitel 119 Titel 15a des Staatshaushalts-Etats ein einheitliches Formular gegeben, welches in der Weise zu benutzen ist, dass im Allgemeinen für jede in Frage kommende Person ein Exemplar zur Ausfüllung gebracht wird, jedoch genügt es, für die Wittwe und die Waisen desselben Professors, soweit die letzteren von der ersteren zu versorgen sind, und für Geschwister, welche demselben Haushalt angehören, ein und dasselbe Blatt zu verwenden.

Durch Erlass vom 27. Januar 1893 sind in 12 Paragraphen einheitliche Bestimmungen für den Leihverkehr zwischen der Königlichen Bibliothek zu Berlin und den Universitäts-Bibliotheken gegeben worden.

Nach einem Erlass vom 18. Februar 1893 hat die Allerhöchste Bestimmung vom Jahre 1891, dass am Geburtstage Sr. Majestät des Kaisers und Königs von der Illumination aller öffentlichen Gebäude Abstand zu nehmen ist, nicht nur für den einzelnen Fall, sondern ein für alle Mal Gültigkeit.

b. Senatsbeschlüsse.

Gleich einer ganzen Reihe deutscher Universitäten hat der Senat in seiner Sitzung am 5. November 1892 beschlossen, das Vorlesungs-Verzeichniss fernerhin nicht mehr durch die seither als Publicationsorgane benutzten beiden politischen Zeitungen, sondern durch die in München erscheinenden Hochschul-Nachrichten zu veröffentlichen. Mit diesem Beschluss hat sich der Herr Minister einverstanden erklärt und wird demgemäss in Zukunft verfahren werden.

In derselben Sitzung wurde beschlossen, bei dem Herrn Minister den Antrag zu stellen, die bei der hiesigen Universitäts-Bibliothek bestehende Einrichtung der Cavetscheine für die Studirenden zur Erlangung von Büchern aus derselben in Zukunft in Wegfall kommen zu lassen. Eine Entscheidung ist hierauf noch nicht erfolgt.

2. Für die einzelnen Facultäten.

Evangelisch-theologische Facultät.

Auf einen bezüglichen Antrag hat der Herr Minister der geistlichen etc. Angelegenheiten unterm 7. März 1893 genehmigt, dass der § 10 des Reglements für die vorgedachte Facultät in Bezug auf die Decanatswahl folgende Fassung erhält: „Neu eintretende ordentliche Professoren müssen erst zwei Semester Mitglieder der Facultät gewesen sein, ehe sie das Decanat übernehmen können."

VII. Universitäts-Ereignisse, Feierlichkeiten, Programme, Adressen etc.

1. Akademische Feierlichkeiten und sonstige Ereignisse.

Am 15. October 1892 fand in herkömmlicher Weise die Uebergabe des Rectorats von Seiten des bisherigen Rectors, Professors Dr. Schmidt, an den neu gewählten Rector, Geh. Medicinal-Rath Professor Dr. Ponfick statt.

Nach Leistung des vorgeschriebenen Eides hielt dieser seine Antrittsrede über das Thema:

„Das Wesen der Krankheit und die Wege der Heilung".

Ferner fand am 27. Januar 1893 in der — wie in den Vorjahren — festlich geschmückten Aula Leopoldina die Feier des Geburtstages Sr. Majestät des Kaisers und Königs statt, wobei Herr Geheimer Regierungs-Rath Prof. Dr. Förster die Festrede hielt über:

„Eros".

Die studentischen Corporationen waren bei dieser Feier wie früher durch ihre Chargirten in akademischem Schmuck bezw. mit ihren Fahnen vertreten.

Den Schluss der Feier bildete die Verkündigung der Preise für die Lösung der am 27. Januar 1892 gestellten Preisaufgaben und die Bekanntmachung neuer am 2. December 1893 einzuliefernder Arbeiten. Das Nähere hierüber ist unter dem Abschnitt „Preisaufgaben" gesagt.

Am Nachmittage vereinigten sich die Docenten und Beamteten der Universität zu einem gemeinsamen Festmahl, das auch diesmal eine recht rege Betheiligung fand.

Die Verlegung der medicinischen Institute in die Neubauten auf dem Maxgartengrundstück hat im abgelaufenen Jahre nach Abschluss der ersten Bauperiode in grösserem Umfange stattgefunden und zwar sind:

am 20. April 1892 die medicinische Klinik,

am 28. Juli 1892 die dermatologische Klinik und

am 1. September 1892 das pathologische Institut

dahin übergesiedelt.

Die seitens des Herrn Universitäts-Curators erfolgte Mittheilung des Protokolls über die zu Anfang Juni 1891 hier stattgehabten commissarischen Verhandlungen wegen Ausführung weiterer Neubauten für medicinische und naturwissenschaftliche Institute auf beim Maxgarten belegenen Grundstücken gab dem akademischen Senat Veranlassung, den Herrn Minister auf die Schwierigkeiten hinzuweisen, die aus der räumlichen Entfernung von namentlich der philosophischen Facultät angehörigen Instituten für die Festhaltung des Zusammenhangs der Facultät erwachsen können, und auf das voraussichtlich sich aufdrängende Bedürfniss einer auch räumlichen Wiedervereinigung der getrennten Glieder.

Die Zahl der Seminare hat sich im abgelaufenen Jahre durch die Eröffnung eines solchen für slavische Philologie, das von dem Geh. Regierungs-Rath Professor Dr. Nehring geleitet wird, vermehrt.

2. Programme.

An Programmen sind im Rechnungsjahre 1892/93 erschienen:

a. das Programm im lateinischen Lections-Katalog für das Sommer-Semester 1892 von Geh. Reg.-Rath Professor Dr. Hertz: „Dissertatio vernaculo sermone conscripta de thesauro latinitatis condendo."

b. das Programm im lateinischen Lections-Katalog für das Winter-Semester 1892/93 von Professor Dr. Förster: „Choriciana Miltiadis oratio primum edita a Richardo Foerstero."

3. Adressen.

Dem ordentlichen Professor in der philosophischen Facultät, Geh. Regierungs-Rath Dr. Hertz, sprachen Rector und Senat zu seinem fünfzigjährigen Doctor-Jubiläum am 3. September 1892 ihre Glückwünsche in folgender Tabula aus:

VNIVERSITATIS VRATISLAVIENSIS RECTOR
HERMANNVS SCHMIDT
ET SENATVS ACADEMICVS
MARTINO HERTZ
ARTIVM LIBERALIVM MAGISTRO ET PHILOSOPHIAE
DOCTORI QVINQVAGENARIO
S.

Quae tu, maxime venerabilis collega, totiens a nobis rogatus aliis diserte expressisti vota quod tibi offerre hodie nobis datum est summo opere gaudemus. Recolenda enim es memoria festi illius diei quo ante hos quinquaginta annos amplissimus Berolinensium ordo summos in philosophia honores tibi impertivit.

Virtutes in illo studiorum tirocinio, quo quaestionem de L. Cinciis valde intricatam ita solvisti, ut fundamenta expositionis tuae etiamnunc solida maneant, aeque atque in praestantissimis quae secuta sunt operibus conspicuae, sincerum veritatis studium, indefessa in disiectis membris colligendis diligentia, acumen ingenii, sanitas et aequitas iudicii, festivitas sermonis facere non potuerunt quin non solum flores gratissimos, sed etiam fruges uberrimas efferrent. Gellius, Priscianus, Livius, Horatius quantum tibi debeant, iam in ore omnium litteratorum est; annales vero Romanarum litterarum paene nullum scriptoris nomen exhibere, cui vel explicando vel emendando vel interpretando non aliquam symbolam contuleris, gnari sciunt. Atque thesaurum linguae latinae, si, ut tecum optamus et speramus, prosperum successum nactus erit, eorum qui nunc sunt maxime tibi id acceptum referendum erit. Ut autem in omnibus quae ad rationem in litteris antiquis elaborandi pertinent Lachmanni tui vestigiis institisti, ita cum Boeckhio philologiae classicae regnum unum atque individuum esse ratus nullam eius partem inaccessam reliquisti, quin etiam artis antiquae quam multi ab illa abalienare studuerunt campos laetos Welckero duce et auspice primum cognitos saepius cum haud minore oblectatione tua quam usu scientiae mansuro relegisti.

Parem eventum fides habuit qua muneri academico per novem lustra Berolini, Gryphiae, apud nos te dicasti. Maximus est numerus eorum quos scholis tuis amore antiquitatis classicae imbueris atque inter hos multi sunt, qui cognitione illius pro virili parte promovenda disciplinae atque institutionis tuae praeconium fecerunt. In primis de seminario philologico nostrae universitatis meruisti, cuius exercitationes ita moderatus es, ut sodales cum contemptu cuiusvis subitariae opellae et vanae gloriolae captandae studii summam virium contentionem discerent. Quotiens vero etiam orationibus e penu doctrinae tuae largissimae ad dierum sollemnitates apte electis arguteque compositis auditorum animos devinxisti. Omnes res ad nostram academiam, quae quam cito tibi cara facta sit cum conditionibus lautis pariter atque honestis Tubingam vocareris manifestum reddidisti, pertinentes pro tuis habuisti. Fasces academicos quos ante hos duodecim annos collegarum voluntas tuis manibus tradidit, cum universitatis honore et emolumento tenuisti, decani philosophorum munus bis, senatoris compluries summa cum cura atque prudentia administrasti, propter morum candorem atque suavitatem apud omnes collegas gratiam iniisti.

Quae cum ita sint, etsi haud ignoramus amicos quos ubique multos tibi conciliasti, discipulos quibus etiam ultra annos vitae academicae suasor atque adiutor benignissimus mansisti, omnes denique philologos hodie te bonis votis prosequi, praeter ceteros nos hunc tibi faustum diem ex animi sententia gratulamur eumque etiam nobis laetissimum illuxisse profitemur, triginta annos te nostrum esse gloriamur, maximas tibi graetes agimus omnium quae nobis praestitisti atque optamus, ut Deus Optimus Maximus salutem tibi corporis integram reddat, ab omni aerumna et dolore incolumem te tuis, nobis, patriae servet diuque otio dignissimo frui sinat.

Dabamus Vratislaviae die III mensis Septembris

anni MDCCCLXXXXII.

(L. S.)

Auf eine Einladung der Universität Dublin (Trinity College) zur Betheiligung unserer Universität an der in den Tagen vom 5. bis 8. Juli 1892 stattgefundenen Jubelfeier ihres dreihundert-jährigen Bestehens, ist derselben mit Genehmigung des Herrn

Ministers der geistlichen etc. Angelegenheiten folgende tabula übermittelt worden:

Q. F. F. F. Q. S.

ILLUSTRISSIMAE ATQUE INCLUTISSIMAE

LITTERARUM UNIVERSITATI DUBLINENSI

PER TRIA SAECULA SCIENTIARUM IN HIBERNIA SEDI

AMPLISSIMAE

E MULTIS MAGNISQUE PROCELLIS QUIBUS POSTQUAM COLLEGIUM SANCTAE ET INDIVIDUAE TRINITATIS IUXTA DUBLINUM A REGINA ELIZABETHA IUVENTUTI HIBERNICAE PIE ET LIBERALITER EDUCANDAE CONDITUM EST PATRIAE FATORUM CONSORS IACTATA EST FELICITER EMERSAE ATQUE AD TUTISSIMUM SPECTATISSIMUMQUE LOCUM PROVECTAE

SPLENDIDISSIMA MAGISTRORUM CORONA INSIGNI VIRORUM CUM IN OMNI ERUDITIONIS GENERE CLARISSIMORUM TUM SWIFTIORUM GOLDSMITHIORUM SHERIDANORUM BERKLEIORUM ALMAE NUTRICI

SAECULARIA TERTIA

INTER TOTIUS ORBIS LITTERATI PLAUSUM LAETISSIMUM

PER DIES V USQUE AD VIII M. IULII HUIUS ANNI

CELEBRANTI

SALUTEM INCOLUMITATEM GLORIAM PERPETUAM

PRECANS

GRATULATUR

UNIVERSITAS VRATISLAVIENSIS

INTERPRETE

HERMANNO SCHMIDT

H. T. RECTORE

ET SENATU ACADEMICO.

P. P. VRATISLAVIAE D. XXVIII. M. IUN. A. MDCCCLXXXXII.

Ferner wurde der Universität in Padua zu der in der Zeit vom 6. bis 8. December 1892 daselbst stattgefundenen Feier der dreihundertjährigen Wiederkehr des Tages, an dem der grosse Mathematiker Galilei den Lehrstuhl an dieser Hochschule bestieg, zu welcher auch an unsere Universität eine Einladung ergangen war, folgende Glückwunsch-Adresse übersandt:

Der Universität in Padua
gewidmet zu der Feier des 7. December 1892
von der Universität in Breslau.

Nachdem vor länger als vier Jahrhunderten die Wieder-
belebung der Wissenschaften und Künste von dem Lande Italien
ausgegangen ist, kann nicht minder gesagt werden, dass das
Studium der exacten Wissenschaften, welches in unserer Zeit
einen so hervorragenden Aufschwung genommen und einen so
allgemeinen Einfluss auf alle Verhältnisse des Lebens erlangt
hat, gleichfalls in Italien die erste feste Gestaltung gewonnen
hat. Es ist aber hier niemand anderes, als der unsterbliche
Physiker, Astronom und Mathematiker Galileo Galilei, welchem
die Grundlagen jenes Aufschwunges in erster Linie zu verdanken
sind, da derselbe theils selbst Neues erfindend, theils schon
Erfundenes verbessernd und in weitestem Umfange fruchtbar
machend, das menschliche Wissen in der Astronomie, Physik
und Mechanik in vorher ungeahntem Maasse erweitert hat.
Im Rückblick auf den Gang seines äusseren Lebens kann es
dabei nicht verborgen bleiben, dass derselbe in seinem
29. Lebensjahre an die Universität in Padua berufen, hier die
glücklichste und fruchtbarste Zeit seines Wirkens verlebte,
sowohl als Forscher wie als Lehrer, als welchem ihm aus Italien
wie aus den fernsten Ländern so viele Zuhörer zuströmten,
dass die Räume sie nicht zu fassen vermochten. Und wenn
auch mit den 18 in Padua verlebten Jahren sein wissenschaftliches Schaffen nicht abgeschlossen ist, so wurde doch seit
dem Verlassen der ihn hoch ehrenden und schützenden
Republik Venedig dasselbe durch die schwersten Kämpfe getrübt und erreichte nicht wieder den harmonischen Charakter
des Lebens und Wirkens in Padua. Es kann daher für diese
Universität wohl keinen passenderen Zeitpunkt zur Feier des
Andenkens und der wissenschaftlichen Verdienste dieses in
allen Theilen der Welt gleichen Ruhm geniessenden Mannes
geben, als den Tag, an welchem derselbe an diesem Orte sein
Lehramt antrat. Auch die Universität Breslau begrüsst diesem
gemäss mit aufrichtiger Theilnahme den Gedanken der Feier
jenes ihr kundgegebenen Tages, wo vor nunmehr 300 Jahren
Galileo Galilei's Thätigkeit an der durch ihr hohes Alter an

sich selbst so ehrwürdigen Universität Padua begonnen und damit einen der glänzendsten Punkte in ihrer Geschichte gebildet hat. Die Universität Breslau gestattet sich zu diesem festlichen Tage ihre herzlichen und aufrichtigen Glückwünsche darzubringen.

Breslau, den 1. December 1892.

Rector und Senat der Königlichen Universität zu Breslau.

(gez.) Ponfick.

VIII. Studirende.

1. Hörerzahl.

Sommer-Semester 1892.

a. Immatriculirte Studirende:

Aus dem vorigen Semester waren geblieben......	856
Neu hinzugekommen	378
zusammen	1234

Davon zählt:

die evangelisch-theologische Facultät	Preussen ..... 138 Nichtpreussen . 2	140
die katholisch-theologische Facultät	Preussen ..... 210 Nichtpreussen . —	210
die juristische Facultät....	Preussen ..... 271 Nichtpreussen . 3	274
die medicinische Facultät..	Preussen ..... 283 Nichtpreussen . 5	288

die philosophische Facultät

a. Preussen m. d. Zeugniss der Reife	147	
b. Preussen ohne Zeugniss der Reife nach § 3 der Vorschriften vom 1. October 1879..............	150	
Preussen	297	
c. Nichtpreussen................	25	322

b. Hospitanten, Preussen und Nichtpreussen	38

Die Gesammtzahl der zum Hören von Vorlesungen Berechtigten war also 1272

Es hörten Vorlesungen:

von den immatriculirten Studirenden........... 1228
von den Hospitanten......................... 38

zusammen 1266

Vom Hören von Vorlesungen waren dispensirt:
je 1 in der katholisch-theologischen, der juristischen
und der medicinischen Facultät, sowie 3 in der
philosophischen Facultät, zusammen 6

Winter-Semester 1892/93.

a. Immatriculirte Studirende:

aus dem vorigen Semester waren geblieben..... 853
neu hinzugekommen 360

zusammen 1213

Davon zählte:

die katholisch-theologische Facultät	Preussen 191	
	Nichtpreussen . —	191
die evangelisch-theologische Facultät	Preussen 126	
	Nichtpreussen . 1	127
die juristische Facultät....	Preussen 287	
	Nichtpreussen . 3	290
die medicinische Facultät..	Preussen 277	
	Nichtpreussen . 4	281

die philosophische Facultät
a. Preussen m. d. Zeugniss der Reife 138
b. Preussen ohne Zeugniss der Reife
nach § 3 der Vorschriften vom
1. October 1879 152
Preussen.................... 290
c. Nichtpreussen 34 324

b. Hospitanten, Preussen und Nichtpreussen 45
Die Gesammtzahl der zum Hören von Vorlesungen Berechtigten war also....................... 1258

Es hörten Vorlesungen:

von den immatriculirten Studirenden........... 1211
von den Hospitanten......................... 45

zusammen 1256

Vom Hören von Vorlesungen waren dispensirt:
in der philosophischen Facultät................. 2

7

2. Betheiligung an den Vorlesungen.

Es haben Inscriptionen stattgefunden:

1. bei der evangelisch-theologischen Facultät

im Sommer-Semester 1892:

zu 13 theol. Privatvorlesungen 396

، 4 ، öffentlichen Vorlesungen 167

، 8 ، seminaristischen Uebungen 171

im Winter-Semester 1892/93:

zu 16 theol. Privatvorlesungen 361

، 5 ، öffentlichen Vorlesungen 202

، 7 ، seminaristischen Uebungen 138

2. bei der katholisch-theologischen Facultät

im Sommer-Semester 1892:

zu 10 theol. Privatvorlesungen 765

، 9 ، öffentlichen Vorlesungen 550

، 4 ، seminaristischen Uebungen...... 78

im Winter-Semester 1892/93:

zu 13 theol. Privatvorlesungen 830

، 5 ، öffentlichen Vorlesungen 246

، 4 ، seminaristischen Uebungen...... 90

3. bei der juristischen Facultät

unter Einschluss der staatsw. Disciplinen

im Sommer-Semester 1892:

zu 28 jur. bezw. staatsw. Privatvorlesungen........... 1125

، 5 ، ، ، öffentlichen Vorlesungen 512

، 5 ، ، ، seminaristischen Uebungen... 154

im Winter-Semester 1892/93:

zu 27 jur. bezw. staatsw. Privatvorlesungen........... 1159

، 4 ، ، ، öffentlichen Vorlesungen..... 379

، 8 ، ، ، seminaristischen Uebungen... 194

4. bei der medicinischen Facultät

im Sommer-Semester 1892:

zu 42 medicinischen Privatvorlesungen 1281

، 25 ، öffentlichen Vorlesungen . 653

im Winter-Semester 1892/93:

zu 42 medicinischen Privatvorlesungen 1165

، 34 ، öffentlichen Vorlesungen . 907

5. bei der philosophischen Facultät

im Sommer-Semester 1892:

zu 77 Privatvorlesungen	1699	
' 40 öffentlichen Vorlesungen	1112	
' 21 Seminarien	201	

im Winter-Semester 1892/93:

zu 77 Privatvorlesungen	1741
' 36 öffentlichen Vorlesungen	905
' 23 Seminarien	216

1. Von Seiten der Studirenden der evangelisch-theologischen Facultät haben stattgefunden:

im Sommer-Semester 1892 bei einer Anzahl von 140 Hörern

zu 13 theol. Privatvorlesungen . . . . 396 Inscriptionen,
' 4 ' öffentlichen Vorlesungen . . . . . 167 '
' 8 ' seminaristischen Uebungen . . 171 '
' ausserfachlichen (philos., historischen litterar., philologischen) Vorlesungen 9 '
(2 private und 7 öffentliche);

im Winter-Semester 1892/93 bei einer Anzahl von 127 Hörern

zu 16 theol. Privatvorlesungen . . . . 361 Inscriptionen,
' 5 ' öffentlichen Vorlesungen . . . . . 202 '
' 7 ' seminaristischen Uebungen . . 138 '
' ausserfachlichen Vorlesungen . . . . 20 '
(5 private und 15 öffentliche).

Mithin fallen auf jeden der Hörenden:

im Sommer-Semester 1892 (Zahl 140):

zu den theol. Privatvorlesungen . . . . 2,808 Inscriptionen,
' ' ' öffentlichen Vorlesungen . . 1,111 '
' ' ' seminaristischen Uebungen 1,221 '
' ' ausserfachlichen Vorlesungen . . . 0,064 '

im Winter-Semester 1892/93 (Zahl 127):

zu den theol. Privatvorlesungen . . . . 2,872 Inscriptionen,
' ' ' öffentlichen Vorlesungen . . 1,838 '
' ' ' seminaristischen Uebungen 1,090 '
' ' ausserfachlichen Vorlesungen . . . . 0,149 '

2. Von Seiten der Studirenden der katholischen Theologie haben stattgefunden:

im Sommer-Semester 1892 bei einer Anzahl von 209 Hörern

zu 10 theol. Privatvorlesungen . . . . 765 Inscriptionen,
- 9 - öffentlichen Vorlesungen . . . . . 550 -
- 4 - seminaristischen Uebungen . . . 78 -
- ausserfachlichen Vorlesungen . . . . — -

im Winter-Semester 1892/93 bei einer Anzahl von 191 Hörern

zu 13 theol. Privatvorlesungen . . . . 830 Inscriptionen.
- 5 - öffentlichen Vorlesungen . . . . . 246 -
- 4 - seminaristischen Uebungen . . 90 -
- ausserfachlichen Vorlesungen . . . . — -

Mithin entfallen auf jeden Hörenden:

im Sommer-Semester 1892 (Zahl 209):

zu den theol. Privatvorlesungen . . . . 3,660 Inscriptionen,
- - - öffentlichen Vorlesungen . . 2,631 -
- - - seminaristischen Uebungen 0,373 -
- ausserfachlichen Vorlesungen . . . . — -

im Winter-Semester 1892/93 bei einer Anzahl von 191 Hörern

zu den theol. Privatvorlesungen . . . . 4,370 Inscriptionen,
- - - öffentlichen Vorlesungen . . 1,288 -
- - - seminaristischen Uebungen 0,471 -
- ausserfachlichen Vorlesungen . . . . — -

3. Von Seiten der Studirenden der juristischen Facultäten haben stattgefunden:

im Sommer-Semester 1892 bei einer Anzahl von 273 Hörern

zu 28 juristischen Privatvorlesungen . . . . . 1125 Inscriptionen,
- 5 - öffentlichen Vorlesungen 512 -
- 5 - seminar. Uebungen . . . . 154 -
- ausserfachlichen Vorlesungen . . . . 166 -
(39 private, 127 öffentliche);

im Winter-Semester 1892/93 bei einer Anzahl von 290 Hörern

zu 27 juristischen Privatvorlesungen . . . . . 1159 Inscriptionen,
- 4 - öffentlichen Vorlesungen 349 -

zu 8 juristischen seminar. Uebungen .... 194 Inscriptionen,
» ausserfachlichen Vorlesungen .... 38 »
(10 private, 28 öffentliche).

Mithin fallen auf jeden Hörenden:
im Sommer-Semester 1892 (Zahl 273):
zu den juristischen Privatvorlesungen ... 4,121 Inscriptionen,
» » » öffentl. Vorlesungen . 1,875 »
» » » seminar. Uebungen .. 0,564 »
» » ausserfachlichen Vorlesungen .... 0,608 »
im Winter-Semester 1892/93 (Zahl 290):
zu den juristischen Privatvorlesungen ... 3,929 Inscriptionen,
» » » öffentl. Vorlesungen . 1,203 »
» » » seminar. Uebungen .. 0,670 »
» » ausserfachlichen Vorlesungen .... 0,131 »

4. Von Studirenden der medicinischen Facultät haben,
wenn die von ihnen gehörten obligatorischen naturwissenschaftlichen Vorlesungen zu den medicinischen gezählt werden,
stattgefunden:
im Sommer-Semester 1892 bei einer Anzahl von 287 Hörern
zu 42 Privatvorlesungen................. 1281 Inscriptionen,
» 25 öffentlichen Vorlesungen .... 653 »
im Winter-Semester 1892/93 bei einer Anzahl von 281 Hörern
zu 42 Privatvorlesungen................ 1165 Inscriptionen,
» 34 öffentlichen Vorlesungen.......... 907 »
Mithin fallen auf jeden Hörenden:
im Sommer-Semester 1892 (Zahl 287):
zu den Privatvorlesungen .... 4,463 Inscriptionen,
» » öffentlichen Vorlesungen .... 2,276 »
im Winter-Semester 1892/93 (Zahl 281):
zu den Privatvorlesungen .... 4,145 Inscriptionen,
» » öffentlichen Vorlesungen .... 3,228 »

5. Von Seiten der Studirenden der philosophischen
Facultät haben stattgefunden:
im Sommer-Semester 1892 bei einer Anzahl von 319 Hörern
zu 77 Privatvorlesungen................. 1699 Inscriptionen,
» 40 öffentlichen Vorlesungen .... 1112 »
» 20 Seminarien..................... 201 »

Ausserfachliche Vorlesungen sind in der philosophischen
Facultät in der Regel solche, die einem vom Specialfache verschiedenen Fache dieser Facultät selbst angehören:
im Winter-Semester 1891/92 bei einer Anzahl von 324 Hörern

zu 77 Privatvorlesungen .... 1741 Inscriptionen,
= 36 öffentlichen Vorlesungen .... 905 =
= 23 Seminarien .... 216 =

Mithin fallen auf jeden Hörenden:
im Sommer-Semester 1892 (Zahl 319):
zu den Privatvorlesungen .... 5,326 Inscriptionen,
= = öffentlichen Vorlesungen .. .. 3,486 =
= = Seminarien .... 0,630 =

im Winter-Semester 1892/93 (Zahl 324):
zu den Privatvorlesungen .... 5,373 Inscriptionen,
= = öffentlichen Vorlesungen .... 2,800 =
= = Seminarien .... 0,666 =

3. Lösungen von Preisaufgaben.

Die Preisaufgaben, welche für das Jahr 1892 gestellt waren
und deren Ergebnisse am Geburtstage Sr. Majestät des Kaisers
und Königs den 27. Januar 1893 bestimmungsmässig zur Verkündigung gelangten, sind in nachstehender Weise gelöst
worden:

Ia. In der katholisch-theologischen Facultät fand die Auf-
gabe: „De auctore et integritate Sacramentarii a Josepho
Maria Thomasio cler. regul. S. R. E. Cardinali editi
disputetur" einen Bearbeiter in dem Stud. theol. cath.
August Hanke aus Münsterberg, welchem der volle
Preis in Höhe von 150 Mark zugesprochen wurde.

b. In der evangelisch-theologischen Facultät hat die gestellte
Aufgabe: „Resurrectio Jesu Christi qualis secundum
scriptores Novi Testamenti fuerit exponatur" zwei Bе-
arbeitungen gefunden, von denen die eine für die Prämiirung nicht in Betracht kommen konnte, wogegen der
anderen Arbeit, als deren Verfasser der Stud. theol. ev.
Friedrich Richter aus Dyhernfurth sich ergab, der
halbe Preis in Höhe von 75 Mark zugesprochen worden ist.

c. In der juristischen Facultät hat die wiederholte Aufgabe: „Der Gerichtsstand des Vermögens und des Streitgegenstandes, insbesondere sein Verhältniss zum forum arresti des früheren gemeinen Processes" zwar eine Bearbeitung gefunden, der aber ein Preis nicht zuerkannt werden konnte. Hingegen sind von den über die neue Aufgabe: „Die sogenannte Compensation im Reichsstrafgesetzbuch" eingegangenen drei Abhandlungen zwei mit je dem vollen Preise in Höhe von 150 Mark gekrönt worden, deren Verfasser der Stud. jur. Curt Steinitz von hier und der Stud. jur. Johannes Kleiner aus Oels sind. Die dritte Arbeit konnte eines Preises für würdig nicht erachtet werden.

d. Die von der medicinischen Facultät gestellte Aufgabe: „Lassen sich bei bösartigen Geschwülsten charakteristische Veränderungen im Blute nachweisen?" hat zwei Bearbeitungen gefunden, von denen der einen, von dem Stud. med. Georg Reinbach von hier verfassten, der volle Preis von 150 Mark zuerkannt worden ist, wogegen die Facultät der anderen Arbeit eine lobende Anerkennung zu Theil werden lassen konnte.

e. In der philosophischen Facultät wurde für die Bearbeitung der historischen Aufgabe: „Eine Darstellung des Verhaltens der von sessio und votum auf den Reichstagen ausgeschlossenen Reichsritterschaft in der Zeit der Kämpfe um die Reichsverfassungsreform und darnach, insbesondere vom Augsburger Religionsfrieden bis zum Ausgang Maximilians II." dem Stud. phil. Carl Siegel von hier der ganze Preis in Höhe von 150 Mark zuertheilt.

II. Unbearbeitet geblieben ist die von der philosophischen Facultät gestellte philosophische Aufgabe: „Die Lehre des Averroes von den in der Materie liegenden Keimformen in ihrem Verhältniss zu der analogen Anschauung Augustins und in ihrer Bedeutung für die Philosophie der Scholastik."

4. Verbindungen und Vereine.

Im vorigen Rechnungsjahre zählte die Universität 4 Corps, 4 Burschenschaften, 6 farbentragende Verbindungen, 5 Landsmannschaften, 27 akademische Vereine, und zwar zählten an Mitgliedern:

	im S.-S. 92,		im W.-S. 92/93
das Corps Borussia	7		7
» » Lusatia	9		11
» » Marcomannia.	8		9
	Inact. 1	Inact.	1
» » Silesia	10		10
die Burschenschaft Arminia	8		4
	Inact. 3	Inact.	1
» » Germania . . .	—		5
» » Cheruscia . . .	—		—
» » Raczeks	9		9
die Verbindung Vandalia	15		11
» » Viadrina (freie			
Verbindung) . .	6		6
	Inact. 2	Inact.	1
» » Winfridia	29		38
	—	Inact.	19
» » Wingolf	13		12
	—	Inact.	3
» » Wratislavia	10		17
	Inact. 8		—
» akadem. odontolog. Verbin-			
dung Alsatia	8		8
	Inact. 13	Inact.	3
die Landsmannschaft Alemannia	9		8
» » Glacia. . . .	15		10
» » Macaria . .	10		7
» » Nissia. . . .	3		—
» » Teutonia .	8		7
der Verein deutscher Studenten .	23		19
» germanistische Verein	2		5
» Universitäts-Gesangverein . . .	—		—

	im S.-S. 92,		im W.-S.92/93
der akadem. Gesang-Verein Leopoldina		20	22
die akadem. evangel. Vereinigung		49	41
der akad. historische Verein		5	4
	Inact. 3		Inact. 15
= * landwirthschftl. Verein		8	10
	—		Inact. 3
ꞓ * litterarische Verein ...		22	10
	—		Inact. 8
* * mathematische Verein.		—	3
im Verband theologisch - philologischer Vereine:			
der Verein für wissenschaftliche Theologie		17	· 17
	Inact. 5		Inact. 3
* philologische Verein......		7	6
* Verein für class. Philologie		6	7
* neue ev.-theol. Studenten-Verein		14	12
ꞓ Verein für neuere Philologie		6	8
der akad. medicinische Verein ..		10	14
* * naturwissenschaftliche Verein..................		6	7
* wissenschaftl. pharmaceut. Verein.................		20	26
* akadem. Turn-Verein.......		38	38
	Inact. 16		Inact. 14
ꞓ * * Suevia.		19	17
	—		Inact. 5
* kath. Studenten-Verein Unitas		54	50
* akadem. Stenographen-Verein Stolzeana		4	4
* akadem. Stenographen-Verein Gabelsberger		4	3
	Inact. 2		Inact. 4
* akadem. Schachclub Caissa..		12	6

	im S.-S. 92,	im W.-S. 92/93
der Studenten-Verein Oppolonia	7	4
	Inact. 7	Inact. 5
‚ akademisch-orientalistische Verein..................	9	9
	Inact. 4	—
‚ akadem. Verein Concordia..	11	13
‚ Studenten-Verein Neostadia.	--	—
Es sind neu hinzugekommen im Sommer-Semester 1892:		
die freie Verbindung Normannia.	8	7
	—	Inact. 3
der wissenschaftl. Verein oberschlesischer Studenten ...	8	10
im Winter-Semester 1892/93:		
die Verbindung Lugia	—	8

Wegen Mangels an Mitgliedern hatten bezw. haben sich suspendirt:

die Burschenschaft Cheruscia seit dem Sommer-Semester 1892,
die Burschenschaft Germania im Sommer-Semester 1892,
die Landsmannschaft Nissia seit dem 22. Mai 1892,
der Universitäts-Gesangverein seit dem Sommer-Semester 1892,
der akademische mathematische Verein seit dem Winter-Semester 1891/92 bis zum 27. Januar 1893,
der Studenten-Verein Neostadia seit d. Sommer-Semester 1892.

An sonstigen Veränderungen ist zu bemerken, dass sich im Sommer-Semester 1892 der Verband theologisch-philologischer Vereine gebildet hat in der oben angeführten Zusammensetzung.

Die erst im Sommer-Semester 1891 gegründete gesellschaftlich-wissenschaftliche Verbindung Cimbria ist durch Beschluss des akademischen Senats vom 28. Mai 1892 in Rücksicht auf § 42 der allgemeinen Studenten-Vorschriften vom 1. October 1879 aufgelöst worden.

5. Akademische Disciplin.

Von der akademischen Behörde wurden bestraft:

mit der Entfernung von der Universität (consilium abeundi) 1 Studirender der Rechte, 1 Studirender der

Medicin und 1 Studirender der Zahnheilkunde wegen
Vergehens gegen § 25 No. 2 und § 26 No. 7 und 9
bezw. seitens des Letzeren gegen § 25 No. 2 und § 26
No. 8 und 9 der allgemeinen Studenten-Vorschriften
vom 1. October 1879,

mit der Androhung der Entfernung von der Universität
(Unterschrift des consilium abeundi) 1 Studirender der
Medicin und 1 Studirender der Geschichte wegen Ver-
gehens gegen § 25 No. 2 und § 26 No. 8 und 9 und
1 Studirender der Medicin wegen Vergehens gegen § 25
No. 2 und § 26 No. 9 ibid., sowie

mit einem Verweis 1 Studirender der Zahnheilkunde
wegen Vergehens gegen § 25 No. 2 und § 26 No. 9 a. a. O.

Von den ordentlichen Gerichten wurden verurtheilt:

im Sommer-Semester 1892:

wegen Uebertretung des § 360 ad 11 des Straf-Gesetz-
Buches
1 Studirender der Rechte mit 5 M. Geldstrafe event.
einem Tage Haft;

im Winter-Semester 1892/93:

wegen Widerstands gegen die Staatsgewalt und wegen
öffentlicher Beleidigung in Idealconcurrenz mit Hetzen
von Hunden auf Menschen und ruhestörenden Lärms
1 Studirender der Rechte mit 200 Mark Geldstrafe,
wovon auf die Beleidigung 50 Mark Geldstrafe entfallen, und in die Kosten des Verfahrens, event. für
je 10 Mark der nicht beitreibbaren Geldstrafe 1 Tag
Gefängniss.

Ausserdem wurde eine Anzahl Studirender mit Polizeistrafen in Höhe von 1, 3, 6 und 15 Mark, event. verhältnissmässiger Haft belegt.

IX. Promotionen.

1. Ehrenpromotionen und Diplom-Erneuerungen.

Von der medicinischen Facultät wurde:

dem Königlichen Sanitäts-Rath Dr. Ludwig Heer zu Ratibor und dem Königlichen Sanitäts-Rath Dr. Theodor Scholz zu Görlitz das Diplom erneuert.

Von der philosophischen Facultät wurde:

dem ehemal. Prorector der Realschule I. O. zu Neisse Dr. Theodor Paur, dem Professor Dr. Gustav Adolf Kenngott zu Zürich und dem emer. Director des Berliner Louisenstädtischen Gymnasiums, Dr. Carl Theodor Kork zu Quedlinburg, das Diplom erneuert.

2. Promotionen auf Grund von Dissertationen und Prüfungen.

(Hinter Namen und Datum werden einfach die Dissertationen genannt.)

I. Von der evangelisch-theologischen Facultät wurde zum Lic. theol. promovirt:

Schulze, Martin, aus See, Kreis Rothenburg O./L., 27. Februar 1893: „Das Wesen und die Bedeutung der besonderen Offenbarung in Schleiermachers Glaubenslehre."

II. Von der juristischen Facultät wurden promovirt:

1. Bielschowsky, Richard, aus Breslau, 16. Juli 1892: „Ueber die rechtliche Natur der Prämiengeschäfte."
2. Preiser, Friedrich, aus Trebnitz, 23. Juli 1892: „Die Vererblichkeit des Besitzes nach Preussischem Recht mit Berücksichtigung des Entwurfs eines bürgerlichen Gesetzbuchs für das Deutsche Reich."
3. Gebauer, Curt, aus Breslau, 30. Juli 1892: „Ueber den strafrechtlichen Schutz werthloser Gegenstände."
4. Hess, Robert, aus Frankfurt a. M., 10. August 1892: „Die strafbare Unterlassung der Anzeige nach § 139 des Strafgesetzbuches."
5. Milch, Friedrich, aus Breslau, 13. December 1892: „Die Haftung für die Schulden der offenen Handels-

gesellschaft nach dem allgemeinen deutschen Handelsgesetzbuch."

6. Cohn, Leo, aus Konitz W.-Pr., 25. März 1893: „Die
Stellvertretung im Strafantrage."

III. Von der medicinischen Facultät wurden promovirt:

1. Ehrlich, Emanuel, aus Schildberg i. Posen, 7. April
1892: „Ueber die Erkrankungen des Sehorgans im Gefolge
der Influenza, nach eigenen Beobachtungen und der
Litteratur zusammengestellt."

2. Becker, Carl, aus Liegnitz, 4. Mai 1892: „Zur Aetiologie
des Unterleibs-Typhus, im Anschluss an die Liegnitzer
Typhus-Epidemie im Jahre 1888."

3. Bial, Manfred, aus Oppeln, 12. Mai 1892: „Ueber das
diastatische Ferment des Lymph- und Blutserums."

4. Jenner, Karl, aus Maltsch, 4. Juni 1892: „Ueber
Stauungs-Icterus in Folge primären Krebses der ductus
hepatici."

5. Oppler, Bruno, aus Lauban, 8. Juni 1892: „Ueber
Pemphigus vegetans."

6. Bach, Joseph, aus Myslowitz, 23. Juli 1892: „Klinischer
Beitrag zur traumatischen Hysterie."

7. Hamburger, Ernst, aus Breslau, 28. Juli 1892: „Ueber
die Art und Weise des Uebergangs von Bacterien in
die Luft."

8. Beer, Ferdinand, aus Zyrowa, 28. Juli 1892: „Beiträge
zur Behandlung der Osteomalacie."

9. Woelm, Arthur, aus Graudenz, 29. Juli 1892: „Ueber
Jodoformbehandlung bei Tuberkulose der Knochen und
Gelenke."

10. Olbrich, Josef, aus Rengersdorf, 2. August 1892: „Die
Verbreitung der Diphtherie in Breslau in den Jahren
1886—1890."

11. Müller, Paul, aus Striegau, 21. September 1892: „Ein
Beitrag zur Symptomatologie und Behandlung der telean-
giektatischen Uterusmyome."

12. Schwartz, Eugen, aus Oppeln, 21. September 1892:
„Beitrag zur Lehre über die Erkrankungen der Oberkieferhöhle."

13. Kovert, Gustav, aus Lippstadt i. Westf., 3. December 1892: „Zur Kenntniss des Dermatols."
14. Modrze, Georg, aus Neisse, 4. Januar 1893: „Beitrag zur Lehre und Behandlung der Blutgefässgeschwülste des Kopfes."
15. Kantorowicz, Ludwig, aus Posen, 7. Februar 1893: „Beiträge zur Lehre von der Prurigo."

IV. Von der philosophischen Facultät wurden promovirt:

1. Levison, Johannes, aus Bischdorf, 2. April 1892: „Fasti praetorii inde ab octaviani imperii singularis initio usque ad Hadriani exitum."
2. Giesemann, Paul, aus Waldenburg, 3. Juni 1892: „De metro paeonico sive crotico apud poetas Graecos."
3. Grundmann, Georg, aus Oppeln, 4. Juni 1892: „Ueber den täglichen Gang der Wärme und des Luftdruckes in Breslau nach den Beobachtungen der Königlichen Universitäts-Sternwarte."
4. Zivier, Ezechiel, aus Wieluń in Polen, 4. Juni 1892: „Studien über den Codex Suprasliensis."
5. Rossbach, Hugo, aus Breslau, 30. Juni 1892: „Das Leben und die politisch-kirchliche Wirksamkeit des Bernaldino Lopez de Carvajal, Cardinals von Santa Croce in Gierusalemme in Rom; und das schismatische Concilium Pisanum."
6. Michael, Richard, aus Breslau, 2. Juli 1892: „Cenoman und Turon in der Gegend von Cudowa in Schlesien."
7. Wahner, Joseph, aus Wirrwitz, 6. Juli 1892: „Dichtung und Leben des Minnesängers Rudolf von Rotenburg."
8. Schneck, Bernhard, aus Breslau, 11. Juli 1892: „Quaestiones paroemiographicae de codice Coisliniano 177 et Eudemi quae feruntur lexicis."
9. Loeschmann, Emil, aus Riesenburg W.-Pr., 6. August 1892: „Beiträge zur Hydrographie der oberen Oder."
10. Limpricht, Max, aus Reichenbach O./L., 6. August 1892: „Die Strasse der Dardanellen."
11. Schindler, Heinrich, aus Reichenstein, 27. August 1892: „De attractionis pronominum rel usu Aristotelico."

12. Schuster, Fritz, aus Kirchberg a./J., 30. August 1892: „Ueber einige Derivate des α α′-Dimethyl-Pyridin."

13. Schottländer, Paul, aus Breslau, 31. August 1892: „Beiträge zur Kenntniss des Zellkerns und der Sexualzellen bei Kryptogamen."

14. Wendler, Alfred, aus Breslau, 19. September 1892: „Ueber die Nipecotinsäure (Hexahydropyridin-β-Carbonsäure)."

15. Brade, Gustav, aus Sachwitz, 26. September 1892: „Ueber Huchown's Pistil of swete Susan."

16. Liebetanz, Paul, aus Breslau, 7. November 1892: „Ueber die Verdampfungs- und die Mischungswärme von Aethylalkohol-Wasser-Gemischen bei 0° C."

17. Sternberg, Rudolf, aus Görlitz, 23. December 1892: „Ueber eine versificirte mittelenglische Chronik (Ritson, anc. engl. metrical romances, vol. II pag. 270 ff.) I. II. III I."

18. Wawrzik, Edmund, aus Breslau, 9. Januar 1893: „Ueber das Stützgewebe des Nervensystems der Chaetopoden."

19. Karau, Georg, aus Danzig, 14. Januar 1893: „Ueber die Isonipecotinsäure (Hexahydropyridin-γ-Carbonsäure) und ein Tetravinilpyridin."

20. Fink, Carl, aus Berlin, 16. Januar 1893: „Beiträge zur Statik des Landbaues."

21. Wackwitz, Julius, aus Breslau, 30. Januar 1893: „Beiträge zur Hystologie der Mollusken-Muskulatur, speciell der Heteropoden und Pteropoden."

22. Kirchner, Leopold, aus Breslau, 22. Februar 1893: „Ueber die Phenyllutidindicarbonsäure und die Phenyllupetidindicarbonsäure."

23. Auerbach, Friedrich, aus Breslau, 8. März 1893: „Ueber ein neues Collidin und eine Pipecolincarbonsäure."

24. Schubert, Paul, aus Danzig, 22. März 1893: „Ueber die Einwirkung von Chloral auf Aldehydcollidin."

25. Venatier, Carl, aus Posen, 23. März 1893: „Milman's Fall of Jerusalem."

X. Nekrologe.

H. Graetz.

Heinrich (Hirsch) G r a e t z wurde am 3. October 1817 zu
Xions (in der Provinz Posen) geboren. Unter dem Drucke
ungünstiger äusserer Verhältnisse musste er eine regelmässige
Schulbildung entbehren, dagegen studierte er von Jugend auf
mit grossem Eifer die hebräische Bibel und den Talmud, um
nach dem Wunsche seiner Eltern Rabbiner zu werden. Sein
angeborner Wissensdrang und seine natürliche Begabung liessen
ihn aber bald über die engen Grenzen der Talmudschule hin-
ausgehen, indem er sich autodidaktisch mit den classischen
und den neueren Sprachen beschäftigte. Im Alter von 18 Jahren
begab er sich von seiner Heimath nach Oldenburg, um bei
dem Rabbiner Samson Raphael H i r s c h, der als begabter Vor-
kämpfer einer eigenartigen religiösen Renaissance sich einen
bedeutenden Ruf erworben hatte, seine weitere Ausbildung zu
erhalten. Als er genügend reif für Universitätsstudien zu sein
glaubte, bezog er die Universität Breslau. Hier studierte er
vornehmlich bei B e r n s t e i n, M o v e r s und M i d d e l d o r p f
semitische Sprachen, bei S t e n z e l Geschichte und bei B r a n i s s
Philosophie, immer noch mit dem Plane, Rabbiner zu werden.
Indessen, da er keinerlei rhetorische Begabung besass, so
erkannte er nach einem fruchtlosen Versuche, dass er von der
Kanzel nicht wirken könne, und beschloss sich einer rein
wissenschaftlichen Laufbahn zu widmen. Er promovirte zu
Jena 1845 und leitete zunächst, immer eifrig mit Studien beschäftigt, während einer Reihe von Jahren höhere und niedere
Schulanstalten. Endlich fand er eine seinen Neigungen völlig
zusagende Stellung, als er im Jahre 1854 als Lehrer an das in
Breslau neubegründete „Jüdisch-theologische Seminar" berufen
wurde, nachdem schon seine erste grössere Arbeit „Gnosticismus
und Judenthum", noch mehr aber der (zuerst erschienene)
vierte Band einer „Geschichte der Juden" (Berlin 1853) die Aufmerksamkeit auf ihn gelenkt hatten.

Am 22. December 1869 wurde er zum Honorar-Professor
in der philosophischen Facultät der hiesigen Universität
ernannt.

Graetz hat eine sehr fruchtbare litterarische Thätigkeit entfaltet. Die Zahl seiner Abhandlungen beträgt über 200. Sein eigentliches Lebenswerk aber ist seine in mehreren Auflagen verbreitete, ins Französische, Englische und Hebräische übersetzte „Geschichte der Juden". Dieses umfangreiche Werk hat begeistertes Lob und herben Tadel erfahren. Um es gerecht zu würdigen, muss man berücksichtigen, dass der Verfasser nach seinem eigenthümlichen Bildungsgange mit den Grundsätzen wissenschaftlicher Kritik und Methode nicht genügend vertraut sein konnte. Ein kritisch und methodisch geschulter Forscher hätte erkannt, dass eine Geschichte der Juden erst auf Grund eingehender Specialuntersuchungen und nach Veröffentlichung des in Archiven und Bibliotheken vergrabenen historischen Materials geschrieben werden, dass auch nur eine kritische Bearbeitung des schon damals bekannten Stoffes wegen seines ungeheuren Umfanges nicht von einem einzigen, auch noch so arbeitsfreudigen und begabten Manne ausgeführt werden könne —, für Graetz gab es solche Bedenken nicht. Stürmische Begeisterung für seinen Gegenstand trieb ihn zur Arbeit. Sie hat ihm auch nicht selten den Blick getrübt und die ruhige Objectivität des Historikers geraubt. Manche scharfsinnige Combination, manche glückliche Entdeckung ist ihm zu verdanken, aber im Ganzen konnte ihm nur gelingen, das Fachwerk für eine wissenschaftliche Geschichte der Juden herzustellen. Zu seiner Darstellung wird jeder Forscher zurückkehren müssen; sie ist ein Werk von bleibendem Verdienst; aber im Einzelnen bedarf sie vielfach der Nachprüfung und Ergänzung.

Graetz hat sich in seinen späteren Jahren auch der Bibelexegese gewidmet. Seine Arbeiten auf diesem Gebiete sind alle anregend und geistreich, enthalten eine Fülle vortrefflicher Bemerkungen, daneben aber oft willkürliche Combinationen. Auch ihnen fehlt die Zucht der strengen Methode.

Die Hauptlehrthätigkeit des Verstorbenen gehörte dem jüdisch-theologischen Seminar an. An der Universität hat er immer nur wenige Stunden gelesen. Seine Vorlesungen behandelten alttestamentliche Exegese, Geschichte der Juden, Geographie Palästinas. In seinen letzten Lebensjahren, als seine Gesundheit schwankender wurde, hatte er seine Thätigkeit an der Universität ganz eingestellt. — G r a e t z starb zu München am 7. September 1891 und wurde drei Tage später in Breslau begraben.

S i e g m u n d F r a e n k e l.

Hermann Weingarten

ist geboren am 12. März 1834 zu Berlin. Der Vater, von Haus aus polnischer Jude, hatte sich in Elberfeld durch den alten K r u m m a c h e r taufen lassen und seinen Namen verändert. Die Mutter war die Tochter eines aus Bayern eingewanderten Webers und Blattbinders E b n e r, der in Berlin in den Kreisen G o s s n e r ' s, J ä n i c k e ' s u. a. m. heimisch wurde und in der religiösen Bewegung jener Zeit eine sehr ausgeprägte Stellung einnahm. Aus diesen durch seine Mutter vermittelten Einflüssen war in W e i n g a r t e n frühzeitig der Wunsch erwachsen, Theologe zu werden.

Ostern 1853 verliess er das Gymnasium und bezog die Universität Jena. Hier schienen ihn zunächst orientalische Studien von der Theologie abzuziehen; aber durch die Vorlesungen H a s e ' s, mit dem er bis ans Ende in Freundschaft und Verehrung verbunden geblieben ist, wurde er für die Kirchengeschichte und damit wieder für die Theologie überhaupt gewonnen. Unter den Männern und Schriften, die seit jener Zeit religiös für ihn besonders bedeutsam geworden sind, nennt er selbst Fr. W. K r u m m a c h e r und K. J. N i t z s c h, dessen wahrhaft priesterliche Erscheinung ihm den Glauben erhalten habe, dass Frömmigkeit eine Wahrheit sei, sowie die Predigten von C o u a r d, A r n d t und S t e i n m e y e r, P a s k a l ' s Pensées, Ph. Fr. H i l l e r ' s Schatzkästlein. In der Theologie aber bekennt er, vor Allem an S c h l e i e r m a c h e r ' s Encyklopädie das Bewusstsein von wissenschaftlicher Einheit und Bedeutung der Theologie gelernt und damit die Freudigkeit zu seinem Beruf gewonnen zu haben. Daneben sind ihm vor Allem S c h l e i e r m a c h e r ' s philosophische und R. R o t h e ' s theologische Ethik von bleibender Bedeutung geworden. (Vgl. F. Zimmer, Bücherkleinodien evangelischer Theologen. S. 176 f.)

Nach Ablauf des Trienniums wandte sich Weingarten in Berlin zunächst dem Gymnasiallehrberuf zu und wurde 1858 Adjunct am Joachimsthal, 1864—73 Oberlehrer an der Andreas-Realschule. Aber zugleich habilitirte er sich 1862 an der theologischen Facultät Berlin, bei der er 1857 den Licentiatengrad erworben hatte. Mai 1868 wurde er ausserordentlicher Professor in Berlin, 1873 ordentlicher in Marburg. Herbst 1876 siedelte er an unsere Universität über. Hier hat er vierzehn Jahre lang gewirkt und hat sich den Namen eines ausgezeichneten Lehrers erworben, dessen Vorlesungen insbesondere durch lebensvolle Frische und Gestaltungskraft fesselten. Auch am synodalen Leben der Provinz hat er sich zeitweise betheiligt.

Ausser seiner Habilitationsschrift über Pascal als Apologeten des Christenthums (1862), der von ihm besorgten Ausgabe von R. Rothe's Vorlesungen über Kirchengeschichte (1875) und den Zeittafeln zur Kirchengeschichte, einem älteren Werk, das sich unter Weingarten's Händen (seit 1870) zu einem ausgezeichneten Hilfsmittel entwickelt hat (3. Aufl. 1888; 4. Aufl. von anderer Hand bearbeitet), hat Weingarten vor Allem durch zwei Arbeiten in die Forschung eingegriffen.

Im Jahre 1868 erschien sein Buch „Die Revolutionskirchen Englands, ein Beitrag zur innern Geschichte der englischen Kirche und der Reformation." Es giebt die Geschichte der enthusiastisch-religiösen Bewegung, die sich auf dem Boden des Täuferthums während der englischen Reformation des 17. Jahrhunderts entwickelt hat, von den Anfängen unter Karl I. bis zu den Ausgängen unter der Restauration und der Regierung Wilhelms III. Ausgezeichnete Forschung, meisterhafte Charakteristik und glänzende Darstellung machen das Buch zu einer der hervorragendsten kirchengeschichtlichen Leistungen jener Zeit. Nicht nur das Verständniss der englischen Geschichte, insbesondere der religiösen Bewegungen des Independentismus und Quäkerthums ist dadurch wesentlich gefördert worden, sondern vor Allem das des grossen Umschwungs in der allgemeinen Geistesrichtung, der von England aus ganz Europa ergriffen hat; wie sich die ganz überwiegend religiöse, zuletzt schwärmerische Stimmung in die Stimmung der Auf-

klärung und praktisch-nützlichen Weltfreudigkeit, das innere
Licht des heiligen Geistes in das Licht der Vernunft, der Kampf
der Heiligen gegen die gottwidrigen Einrichtungen in Staat
und Kirche in den Widerspruch des Naturrechts gegen das
geschichtlich Gewordene umsetzen.

Viel stärker hat Weingarten auf die litterarische Bewegung durch seine Aufsätze über den „Ursprung des Mönchthums im nachkonstantinischen Zeitalter“ gewirkt, die die neue
Zeitschrift für Kirchengeschichte eröffneten, aber auch besonders erschienen sind (1877). Hier hat Weingarten die bisherigen Erzählungen über den Ursprung des Mönchthums und
seinen Zusammenhang mit der diokletianischen Verfolgung
wohl für immer abgethan. Von den angeblichen Vätern des
Mönchthums wird Paulus von Theben als Erzeugniss roman-
hafter Dichtung des Hieronymus erwiesen, die Biographie des
Antonius dem Athanasius abgesprochen und sammt den
Mönchsgeschichten des Rufin und Palladius einer litterarischen
Kategorie zuerkannt, deren Bedeutung Weingarten in der
Kirchengeschichte zuerst erkannt hat, dem Mönchsroman als
der christlichen Fortsetzung der antiken phantastischen und
erotischen Romane. Weingarten leugnet den christlichen
Ursprung des Mönchthums überhaupt und sieht darin nur eine
christliche Nachahmung des oberägyptischen Serapismönchthums, die sich erst um 360 im Osten und erst seit den sieb-
ziger Jahren im Westen langsam verbreitet habe. Die Chro-
nologie wird also um fast ein Menschenalter verschoben.

. Dieser Arbeit, in der Weingarten wiederum seine Meisterschaft in der Darstellung erwiesen hat, trat eine grosse Anzahl
von Abhandlungen entgegen, die die neuen Ergebnisse ein-
schränken oder umwerfen sollten. Vieles hat sich in der That
als unhaltbar erwiesen. Dass Athanasius die Vita Antonii
geschrieben hat, scheint nach wie vor gesichert, die Bedeutung
des Serapismönchthums überschätzt, der Stand der altkirch-
lichen Askese am Anfang des 4. Jahrhunderts nicht richtig
gezeichnet, der eigentliche Unterschied zwischen ihr und dem
Mönchthum verkannt. Aber abgesehen davon, dass noch genug
geblieben ist, hat Weingarten vor Allem die Kritik an einem
Punkt eingesetzt, der vorher merkwürdig unkritisch behandelt

worden war. Er hat dann noch einmal (1882) das Wort in der Sache genommen (Realencyklopädie für prot. Theol. u. K. 2. Aufl. Bd. X 758—792), doch ist da nichts wesentlich Neues und die Vertheidigung seiner Aufstellungen nicht immer glücklich.

Die Arbeit über das Mönchthum hatte gezeigt, dass Weingarten's Arbeiten sich einem Gebiete zugewandt hatten, das seither, zumal im letzten Jahrzehnt, eine immer grössere Bedeutung gewonnen hat, den Beziehungen zwischen der inneren Entwickelung der alten Kirche und den Lebens-, Denk- und Empfindungsformen der antiken Welt. Aus demselben Arbeitsgebiet stammt ein Aufsatz der historischen Zeitschrift (N. F. Bd. IX, 441 ff.), in dem Weingarten die Forderung aufstellt, dass man die Gnosis des 2. Jahrhunderts nicht nach ihren phantastisch-speculativen Systemen beurtheilen dürfe, sondern als den durchaus praktischen Versuch erkennen müsse, das Christenthum nach dem Vorbild der antiken Mysterien umzubilden und dadurch erst zur vollkommenen Religion zu machen. Diese Auffassung ist ohne Frage ein bedeutsamer Fortschritt. Aber sie übersah doch auch Gesichtspunkte, die zu einer vollen Würdigung der Gnosis unentbehrlich sind. Und im Uebrigen hatte der Aufsatz nur die Form eines Essay und enthielt nicht das gelehrte Material, das hier doch erst entscheiden musste. Ja das neue Programm war fast nur nebenbei in der Entwickelung eines andern Themas aufgestellt worden.

Seither hat Weingarten nichts mehr veröffentlicht, nur von Entwürfen hörte man noch. Im September 1888 traf ihn in Rüdesheim, wo er sich zur Nachkur nach Kissingen aufhielt, ein Schlaganfall. Die Folgen wurden zwar ziemlich schnell überwunden, im Januar 1889 begann er seine Vorlesungen wieder. Aber ein Bruch des linken Armes, den er sich Ostern 1889 in Berlin zuzog, brachte ihm in Folge der mit der Heilung verbundenen grossen Schmerzen schwere Nervosität, und allmählich trat das Gehirnleiden hervor, das im September 1890 seine Ueberführung in die Irrenheilanstalt Pöpelwitz nothwendig machte. Dort ist er am 25. April 1892 gestorben.

Karl Müller.

Anton Biermer.

Anton Biermer, Dr. med., ordentlicher Professor der Medicin und Geheimer Medicinalrath, Ritter des Kronenordens 2. Klasse, wurde am 18. October 1827 zu Bamberg geboren, studirte in Würzburg, München und Berlin, löste bereits in Würzburg eine von der dortigen medicinischen Facultät gestellte Preisaufgabe. Hier in Würzburg, damals der Mittelpunkt des wissenschaftlichen Lebens in der Medicin, promovirte er auch zum Dr. med. und bestand seine medicinische Staatsprüfung. Hier wurde er auch Assistent an der medicinischen Klinik und habilitirte sich als Privatdocent, nachdem er 1855 eine wissenschaftliche Reise nach Paris unternommen hatte. Seine Habilitationsschrift „Ueber die Lehre vom Auswurf" ist eine seiner besten Arbeiten, die noch heut trotz der mancherlei Wandlungen in der Medicin und ungleich höher entwickelten mikroskopischen Technik ihren wissenschaftlichen Werth besitzt. Als Frucht seiner Würzburger Thätigkeit erschienen noch andere werthvolle Publicationen Biermer's auf pathologisch-anatomischem und klinischem Gebiete. Im Sommer 1861 wurde er als ordentlicher Professor der speciellen Pathologie und Director der medicinischen Klinik an die Universität Bern berufen, als deren Rector er bereits 1863 gewählt wurde. Im Jahre 1865 erhielt er einen Ruf an die Universität Zürich, obgleich Alles aufgeboten wurde, ihn in Bern zu behalten, ging Biermer nach Zürich auf den Lehrstuhl, den zwei berühmte Kliniker, Schönlein und Griesinger, vor ihm eingenommen hatten. Hier lehrte er fast zehn Jahre; nachdem er inzwischen eine Berufung nach Königsberg i. Pr. abgelehnt hatte, folgte er 1874 einem Rufe nach Breslau als Nachfolger Lebert's. Hier hat er gewirkt, bis ein halbes Jahr vor seinem Tode ihn hartes Geschick (Tod der Gattin) und schwere Krankheit zwangen, sein Amt niederzulegen. Nur die Ueberzeugung, dass seine Gesundheit ihm nicht gestatte, in dem Sinne wie früher seinen Beruf auszuüben, konnte den pflichttreuen Mann zur Niederlegung einer Stellung bewegen, welche er auch in den Tagen des Unglücks und der Krankheit gewissenhaft ausgeübt hatte.

Die Hoffnung, welche seine Freunde an die nun für ihn beginnende Zeit der Erholung geknüpft hatten, erfüllte sich nicht. Schneller als man erwarten konnte, raffte ihn der Tod fern von der neuen liebgewonnenen Heimath hinweg. Er starb am 24. Juni 1892 zu Berlin in der Maison de santé, wo er Heilung gesucht hatte.

Biermer's Arbeiten bewegen sich hauptsächlich auf dem Gebiete der klinischen Medicin. Am bekanntesten ist neben seiner Habilitationsschrift sein Buch über Bronchialkrankheiten und seine Arbeiten über Bronchial-Asthma, dessen Wesen er durch eine neue Theorie aufzuklären versuchte. Besondere Beachtung fanden seine Beobachtungen über die perniciöse Anämie, eine Erkrankung des Blutes, welche erst durch ihn eigentlich erkannt und gewürdigt wurde. In seine Züricher Zeit fällt auch seine Thätigkeit auf dem Gebiete der Hygiene, welcher er seitdem stets ein besonderes Interesse entgegenbrachte. Seine Erfahrungen über den Typhus und seine Beobachtungen über die Cholera haben dauernden Werth behalten. Biermer aber war nicht bloss Theoretiker. In der schweren Choleraepidemie, welche 1867 die Schweiz heimsuchte, zeigte er in Zürich, was er als Arzt und Hygieniker praktisch zu leisten vermochte, in so glänzender Weise, dass ihm das Ehrenbürgerrecht von Zürich verliehen wurde. Auch in Breslau bethätigte er sein Interesse für die Gesundheitspflege in wirksamer Weise. Bereits 1874 wurde er hier Mitglied der Schlesischen Gesellschaft für vaterländische Cultur, begründete 1875 deren hygienische Section und war seit 1884 Vicepräses der Gesellschaft. Eifrig betheiligte er sich an deren Versammlungen und Sitzungen, und die Klarheit seines Urtheils, der Umfang seiner Kenntnisse, die Energie seines Charakters haben wesentlich die Interessen der Gesellschaft nach allen Richtungen gefördert. Als Mitglied der städtischen Hospitalverwaltung widmete er allen Fragen über die Bedeutung unserer Hospitäler das eingehendste Interesse. Seiner Erfahrung und seinem verständigen Rathe verdanken unsere städtischen Krankenanstalten einen bedeutsamen Fortschritt und manche Einrichtung zur Abwehr ansteckender Krankheiten. Er war einer der Begründer des Vereins der Aerzte des Regierungsbezirks

Breslau und gehörte Jahre lang dem Vorstande desselben an. Für die Vereinsinteressen wie für die allgemeinen Standesinteressen der Aerzte hat er stets eine warme Theilnahme gezeigt. Biermer gehörte auch dem Curatorium des Schlesischen Museums der bildenden Künste in Breslau an und hat hier am Gedeihen unseres Museums treu mitgewirkt.

Biermer's grösstes Verdienst liegt auf dem Gebiete seiner Lehrthätigkeit. Er war ein erfahrener, gewissenhafter Arzt, sorgfältig in der Diagnose, überlegt auf dem Gebiete der Therapie. Sein Beispiel wirkte auf seine Hörer. Die Genauigkeit in der Krankenuntersuchung, die sorgfältige Anwendung aller bewährten Methoden sicherten ihm die Anerkennung seiner Schüler wie draussen der Aerzte, welche in schwierigen Fällen den Rath des bewährten Klinikers so gern einholten; und zeitweise war der Umfang seiner consultirenden Praxis so gross, dass er ihn kaum zu bewältigen vermochte. Dabei zeichnete Biermer noch der Vorzug aus, dass er vorurtheilsfrei und objectiv jeden Fortschritt anerkannte, auch wenn dieser sich in Richtungen bewegte, die ihm nach seinem wissenschaftlichen Entwickelungsgange fremdartig erscheinen mussten. Stets wusste er die Summe seiner Erfahrungen durch die Anwendung neuer Methoden zu erweitern und diese seinen Schülern zugänglich zu machen. So beherrschte er vollständig alle Fortschritte, welche die Bacteriologie, wie die Entwickelung der chemischen Untersuchungsmethoden der inneren Medicin gebracht hat. Begreiflich war es, dass dem Meister seine Schüler anhingen. Schlug doch in seiner Brust ein edles Herz, dessen Güte trotz der scheinbaren Rauhheit seines Wesens Jeder anerkannte, der ihm näher trat. Denjenigen Schülern, deren Talente er erkannte, war er ein treuer und eifriger Förderer, und viele seiner Assistenten sind heut zu grosser Bedeutung gelangt.

Biermer war ein Mann von einfachem, schlichtem Wesen, gerade und ehrlich, frei von jedem Vorurtheile, ein guter und edler Mann, dessen ungekünsteltes Auftreten an seinen süddeutschen Ursprung erinnerte. Im Jahre 1882 bekleidete er das höchste Ehrenamt auf unserer Hochschule. Die herzliche Anerkennung und der Dank Vieler folgt ihm ins Grab, wie ihn ihre Theilnahme in der langen Leidenszeit, die ihm nach dem Tode seiner Gemahlin beschieden war, begleitet hat.

Karl Prantl.

Karl Eugen Anton Prantl wurde als Sohn des Professors der Philosophie und Akademikers K. v. Prantl in München am 10. September 1849 geboren und erhielt seinen Schulunterricht auf dem Maximilians-Gymnasium seiner Vaterstadt. Am 4. August 1866 mit einem vorzüglichen Maturitätszeugniss von der Schule entlassen, studirte er in München sehr eifrig Naturwissenschaften und hörte gleichzeitig Vorlesungen über Mathematik und Philosophie. Auf Grund einer preisgekrönten Arbeit über „das Inulin" wurde er im Mai 1870 zum Doctor promovirt. Schon in dieser Arbeit zeigte sich Prantl als gewissenhafter Forscher und gewandter Arbeiter, so dass Nägeli, der zuletzt die botanischen Studien Prantl's geleitet hatte, ihn sofort nach der Promotion zu seinem Assistenten erwählte.

Obwohl bereits im Jahre 1869 für dienstuntauglich erklärt, versuchte Prantl doch unter dem Eindrucke der allgemeinen Begeisterung für die Einigung Deutschlands bei Ausbruch des Krieges 1870/71 den Dienst mit der Waffe zu thun und trat am 1. September 1870 als Einjährig-Freiwilliger in den Militairdienst, musste jedoch schon nach knapp zwei Monaten aus Gesundheitsrücksichten wieder entlassen werden.

Um sich in die physiologische Richtung der Botanik noch mehr zu vertiefen, ging Prantl nun nach Würzburg zu Sachs. Er übernahm hier die ihm angebotene Assistentenstelle am botanischen Institut und habilitirte sich am 6. August 1873 als Privatdocent an der Universität mit einer Abhandlung „Ueber die Regeneration des Vegetationspunktes an Angiospermenwurzeln".

Als Würzburger Docent gehörte Prantl in seinen Arbeiten anfänglich noch ganz der physiologischen Richtung der Botanik an. Durch seine Vorlesungen, welche vorzugsweise die Kryptogamen, die Drogenkunde und die pflanzliche Morphologie behandelten, und die mit vielem Erfolge geleiteten botanischen

Excursionen veranlasst, wendete sich Prantl allmälig dem systematischen Gebiete der Botanik zu. Im Jahre 1874 erschien eine „Vorläufige Mittheilung über die Verwandtschaftsverhältnisse der Farne", und an diese Publication reihen sich die zahlreichen Abhandlungen über dieselbe Pflanzengruppe an, welche zu den vorzüglichsten Arbeiten über die Farne gehören. Während seines Würzburger Aufenthaltes erschien auch die erste Auflage seines Lehrbuches der Botanik, welches später in acht Auflagen und mehreren Uebersetzungen der klaren, durchsichtigen Darstellungsweise wegen auch ausserhalb Deutschlands eine weite Verbreitung fand.

Vom 28. October 1876 ab erhielt Prantl zunächst auf zwei Jahre Urlaub zur Ertheilung des botanischen Unterrichtes an der königlich bayrischen Forstlehranstalt in Aschaffenburg, aber erst am 19. Juli 1878 wurde er zum Professor der Botanik an der genannten Anstalt ernannt. Dreizehn Jahre lang entfaltete Prantl in Aschaffenburg eine segensreiche Thätigkeit als Docent der Forstbotanik und Leiter des ihm unterstellten botanischen Gartens, bis ihn die Universität Breslau als Nachfolger Engler's berief. Im October 1889 trat Prantl seine neue Stelle als ordentlicher Professor der Botanik und Director des botanischen Gartens und Gartenmuseums in Breslau an.

In Aschaffenburg hatte sich Prantl ein eigenes Heim gegründet, aber leider konnte er die Freude eines ungetrübten Familienlebens nur kurze Zeit geniessen. Bald nach der Geburt seines zweiten Kindes verfiel seine von ihm innig geliebte Gattin in eine unheilbare Geisteskrankheit. Auf das tiefe Gemüth Prantl's wirkte dieser Schicksalsschlag mit seiner vollen Härte ein: der von Natur heiter angelegte Mann war seit jener Zeit im gesellschaftlichen Verkehr zurückhaltend, und nur sehr selten kam in engerem Freundeskreise seine gemüthvolle, heitere Natur zum Ausdruck. Wer ihn nicht näher kannte, konnte nur zu leicht im Charakter Prantl's sich täuschen. Prantl war ein grader, durchaus zuverlässiger, dabei energischer Charakter, in seinem Auftreten den Süddeutschen nicht verhehlend. Wer ihn näher kannte, war von der Lauterkeit seiner Gesinnung, der Tiefe seines Gemüthes und seiner ungekünstelten Herzensgüte entzückt.

Nicht viel länger als drei Jahre war es Prantl vergönnt, in Breslau zu wirken, und in dieser Zeit hat er sich als wissenschaftlich arbeitender Botaniker, als akademischer Lehrer und als Leiter des ihm unterstellten Institutes vorzüglich bewährt. Bei seinem offenen, graden Wesen blieben ihm in der ersten Zeit seiner Amtsthätigkeit als Gartendirector manche Widerwärtigkeiten nicht erspart, aber Prantl nahm seine Pflichten so ernst und gewissenhaft, dass er die Interessen des Instituts weit über die seiner Person stellte. Wahrscheinlich schon lange den Keim seiner Krankheit in sich tragend, erkrankte er schwer im Winter-Semester 1892/93; nur ungern gab er nach Weihnachten seine Vorlesungen auf; bis in die letzten Wochen glaubten er und seine Collegen nicht an die drohende Gefahr, bis am 24. Februar 1893, unerwartet und plötzlich, sein Lungenleiden (Tuberkulose) den Tod herbeiführte.

Prantl war ein Mann von umfassendem und gründlichem Wissen. Aus der Schule des genialen Nägeli hervorgegangen, von Sachs in physiologischer Richtung weiter gebildet, arbeitete er selbst zunächst bis zu seiner Habilitation auf physiologischem Gebiete, in Aschaffenburg auch forstbotanisch. Hier entstanden seine Untersuchungen über die Schüttekrankheit der Kiefer. Aber sein wichtigstes Arbeitsgebiet waren und blieben die Farne. Seit 1874 verging kein Jahr, in welchem nicht aus Prantl's Feder kleinere oder grössere, oft sehr bedeutende Abhandlungen morphologischen, anatomischen, entwicklungsgeschichtlichen oder systematischen Inhalts über die Filicinae erschienen wären; noch 1892 publicirte er eine wichtige Arbeit über „Das System der Farne." Die gründliche und allseitige Durchforschung der Filicinae hatte sich Prantl zu seiner Lebensaufgabe gestellt: er wollte ein durchaus natürliches System derselben schaffen und eine kritische monographische Durcharbeitung der Gattungen geben. Leider entriss ihn der unerwartet frühe Tod seinem Arbeitsfelde, noch ehe die umfassenden Vorarbeiten bis zu dem Grade gediehen waren, dass ein anderer Forscher die Studien Prantl's aus seinen Manuscripten hätte zu Ende führen können. Was aber Prantl über die Farne geschrieben hat, gehört der Klarheit der Darstellung, der Correctheit der Bearbeitung und des weiten, systematisch und morphologisch geschulten Standpunktes wegen zu den besten Arbeiten, welche über die Filicinae überhaupt erschienen sind.

Prantl beherrschte die einheimische Flora mit grosser Meisterschaft; namentlich war es die Flora Süddeutschlands und die Alpenflora, welche er mit vielem Eifer und grosser Liebe durchforschte. In den Alpen suchte er nicht nur Erholung, sondern fand dort immer ein reiches Feld für neue Beobachtungen; der Besuch der Alpen bot ihm reichlichen Ersatz für grössere Reisen nach anderen Gebieten. Seine Studien hierüber legte er in der Neubearbeitung von „Seubert's Excursionsflora für das Grossherzogthum Baden (Stuttgart 1880)" und in der „Excursionsflora für das Königreich Bayern (Stuttgart 1884)" nieder. Neben dieser speciellen floristischen Kenntniss der heimischen Phanerogamen stand Prantl auch eine sehr eingehende Kenntniss der niederen Kryptogamen zu Gebote. Zwar hat Prantl selbst nie eine grössere Arbeit über die Thallophyten und Muscineen veröffentlicht, aber seine Kenntniss der einzelnen Formen war eine so sichere und wohlbegründete, dass er nach Winter's Tode die Redaction der „Hedwigia" mit bedeutendem Erfolge führen konnte. Auch übertrug ihm Engler die Redaction des I., die Kryptogamen enthaltenden Bandes der „Natürlichen Pflanzenfamilien". Für dieses Fundamentalwerk der systematischen Botanik, mit welchem Prantl's Name innig verbunden erscheint, bearbeitete Prantl auch einige phanerogame Gruppen von schwieriger Stellung, die Fagales, zahlreiche Familien der Ranales, sowie die Papaveraceae und Cruciferae.

Als akademischer Lehrer war Prantl von hervorragender Bedeutung. Sein klarer und anregender Vortrag, das liebenswürdige Entgegenkommen und die Bereitwilligkeit, mit der er Jedem sein Wissen zur Verfügung stellte, gewannen ihm rasch die Herzen aller seiner Schüler. Wie seine Collegen, so werden auch die Schüler Prantl's ihm ein dauerndes Andenken in Dankbarkeit bewahren.

Ferdinand Pax.

Inhalts-Verzeichniss.

Chronik

der

Königlichen Universität

zu Breslau

für das Jahr

vom 1. April 1893 bis zum 31. März 1894.

Herausgegeben

von

Rector und Senat.

Jahrgang 8.

Breslau.
Druck von Grass, Barth & Comp. (W. Friedrich).
1894.

I. Behörden der Universität.

1. Curatorium.

Wie bisher.

2. Akademischer Senat.

a. Sommer-Semester 1893.

Rector: Geh. Med.-Rath Prof. Dr. Ponfick;
Exrector: Prof. Dr. Schmidt;
Universitäts-Richter: Geh. Reg.-Rath Dr. Willdenow.
Decane:
der kathol.-theolog. Facultät: Prof. Dr. Friedlieb;
der evang.-theol. Facultät: Prof. Dr. Kittel;
der juristischen Facultät: Prof. Dr. Fischer;
der medicinischen Facultät: Geh. Med.-Rath Prof. Dr.
Fritsch;
der philosophischen Facultät: Prof. Dr. Caro.
Gewählte Senatoren:
Geh. Reg.-Rath Prof. Dr. Galle;
Geh. Reg.-Rath Prof. Dr. Ladenburg;
Geh. Med.-Rath Prof. Dr. Mikulicz;
Prof. Dr. Bennecke;
Prof. Dr. Elster;
Prof. Dr. Hillebrandt.

b. Winter-Semester 1893/94.

Rector: Geh. Reg.-Rath Prof. Dr. Nehring;
Exrector: Geh. Med.-Rath Prof. Dr. Ponfick;
Universitäts-Richter: Geh. Reg.-Rath Dr. Willdenow.

1*

Decane:

> der evang.-theolog. Facultät: Prof. Dr. Schmidt und nach
> dessen Ableben Prof. Dr. Kittel als Prodecan;
> der kathol.-theolog. Facultät: Fürsterzbischöfl. Geistl. Rath
> Prof. Dr. Scholz;
> der juristischen Facultät: Prof. Dr. Bennecke;
> der medicinischen Facultät: Geh. Med.-Rath Prof. Dr.
> Ponfick, zugleich Exrector;
> der philosophischen Facultät: Prof. Dr. Baeumker.

Gewählte Senatoren:

> Geh. Reg.-Rath Prof. Dr. Galle;
> Geh. Med.-Rath Prof. Dr. Förster;
> Geh. Med.-Rath Prof. Dr. Mikulicz;
> Prof. Dr. Wlassak;
> Prof. Dr. Chun;
> Prof. Dr. Müller;
> Prof. Dr. Commer.

II. Lehrkörper der Universität.

Veränderungen gegen das Vorjahr.

A. Abgang.

1. Todesfälle.

Es sind verstorben:

> am 1. Juli 1893 der ordentl. Prof. in der evang.-theolog.
> Facultät und Consistorial-Rath Dr. Eduard Meuss;
> am 14. August 1893 der ausserordentliche Professor in
> der medicinischen Facultät, Dr. Julius Sommerbrodt;
> am 4. November 1893 der ordentliche Professor in der
> philosophischen Facultät, Geh. Reg.-Rath Dr. Richard
> Roepell, Mitglied des Herrenhauses als Vertreter der
> Universität, sowie
> am 19. desselben Monats der ordentliche Professor in
> der evang.-theolog. Facultät und zeitige Decan der-
> selben, Dr. Hermann Schmidt.

Näheres hierüber enthalten die unter Abschnitt X beigefügten Nekrologe.

2. Berufungen an andere Universitäten oder in andere Stellungen; Ruhestands-Bewilligungen etc.

Aus der medicinischen Facultät wurde der ordentliche Professor und Director der Frauenklinik, Geh. Med.-Rath Dr. Heinrich Fritsch, vom 1. October 1893 ab in gleicher Eigenschaft an die Universität zu Bonn versetzt.

Die Privat-Docenten Dr. Dr. Heinrich Bitter und Robert Heinz sind als solche ausgeschieden.

Aus der philosophischen Facultät sind ausgeschieden: der ausserordentliche Professor und Director des Instituts für mittelalterliche und neuere Kunstgeschichte Dr. August Schmarsow am 1. October 1893. Derselbe ist als Ordinarius an die Universität Leipzig berufen worden.

Ferner der Privat-Docent Dr. Otto Gerlach in Folge seiner Ernennung zum ausserordentlichen Professor in der philosophischen Facultat der Universität Königsberg mit Beginn des Sommer-Semesters 1894.

Ausserdem

wurde durch Erlass des Herrn Ministers der geistl. etc. Angelegenheiten vom 12. August 1893 der Privat-Docent an der Universität Kiel, Dr. Georg Schneidemühl, von den ihm vom Sommer-Semester 1892 ab übertragen gewesenen Functionen eines Lectors der Thierheilkunde am hiesigen landwirthschaftlichen Institut und von der Stellung als Vorsteher der Thierklinik unter dem Ausdruck der Anerkennung für seine pflichtgemässe Dienstführung auf seinen Antrag zum 1. October 1893 entbunden.

B. Zugang.

1. Neuberufungen und Ernennungen innerhalb der Universität selbst.

In die evang.-theolog. Facultät

wurde durch Ministerial-Erlass vom 26. October 1893 der ordentliche Professor der theologischen Facultät der Universität Kiel, Dr. Gustav Kawerau, vom 1. April 1894 ab versetzt und demselben der durch das Ableben des ordentlichen Professors, Consistorial-Raths Dr. Meuss erledigte Lehrstuhl mit der Verpflichtung verliehen, die praktische Theologie in Vorlesungen und Uebungen zu vertreten und die Direction des homiletischen Seminars zu führen.

Ferner wurde durch Allerh. Erlass vom 18. Februar 1894 der Pfarrer Dr. phil. Wilhelm Schmidt zu Cürtow, Kreis Arnswalde, zum ordentlichen Professor in vorbezeichneter Facultät ernannt und ihm durch Ministerial-Erlass der durch das Ableben des Professors Dr. Hermann Schmidt erledigte ordentliche Lehrstuhl vom Sommer - Semester 1894 ab mit der Verpflichtung verliehen, die systematische Theologie in Vorlesungen und seminaristischen Uebungen zu vertreten und sich auch an der Abhaltung des akademischen Gottesdienstes zu betheiligen.

In der katholisch-theologischen Facultät

wurde der bisherige Privat-Docent, Gymnasial-Oberlehrer Dr. August Nürnberger, durch Ministerial-Erlass vom 20. März 1894 vom 1. April cr. ab zum ausserordentlichen Professor ernannt und ihm die Verwaltung des durch den Staats-Haushalts-Etat für 1. April 1893/94 begründeten Ersatzordinariats mit der Verpflichtung übertragen die Kirchengeschichte im Einvernehmen mit dem Fachordinarius in Vorlesungen und Uebungen zu vertreten.

In der medicinischen Facultät

wurde der Privat-Docent Dr. Franz Röhmann durch Ministerial-Erlass vom 24. Mai 1893 zum ausserordentlichen Professor ohne Besoldung ernannt, in der Erwartung, dass derselbe im physiologischen Institut, so lange die Interessen des letzteren es erfordern, als Assistent gegen die übliche Remuneration verbleibe und an dem Unterricht im Institut nach den näheren Weisungen des Directors theilnehmen wird.

Durch Allerhöchste Bestallung vom 8. August 1893 wurde der Kaiserliche ordentliche Professor an der Universität zu Dorpat, Dr. Otto Küstner, zum ordentlichen Professor an hiesiger Universität ernannt und

ihm durch Ministerial-Erlass vom 29. desselben Monats
der durch die Versetzung des Geh. Med.-Raths Prof.
Dr. Fritsch nach Bonn zur Erledigung gelangte ordentliche Lehrstuhl vom 1. October 1893 ab mit der Verpflichtung verliehen, die Fächer der Geburtshilfe und
der Gynäkologie zu vertreten und die ihm gleichzeitig
übertragene Direction der Frauenklinik und Poliklinik
zu führen.

In der philosophischen Facultät wurden ernannt:

der Privat-Docent Dr. Fritz Frech zu Halle a. S.
durch Ministerial-Erlass vom 7. April 1893 zum ausserordentlichen Professor. Demselben ist das durch die
Ernennung des Professors Dr. Hintze zum Ordinarius
erledigte Extraordinariat mit der Verpflichtung verliehen
worden, die Fächer der Geologie und Paläontologie
in Vorlesungen und Uebungen zu vertreten und die
Mitdirection des mineralogischen Museums, welche ihm
unter Vorbehalt näherer Begrenzung übertragen ist, zu
führen.

Durch Allerhöchsten Erlass vom 12. April 1893
wurde der Privat-Docent an der Universität in Berlin,
Dr. Ferdinand Pax, zum ordentlichen Professor ernannt und ihm der durch das Ableben des Professors
Dr. Prantl erledigte ordentliche Lehrstuhl der Botanik
verliehen, sowie die Direction des botanischen Gartens
mit dem Auftrage des baldigen Amtsantritts übertragen.

Ferner wurde durch Ministerial-Erlass vom 11. Juli
1893 der ordentliche Honorarprofessor Dr. Friedrich
Delitzsch in Leipzig zum ausserordentlichen Professor
in der philosophischen Facultät hiesiger Universität ernannt und demselben das durch die Ernennung des
Professors Dr. Fränkel zum Ordinarius erledigte Extraordinariat mit der Verpflichtung verliehen, die semitischen
Sprachen mit besonderer Berücksichtigung des Assyri-
schen in Vorlesungen und Uebungen zu vertreten. Durch
Allerhöchste Ordre vom 6. December 1893 wurde derselbe sodann unter Erneuerung seines Lehrauftrages
zum ordentlichen Professor ernannt.

Ferner wurde mit Genehmigung des Herrn Ministers der geistlichen etc. Angelegenheiten vom 27. October 1893 der Corps-Rossarzt des VI. Armee-Corps F ra nz S t r a u c h hierselbst mit der Wahrnehmung der Functionen eines Lectors der Thierheilkunde an der hiesigen Universität und mit der Leitung der Thierklinik am hiesigen land-wirthschaftlichen Institut beauftragt.

2. Habilitationen.

In der evangelisch-theologischen Facultät habilitirte sich: der Lic. theol. Martin Schulze am 28. October 1893 für Neues Testament und Dogmatik; geboren zu See bei Niesky den 26. Januar 1866, promovirt zum Lic. theol. hierselbst am 27. Februar 1893.

In der juristischen Facultät habilitirte sich: der Gerichts-Assessor Dr. Ernst Beling am 15. Mai 1893 für Strafrecht, Civilprocessrecht, Strafprocessrecht und Völkerrecht; geboren zu Glogau a. O. den 19. Juni 1866, promovirt hierselbst am 29. November 1890.

In der philosophischen Facultät habilitirten sich: Dr. Fritz Braem am 19. Juni 1893 für Zoologie und vergleichende Anatomie; geboren zu Prilacken, Kreis Fischhausen in Ostpreussen den 1. November 1862, promovirt in Königsberg i. Pr. am 20. August 1890, sowie

Dr. Otto Jiriczek am 20. Juni 1893 für deutsche und nordische Philologie; geboren zu Ung.-Hradisch in Mähren den 18. December 1867, promovirt in Wien am 20. December 1890.

C. Beurlaubungen.

Es waren beurlaubt:

a. im Sommer-Semester 1893:

der ordentliche Professor in der medicinischen Facultät und Director des pharmakologischen Instituts Dr. Filehne zum Zwecke des Besuches der Welt-Ausstellung in Chicago und einer wissenschaftlichen Reise um die Welt bis Ende September 1894. Zu seinem Vertreter sowohl in der Eigenschaft als Lehrer der Pharmakologie und der Geschichte der

Medicin, wie auch in der Direction des vorgenannten Instituts ist von dem Herrn Minister der geistlichen, Unterrichts- und Medicinal-Angelegenheiten der ausserordentliche Professor Dr. Geppert in Bonn bestellt worden;

ferner der ausserordentliche Professor in der philosophischen Facultät und Director des Instituts für mittelalterliche und neuere Kunstgeschichte Dr. Schmarsow — wie im vorhergehenden Winter-Semester — zum Zweck einer wissenschaftlichen Reise in's Ausland, sowie der ordentliche Professor in der philosophischen Facultät Dr. Elster vom 24. Juli 1893 ab bis zum Schluss des Semesters behufs Wiederherstellung seiner Gesundheit;

b. im Winter-Semester 1893/94:

ausser dem Professor Dr. Filehne (s. oben) der ordentliche Professor in der philosophischen Facultät Dr. Appel zum Zweck wissenschaftlicher Arbeiten in den Pariser Bibliotheken für die Zeit vom 1. März 1894 bis zum Beginn der Osterferien und erforderlichen Falles für die ersten zwei bis drei Wochen des kommenden Sommer-Semesters.

Ausserdem waren:

der ordentliche Professor in der evangelisch-theologischen Facultät Dr. Hermann Schmidt vom 7. November 1893 ab bis zu seinem Ableben, sowie

der ordentliche Professor in der philosophischen Facultät Dr. Hillebrandt vom 28. Februar 1894 ab bis zum Schluss des Semesters

wegen Krankheit von der Abhaltung der angekündigten Vorlesungen entbunden.

D. Auszeichnungen.

Von preussischen Orden erhielten den Rothen Adler-Orden 4. Klasse:

der ordentliche Professor und Director des pathologisch-anatomischen Instituts Geh. Med.-Rath Dr. Ponfick am 30. October 1893, sowie

der ordentliche Professor und Director des pflanzenphysiologischen Instituts Geh. Reg.-Rath Dr. Cohn am 21. Januar 1894.

Ausserdem ist

der ordentliche Professor und Director der Universitäts - Frauenklinik Dr. Küstner durch Allerh. Erlass vom 24. Octbr. 1893 zum Medicinal-Rath und Mitglied des Medicinal-Collegiums der Provinz Schlesien ernannt und dem ordentlichen Professor und Director des hygienischen Instituts Dr. Flügge am 3. Januar 1894 der Charakter als Geh. Medicinal-Rath verliehen worden.

Den Privat-Docenten Dr. Rohde in der philosophischen Facultät und Dr. Ernst Fraenkel in der medicinischen Facultät ist in Anerkennung ihrer wissenschaftlichen Leistungen von dem Herrn Minister der geistlichen, Unterrichts- und Medicinal - Angelegenheiten unterm 13. bzw. 14. Mai 1893 das Prädicat „Professor" verliehen worden, wie ferner die Amtsbezeichnung „Professor" dem Privat-Docenten in der philosophischen Facultät, Oberlehrer Dr. Bobertag, sowie dem Lector der französischen Sprache, Oberlehrer Pillet, durch Erlass des Herrn Ministers der geistl. etc. Angelegenheiten vom 16. März 1893.

E. Sonstige Veränderungen.

An Stelle des in Folge seiner Berufung nach Marburg mit Ende März 1893 aus der Thätigkeit als Leiter der evangelischen Gesangs - Abtheilung im akademischen Institut für Kirchenmusik ausgeschiedenen Professors Dr. Kühl ist der ausserordentliche Professor in der evangelisch - theologischen Facultät Lic. Wrede getreten.

Durch Ministerial - Erlass vom 26. August 1893 sind dem Director der medicinischen Klinik Prof. Dr. Kast die bisher von dem Geh. Med.-Rath Prof. Dr. Fritsch geführten Geschäfte des Verwaltungs-Directors der neuen klinischen Anstalten hiesiger Universität vom 1. October d. J. ab übertragen worden.

III. Beamte der Universität.
(Akademische Verwaltung.)

Durch Allerhöchste Cabinets-Ordre vom 22. Mai 1893 ist dem Universitäts-Kassen-Rendanten und Quästor Klepper der Charakter als Rechnungs-Rath, sowie

bei dem diesjährigen Krönungs- und Ordensfest dem ersten
Universitäts - Pedell Bünning das Allgemeine Ehrenzeichen
verliehen worden.

IV. Anstalten und Commissionen der Universität.

1. Wissenschaftliche Anstalten.

a. Die Königliche und Universitäts-Bibliothek.

Vom 1. April 1893 bis 31. März 1894 wuchs der Bücherbestand um 9055 Bände. Davon wurden aus dem Ordinarium
und den dauernden Sonderfonds gekauft 1787 Bände, aus dem
Extraordinarium 175 Bände; geschenkt wurden 495 Bände, als
Pflichtexemplare kamen ein 656 Bände, endlich aus dem
Tauschverkehr 5942 Bände bezw. Programme, Dissertationen
und andere Gelegenheitsschriften. *I. Vermehrung des Bücherbestandes.*

Verausgabt wurden für den Bücherkauf im Ganzen
22 627 Mark 78 Pf.; nämlich für Zeitschriften 7317 Mark
30 Pf.; für Fortsetzungen 7074 Mark 49 Pf.; für Nova 4664 Mark
4 Pf. und für Antiquaria 3571 Mark 95 Pf. Die Buchbinderei
erforderte 4078 Mark; auf die sämmtlichen übrigen sächlichen
Ausgabe-Titel entfielen 5505 Mark 34 Pf. *II. Rechnungswesen.*

Abgesehen von der unmittelbaren und nicht controlirten
Benutzung der Handbibliothek des Lesesaals, sowie der Benutzung der Bücher in den Magazinen selbst seitens der dazu
Berechtigten wurden auf Grund der eingelaufenen Bestellzettel
im Ganzen 59 538 Bände benutzt (gegenüber 63 608 Bänden
im Vorjahre). Der Lesesaal war an 290 Tagen geöffnet und
wurde von 8915 Personen besucht (9675 im Vorjahre). *III. Benutzung.*

Auf 11 958 der eingereichten Bestellzettel konnte eine Benutzung nicht erfolgen, da 4973 der gewünschten Sachen nicht
vorhanden, 6985 aber anderweitig verliehen waren. Dass
letztere Zahl um 1474 gegen das Vorjahr zurückgeblieben ist,
darf auf erfolgte reichlichere Beschaffung zweiter Exemplare
zurückgeführt werden.

Die Zahl der entleihenden Bibliotheks-Benutzer betrug im Sommer-Semester 1893: a. Einheimische 754, b. Auswärtige 194, von denen 58 ausserhalb der Provinz Schlesien wohnten; im Winter - Semester 1893/94: a. Einheimische 824, b. Auswärtige 223, davon ebenfalls 58 ausserhalb Schlesiens wohnhaft. Die auswärtigen Benutzer erhielten in 602 Sendungen 3593 Bände.

Von den sämmtlichen immatriculirten Studenten hat, wie in früheren Jahren, etwa der vierte Theil überhaupt Bücher entliehen; im Einzelnen schwanken die Ziffern zwischen 56 pCt. bei den Philologen und Historikern und ca. 12 pCt. bei den Medicinern.

Von auswärtigen Bibliotheken entliehene Handschriften befanden sich zur Benutzung durch diesseitige Gelehrte fortwährend in grösserer Anzahl hier. Der Leiheverkehr mit der Königlichen Bibliothek zu Berlin hat in dem verflossenen Etatsjahr erheblich an Ausdehnung zugenommen.

IV.
Personal.

Im Anschlusse an die allgemeine Aenderung in der Amtsbezeichnung der Bibliothekare wurde unter dem 3. März 1894 dem Bibliothekar Dr. de Boor der Charakter als Ober-Bibliothekar verliehen. Zufolge Ministerial-Erlass vom 3. Januar 1894 trat Dr. Freiherr von Boenigk als Volontair bei der hiesigen Bibliothek ein.

Staender.

b. Das akademische Lese-Institut.

In den Verhältnissen des akademischen Lese-Instituts sind während des Rechnungsjahres 1893/94 keine wesentlichen Veränderungen eingetreten.

Als Dirigent des Vorstandes fungirte wiederum Geheimer Justizrath Professor Dr. Brie, als stellvertretender Vorsitzender Bibliotheks-Director Prof. Dr. Staender, als Schriftführer Prof. Dr. J. Partsch.

Die Zahl der ordentlichen Mitglieder, welche zu Anfang des Jahres 1893 94 betrug, belief sich zu Anfang des Jahres 1894 auf 91. Ausserordentliche nichtakademische Mitglieder zählte das Institut im Beginn des Jahres 1894, wie im Beginn des Vorjahres 34. Studirende betheiligten sich im Sommer-Semester 1893 nur 111 (gegen 135 im vorhergehenden Sommer-Semester), im Winter - Semester 1893/94 115 (gegen 111 im Winter-Semester 1892/93).

Das finanzielle Ergebniss des Jahres 1893 war ein weniger günstiges als das des Vorjahres. Die Einnahmen betrugen 4204 Mark 50 Pf., darunter Mitglieder-Beiträge 3522 Mark 50 Pf., Staatszuschuss 600 Mark; die Ausgaben beliefen sich auf 4368 Mark 39 Pf. Der Kassenbestand war zu Ende des Jahres 1893 auf 11 Mark 58 Pf. zurückgegangen. Das Institut hat aber ausserdem ein in günstigen Jahren angesammeltes Kapital - Vermögen von 1200 Mark nominell in 4procentigen Schlesischen Rentenbriefen.

Brie.

c. Seminare.

1. Das evangelisch-theologische Seminar.

Die Uebungen in der alttestamentlichen Abtheilung wurden von Prof. D. Kittel geleitet. Im Sommer-Semester 1893 wurden Abschnitte aus dem Propheten Ezechiel mit besonderer Rücksicht auf die Probleme der Textkritik besprochen (im Anschluss an Cornills Ezechiel); im Winter - Semester 1893/94 wurde über wichtigere Fragen aus dem Gebiete der alttestamentlichen Theologie gehandelt. In beiden Semestern wurden schriftliche Arbeiten gemacht.

Die Uebungen der neutestamentlichen Abtheilung wurden in beiden Semestern von Prof. D. Hahn geleitet. Im Sommer-Semester 1893 wurde denselben die Apostelgeschichte, im Winter - Semester 1893.94 der erste Brief Petri und der Brief des Judas zu Grunde gelegt. In beiden Semestern wurden von den Theilnehmern eine Reihe schriftlicher Arbeiten eingereicht und besprochen.

In der kirchengeschichtlichen Abtheilung wurde unter Leitung D. Müllers im Sommer-Semester 1893 die Geschichte der nicänischen Synode von 325, speciell die Entstehung ihrer Glaubensformel behandelt; im Winter - Semester 1893/94 die Rechtfertigungslehre der Apologie untersucht. Die schriftlichen Arbeiten fielen im Winter-Semester weg, da die Uebungen in

Folge von Krankheit D. Müllers erst nach Weihnachten beginnen konnten.

Die Uebungen der Abtheilung für systematische Theologie hat im Sommer-Semester bis zu seiner Erkrankung Consistorial-Rath Prof. D. Meuss gehalten. Derselbe starb am 1. Juli. Ein Bericht über seine Thätigkeit liegt nicht vor. An seiner Stelle hatte für das Winter-Semester Prof. D. Herm. Schmidt die Uebungen übernommen, wurde aber ebenfalls durch schwere Krankheit, die im November zum Tode führte, an der Fortsetzung gehindert. Auch von seiner Hand liegt ein Bericht über die wenigen von ihm gehaltenen Sitzungen nicht vor.

Kittel, p. dec.

2. Das praktische Institut der evangelisch-theologischen Facultät.

Im Sommer-Semester wurden die katechetischen Uebungen von Consistorial-Rath Prof. D. Meuss, die homiletischen von Prof. D. Herm. Schmidt gehalten. Der Letztere hat auch für das Winter-Semester die katechetischen Uebungen übernommen und eine Zeit lang fortgeführt. Berichte liegen wie bei den systematischen Uebungen (s. oben) nicht vor. — Die homiletischen Uebungen wurden für das Winter-Semester aushilfsweise von Prof. extraord. Lic. Wrede abgehalten.

Das homiletische Seminar zählte im Winter 1893/94 26 Mitglieder. Von jedem wurde eine Predigt ausgearbeitet und im Seminargottesdienste gehalten. In den meisten Uebungen kamen daher zwei Predigten zum Vortrage und zur Besprechung. Jedem fiel ausser der Predigt eine Recension zu, sowie eine Probe im Halten der Liturgie. Der Eifer und Fleiss der meisten Theilnehmer war anerkennenswerth.

An den katechetischen Uebungen betheiligten sich, als der Unterzeichnete nach dem Tode des Prof. D. Schmidt ihre Fortführung übernahm, 12 Studirende. Jeder von ihnen hielt eine Katechese über einen Bibelabschnitt. Das Interesse war rege, die Leistungen genügten, sowohl was den schriftlichen Entwurf, als was die Ausführung betrifft, nur bei der Minderzahl.

Wrede.

3. Das katholisch-theologische Seminar

hat vier Abtheilungen:

1. für neutestamentliche Exegese unter Leitung des Prof. Dr. Friedlieb, welcher zugleich auch die Seminar-Bibliothek verwaltet;
2. für alttestamentliche Exegese unter Leitung des Prof. Dr. Scholz:
3. die kirchengeschichtlich-kanonistische Abtheilung unter Leitung des Prälaten Prof. Dr. Lämmer;
4. die dogmatische Abtheilung unter Leitung des Prof. Dr. König.

In der neutestamentlichen Abtheilung wurden im ersten Semester einerseits ausgewählte Stücke aus der Apostelgeschichte interpretirt, verbunden mit Disputationen, andererseits Themata aus der Geschichte der neutestamentlichen Schriften, aus der Hermeneutik und biblischen Archäologie bearbeitet und vom Director censirt. Im zweiten Semester beschränkten sich die Uebungen auf Schriftauslegung und Disputationen, wozu hauptsächlich Stücke aus der Apostelgeschichte ausgewählt wurden. Von grösseren Jahresarbeiten wurde eine eingereicht. An den Uebungen nahmen 3 ordentliche und 6 resp. 8 ausserordentliche Mitglieder Theil.

In der alttestamentlichen Abtheilung wurden einzelne Kapitel des zweiten Theils des Jesaia (Kap. 42—46) zur Interpretation und Disputation gewählt und die aramäischen Stücke in Esra und Daniel grammatisch und historisch erläutert. Die 3 ordentlichen Mitglieder lieferten grössere auf das Gebiet der alttestamentlichen Textkritik und die israelitische Geschichte sich beziehende Jahresarbeiten. An den Uebungen betheiligten sich 3 ordentliche und 9 ausserordentliche Mitglieder.

Die kirchengeschichtlich - kanonistische Abtheilung zählte im Sommer 1893 70, im Winter-Semester 1893/94 61 Mitglieder. Die kirchengeschichtlichen Uebungen bezogen sich im Sommer auf die Interpretation dreier Briefe Leo d. Gr. Parallel liefen kanonistische Disputationen über vier gegebene Themata. Im Winter - Semester wurde über vier kirchengeschichtliche Fragen disputirt, wogegen die kanonistischen Uebungen sich in der eherechtlichen Sphäre bewegten, im

Anschluss an den Text des Trienter Cap. Tametsi. 10 Mitglieder haben Abhandlungen verfasst, welche dem patristischen, historographischen und rechtsgeschichtlichen Bereich angehören.

In der Abtheilung für Dogmatik waren 3 ordentliche und 13 resp. 14 ausserordentliche Mitglieder thätig. In beiden Semestern wurden die Acta et Decreta ss. Concilii Vaticani gelesen und erklärt. Ausserdem wurden Vorträge und Disputationen über in das Gebiet der Dogmatik fallende Themata abgehalten. Die drei ordentlichen Mitglieder, sowie ein Seminarmitglied aus dem vorigen Studienjahre haben grössere Jahresarbeiten geliefert.

Die Uebungen in sämmtlichen Abtheilungen wurden in lateinischer Sprache abgehalten und sämmtliche Arbeiten in derselben Sprache geschrieben.

Scholz, z. Z. Decan.

4. Das juristische Seminar.

Die Uebungen der verschiedenen Abtheilungen des Seminars stehen unter der Leitung derjenigen ordentlichen Professoren der Facultät, in deren Fach sie einschlagen.

Die Bibliothek verwaltet Prof. Dr. Wlassak.

Geh. Justizrath Prof. Dr. Dahn hat in den beiden letzten Halbjahren die Lesung von Tacitus Germania beendet und die des Sachsenspiegels festgesetzt; in den dogmatischen Uebungen wurde das Handelsgesetzbuch und die Wechselordnung erklärt (Gesellschaftsrecht und Erfordernisse des Wechsels).

Geh. Justizrath Dr. Brie legte im Sommer-Semester die Reichsverfassung vom 16. April 1871, im Winter-Semester die preussische Verfassungs-Urkunde vom 31. Januar 1850 den Uebungen zu Grunde.

In beiden Semestern wurden von mehreren Theilnehmern schriftliche Arbeiten über umfassende Fragen des geltenden Staatsrechts angefertigt.

Prof. Dr. Schott liess im Winter-Semester 1893/94 einige Titel des 44. Buchs der Digesten interpretiren.

Unter der Leitung von Prof. Dr. Wlassak wurden im Sommerhalbjahr die letzten Bücher der Celsinischen Digesten (37—39) erläutert. Im Winter-Semester hielten die Mitglieder des Seminares Vorträge über 7 Abhandlungen aus dem Gebiete des römischen und gemeinen Rechts. Den Uebungen in der Interpretation der Quellen lagen die Fragmente aus Buch 1—3 von Gains Commentar ad edictum provinciale zu Grunde.

Prof. Dr. Fischer gab im Sommer-Semester Anleitung zu selbstständigen civilrechtlichen Arbeiten.

Prof. Dr. Bennecke gab zusammen mit Dr. Beling in beiden Semestern Anleitung zu wissenschaftlichen Arbeiten aus dem Gebiete des Strafrechts.

Bennecke.

5. Das staatswissenschaftlich - statistische Seminar.

Im Sommer - Semester 1893 nahmen an den von Prof. Dr. Elster geleiteten Uebungen des Seminars 12 Studirende und 2 Hospitanten Theil. Zu einer befriedigenden Thätigkeit kam es in diesem Semester aber nicht, da in Folge der Erkrankung und späteren Beurlaubung des Leiters der Uebungen im Ganzen nur 7 Sitzungen abgehalten werden konnten.

Im Winter - Halbjahr 1893/94 betheiligten sich an den Uebungen 19 Studirende und 1 Hospitant; im Ganzen fanden 17 Sitzungen statt (erste Sitzung: 27. October 1893; letzte Sitzung: 6. März 1894). Jedes Seminarmitglied war zur Einreichung einer Arbeit verpflichtet; die betreffenden Arbeiten bezogen sich auf die verschiedensten Gebiete der Volkswirthschaftslehre. Da die Zeit nicht erlaubte, alle zur Bearbeitung gestellten Themata durchzusprechen, mussten einige Vorträge auf das Sommer-Semester 1894 vertagt werden.

Ausserdem wurden 3 Excursionen unternommen. Eine (am 4. November 1893) in die Papierfabrik in Sacrau bei Breslau, die zweite (am 15., 16. und 17. Februar 1894) in den Oberschlesischen Berg- und Hüttenbezirk, die dritte (am 26. Februar 1894) in die Invaliditäts- und Altersversicherungs-Anstalt der Provinz Schlesien.

Der an 2. Stelle genannte dreitägige Ausflug, über den hier etwas ausführlicher zu berichten sein dürfte, führte die Seminarmitglieder am ersten Tage nach Königshütte zur Besichtigung

der der Acticn-Gesellschaft „Vereinigte Königs- und Laurahütte" gehörenden Anlagen. Auf der einen Seite galt es, den
Process genau zu verfolgen, dem das Eisen von dem Moment,
wo es als Erz aus dem Bergwerk kommt, bis zu seiner voll-
ständigen Verarbeitung zu Eisen- und Stahlproducten, unter-
worfen wird, auf der anderen Seite die Arbeiterverhältnisse
und die für die Arbeiter (die Königshütte beschäftigt im
Ganzen etwa 4000 Arbeiter) geschaffenen Wohlfahrts-Einrich-
tungen zu studiren. Zu diesem Zwecke wurden u. a. mehrere
Arbeiterwohnungen, auch das von der Gesellschaft errichtete
Schlafhaus für ledige Arbeiter besucht. — Der zweite Tag begann mit einem Vortrage des Herrn Bergrath D o b e r s in der
Königlichen Berg - Inspection in Königshütte über die Ausdehnung der fiscalischen Königsgrube und über die Arbeits-
und Lohnverhältnisse der Bergarbeiter. Darauf erfolgte die
Besichtigung des Ostfeldes des Steinkohlenbergwerks „König".
Nachdem die Theilnehmer auf dem Erbreichschacht ein-
gefahren und nachdem die verschiedenen Förderungs-Einrich-
tungen erklärt waren, wurde bis vor Ort gefahren und die
Gewinnung der Kohle in dem tiefsten Flötz, dem Sattelflötz,
beobachtet, auch noch andere Abbaustellen, sowohl im Sattelflötz, wie in dem nächst höheren Heintzmannflötz wurden besichtigt. Gegen Mittag erfolgte die Ausfahrt aus der Grube
Darauf begaben sich die Seminarmitglieder in seitens der Verwaltung der Vereinigten Königs- und Laurahütte gütigst zur
Verfügung gestellteu Wagen nach Laurahütte zum Besuch der
Fitzner'schen Schweisserei und Dampfkesselfabrik. Ganz besonderes Interesse boten hier die von Herrn F i t z n e r geschaffenen, zum Theil mustergiltigen Wohlfahrts - Einrichtungen, denen die Theilnehmer an dem Ausfluge nach
der Besichtigung der Fabrik ihre Aufmerksamkeit schenkten.
So wurden, abgesehen von den Badeeinrichtungen in der
Fabrik, die Kleinkinder-Bewahranstalt, die Haushaltungsschule
für Mädchen über 14 Jahre und mehrere von den von Herrn
F i t z n e r erbauten 40 Familien-Arbeiterwohnungen in Augenschein genommen. Am Abend dieses zweiten Excursionstages
wurde Kattowitz erreicht. — Die Führung am letzten Tage, am
17. Februar, hatte Herr Bergwerks-Director Bergrath S a n n e r

in liebenswürdigster Weise übernommen. Früh 8 Uhr begaben sich die Seminarmitglieder wiederum in mehreren Wagen, welche von mehreren Verwaltungen angeboten und dankbar angenommen waren, nach der Hohenlohe-Zinkhütte. In diesem grossen, dem Fürsten Hugo zu Hohenlohe, Herzog von Ujest, gehörenden Etablissement wurde die Verarbeitung der Zinkerze (vor allem Zinkblende) zu Zink und im Weiteren die Herstellung der Bleche verfolgt. Aber auch hier wurde den Arbeiterverhältnissen etc. — die Hütte beschäftigt 2000 Arbeiter — besondere Aufmerksamkeit geschenkt. Von der Hohenlohehütte aus ging die Fahrt nach der einige Kilometer entfernten, der Bergwerks - Gesellschaft Georg von Giesche's Erben gehörenden Cleophas - Grube. Indessen wurde unterwegs noch kurz Halt gemacht, um von den von der Kattowitzer Actien-Gesellschaft für ihre Arbeiter getroffenen Wohlfahrts-Einrichungen Kenntniss zu nehmen; es wurde die neu erbaute Bade- und Waschanstalt, sowie eine aus Wohn-, Schlafzimmer und Küche bestehende Arbeiterwohnung besucht. An der Cleophas-Grube angelangt, erhielten die Seminarmitglieder zunächst durch den Director der Grube kurze Auskunft über das Bergwerk selbst und über die Verhältnisse der in ihm und in den zugehörigen Anlagen beschäftigten Arbeiter. Im Uebrigen sollten hier nur die oberirdischen Anlagen besichtigt werden. Unter diesen erregten — ausser der enormen Wasserhebemaschine — das Kesselhaus und die zwei zur Fortschaffung der Kohle aus der Grube bestimmte Fördermaschine vornehmlich das Interesse der Besucher.

Wenn der Unterzeichnete auf diese dreitägige Excursion mit grosser Befriedigung glaubt zurückblicken zu dürfen, so ist er sich bewusst: dies vor Allem den Herren zu danken, welche bei der Besichtigung der Werke und Fabriken in liebenswürdigster Weise die Führung übernommen und über alle Einrichtungen eingehend Aufschluss ertheilt haben. Es sei aber gestattet, auch an dieser Stelle diesen Dank ganz besonders auszusprechen: Herrn Berghauptmann Pinno in Breslau, der Hütten - Verwaltung der Vereinigten Königs- und Laurahütte, welche noch einen ausführlichen schriftlichen Bericht über „Einrichtungen zur Förderung des Arbeiterwohls" mit zahl-

reichen werthvollen Anlagen dem Archiv des Seminars überwiesen hat, ferner Herrn W. Fitzner in Laurahütte und den
Bergräthen Herrn Dobers in Königshütte und Herrn Sanner
in Kattowitz.

Ueber jede Sitzung und über jede Excursion wurde Protokoll geführt; die Seminarmitglieder mussten der Reihe nach
diese Protokolle übernehmen, welche in ein besonderes Protokollbuch eingetragen worden sind. Die Verlesung der Protokolle in den nachfolgenden Seminar - Sitzungen ermöglichte
etwaige irrige Auffassungen über vorangegangene Besprechungen
richtig zu stellen, erleichterte die Fortsetzung von noch nicht
zu Ende geführten Discussionen und bot Veranlassung, die
auf den Ausflügen gemachten Beobachtungen etc. weiter zu
besprechen und zu beleuchten.

Prof. Dr. Sombart hielt im Sommer-Semester 1893 keine
Uebungen ab.

Im Winter-Semester 1893/94 fanden Uebungen des Seminars
unter Betheiligung von 14 Herren statt. Es wurden 16 Sitzungen
(erste am 30. October 1893; letzte am 28. Februar 1894)
abgehalten, deren 4 mit freien Discussionen, 12 mit Vorträgen und sich daran schliessenden Besprechungen ausgefüllt
wurden.

Die für das Seminar ausgeworfenen Geldmittel sind zur
Anschaffung von Büchern und Zeitschriften in vorschrifts-
mässiger Weise verwendet worden. Leider weist die Seminar-
Bibliothek, welche auch in diesem Jahre von Herrn Dr. Max
Gebauer auf das Sorgfältigste verwaltet worden ist, nach wie
vor bedauerliche Lücken auf, so dass sie nur ganz geringen
Anforderungen genügen kann. In den beiden Semestern, über
welche hier berichtet wird, war die Bibliothek an 4—5 Tagen
der Woche mehrere Stunden hindurch geöffnet. Im Winter-
Semester 1893/94, von welchem Zeitpunkt an eine genaue
Statistik geführt wird, war die Bibliothek Montags, Mittwochs,
Freitags und Sonnabends, im Ganzen an 58 Tagen zugänglich.
Die Zahl der Besucher in dieser Zeit betrug 71.

Elster.

6. Das historische Seminar.

Gelegentlich der Anwesenheit Sr. Excellenz des Herrn Cultusministers Dr. Bosse wurden auch die Räume des historischen Seminars einer genauen Besichtigung unterzogen und ihre durchaus ungeeignete Beschaffenheit anerkannt. Leider hat sich zur Zeit eine Abhilfe der Uebelstände und eine Erhöhung der Dotation behufs Ergänzung der Lehrmittel noch nicht bewerkstelligen lassen.

Prof. Dr. Caro hat im Sommer- und Winter-Semester in zweistündigen, wöchentlichen Sitzungen die Anfänge der Regierung Friedrichs des Grossen bis zum Ausgang des ersten schlesischen Krieges behandelt. Unter Ausschluss der rein militairischen Beziehungen wurde das Hauptgewicht auf die politischen Vorgänge und Verhandlungen gelegt und an der Hand der in den „Staatsschriften", sowie in der „politischen Correspondenz" vorliegenden Actenstücke die Glaubwürdigkeit der Memoiren und die Stichhaltigkeit neuerer Bearbeitungen geprüft. — Daneben wurden neuere Erscheinungen auf dem Gebiete der Geschichtslitteratur, namentlich die jüngsten französischen Publicationen eingehend besprochen. Ueber einzelne Fragen aus der Methodologie fanden Discussionen statt.

Prof. Dr. Hueffer hat in seinen, von je drei Mitgliedern besuchten Uebungen des Sommer- und Winter-Semesters charakteristische Partieen deutscher, französischer und italienischer Quellen zur Geschichte der Staufer- wie der sächsischen Kaiserzeit erörtert und einschlägige Arbeiten der Mitglieder besprochen.

Prof. Dr. Kaufmann hat im Sommer 1893 zwei Seminare gehalten: 1. kritische Uebungen, wöchentlich zwei Stunden, an denen 11 Mitglieder Theil nahmen, und in denen namentlich kritische Fragen aus der Geschichte Friedrichs I. und Heinrichs des Löwen untersucht wurden. 2. Besprechungen über wichtige Werke der historischen Litteratur, namentlich über Werke von Ranke, Janssen und Sybel, wöchentlich 1 Stunde. Im Winter 1893/94 hat er nur die kritischen Uebungen gehalten, wöchentlich 2 Stunden mit 11 Theilnehmern. Die Untersuchungen im Seminar, sowie die Arbeiten der Mitglieder wurden meist aus der fränkischen und salischen Zeit und aus der Städtegeschichte gewählt.

Prof. Dr. Wilcken hat im Sommer-Semester 1893 die Geschichte der Gracchischen Bewegungen an der Hand der Quellen untersuchen lassen (9 Mitglieder). Im Winter-Semester 1893/94 bildete Justin's Auszug aus der Weltgeschichte des Pompejus Trogus den Mittelpunkt der Uebungen, an den sich Abstecher in die verschiedensten Gebiete der alten Geschichte anschlossen (4 Mitglieder).

J. Caro, z. Z. Geschäftsführer.

7. Das kunsthistorische Seminar.

Im Seminar für mittelalterliche und neuere Kunstgeschichte hielt der Unterzeichnete im Winter - Semester 1893/94 kunsthistorische Uebungen mit 4 Theilnehmern ab. Vasari's Biographie des Mantegna wurde gelesen und unter eingehender Besprechung der Werke dieses Meisters kritisch erläutert.

Der besseren Concentrirung des Anschauungs - Materials halber wurden auch die kunsthistorischen Privatvorlesungen (im Sommer über Kunstgeschichte des XVII. und XVIII. Jahrhunderts, im Winter über Geschichte der deutschen Kunst im XIX. Jahrhundert) im Seminarraum abgehalten.

I. V.: Semrau.

8. Das philologische Seminar.

Prof. Rossbach liess im Sommer-Semester eine litterarhistorische Einleitung über Pindar, namentlich über die Composition seiner Epinikien vortragen und die Interpretation ausgewählter Epinikien wöchentlich 2 Stunden beginnen, im Winter-Semester wöchentlich 1 Stunde fortsetzen.

Prof. Foerster liess im Sommer-Semester die Cena Trimalchionis des Petronius, im Winter-Semester den pseudovergilischen Culex interpretiren und leitete in beiden Semestern die Disputationen über schriftliche Arbeiten der ordentlichen Mitglieder des Seminars.

In der vom Prof. Marx geleiteten Abtheilung wurden im Sommer - Semester ausgewählte Eklogen des Vergil und des

Calpurnius interpretirt, im Winter-Semester wurde der Versuch gemacht, die Uebungen des Proseminars mit Interpretation der Batrachomyomachie wieder aufzunehmen.

Rossbach. Foerster. Marx.

9. Das archäologische Seminar.

Im Sommer-Semester 1893 wurden Gypsabgüsse des archäologischen Museums, im Winter-Semester 1893/94 ausgewählte Blätter der „Denkmäler der griechischen und römischen Sculptur, herausgegeben unter Leitung von Brunn" in Vorträgen der Studirenden interpretirt und sodann die im vergangenen Jahre begonnenen kunstmythologischen Uebungen fortgesetzt. Die Zahl der Theilnehmer betrug im Sommer-Semester 11, im Winter-Semester 10; die Vorträge der Studirenden haben unausgesetzt ihren Fortgang genommen.

Rossbach.

Prof. Foerster liess im Sommer-Semester zunächst Vasenbilder des Asteas, sodann ausgewählte Werke der griechisch-römischen Kunst nach den Gypsabgüssen des Museums, im Winter-Semester die auf die taurische Iphigenie bezüglichen Denkmäler erklären und leitete im letzteren Semester die Disputationen über eine grössere schriftliche Arbeit eines Mitgliedes (Hyakinthos auf Vasenbildern).

Foerster.

10. Das germanistische Seminar.

Prof. Vogt hielt im Sommer-Semester 1893 Uebungen in der Interpretation und Kritik der Kaiserchronik und des Annoliedes ab. Im Winter 1893/94 wurden Lieder und Sprüche Walthers von der Vogelweide als Grundlage für Interpretationsübungen und litterarhistorische Vorträge gewählt. Die Zahl der Theilnehmer betrug im Sommer 7, im Winter 5.

Die von Prof. Koch geleiteten Uebungen der Abtheilung für neuere Litteratur schlossen sich im Sommer-Semester an Lessings Hamburgische Dramaturgie, im Winter an Klopstocks Oden an. Es fanden sich im Sommer 8, im Winter 5 Theilnehmer.

Vogt.

11. Das romanisch-englische Seminar.

a. Die romanische Abtheilung.

In der romanischen Abtheilung des romanisch-englischen Seminars wurden im Sommer-Semester 1893 unter Theilnahme von 9 Mitgliedern neufranzösische Uebungen abgehalten, die in der Interpretation des Cid von Corneille bestanden, unter besonderer Berücksichtigung der verschiedenen Textgestaltungen dieses Dramas.

Im Winter-Semester 1893/94 wurde bei einer Theilnahme von 10 Mitgliedern des Christien von Troyes Dichtung Cliges interpretirt.

Appel.

b. Die englische Abtheilung.

Im Sommer-Semester 1893 wurde die zweite Hälfte der in Pollard's English Miracle Plays (Oxford 1890) abgedruckten Abschnitte aus Vor-Shakespeare'schen Dramen gelesen und eingehend erklärt, sowie freie Arbeiten der Mitglieder besprochen.

Im Winter-Semester 1893/94 wurden unter Zugrundelegung von zwei mittelenglischen Dichtungen textkritische Uebungen abgehalten und Abhandlungen der Mitglieder besprochen.

Aus früheren Seminar-Arbeiten sind in diesem Jahre folgende von der philosophischen Facultät gebilligte Doctor-Dissertationen hervorgegangen und veröffentlicht worden:

1. W. Fick, Zur mittelenglischen Romanze Seege of Troye. I—IV.
2. G. Reichel, Studien zu der schottischen Romanze: The History of Sir Eger, Sir Grime and Sir Gray-Steel. 1—IV.
3. G. Opitz, Die stabreimenden Wortbindungen in den Dichtungen Walter Scott's. I.
4. F. Fraustadt, Ueber das Verhältniss von Barclay's, „Ship of Fools" zur lateinischen, französischen und deutschen Quelle.

Die zu Gebote stehenden Geldmittel wurden in zweckentsprechender Weise für die Bibliothek verwendet.

Kölbing.

12. Das slavisch-philologische Seminar.

In dem slavisch-philologischen Seminar, dessen Bibliothek durch weitere Anschaffungen und durch zahlreiche werthvolle Geschenke, unter anderen der Krakauer und St. Petersburger Akademie der Wissenschaften, sowie des K. K. russischen Ministeriums der Aufklärung bereichert worden ist, wurden im Sommer-Semester 1893 mit 8 Theilnehmern in zwei Abtheilungen altslovenische und altczechische Texte gelesen und textkritische Uebungen daran geknüpft; in der altczechischen Abtheilung wurden nach einer Einleitung über die Eigenthümlichkeiten der älteren czechischen Sprache vornehmlich Urkunden des XIV. und XV. Jahrhunderts gelesen, welche das Königliche Archiv hierselbst im Original zur Benutzung überlassen hat. Im Winter-Semester 1893 auf 1894 wurde in der altslovenischen Abtheilung Lectüre und Erklärung altslovenischer Texte (aus dem Suprasler Codex) fortgesetzt und in einer zweiten Abtheilung wurden altpolnische Sprechdenkmäler vorgelegt und besprochen, einzelne von ihnen zum Gegenstande ausführlicher Erörterungen gemacht. Die Theilnahme war eine rege und 12 Theilnehmer vertheilten sich so, dass 3 Mitglieder zu beiden Abtheilungen gehörten. Gegen das Ende eines jeden Semesters hielten die Mitglieder über ihnen gestellte Themata Vorträge, deren Inhalt Anlass zu Besprechungen gab.

Nehring.

13. Das geographische Seminar.

An den Uebungen des geographischen Seminars betheiligten sich im Sommer-Semester 1893 10, im Winter-Semester 1893/94 8 Studirende. Gegenstand anhaltender Beschäftigung war im ersten Semester die Siedelungskunde und Culturgeographie Schlesiens, im zweiten ausgewählte Kapitel aus der Geschichte der Erdkunde, deren Besprechung angeknüpft wurde an das von der Berliner Gesellschaft für Erdkunde dem geographischen Seminar als Geschenk überwiesene Werk Conrad Kretschmers über die Entdeckung Amerika's und ihre Bedeutung für die Umgestaltung des Weltbildes. Ausserdem wurden von den Theilnehmern Vorträge über neuere Erscheinungen der geographischen Litteratur und über die Ergebnisse eigener Einzelarbeiten gehalten. Die Räume des Seminars wurden von den Studirenden für eigene Studien mit Hilfe des verfügbaren Kartenmaterials und der kleinen Handbibliothek fleissig benutzt. Von den dort vorbereiteten Arbeiten erschien eine als Doctor-Dissertation.

J. Partsch.

14. Das mathematisch-physikalische Seminar.

Prof. O. E. Meyer behandelte in der physikalischen Abtheilung im Sommer-Semester Aufgaben aus der Theorie der Elasticität des Lichtäthers. Im Winter-Semester fielen die Uebungen aus, weil keine genügende Betheiligung zu erwarten war.

In der von Prof. Rosanes geleiteten Abtheilung wurden im Sommer-Semester 1893 Aufgaben aus der analytischen Geometrie des Raumes behandelt. Im Winter-Semester 1893/94 betrafen die Arbeiten die Theorie der linearen Transformationen.

In der von Prof. Sturm geleiteten Abtheilung wurden im Sommerhalbjahre 1893 zur Einführung in die Theorie der Gruppen durch Bewegungen entstehende Gruppen bearbeitet; im Winterhalbjahr 1893/94 wurden Arbeiten über die cubische Raumcurve zunächst in analytischer, dann in synthetischer Behandlung gemacht.

O. E. Meyer. Rosanes. Sturm.

15. Die psychophysische Sammlung.

Die psychophysische Sammlung konnte, da weitere Mittel nicht zur Verfügung standen, eine Vermehrung im verflossenen Jahre nicht erfahren.

Theodor Lipps.

d. Die Institute der philosophischen Facultät.

1. Das physikalische Cabinet.

Vorlesungen und Uebungen wurden in gewohnter Weise fortgesetzt. Im Laboratorium arbeiteten, im Sommer und im Winter zusammengenommen, 21 Studenten.

Von grösseren Anschaffungen ist ein Spectrometer von Schmidt und Hänsch in Berlin zu nennen.

Von wissenschaftlichen Arbeiten, welche in diesem Jahre aus dem Institute hervorgingen, erschienen:

C. Dieterici, Ueber die Dampfdrucke wässeriger Lösungen bei 0° C. Wied. Ann. Bd. 50.

— Ueber die Beziehung von Gefrierpunktdepression und osmotischem Druck von Lösungen. Wied. Ann. Bd. 52.

O. E. Meyer und K. Mützel, Ueber die Störungen physikalischer Beobachtungen durch eine elektrische Strassenbahn. Elektrot. Zeitschr. 15. Jahrg. Jahresbericht der Schles. Ges. 1893.

— — Ueber die Störungen des Fernsprechverkehrs durch elektrische Strassenbahnen. Mit Nachtrag. Elektr. Zeitschr. 15. Jahrgang 1894.

J. Bergmann, Ueber den zeitlichen Verlauf elektrischer Inductionsströme. Jahresbericht d. Schles. Ges. 1894.

O. E. Meyer.

2. Die Sternwarte.

In der Einrichtung und Vertheilung der regelmässigen astronomischen, meteorologischen und magnetischen Beobachtungen, sowie deren Verwerthung, haben in dem verflossenen Jahre Veränderungen nicht stattgefunden. Für die Beobachtungen der magnetischen Declinations-Variationen ist jedoch im Laufe des Jahres ein wesentlicher Nachtheil durch die seit dem 14. Juli vor dem Universitäts-Gebäude vorbeiführende elektrische Strassenbahn entstanden, welche die Magnetnadel während der Tagesstunden in einer stetigen Unruhe erhält und fast vor jeder Beobachtung eine Beruhigung derselben erforderlich macht. Indessen haben die Beobachtungen eine erhebliche Ablenkung der Nadel von ihrem mittleren Stande dabei nicht ergeben (die Schienen der Bahn liegen in 27 m geradliniger Entfernung), sowie auch vorkommende grössere Störungen des Erdmagnetismus nach wie vor bemerklich werden und nach ihrer Amplitude sich beobachten lassen. Die Beobachtungen sind daher ungeachtet der Erschwerniss bisher unverändert fortgeführt worden.

Von litterarischen Arbeiten ist aus dem vorigen Jahre noch nachzutragen eine von Herrn Rechenberg ausgeführte definitive Bahnbestimmung des Cometen 1840 I. In dem jetzt verflossenen Jahre hat eben derselbe eine gleiche grössere Arbeit über den Cometen 1850 II ausgeführt. Beide Arbeiten sind veröffentlicht in den „Astronomischen Nachrichten" Band 131 und 135. — Von dem Unterzeichneten ist eine seit mehreren Jahren vorbereitete Schrift: „Verzeichniss der Elemente der bisher berechneten Cometenbahnen nebst Anmerkungen und Litteratur-Nachweisen" gegenwärtig zum Abschlusse und zur Veröffentlichung gekommen.

Galle.

3. Das chemische Institut.

In den Verhältnissen des Instituts hat sich wenig geändert, auch die Zahl der Praktikanten ist etwa die gleiche geblieben. Als Assistenten fungirten 1. Dr. Ahrens, 2. Dr. Abel, 3. Dr. Wolffenstein, später cand. chem. Mugdan.

Folgende wissenschaftliche Arbeiten wurden ausgeführt und veröffentlicht:

1. Dubke: Ueber die Einwirkung von Benzaldehyd auf symmetrisches Collidin. (Inaug.-Dissert. Breslau.)

2. Glatzel: Spaltung des β-Pipecolins in seine optischen Isomeren. (Inaug.-Dissert. Breslau.)

3. Schwerin: Einwirkung von Natriumäthylat auf Phtalsäureester und Ketone. (Inaug.-Dissert. Breslau.)

4. Wolffenstein: Oxydation des Piperidins und Pipecolins.

5. Ahrens: Zur Kenntniss des Sparteïns.

6. Ladenburg: Synthese sauerstoffhaltiger Pyridin- und Pyperidinbasen, 3. Abhandlung.

7. Derselbe: Krystallform des Scopolinplatins.

8. Derselbe: Spaltung des Hydrochinaldins in seine optischen Isomeren.

9. Derselbe: Ueber das Isopipecolin und den asymmetrischen Stickstoff.

10. Derselbe: Reines d-Coniin.

11. Ladenburg: Methode der Hydrirung durch Natrium und Alkohol.

12. Derselbe: Krystallformen des Isoconiinplatins.

Ladenburg.

4. Das pharmaceutische Institut.

a. Chemische Abtheilung.

In der inneren Einrichtung des Instituts fanden wesentliche Aenderungen nicht statt, ebensowenig trat in den Vorlesungen gegen das Vorjahr ein Wechsel ein.

Im Laboratorium des Instituts waren im Sommer-Semester 80 Arbeitsplätze und im Winter-Semester 79 Plätze belegt.

Als Assistenten waren thätig: Dr. Bruno Grützner, die Apotheker Höhnel, Braun und Kassner, Letzterer als Hilfs-Assistent.

Die Bibliothek, der chemische Apparat und die Sammlungen wurden entsprechend vermehrt. Letztere erhielten durch Geschenke aus der Fabrik ätherischer Oele von Schimmel u. Co. in Leipzig einen Zuwachs von interessanten neuen Präparaten und von der Fabrik der Norddeutschen Wollkämmerei in Neudeck eine Anzahl auf die Darstellung des Wollfetts bezüglicher Producte. •

Nachstehende Experimental-Untersuchungen sind mit den Hilfsmitteln des Instituts im Jahre 1893/94 beendet und veröffentlicht worden.

1. Zur Kenntniss der homologen Phenole, tertiäres Amylphenol von Dr. B. Fischer und Dr. B. Grützner. 1893. Berichte der chemischen Gesellschaft Bd. II S. 1646.

2. Zur Kenntniss der Wismutsalze, erste Mittheilung von Dr. B. Fischer und Dr. Grützner. 1893. Archiv der Pharmacie Bd. 231 S. 680.

3. Ueber einen krystallisirten Bestandtheil der Früchte von Picramnia Camboita Engl. von Dr. B. Grützner. 1893. Chemiker - Zeitung, erste Mittheilung Nr. 49, zweite Nr. 100.

4. Ueber das Verhalten des Natriumsuperoxyds gegen Jod und Bleioxyd von M. Höhnel. 1894. Archiv der Pharmacie Bd. 232 S. 222.

5. Ueber Natriumsuperoxyd und seine Anwendung in der Analyse von Oscar Kassner 1894. Archiv der Pharmacie Bd. 232 S. 226.

Poleck.

b. Pharmacognostische Abtheilung.

Die Arbeiten in der pharmacognostischen Abtheilung des Instituts wurden in gewohnter Weise fortgesetzt. An den mikroskopischen Uebungen betheiligten sich im Sommer-Semester 62, im Winter-Semester 57 Studirende der Pharmacie. Die Anzahl der Mikroskope sowohl wie die pharmacognostische Sammlung wurden in entsprechender Weise vermehrt.

Poleck. Pax.

5. Das landwirthschaftlich-technologische Institut.

Dem Herrn Dr. Ahrens, welcher schon bisher die technologischen Vorlesungen, unter Benutzung der hier vorhandenen Vorräthe und Apparate, im landwirthschaftlichen Institute abgehalten hatte, wurde gestattet, im landwirthschaftlich-technologischen Institute technologische Practica abzuhalten und zu arbeiten. Mit der Verfügung über den Etat des Instituts aber blieb noch der Unterzeichnete beauftragt. Die Bibliothek und die Sammlungen des Instituts wurden sachgemäss vermehrt. An den Vorlesungen und Practica nahm eine erhebliche Anzahl von Studirenden Theil.

Holdefleiss.

6. Das thierchemische Institut und agricultur-chemische Laboratorium.

Wesentliche Veränderungen gegenüber dem vorhergehenden Jahre haben in dem thierchemischen Institut und in dem agriculturchemischen Laboratorium auch diesmal nicht stattgefunden. Die für die Vorlesungen erforderliche Sammlung physiologisch-chemischer Präparate wurde durch Ankauf und Herstellung neuer Präparate vermehrt, und auch die Instituts-

Bibliothek hat eine den Bedürfnissen entsprechende nicht unerhebliche Vergrösserung erfahren. ·

Als Assistent für das thierchemische Institut fungirte bis Michaelis Dr. S. Gabriel und als Assistent für das agricultur-chemische Laboratorium Dr. L. Graffenberger. Im Winter-Semester traten an Stelle dieser beiden Dr. P. Wahrendorf und Dr. P. Mohr ein.

Im Laufe des Jahres wurden im Institut folgende wissen-schaftliche Arbeiten ausgeführt und veröffentlicht:

1. Versuche über die Wirkung einer plötzlichen einmaligen Entziehung bezw. Vermehrung des Futtereiweisses auf den Stickstoffumsatz des Pflanzenfressers. Von Dr. S. Gabriel. Journal f. Landwirthschaft Bd. XL S. 293.

2. Ueber den Einfluss des vermehrten oder verminderten Futterconsums, sowie der dem Futter beigemengten Salze auf die Verdauung und Resorption der Nahrungs-stoffe. Von H. Weiske. Landw. Versuchs - Stationen Bd. XLI S. 145.

3. Versuche über die Veränderungen, welche der Abschluss des Lichtes in der chemischen Zusammensetzung des thierischen Organismus und in dessen Stickstoffumsatz hervorruft. Von L. Graffenberger. Archiv f. d. ges. Physiologie Bd. LIII S. 238.

4. Zur Frage über die Bedeutung des Asparagins als Nahrungsstoff für den Omnivor. Von Dr. S. Gabriel. Zeitschrift für Biologie Bd. XXIX S. 115.

5. Ist bei der Fütterung trächtiger Thiere die Beigabe von phosphorsaurem Calcium zu normal beschaffenem Futter für die Nachkommen derselben von Nutzen? Von Dr. L. Graffenberger. Journal für Landwirthschaft, Bd. XLI S. 57.

6. Ueber den Einfluss des Kochsalzes auf die Verdaulich-keit und den Umsatz des Eiweisses. Von Dr. S. Gabriel. Zeitschrift für Biologie Bd. XXIX S. 554.

7. Chemische Untersuchungen über die Mineralstoffe der Knochen und Zähne. Von Dr. S. Gabriel. Zeitschrift für physiologische Chemie Bd. XVIII S. 257.

8. Ueber die Bedeutung des Asparagins für die Ernährung der Pflanzenfresser. Von H. Weiske. Zeitschrift für Biologie Bd. XXX S. 254.

H. Weiske.

7. Das mineralogische Museum.

Die Verwaltung wurde wie bisher fortgeführt. Die Sammlungen wurden durch zahlreiche neue Erwerbungen vergrössert, besonders aber die Bücher-Sammlung durch die Uebernahme eines grossen Theils der Bibliothek des verewigten Ferdinand Roemer bedeutend vermehrt.

Durch Erlass des Herrn Ministers der geistlichen etc. Angelegenheiten vom 16. November 1893 wurden die früher als Dienstwohnung des Museums-Directors benutzten Räume zur Verwendung für Institutszwecke bestimmt und eine zweckentsprechende Einrichtung angeordnet, welche im Laufe der Monate November und December 1893 zur Ausführung gelangte. Hierdurch wurden ausser einer Reihe von Arbeits- und Sammlungszimmern auch ein Präparir- und ein Packraum gewonnen und die Einrichtung eines kleinen chemischen Laboratoriums (in der früheren Küche), besonders aber die räumliche Abtrennung eines „paläontologischen Institutes" (Eingang Schuhbrücke 38/39 II) ermöglicht.

Als Museums-Assistent fungirte Herr Dr. R. Michael, nachdem Herr Privatdocent Dr. L. Milch auf seinen Wunsch zum 1. April 1893 aus seiner bisherigen Assistentenfunction entlassen worden war. Herr Dr. Milch stellte jedoch dem mineralogischen Institut auch weiter seine Dienste als Unterrichts-Assistent in dankenswerther Weise zur Verfügung.

Mit den Hilfsmitteln des Museums wurden die Untersuchungen zu folgenden Publicationen ausgeführt:

R. Michael: Cenoman und Turon in der Gegend von Cudowa in Schlesien. Mit einer geologischen Karte. Zeitschrift der deutschen geologischen Gesellschaft 1893 p. 195 ff.

— Encrinus spec. von Chorulla O/S. l. c. p. 500 ff.

— Ueber einen neuen Encrinus aus dem oberschlesischen Muschelkalk.

-- Ueber ein Vorkommen tertiärer Thone bei Breslau. Jahresbericht der Schlesischen Gesellschaft für vaterländische Cultur. Sitzung vom 7. Juni 1893.

-- Ueber Fischzähne aus den turonen Kalksteinen von Oppeln. l. c. Sitzung vom 6. December 1893.

— Ueber eine neue Lepidosteidengattung aus dem oberen Keuper Oberschlesiens. Mit 2 Doppel-Tafeln (gezeichnet von Dr. E. Loeschmann). Zeitschrift der deutschen geologischen Gesellschaft 1893 p. 710 ff.

— Ueber die Entwickelung des braunen Jura in Polen und Oberschlesien. Sitzung der naturwissenschaftlichen Section der Schlesischen Gesellschaft für vaterländische Cultur vom 8. März 1894.

E. Gallinek: Ueber fossile Fische aus dem oberschlesischen Keuper. Jahresbericht der Schlesischen Gesellschaft für vaterländische Cultur 1893. Sitzung vom 26. Juli.

— Ueber den weissen Jura von Inowrazlaw. Sitzung der naturwissenschaftlichen Section der Schlesischen Gesellschaft für vaterländische Cultur vom 8. März 1894.

A. Lindner: Experimentelle Prüfung der von Clarke und Schneider für den Serpentin aufgestellten Constitutionsformel. Inaugural-Dissertation. Breslau 1893.

L. Milch: Beiträge zur Lehre von der Regional-Metamorphose. Neues Jahrbuch für Mineralogie. Beilage Bd. IX p. 100 ff.

— Zur Classification der anorganogenen Gesteine. l. c. p. 129 ff.

— Ueber ein neues Arseniat von Laurion. Sitzung der naturwissenschaftlichen Section der Schlesischen Gesellschaft für vaterländische Cultur vom 8. März 1894.

— Ueber eine Höhle im Kalkstein von Kauffung in Niederschlesien. (Vortrag im Riesengebirgsverein zu Breslau. Die Resultate der Untersuchungen werden später veröffentlicht.)

— Im Druck. — Petrographische Untersuchung noch einiger Gesteine aus Paraguay. (In Tschermak's min. und petr. Mittheilungen.)

F. Frech: Ueber Devonfaunen aus dem Thian-Schan.
Sitzungs-Bericht der Kaiserl. Akademie der Wissenschaften. Wien 1894.

— Lethaea palaeozoica, begonnen von Ferdinand
Roemer. 1. Lieferung des II. Bandes: Stratigraphie
des Palaeozoicum. Stuttgart, Schweizerbart'sche Ver-
lagshandlung. Im Sommer 1893 ausgearbeitet, aber
noch nicht erschienen.

— Ueber das Devon der Ostalpen III. Zeitschrift der
deutschen geologischen Gesellschaft 1894. Mit 8 Tafeln
(gezeichnet von Dr. E. Loeschmann).

— Die Tribulaungruppe am Brenner. Richthofen —
Festschrift 1893.

— Die karnischen Alpen. Ein Beitrag zur vergleichenden Gebirgstektonik. Halle, Niemeyer. 2. (Schluss-)
Lieferung p. 162—514. Mit 3 Kartenblättern geologisch
colorirt in 1:75000, 2 Uebersichtskarten, 16 Licht-
kupferdrucken, 8 Profiltafeln und 96 Zinkdrucken.

— Geological Section in Congress Canyon opposite Point
Sublime. (Colorado Canyon of the West.) Aus:
Congrès géologique international. Washington 1893
p. 476.

C. Hintze: Handbuch der Mineralogie, 8. Lieferung.
Leipzig 1894.

Herr Dr. Gürich war mit der Drucklegung von Text und
Tafeln zu einer Monographie über „das Palaeozoicum im polnischen Mittelgebirge" beschäftigt.

Wie in den vorhergehenden Jahren wurde die krystallo-
graphisch-optische Untersuchung künstlicher Krystalle aus den
chemischen Instituten von Breslau und anderen Universitäten
ausgeführt.

Hintze. Frech.

8. Der botanische Garten und das Garten-Museum.

Die Verwaltung des Gartens und Garten-Museums wurde
in der bisherigen Weise fortgeführt. Als Assistent fungirte
bis zum 31. December 1893 Herr Victor Hellmann, an seine
Stelle trat am 1. Januar 1894 Herr Dr. August Weberbauer

aus Landeck i. Schl. Bei den mikroskopischen Uebungen assistirte wie früher Herr Wilhelm Remer. Die Betheiligung an den mikroskopischen Uebungen war eine sehr rege: im Sommer-Semester arbeiteten 62, im Winter-Semester 57 Herren in festgesetzten Stunden; ausserdem führten 8 Herren mehr oder weniger selbstständig kleinere botanische Untersuchungen aus. Von Privatpersonen wurde das Institut vielfach zur Beantwortung botanischer und gärtnerischer Fragen in Anspruch genommen.

I. Im Garten wurden sehr wesentliche Veränderungen ausgeführt. Zunächst fand eine vollständige Revision und Neuaufstellung der Alpenpflanzensammlung statt, die nunmehr in Folge neuer Erwerbungen zu den besten Sammlungen dieser Gewächse gehört. Im vergangenen Herbst wurde zum grossen Theil auf demselben Terrain, zum Theil aber auf bisher noch nicht nutzbar gemachten Stellen das „System" vollständig umgelegt. Die Veranlassung hierzu gab einerseits die Erfahrung, dass manche Pflanzengruppen früher in sehr unzulänglicher Weise in schlechten Boden gepflanzt worden waren, andererseits der Umstand, dass die Sonne liebenden Labiaten und verwandte Familien an einer sehr schattigen Stelle des Gartens untergebracht waren, an welcher diese für den Unterricht und die allgemeine Belehrung so wichtigen Pflanzen nicht gediehen. Die Umlegung der Labiaten zog naturgemäss in Folge der einheitlichen Anlage des Systems die anderen Veränderungen im Garten nach sich.

Durch die Entfernung einiger abgestorbener und kranker Bäume wurde für eine erhebliche Erweiterung und den Umbau der Alpenanlagen an ihrer alten Stelle reichlich Platz gewonnen; dieselbe nimmt jetzt gegen früher mehr als den doppelten Flächenraum ein; die Anordnung der Pflanzen auf derselben erfolgte nach streng pflanzengeographischen Grundsätzen.

Der Bestand an lebenden Pflanzen wurde durch Kauf und durch Tausch mit anderen botanischen Gärten erhalten und vermehrt. Samen und lebende Pflanzen erhielt der Garten geschenkt vom K. K. Hofgarten Belvedère in Wien und der deutschen dendrologischen Gesellschaft, sowie von den Herren:

W. Barbey - Valleyres, Genf, Buch - Proskau, Hofgarten-
inspector Eichler - Wernigerode, Sanitätsrath Dr. Eicke-
Pöpelwitz, Dr. Heuser-Brooklyn (N. Y.), Rittergutsbesitzer
Jesdinsky - Cammelwitz bei Schmolz, Frau Brauereibesitzer
Kissling-Kleinburg, Ober-Landesbauinspector Lau-Breslau,
Benno von Lange-Flushing (Long Island), Curator W. La-
tham-Edgbaston-Birmingham, Lehrer Liebig-Forstlangwasser
bei Schmiedeberg, Director L. Linden-Brüssel, Baron Ferd.
von Müller-Melbourne, Dr. Reinecke-Apia (Samoa), Max
Rüdiger-Frankfurt a. O., Graf von Schwerin-Wendisch-
Wilmersdorf, Anstalts - Vorsteher Stephan-Koschmin, Prof.
Stoll-Proskau. — Der Besuch des Gartens war ein sehr reger.

2. Die Sammlungen des botanischen Gartens wurden
entsprechend vermehrt und durchgearbeitet.

a. Das Herbar erhielt als Geschenk von Herrn Dr. Heuser
in Brooklyn 520 nordamerikanische Pflanzen, ferner die
2. Lieferung ihres Herbar. cecidiologicum von Herrn Prof.
Dr. Hieronymus und Prof. Pax und 60 Pflanzen
der Pieninen vom Unterzeichneten. Mit dem Berliner
botanischen Museum trat das Herbar in einen regen
Tauschverkehr und erhielt von dort mehr als 1500
Nummern aus dem Herbar Engler. Durch Kauf wurden
erworben Pflanzen aus Europa (Baenitz, Lief. 71—74,
78—80), Japan (Coll. Rein), Vorderasien (Coll. Bornmüller), vom Cap (Coll. Schlechter), aus Usambara
(Coll. Holst), von den Rocky-Mountains (Coll. Patter-
son) und aus Bolivien (Coll. Rusby). Material aus
dem Herbarium wurde zu wissenschaftlichen Zwecken
verliehen an die Herren Apotheker Appel-Jena, Prof.
Dr. Ascherson-Berlin, Dr. Gilg-Berlin, Prof. Dr.
Huth-Frankfurt a. O., Dr. Weberbauer — z. Z. Berlin.
— Um die Ordnung des Herbars haben sich grosse
Verdienste erworben Herr Oberlehrer Dr. Th. Schube
und Herr Inspector Hugo Münster in Breslau.

b. Das Garten-Museum erwarb eine werthvolle Collection
Hölzer aus Usambara, einen fossilen Cycadeenstamm,
eine weibliche Blüthe von Encephalartos villosa; ge-
schenkweise wurden ihm zugewendet eine Anzahl

Samen und Früchte nordamerikanischer Pflanzen von Herrn B. von Lange in Flushing (Long Island), Farne von den Canaren von Herrn Prof. Dr. Chun, ein schöner Hexenbesen auf der Kiefer von Herrn Stud. Pommerening.

c. Die Bibliothek des Gartens wurde durch Ankauf von Büchern entsprechend vermehrt.

Die wissenschaftlichen Arbeiten, welche während des Etatsjahres 1893/94 von den Beamten des Instituts und mit den Mitteln desselben ausgeführt wurden, waren folgende:

I. F. Pax:

1. Euphorbiaceae ins. St. Thomae, in Bol. da Soc. Broter. Lisboa X.
2. Portulacaceae et Caryophyllaceae africanae, in Engl. Jahrb. XVII.
3. Stackhousiaceae und Aceraceae, in Natürlichen Pflanzenfamilien III. 5.
4. Ueber die Verbreitung der südamerikanischen Caryophyllaceae und die Arten der Republica Argentina. Engl. Jahrb. XVIII.
5. Euphorbiaceae africanae. Engl. Jahrb. XIX.

II. A. Weberbauer:

1. Ueber die fossilen Nymphaeaceen-Gattungen Holopleura und Cratopleura, in Ber. d. Deutschen botanischen Gesellschaft 1893.
2. Beiträge zur Samenanatomie der Nymphaeaceen, Engl. Jahrb. XVIII.

III. W. Remer:

Ueber die natürlichen Grundlagen und die Anbautechnik des Grünberger Weinbaues, im Jahresbericht d. Schles. Gesellschaft für vaterl. Cultur 1893.

F. Pax.

9. Das pflanzenphysiologische Institut.

Zu den im Institut abgehaltenen Cursen für mikroskopische Pflanzenanatomie, Mykologie, Bakteriologie und Untersuchung von Nahrungsmitteln ist im Winter 1893/94 noch ein von Prof.

Dr. Schroeter abgehaltener Cursus zur mikroskopischen Prüfung von Abwässern hinzugetreten.

Derselbe hat im März 1894 wiederum im Auftrage des Kaiserlichen Sanitätsamts des VI. Armee-Corps im Institut einen bakteriologischen Cursus abgehalten, an welchem 20 Assistenzärzte Theil nahmen.

Am 20. Juli 1893 wurde das Institut von Sr. Excellenz dem Herrn Minister Dr. Bosse, am 30. September 1893 von dem Ministerial- Director, Geh. Rath Dr. Bartsch, besichtigt.

Von den durch Praktikanten des Instituts ausgeführten wissenschaftlichen Arbeiten sind im Jahre 1893/94 veröffentlicht worden:

> von Herrn Bruno Schroeder: Ueber schlesische Algen und über Algen, besonders Dismidiaceen und Diatomeceen aus Tirol (Jahresbericht der Schlesischen Gesellschaft, naturwissenschaftliche Abtheilung für 1893 und 1894;

> von Herrn Rudolph Krull: Ueber Infectionsversuche und durch Cultur erzielte Fruchtkörper des Zunderschwammes, Ochropus fomentarius Schroeter (Jahresbericht der Schles. Gesellschaft, naturw. Abth. 1894);

> von Herrn Prof. Schroeter: Zur Entwicklung der Uredineen (ibid.);

> von Herrn Privat-Docent Dr. Rosen: Mittheilungen aus dem Gebiet der botanischen Mikrotechnik (ibid.);

> von Prof. Ferdinand Cohn: Ueber thermogene Bakterien (Selbsterhitzung von Baumwolle) (Berichte der Deutschen botanischen Gesellschaft 1893, General-Versammlung); über Erosion von Kalkgestein durch Algen; über Formaldehyd und seine Wirkung auf Bakterien, und über Antisepsis und Desinfection durch Formaldehyd (Jahresbericht Schles. Gesellsch. 1894 II).

Auch in diesem Jahre ist das Institut von Behörden und Privaten zur Prüfung und Begutachtung botanischer Fragen in Anspruch genommen worden, unter denen insbesondere mikroskopische Untersuchungen von Abwässern, sowie eine von der Direction der Actiengesellschaft „Vereinigte Breslauer Oelfabriken" veranlasste Untersuchung über die Abstammung der ostindischen Rapssaaten hervorzuheben sind.

Die Vertretung des Instituts - Assistenten, Privat - Docent Dr. Rosen, weicher im Anfang des Sommer-Semesters 1893 als Vorsitzender der Allgemeinen schlesischen Frühjahrs-Ausstellung für Gartenbau, und am Schluss des Semesters durch Einziehung zu einer militairischen Uebung in Anspruch genommenen war, hatte Herr R. Krull als Volontair-Assistent übernommen.

Dem physiologischen Garten gingen Geschenke an Pflanzen und Sämereien von Seiten des Privat-Docenten der technischen Hochschule zu Karlsruhe, Dr. Max Scholz († 1893), der Frau Commercienrath Beck (Hohenstein-Ernstthal), des botanischen Gartens zu Hohenheim, des Gartens der Obst- und Gartenbau-Section der Schles. Gesellschaft, der städtischen Promenaden-Verwaltung zu. Die Zahl der im Garten ausgestellten physiologischen Versuche wurde durch Demonstration des Blutungsdrucks an der Weinrebe, durch in grossem Maassstabe ausgeführte Culturen in Nährlösungen, und durch verschiedene Infectionsversuche mit Rostpilzen vermehrt.

Zahlreiche Geschenke gingen dem botanischen Museum zu, darunter von den Herren:

Prof. Dr. Conwentz (Danzig): Abnormes Wachsthum von Wachholder;

Prof. Dr. Emil Hansen (Kopenhagen): 12 Species von Hefepilzen;

Prof. Dr. Hauser (Erlangen); Bacterienculturen in Formalingelatine;

Prof. Dr. Heinricher (Innsbruck): Saugwurzeln von Lathraea;

Lehrer Kiefer (Schweidnitz): Teratologisches;

Handelsgärtner Lorentz (Bunzlau): Fruchtzapfen von Cycas revoluta;

Dr. Miyoshi (Tokio-Leipzig): essbare Flechten aus Japan (Gynophora esculenta);

Baron Ferdinand von Müller (Melbourne): Pilze und Moose aus Australien;

Prof. Dr. Penzig (Genua): Moostuff aus Val Camonica;

General - Secretair Dr. Rodewald (Oldenburg): Durch Selbstentzündung in Brand gerathenes Heu aus den Wesermarschen;

Apotheker von Rosenberg (Kruschwitz): Leuchtendes Schellfischfleisch;

Dr. Rosenfeld (Salzbrunn): Versteinertes Holz und Sämereien aus Cairo;

Prof. Dr. Sadebeck (Hamburg): Fruchtrispe von Phytelephas macrocarpa;

Rittergutsbesitzer von Salisch (Postel): Schlesische Holzsammlung;

Dr. Paul Schottländer: Leuconostoc;

Prof. Dr. Schroeder (Zürich): Kalkgeschiebe aus dem Greifensee, von Algen erodirt;

Prof. Dr. Schroeter hier: 5 Centurien schlesischer Pilze als Originalbelege für die von ihm verfasste schlesische Pilzflora;

Buchhalter Schulze hier: Grosses Kryptogamenherbar, darunter 30 Fasc. Laubmoose, 4 Fasc. Lebermoose, 23 Fasc. andere Kryptogamen und Dubletten, dem Institut von den Brüdern des 1893 verstorbenen Sammlers als Geschenk überwiesen.

Allen Geschenkgebern spreche ich hiermit unseren besten Dank aus.

Prof. Dr. Ferdinand Cohn.

10. Das zoologische Institut.

In den äusseren Verhältnissen des zoologischen Institutes ist im verlaufenen Jahre keine wesentliche Veränderung eingetreten. Die Institutsräume wurden neu gestrichen; Wasser- und Gasleitung wurden in das mit Aquarien besetzte Zimmer eingeführt.

Sowohl die systematischen, wie die vergleichend anatomischen Sammlungen wurden durch Ankäufe und Geschenke (unter denen namentlich eine Schenkung neu-seeländischer Vogelbälge durch Vice - Consul Löwenberg hervorzuheben ist) vermehrt. Ein Glanzstück unter den neuen Objecten repräsentirt das Skelett des Riesenhirsches, *Megaceros giganteus,* welches laut Verfügung vom 4. August 1893 angekauft wurde. Der unterzeichnete Director verfehlt nicht, Sr. Excellenz dem Herrn Cultusminister für die Bewilligung von 500 Mark aus dem Centralfonds und von weiteren 500 Mark aus dem Titel „Insgemein" des Universitäts-Etats als Beitrag zum Ankauf des tadellos erhaltenen Skelettes seinen aufrichtigen Dank abzustatten.

Am 20. Juli 1893 wurden die gesammten Räume des Institutes durch Se. Excellenz den Herrn Cultusminister besichtigt. Der Unterzeichnete nahm bei dieser Gelegenheit Anlass, den Herrn Minister auf die Unzulänglichkeit der Räume und der hieraus sich ergebenden Missstände für den Unterricht und die Aufstellung der Sammlungen hinzuweisen und nochmals eingehend darzulegen, dass nur durch einen Neubau allen Anforderungen entsprochen werden kann.

Auf seinen Antrag wurde der langjährige Assistent und naturhistorische Zeichner Assmann durch Erlass vom 16. November 1893 in den Ruhestand versetzt. Für Zoologie und vergleichende Anatomie habilitirte sich am 19. Juni 1893 der Assistent am zoologischen Institute Dr. Fritz Braem.

Folgende Publicationen sind im Laufe des verflossenen Jahres aus dem Institute hervorgegangen:

Prof. Dr. E. Rohde: 1. Ganglienzelle und Neuroglia. Archiv f. mikr. Anat. 1893.

2. Apathy als Reformator der Muskel- und Nervenlehre Zoolog. Anzeig. 1894.

Dr. F. Braem: 1. Bemerkungen über die Gattung Apus. Zeitschr. f. wiss. Zool. Bd. 56, 1 Taf.

2. Zur Entwickelungsgeschichte von Ophryotrocha puerilis Clprd. Mecz. Zeitschr. f. wiss. Zool. Bd. 57, 2 Taf.

3. Ueber die Knospung bei mehrschichtigen Thieren, insbesondere bei Hydroiden. Biolog. Centralbl. Bd. 14.

C. Chun: Leuchtorgan und Facettenauge. Ein Beitrag zur Theorie des Sehens in grossen Meerestiefen. Biolog. Centralbl. 1893.

C. Chun.

e. Die Institute der medicinischen Facultät.

A. Die theoretischen Institute.

1. Das anatomische Institut.

Die trostlosen Zustände in den Gebäuden und Einrichtungen der königlichen Anatomie, welche nun bereits mehrere Jahrzehnte lang einzig auf deutschen Hochschulen dastehen, dauern ungeschwächt fort, schädigen den Unterricht und erschweren die wissenschaftlichen Untersuchungen.

Nichts desto weniger ist auch in diesem Jahre die Zahl der aus der Anstalt und aus der Abtheilung für Entwicklungsgeschichte hervorgegangenen wissenschaftlichen Arbeiten der Zahl der aus den übrigen deutschen anatomischen wohl eingerichteten Anstalten erschienenen mindestens gleich, ja übertrifft dieselbe in den meisten Fällen.

Bei dem Personal der Anstalt trat folgende Veränderung ein. Der langjährige zweite Diener Bocksch wurde pensionirt und mit dem Allgemeinen Ehrenzeichen begnadet. An seine Stelle trat zur Probeleistung der bisherige Schutzmann Kleiner.

C. Hasse.

2. Das physiologische Institut.

In den äusseren Verhältnissen der Anstalt und in der Besetzung ihrer Beamtenstellen hat sich nichts Wesentliches geändert.

Arbeiten des Instituts.

I. Abgeschlossene und bereits veröffentlichte Arbeiten:

1. R. Heidenhain: Neue Versuche über die Aufsaugung im Dünndarm. Pflüger's Archiv Bd. 56.
2. R. Heidenhain: Bemerkungen zu dem Aufsatze des Herrn Dr. W. Cohnstein: „Zur Lehre von der Transsudation." Pflüger's Archiv Bd. 56.
3. E. Gotschlich: Beiträge zur Kenntniss der Säurebildung und des Stoffumsatzes im quergestreiften Muskel. Pflüger's Archiv Bd. 56.
4. F. Röhmann und M. Bial: Ueber den Einfluss der Lymphagoga auf die diastatische Wirkung der Lymphe. Pflüger's Archiv Bd. 55.

5. F. Röhmann: Kritisches und Experimentelles zur Frage nach der Säurebildung im Muskel bei der Todtenstarre. Pflüger's Archiv Bd. 55.

6. F. Röhmann: Zur Kenntniss der Isomaltose. Centralblatt für die medicinische Wissenschaft 1893.

7. W. Spitzer: Ueber die Zucker zerstörende Wirkung des Blutes. Berliner klinische Wochenschrift 1894.

8. G. Rosenfeld: Ueber Phloridzinwirkungen. Verhandlungen des Congresses für innere Medicin 1894.

9. C. Hürthle: Beiträge zur Hämodynamik. Neunte Abhandlung. Pflüger's Archiv Bd. 55.

10. C. Hürthle: Beiträge zur Kenntniss des Secretionsvorganges in der Schilddrüse. Pflüger's Archiv Bd. 56.

11. E. Hirschmann: Ueber die Deutung der Pulscurven beim Valsalva'schen Versuch. Pflüger's Archiv Bd. 56.

12. R. Krause: Ueber den Bau der Gallencapillaren. Arch. für mikroskopische Anatomie Bd. 42.

II. Noch nicht abgeschlossene Arbeiten:

1. R. Heidenhain: Weitere Untersuchungen über den Vorgang der Lymphbildung.

2. Dr. Orlow aus St. Petersburg: Ueber die Resorption in der Peritonäalhöhle.

3. A. Sauer: Ueber das histologische Verhalten der Nieren bei der Harnabsonderung.

4. C. Hamburger: Ueber die diastatische Wirkung des Blutserums, des Speichels, Pancreas- und Darmsaftes.

5. A. Liebrecht: Ueber die salzartigen Verbindungen des Caseins.

6. A. Liebrecht: Ueber Verbindungen des Caseins und der Eiweisskörper mit Jod.

7. G. Rosenfeld: Ueber die Fettleber beim Phloridzindiabetes.

8. F. Röhmann und W. Spitzer: Ueber die postmortale Zuckerbildung in der Leber.

9. G. Marcuse: Ueber den Nährwerth des Caseins.

10. C. Hürthle: Ueber mechanische Registrirung der Herztöne.

11. R. Krause: Ueber den histologischen Bau der Speicheldrüsen.

R. Heidenhain.

3. Das pathologisch-anatomische Institut.

Die Thätigkeit im pathologischen Institute ist im verflossenen Studienjahre durch den Umstand bedeutend erschwert gewesen, dass neben der Leitung der neuen auch die alte, im Allerheiligen-Hospital fortbestehende Anstalt die Kräfte des Directors, wie der Assistenten stets stark in Anspruch nahm.

Die Sterblichkeits-Ziffer des neuen Instituts war nämlich, da sie 324 (darunter 290 obducirte) nicht überstieg, nach wie vor zu gering, als dass sie genügendes Demonstrations-Material für den pathologisch-anatomischen Unterricht hätte liefern können. Insbesondere war sie aber ausser Stande, die für die Sections-Curse und die ärztliche Staats-Prüfung nöthigen Leichen zu liefern.

Im Gegensatz hierzu betrug die Sterblichkeit im Allerheiligen-Hospital 894, wovon zur Obduction gelangten 770.

Um die Befriedigung der hieraus auch in letzterem Krankenhause erwachsenden Aufgaben in voller Stetigkeit zu gewährleisten, wurde der 2. Assistent, Herr Dr. Stolper, unterstützt von einem Freiwilligen, mit der Ausführung der dortigen Sectionen betraut. Der fortdauernde geistige Zusammenhang dieser Stellvertreter mit dem Director des Instituts wird theils durch tägliche genaue Berichte über die gewonnenen Befunde unterhalten, welche in wichtigen Fällen durch mündlichen Austausch über schwierigere oder zweifelhaft gebliebene Verhältnisse ergänzt werden. Theils dadurch, dass Ersterer wöchentlich 1—2 Mal in dem allerdings mehr als 5 km entfernten Allerheiligen-Hospital erscheint, um die schwebenden Fragen durch eigenen Augenschein zu lösen.

Die Thätigkeit im neuen Institute umfasst zunächst die vom Director und dem 1. Assistenten, Herrn Dr. Kaufmann, gehaltenen Vorlesungen und Curse. In Bezug hierauf ist hervorzuheben, dass das Colleg über specielle pathologische Anatomie, als grundlegendes Vademecum des angehenden Kliniciſten, auch im abgelaufenen Studienjahre sowohl Sommers wie Winters nicht nur angekündigt, sondern auch gehalten worden ist.

Die Hauptthätigkeit wurde, wie bisher, auf histologische Arbeiten verwendet, mit deren Ueberwachung im Winter der 3. Assistent, Herr Dr. Hildebrandt, im Sommer Herr Dr. Stenzel beauftragt war. Ausser der laufenden Untersuchung des eingehenden Materials bildeten verschiedene Specialfragen das Ziel der Forschung. Während manche von ihnen, so die „Ueber Metastasen und deren Heilung", „Ueber viscerale Syphilis" schon jetzt zum Abschlusse gelangt und zunächst in den Sitzungs-Berichten der medicinischen Section der Schlesischen Gesellschaft für vaterländische Cultur veröffentlicht worden sind, harren andere noch der Vollendung.

Auf experimentellem Gebiete wurden von dem Director die Untersuchungen über die Folgen der Leber - Exstirpation fortgesetzt, um zur Erkenntniss der bei der Erneuerung des Drüsengewebes sich abspielenden Vorgänge verwerthet zu werden. Ferner nahm Dr. Hildebrandt eine umfassende Arbeit über experimentelle Osteoporose in Angriff, hat sie aber leider noch nicht zu Ende führen können, da die der gesetzten Störung folgende Frist erheblich länger ausgedehnt werden musste, als ursprünglich angenommen war. Auch eine halb auf bacteriologischem Gebiete liegende Untersuchungsreihe, welche dem Studium derjenigen Veränderungen gewidmet ist, die sich unter dem Einflusse acuter Infections-Krankheiten am Skelett einstellen, hat noch nicht zum Abschluss gebracht werden können.

Als freiwillige Assistenten traten im Laufe des Jahres ein: Dr. Stenzel, Dr. Eckhardt und Dr. Gebhardt, sämmtlich aus Breslau, Dr. Paessler aus Dresden, während Dr. Most am 1. October die gleiche Stellung verliess, um sich zum praktischen Krankenhaus-Dienste vorzubereiten.

Die aus dem Institute hervorgegangenen Veröffentlichungen sind folgende:

Ponfick, Ueber Metastasen und deren Heilung. Berliner Wochenschrift 1893 Nr. 38.

Ponfick, Ueber das Wesen der Leber - Recreation.
Centralblatt für die medic. Wissenschaft 1894 Nr. 28.
Kaufmann, Ueber einen neuen Fall von Sublimat-Ver-
giftung. Verhandlungen der medic. Section 1893 S. 2.
Stolper, Beitrag zur Syphilis visceralis. Ebenda S. 74.

Ponfick.

4. Das pharmakologische Institut.

Der Director des pharmakologischen Instituts, Herr Prof.
Filehne, erhielt zum Zweck einer wissenschaftlichen Reise
einen Urlaub vom 25. Mai 1893 bis zum 1. October 1894. An
seiner Stelle wurde der Unterzeichnete mit der Leitung des
Instituts beauftragt. Im Institut wurde ein Zimmer für gas-
analytische und Respirations-Versuche neu eingerichtet. Gearbeitet wurde vom Unterzeichneten und vom Assistenten
Dr. Kionka:

1. Ueber die Theorie der CO-Vergiftung.

2. Ueber die mydriatische Wirkung des Ephedrin.

3. Ueber die Wirkung der Anaesthetica.

Prof. Geppert.

5. Das hygienische Institut.

Zu Neujahr 1894 verliess der Instituts-Assistent Dr. Kruse
seine Stelle, um nach Bonn überzusiedeln und sich dort zu
habilitiren. An seine Stelle trat der praktische Arzt Dr. med.
E. Gotschlich. — Die beiden im Vorjahr im Hinblick auf
die Choleragefahr begründeten Hilfs-Assistentenstellen blieben
auch 1893/94 bestehen. Die eine Stelle bekleidete während
des ganzen Jahres Dr. med. Kaensche; die andere wurde bis
zum October 1893 von Dr. Glaeser, von da bis Neujahr von
Dr. Gotschlich, von Neujahr ab von Dr. med. Weigang
eingenommen.

Die Vorlesungen, praktischen Curse und Excursionen fanden
wie in den Vorjahren statt. — Ferner wurde vom 1. bis
20. Mai der zweite Fortbildungs-Cursus für Medicinal-Beamte
abgehalten, im Wesentlichen nach dem im Vorjahr bewährten
Programm. An dem diesjährigen Cursus nahmen 20 Kreis-

phisici resp. Medicinal-Räthe aus den Provinzen Schlesien und Posen Theil.

Von wissenschaftlichen Arbeiten wurden abgeschlossen und veröffentlicht (Zeitschr. f. Hygiene Bd. 17):

W. Kruse: Die Beurtheilung von Trink- und Nutzwasser. Bearbeitet wurden ferner folgende Themata:

C. Flügge, Die Leistungen der Milchsterilisirung gegenüber den Darmkrankheiten der Säuglinge.

Derselbe, Die Verbreitungsweise der Diphtherie.

C. Kaensche, Ueber Fleischvergiftungen.

Die Zahl der für Behörden und Communen abgegebenen Gutachten hat sich wiederum bedeutend gesteigert. In den Monaten Juni und Juli wurden die Arbeitskräfte des Instituts vollständig absorbirt durch die auf Ersuchen des Magistrats der Stadt Breslau in der Umgebung von Breslau angestellten Bohrungen nach Grundwasser. In der Gegend von Althofnass wurden mächtige wasserführende Kiesschichten gefunden; zahlreiche Untersuchungen erwiesen das Wasser als unverdächtig und brauchbar. Nachdem im October der Magistrat hierüber berichtet war, beschloss derselbe, durch umfangreichere Vorarbeiten die Ausführbarkeit einer Grundwasser-Versorgung für die ganze Stadt feststellen zu lassen.

Im Herbst und Winter wurde das Institut stark in Anspruch genommen durch die Untersuchung choleraverdächtiger Erkrankungen. Mehrfach gelang es, die ersten eingeschleppten Fälle von asiatischer Cholera durch bacteriologische Untersuchung zu entdecken. Die an diese Fälle sich anschliessenden kleinen Epidemien (in Gleiwitz, Janow, Myslowitz etc.) wurden unter Mitwirkung des Directors und der Assistenten des Instituts bekämpft, und es gelang jedesmal, eine weitere Ausbreitung der Seuche zu verhüten.

Flügge.

B. Die klinischen Institute.

1. Die medicinische Klinik und Poliklinik.

In dem Betriebe der medicinischen Klinik und Poliklinik hat während des letzten Jahres insofern eine Aenderung stattgefunden, als das Local der medicinischen Poliklinik im Allerheiligen-Hospital geschlossen und dieselbe am 17. Octbr. 1893 nach der Königl. medicinischen Klinik, Maxstrasse 13, verlegt bezw. mit dem Ambulatorium der letzteren vereinigt wurde. Durch einige unbedeutende bauliche Veränderungen wurde für die Poliklinik noch ein zweiter Abfertigungsraum geschaffen.

Der Krankenbestand der Klinik betrug am 1. April 1893 41 Männer und 36 Frauen. Im Laufe des Etatsjahres wurden aufgenommen 924 Männer und 487 Frauen gegen 516 Männer und 315 Frauen im Jahre 1892/93.

Die Frequenz der Poliklinik gestaltete sich folgendermaassen. Es wurden behandelt vom 1. April bis 17. Octbr. 1893 im klinischen Ambulatorium . . . . . 1513 Kranke, in der Poliklinik im Allerheiligen-Hospital . . 3334 =
vom 17. October 1893 bis 31. März 1894 in der
Poliklinik — Maxstrasse . . . . 1888 =
im Ganzen 6735 gegen 6901 Kranken, die im Jahre 1892/93 im Ambulatorium bezw. Poliklinik behandelt wurden.

Die Zahl der Studirenden betrug im Sommer-Semester 66, im Winter-Semester 61.

Während des Etatsjahres 1893/94 erschienen nachfolgende, aus der Klinik hervorgegangene Arbeiten:

Privat-Docent Dr. Stern: Ueber einige Beziehungen zwischen menschlichem Blutserum und pathogenen Bacterien (Verhandlungen des XII. Congresses für innere Medicin 1893).

Derselbe: Zur Kenntniss der pathogenen Wirkung des Colon-Bacillus beim Menschen (Deutsche medicinische Wochenschrift 1893).

Derselbe: Ueber Nieren - Veränderungeu bei Sulfonal-Vergiftung (ibid. 1894).

Privat-Docent Dr. Mester: Ueber Magensaft und Darmfäulniss (Zeitschrift für klinische Medicin Bd. 24).

F. Honigmann: Bacteriologische Untersuchungen über Frauenmilch (Dissert. Breslau).

A. Süsskind: Zur Kenntniss der Thomsen'schen Krankheit (Dissert. Breslau).   A. Kast.

2. Die chirurgische Klinik und Poliklinik.

Das Krankenmaterial der Klinik sowohl als auch der Poliklinik zeigt in diesem Jahr wiederum eine erhebliche Zunahme so dass von ersterer eine grössere Anzahl von Patienten abgelehnt werden musste wegen Ueberfüllung der Betten, andererseits aber aus der grösseren Zahl die für den klinischen Unterricht besonders wichtigen Fälle ausgewählt werden konnten.

Der Krankenbestand betrug am 1. April 1893 48 Männer, 45 Frauen. Im Ganzen wurden in der Klinik behandelt 678 Männer, 385 Frauen, gegen 682 Männer und 402 Frauen im Vorjahre.

Poliklinisch sind behandelt worden 3999 Patienten gegen 3521 im Vorjahre.

Die klinischen Vorlesungen wurden, wie bisher, 5 Mal wöchentlich von $10^1/_2$—12 Uhr abgehalten.

Die Zahl der Studirenden betrug im Sommer-Semester 72, im Winter-Semester 90.

Beschäftigt waren unter dem Director 4 Assistenz-Aerzte und 4 Volontair-Aerzte. Ausserdem ein Studirender als Famulus.

Während des Etatsjahres sind an wissenschaftlichen Arbeiten erschienen:

Geh. Rath Prof. Dr. Mikulicz:

1. Zur Behandlung der Tuberculose mit Stauungshyperämie nach Bier. Centralbl. f. Chir. 1894 Nr. 12.
2. Theodor Billroth, Nachruf. Berliner klin. Wochenschrift 1894 Nr. 8.

Dr. Tietze:

Beobachtungen an einem Falle von multiplem Melanosarcom mit Melanurie. Biblioth. medica E. 1.

Dr. W. von Norden:

Zur Operation der grossen Chendrome des Rumpfes; ein Beitrag zur Chirurgie des Zwerchfells. Deutsche med. Wochenschrift 1893 Nr. 15 und 16.

4

Dr. Martin:

Zur Ausfüllung von Knochenhöhlen mit todtem Material
Centralbl. f. Chir. 1894 Nr. 9.

Dr. Troje:

Chirurgische Beiträge zur Localisation der Grosshirnrinde.
Deutsche medic. Wochenschrift 1894, 5 und 6.

G. Reinbach:

Ueber das Verhalten der Leucocyten bei maliquen Tumoren.
Archiv für klin. Chir. XL p. 486.

Mikulicz.

3. Die Klinik für Augenkranke.

Personalien.

Als Assistenten fungirten im Jahre 1893/94 die Herren
Dr. Dr. Privat-Docent Groenouw und Assistenzarzt Asmus.

Gebäude.

In den Sommerferien 1893 wurden nachstehende Ausbesserungen ausgeführt:

1. die Instandsetzung der Deckenflächen in dem 1. Zimmer
der Arztwohnung,
2. die Tapezirung der Wandflächen daselbst,
3. den Fussbodenanstrich daselbst, sowie im Auditorium,
Ordinationszimmer, Wartesaal und Perimeterzimmer.

Krankenzahlen.

In der poliklinischen Abtheilung wurden aufgenommen:

im Sommer-Semester 1893 . . 2267 Kranke,
im Winter-Semester 1893/94 . 1798 ;

während des ganzen Jahres . . 4065 Kranke.

Von diesen Kranken wurden 347 der stabilen Klinik
überwiesen.

Die Zahl der zum Unterricht und an die Studirenden
zur Untersuchung vertheilten Kranken betrug:

im Sommerhalbjahr 1893 210,
im Winterhalbjahr 1893/94 . . . 192.

Studirende.

Im Sommer-Semester wurden die Vorträge und die klinischen Demonstrationen besucht

von 28 Studirenden und

im Winter von 56 :

insgesammt von 84 Studirenden.

An wichtigeren Operationen wurden ausgeführt:

im Sommer 142,

im Winter 118,

insgesammt . . . . 260.

Curse.

Privat-Docent Dr. Groenouw las Curse über den Gebrauch des Augenspiegels in den Osterferien, während des Sommer-Semesters, in den Herbstferien und im Winter-Semester, also 4 Mal im Jahre im Ganzen vor 86 Zuhörern. Derselbe hielt Uebungen in der Diagnose der Refractions- und Accommodations - Anomalien ab in den Oster- und Herbstferien und im Sommer - Semester, an welchen im Ganzen 28 Zuhörer theilnahmen.

Wissenschaftliche Arbeiten.

An Abhandlungen gingen im Laufe des Jahres 1893/94 aus der Klinik hervor:

Pfeiffer, Wilhelm: Ueber Chorioiditis disseminata. Dissertation, Breslan 1893.

Drott, Anton: Die Aussengrenzen des Gesichtsfeldes für weisse und farbige Objecte beim normalen Auge. Dissertation, Breslau 1894.

Dr. Asmus: Das Sideroskop. Ein Apparat zum Nachweis der Eisen- und Stahlsplitter im Innern des Auges. Archiv für Ophthalmologie 1894.

Privat-Docent Dr. Groenouw: Beiträge zur Kenntniss der Anaesthesia retinae. Archiv für Ophthalmologie 1894·

Förster.

4. Die Frauenklinik und Poliklinik.

In den Personal-Verhältnissen der Frauenklinik haben sich im Etatsjahre 1893/94 Veränderungen vollzogen.

4*

An Stelle des nach Bonn in gleicher Eigenschaft zum 1. October 1893 berufenen Directors, des Herrn Geh. Medic.-Raths, Prof. Dr. Fritsch, trat Unterzeichneter, bis dahin o. Prof. und Director der Kaiserl. Universitäts-Frauenklinik in Dorpat. Als Assistenten fungirten im Etatsjahre 1893/94 zunächst Herr Privat-Docent Dr. Pfannenstiel und die Herren Dr. Dr. Biermer, Wilke, Loebinger. Von diesen schied Dr. Biermer Ende Juli, Dr. Wilke Ende August und Dr. Pfannenstiel Ende September aus. Während die von Dr. Pfannenstiel innegehabte Stelle, da für künftighin im Etat nicht vorgesehen, nicht wieder besetzt wurde, traten als Assistenten für die übrigen ausscheidenden Herren ein: Herr Dr. Scheunemann und Herr Dr. Leyden. Ausser den Assistenz-Aerzten wurden in der Klinik je zwei Volontair-Aerzte und vier Praktikanten beschäftigt, erstere mit durchschnittlich 6monatlichem, letztere mit 14tägigem Wechsel.

Der Krankenbestand betrug am 1. April 1893 47 Personen. Im Ganzen wurden in der stationären Klinik 1412 Personen mit 23 105 Verpflegungstagen gegen 1448 Personen mit 23 930 Verpflegungstagen im Jahre 1892/93 behandelt. Im Bestande verblieben am Schluss des Berichtsjahres 52 Personen. Ambulant behandelt wurden 1808 gynäkologische Kranke gegen 1700 im Jahre 1892/93. Poliklinisch entbunden wurden 608 Frauen gegen 554 im Vorjahre.

Die Klinik wurde im Sommer-Semester 1893 von 55, im Winter-Semester 1893/94 von 35 Hörern besucht.

An wissenschaftlichen Arbeiten erschienen im Berichtsjahre:

Geh. Med.-Rath, Prof. Dr. Fritsch: .

1. Bericht über die gynäkologischen Operationen des Jahres 1891/92. Berlin, Wreden 1893.

Med.-Rath Prof. Dr. Küstner:

2. Methode conservirender Behandlung der inveterirten Inversio uteri puerperalis.

Privat-Docent Dr. Pfannenstiel:

3. Beitrag zur pathologischen Anatomie und Histogenese des Uteruskrebses auf Grund eines weiteren Falles von

doppeltem Carcinom der Gebärmutter. Centralbl. für
Gynäk. 1893 Nr. 14.

4. Ueber die Malignität der papillären Ovarialgeschwülste.
Verhandl. der Deutschen Gesellschaft f. Gynäk. 1893.

5. Ueber die Gefährlichkeit der intrauterinen Glycerin-
einspritzung behufs Einleitung der künstlichen Früh-
geburt. Centralbl. für Gynäk. 1894 Nr. 4.

6. Ueber Carcinombildung nach Ovariotomien. Zeitschrift
für Geburtshilfe und Gynäk. Bd. 28.

Dr. Courant:

7. Ueber eine seltene Orbitalgeschwulst des Neugeborenen.
Centralbl. für Gynäk. 1893 Nr. 32.

8. Zur Indication der Porro'schen Operation bei narbiger
Strictur und Fistelbildung in den weichen Geburtswegen.

Dr. Wilke:

9. Ein Fall von Encephalitis des Kindes bei Eclampsie der
Mutter. Centralbl. für Gynäk. 1893 Nr. 17.

Dr. Leyden:

10. Beitrag zu der Lehre von der gonorrhoischen Affection
der Mundschleimhaut bei Neugeborenen. Centralbl. für
Gynäk. 1894 Nr. 8.

Dr. Keilmann:

11. Zur Cervixfrage. Centralbl. für Gynäk. 1893 Nr. 40.

12. Bemerkungen über Gottschalk's Aeusserung zur Cervixfrage. Centralbl. für Gynäk. 1894 Nr. 11.

J. Horn:

13. Ueber retroperitoneale Myxolipoene. D. i. Breslau 1894.

Küstner.

5. Die Klinik und Poliklinik für Haut- und venerische Krankheiten.

Die Klinik, welche sich seit dem August 1892 Maxstrasse 1
befindet, ist daselbst in dem neuen Gebäude auf das vorzüg-
lichste untergebracht. Die Einrichtungen, sowohl für den

Krankendienst wie für den Unterricht, wie für die wissenschaftlichen Arbeiten sind ausgezeichnet, und es darf ohne Uebertreibung behauptet werden, dass die Breslauer dermatologische Klinik wohl die besteingerichtete ist, welche zur Zeit überhaupt existirt. Wegen der näheren Beschreibung verweise ich auf die Schilderung, welche sich in dem vierten Bande des klinischen Jahrbuches befindet, sowie auf eine kleine separat erschienene Schrift:

> „Die Neue dermatologische Klinik in Breslau. Nebst Bemerkungen über den Unterricht in Dermatologie und Syphilidologie an den deutschen Universitäten."

In der Klinik befindet sich eine Poliklinik. Eine zweite Poliklinik befindet sich im Allerheiligen-Hospital, weil es unzweckmässig erschien, bei der grossen Entfernung des klinischen Gebäudes von der Stadt, sofort diejenige Stelle zu verlassen, welche das Publikum seit Jahrzehnten aufzusuchen gewohnt war. Das poliklinische Material ist durch den Bestand der beiden Ambulatorien wesentlich gewachsen.

Der Krankenbestand des Jahres betrug:

1. in der Klinik: 994 Personen und zwar 745 Männer, 249 Frauen;

2. in der Poliklinik wurden behandelt: 4508 Personen und zwar 2835 Männer, 1673 Frauen.

In der Klinik waren angestellt als etatsmässige Assistenten:
Dr. Westberg, Dr. Lasch, Dr. Brandt, Dr. Bender.
Nebenbei fungirten als unbesoldete Aerzte:
Dr. Lex, Dr. Putzler, Dr. Krösing, Dr. Ebers, Dr. Schäffer, Dr. Halle, Dr. Baer.

Die klinischen Vorlesungen wurden von einheimischen wie zugereisten Aerzten reichlich besucht.

Belegt wurde die officiell abgehaltene Klinik und Poliklinik der Haut- und venerischen Krankheiten:
im Sommer-Semester von 33 Studirenden,
im Winter-Semester von 25 Studirenden.

Ausserdem wurde gelesen publice
im Sommer-Semester: „Pathologie und Therapie der Syphilis";

im Winter-Semester: 1. „Pathologie und Therapie der
Gonorrhoe." 2. „Bedeutung und Verhütung der venerischen Krankheiten.

Letztere Vorlesung, für Studirende aller Facultäten, war
von 183 Studirenden belegt, aber von einer viel grösseren
Anzahl besucht.

Die aus der Klinik im Berichtsjahr hervorgegangenen
Arbeiten sind folgende:

Prof. Dr. Neisser: Ueber Proriasis-Therapie nebst
Bemerkungen über die Verwendbarkeit des Chrysa-
robins. Zeitschsrift für ärztliche Landpraxis 1894
Nr. 1 und 2.

Derselbe: Welchen Werth hat die mikroskopische
Gonorrhoe-Untersuchung? Deutsche medicinische
Wochenschrift 1893.

Derselbe: Ueber Prurigo-Hebrae. (Vortrag und Demonstration in der Schlesischen Gesellschaft für vaterländische Cultur.)

Derselbe: Ueber den gegenwärtigen Stand der Lepra-
Frage, mit Demonstration eines Leprakranken,
der Arning'schen Lepraabgüsse und mikroskopischer Präparate. (Medicinische Section der
Schlesischen Gesellschaft für vaterländische Cultur.)

Derselbe: Vortrag mit Demonstrationen:
Ueber luetische und gonorrhoische Gelenk-
erkrankungen.

Fall von hochgradigem Jodexanthem.

Ueber multiplex Pigmentsarcom.

Ueber Xanthoma tuberosum multiplex.

Ein Fall von Lichen mit consecutiver Leuco-
pathie. (Medicinische Section der Schlesischen
Gesellschaft für vaterländische Cultur.)

Dr. Steinschneider: Ueber die Cultur der Gono-
coccen. Berliner klinische Wochenschrift 1893.

Dr. von Marschalko: Férfi Húgyseö Keukójának.
Kórismézése és Gyogykezerese.

Dr. Schäffer: Ueber den Desinfectionswerth des Aethylendiamin - Silberphosphats und des Aethylendiamin-Kresols. Zeitschrift für Hygiene und Infectionskrankheiten.

Derselbe: Ueber die Behandlung der Gonorrhoe mit Silbersalzen. (Nach einem in der medicinischen Section der Schlesischen Gesellschaft für vaterländische Cultur gehaltenen Vortrage.)

Das klinische Material setzte sich zusammen:

1. aus 566 Hautkranken,
2. aus 428 venerisch Kranken.

Das poliklinische Material setzte sich zusammen:

1. aus 2001 Hautkranken,
2. aus 1707 venerisch Kranken.

Eine sehr werthvolle Bereicherung des Lehr- und Studienmaterials erfuhr die Klinik durch Ankauf einer reichen Moulagensammlung, welche von Baretta (Paris, Hôpital St. Louis) hergestellt worden sind. Desgleichen konnte die von Dr. Arning in Honolulu hergestellte Sammlung von Lepraabgüssen angeschafft werden.

Der Etat der Klinik für sächliche Ausgaben betrug 15 000 Mark und vertheilte sich in folgende Positionen:

Zu Arzneien und Drogen . . . . . . 9 500 Mark.

Zu Verbandstoffen, Instrumenten etc. . . 4 500 =

Zur Instandhaltung der Sammlung und der Bibliothek . . . . 500 =

Zur Anfertigung von Zeichnungen, Schreibarbeiten wissenschaftlicher Art, zur Beschaffung von Versuchsthieren etc. . . 500 =

Die Beköstigung der Kranken, welche aus dem allgemeinen Fonds der Verwaltung der Königlichen Universitäts - Kliniken entnommen wird, kostet für Patienten I. und II. Klasse 1,30 Mark und für Patienten III. Klasse 80 Pf. pro Kopf und Tag.

Für Wart- und Dienstpersonal wurde im Ganzen aufgewendet 2626 Mark.

Die Gehälter des Directors und der Assistenten betrugen 6660 Mark.

Die Einnahme der Klinik betrug 53524 Mark 72 Pf.

Neisser.

6. Die psychiatrische Klinik und Poliklinik für Nervenkrankheiten.

An der stabilen Klinik ist der Assistenzarzt Dr. Cassirer am 1. Juli ausgeschieden, an seine Stelle trat zunächst Herr Dr. Traugott bis zum 1. October, dann Herr Dr. Rudolph Meyer aus Stuttgart bis zum 1. Januar und nach dessen Ausscheiden Herr Dr. Carl Heilbronner aus München.

Als Volontair-Aerzte der Poliklinik fungirten Herr Dr. Winkler vom 1. April bis Ende Juni 1893, Herr Dr. Böttcher aus Königsberg vom 11. December 1893 bis 1. April 1894, Herr Dr. Karfunkel vom 16. November 1893 bis 1. März 1894, endlich wie schon früher Herr Dr. Traugott.

Folgende Arbeiten entstammen der Poliklinik:

Dr. L. Mann: Ueber die motorischen Störungen bei der Ischias. Deutsches Archiv für klin. Medicin 1893.

Derselbe: Ueber die Verminderung des Leitungswiderstandes am Kopfe als Symptom bei traumatischen Neurosen. Berliner klin. Wochenschr. II. 1893.

Derselbe: Demonstration einer doppelseitigen Cucullarislähmung. Sitzungsbericht der Vaterl. Gesellschaft, November 1893.

C. Wernicke: Monoplegia brachialis mit Hemianopsie durch Stichverletzung des Hirnschenkels bedingt. Allg. Wiener medic. Zeitung Nr. 48 und 49 1893.

Wernicke.

7. Das provisorische zahnärztliche Institut.

Das Institut hat im Jahre 1893/94 in seiner ruhigen Entwicklung weitere Fortschritte gemacht. Die Zahl der Personen, welche es besuchten, stieg auf 2361, von denen 1610 auf die Poliklinik für Mund- und Zahnkrankheiten, 622 auf die Abtheilung für Zahnfüllung, 129 auf die technische Abtheilung entfallen.

Trotz der wiederholten Vorstellungen über die Unzulänglichkeit der Räume, in welchen das Institut untergebracht ist, sind dieselben wieder auf 2 Jahre angemiethet worden. Auch die Einreihung in den Staatshaushaltsetat hat sich bislang nicht vollziehen lassen.

Der Unterzeichnete stellte die nach eigener Methode gefertigten mikroskopischen Zahn- und Knochenschnitte, sowie einige makroskopische Knochenpräparate auf der gelegentlich des internationalen medicinischen Congresses in Rom stattfindenden wissenschaftlichen Ausstellung aus und wurde durch die Ertheilung der silbernen Medaille ausgezeichnet. Die von dem Leiter und den Studirenden der Füllabtheilung zur Ausstellung vorbereiteten Arbeiten haben leider in Rom bei der Ausstellung keinen Platz gefunden.

Im Jahre 1893/94 ist zum ersten Male der Versuch gemacht worden, das Unterrichtsmaterial des Instituts auch den Studirenden der Medicin zugängig zu machen; die rege Betheiligung der Medicin - Studirenden an der für sie besonders eingerichteten poliklinischen Stunde ermuntert zu weiteren Versuchen nach dieser Richtung hin.

In den Personal - Verhältnissen trat keine Aenderung ein.

C. Partsch.

f. Das landwirthschaftliche Institut und die Thierklinik.

In dem Personal der Lehrkräfte des Instituts ist insofern eine Veränderung eingetreten, als Herr Dr. Schneidemühl mit Schluss des Sommer-Semesters wieder nach Kiel zurückging und mit Beginn des Winter-Semesters der Corps - Rossarzt des VI. Armee-Corps, Herr Franz Strauch, mit dem Halten der thiermedicinischen Vorlesungen und Demonstrationen beauftragt wurde. Herr Prof. Dr. Wohltmann unternahm in den Monaten August, September, October in Begleitung einiger jungen Landwirthe und Studirenden eine Studienreise nach Nordamerika gelegentlich der Chicagoer Weltausstellung; er hat über diese Reise, in Gemeinschaft mit seinen Begleitern, ausführlich berichtet.

Das bisher auf dem Dominium Schwoitsch bewirthschaftete Versuchsfeld musste aufgegeben werden, weil das genannte

Dominium in andere Hände überging; doch wurde ein anderes Versuchsfeld auf dem Dominium Hartlieb eingerichtet, auf welchem Culturversuche mit zahlreichen Sorten sämmtlicher Culturpflanzen in grösserem Maassstabe angestellt wurden. Der Raceviehstall wurde erweitert, sodass aufgestellt waren: 1 Pferd, 12 Rinder, 23 Schafe.

Was den Besuch des Instituts durch Studirende anbetrifft, so ist eine Zunahme unverkennbar. Insbesondere besuchte im Winter-Semester eine beträchtliche Anzahl solcher Landwirthe, welche schon in reiferem Alter sich befinden und bereits verantwortliche Lebensstellungen eingenommen haben, die Vorlesungen und Uebungen, ein grösserer Theil von ihnen allerdings als Hospitanten.

Sämmtliche Vorlesungen, Uebungen und Demonstrationen fanden zahlreiche Betheiligung.

Holdefleiss.

g. Kunst-Institute.

1. Das Institut für alte Kunstgeschichte.
(Archäologisches Museum.)

Es wurde ein neuer Realkatalog der Instituts-Bibliothek mit Hilfe des Custos Becker angefertigt und ein Zettelkatalog begonnen, sowie aus dem Jahresetat eine Anzahl Bücher (zum Theil Fortsetzungen) angeschafft. Se. Excellenz der Herr Cultusminister liess die Fortsetzung von „Brunn, Denkmäler der griechischen und römischen Sculptur", Lieferung 58—71, und „F. A. Kraus, Die christlichen Inschriften der Rheinlande", II. Theil, dem Museum als Geschenk übersenden. Der Rest des Jahresfonds soll zusammen mit dem Reste des folgenden Jahres zu einer grösseren Anschaffung von Gypsabgüssen verwandt werden.

Rossbach.

2. Das Institut für mittelalterliche und neuere Kunstgeschichte.

Die Anschaffungen für die Sammlung wurden mit Rücksicht auf die in den beiden Semestern gelesenen Privatcollegien gemacht und die neuen Bestände ordnungsgemäss verzeichnet.

Als Geschenke erhielt die Sammlung:

1. von Sr. Excellenz dem Herrn Minister: die VIII. Lieferung des Werks: Die Gemäldegallerie der Königl. Museen zu Berlin (als Fortsetzung), sowie ein Exemplar des Eilers-schen Stiches nach Ruben's Heiliger Cäcilia im Berliner Museum;

2. von Herrn Paeschke in Bunzlau: 4 Photographien nach schlesischen Sandsteindenkmälern;

3. von dem Unterzeichneten: Quellenschriften zur Kunstgeschichte. Neue Folge Bd. VI.

i. V.: Semrau.

3. Das akademische Institut für Kirchenmusik.

I. Der unter Leitung des Dom-Capellmeisters Max Filke stehende St. Cäcilienchor (Chor der Studirenden der katholischen Theologie) hat einen erfreulichen Aufschwung genommen. Die Zahl der Theilnehmer betrug in jedem Semester über 80, es fand daher eine Theilung in zwei Curse statt. In beiden Abtheilungen bezog sich der Unterricht zunächst auf die Entwickelung der Octavengattungen der alten Tonarten sowie auf die Treffsicherheit der Intervalle. Hierauf wurde das Wesen und der Vortrag des Chorals besprochen und an den Choral-Gesängen der Messe praktisch eingeübt. In dem höheren Cursus wurden ausserdem vierstimmige Compositionen gesungen. Der Besuch der Uebungen war in beiden Abtheilungen vollkommen regelmässig und der Eifer sehr anerkennenswerth. Das am 1. März d. J. vor einem geladenen Publikum abgehaltene (vorschriftsmässige) „Specimen" ergab ein durchaus befriedigendes Resultat. Die einzelnen Gesangnummern ergiebt ein gedrucktes Programm.

II. An Stelle des an die Universität in Marburg als o. Professor berufenen bisherigen a. o. Prof. Dr. Kühl übernahm dessen Nachfolger, der a. o. Prof. Lic. theol. W. Wrede, die Leitung des Johanneschors (Chors der Studirenden der evangelischen Theologie). Der Charakter der Uebungen blieb im Wesentlichen derselbe wie bisher. Im Vordergrunde stand die Einübung bezw. Besprechung von Chorälen in isometrischer Form. In beiden Halbjahren wurden etwa 25—30 der werth-

vollsten Lieder im Chor- und Einzelgesange gesungen, daneben
aber auch an der Hand charakteristischer Beispiele ausführlich
auf die altrhythmischen Weisen eingegangen. Im Altargesange
wurden Collecte, Segen, Einsetzungsworte und Vater Unser,
letztere in der schönen Form der Braunschweiger Kirchen-
ordnung von 1528 geübt. Der Chor wirkte regelmässig in den
akademischen Gottesdiensten mit. Im Sommer nahmen 21,
im Winter 22 Studirende an den Uebungen Theil. Der Besuch war durchweg gut, das Interesse für den vierstimmigen
Chorgesang, namentlich im Winterhalbjahr, recht erfreulich.

III. Aus dem ausführlichen Jahresberichte des Professors
Dr. J. Schäffer ist Folgendes hervorzuheben: Die Chorklasse
bestand im Sommer aus 33, im Winter aus 28 Schülern fast
ausschliesslich des katholischen St. Matthias-Gymnasiums und
des Real-Gymnasiums zum heiligen Geist. Die Theilnahme
der evangelischen Gymnasien ist theils gar keine, theils eine
sehr geringe. Das evangelische Elisabeth-Gymnasium hatte
zwar eine grössere Anzahl Schüler angemeldet, doch besassen
im Sommer nur 1, im Winter nur 3 die nöthigen Vorkennt-
nisse. Die Tenor- und Bassstimmen wurden von den Zöglingen des katholischen Schullehrer-Seminars gestellt, deren
Obercursus zu seiner höheren Ausbildung zur Breslauer Singakademie delegirt wurde und somit Gelegenheit hatte, bei
der Aufführung folgender Werke: Orpheus von Gluck, Actus
tragicus von Seb. Bach, Deutsches Requiem von Brahms,
Matthäus-Passion von Seb. Bach und Haydn's Schöpfung mitzuwirken. In den Uebungen der Chorklasse wurden Chöre,
Choräle und Lieder von Palestrina, J. Eccard, Michael Bach,
H. Schütz, A. Becker, Mendelssohn, R. Franz und J. Schäffer
gesungen. Vorlesungen hielt Prof. Dr. Schäffer im Sommer:
Erklärung und Uebung der Altargesänge des evangelischen
Geistlichen (3 Z.), im Winter: Geschichte des evangelischen
Gemeindegesangs im ersten Jahrhundert der Reformation (8 Z.).

IV. Dr. E. Bohn hielt im Sommer-Semester folgende
Vorlesungen und Uebungen: Harmonielehre I (26 Zuhörer)
wöchentlich 2 Stunden, Orgelspiel für Studirende u. s. w.
wöchentlich 2 Stunden (10 Theilnehmer), Orgelcursus für die
katholischen Seminaristen (6 Theilnehmer); im Winterhalb-

jahr: Harmonielehre II wöchentlich 2 Stunden (13 Zuhörer), Orgelspiel für Studirende u. s. w. (8 Theilnehmer), Orgelcursus für katholische Seminaristen (5 Theilnehmer). — Revisionen von Kostenanschlägen für Orgelbauten, Untersuchung und Abnahme reparaturbedürftiger und neu erbauter Orgeln fanden im Auftrage der Königl. Regierungen zu Breslau und Oppeln statt. Dr. Bohn publicirte die Schrift: „Fünfzig historische Concerte in Breslau. 1881—1892. Nebst einer bibliographischen Beigabe: Bibliothek des gedruckten mehrstimmigen weltlichen deutschen Liedes vom Anfange des 16. Jahrhunderts bis ca. 1640. Breslau 1893." Für seine sehr verdienstliche Thätigkeit bewilligte ihm der Herr Cultusminister eine Remuneration und übernahm eine Anzahl Exemplare.

V. Die grosse musikalische Bibliothek (Bibliothekar Prof. Dr. Schäffer) wurde auch in diesem Jahre theils durch Geschenke des Königl. Cultusministeriums, theils und zwar mehr noch als in den früheren Jahren durch Ankauf einer sehr erheblichen Zahl hervorragender Werke vermehrt, die Lehrapparate der unter I und II genannten Chöre haben gleichfalls wieder in zweckentsprechender Weise zugenommen.

Rossbach.

2. Die akademische Wittwen- und Waisen-Versorgungs-Anstalt.

Vermögensstand.

Das Vermögen bestand am Ende 1893/94:

in Wechseln über Antritts-Kapitalien ..	450,00 M.
in Hypotheken......................	193 200,00 =
in Effecten	174 000,00 =
in einem Baarbestande von..........	7 238,56 =
//	374 888,56 M.

einschliesslich eingezahlter Antritts-Kapitalien von 1 350 M.

Zahl der Mitglieder und Pensionsberechtigten.

Die Zahl der Mitglieder betrug am Ende 1893/94 69. Pensionsberechtigt waren in derselben Zeit 18 Wittwen und 9 Halbwaisen.

Einnahmen.

Bestand aus dem Vorjahre	10 160,48	M.
Wechselzinsen	22,50	=
Mitgliederbeiträge	288,00	=
Staatszuschuss	15 340,00	=
Zinsen von Kapitalien	13 881,50	=
Reste	246,00	=
Insgemein	33 000,00	= 72 938,48 M.

Summa der Einnahmen 72 938,48 M.

Ausgaben.

Pensionen für Wittwen und Halbwaisen	22 266,67	M.
1. Zinsen von einem Stiftungs-Kapital	240,00	=
2. Verwaltungskosten	33,35	=
3. Zur Kapitalisirung verwendet	43 159,90	=
4. Ueberschuss zur Kapitalisirung	7 238,56	=

Summa der Ausgabe 72 938,48 M.

In dem Etatsjahre 1893/94 wurde eine ordentliche General-versammlung am 16. December 1893 abgehalten, in welcher auf Grund der §§ 16 und 20 der Statuten vom 19. September 1889 zu Vorstehern der Anstalt Geheimer Justizrath **Brie** und Professor Dr. **Elster** gewählt worden sind.

3. Honorar- und Stundungswesen.

An Collegien-Honoraren sind eingegangen:

Facultät	Im Sommer-Semester 1893		Im Winter-Semester 1893/94		Summa pro 1. April 1893/94	
	ℳ	₰	ℳ	₰	ℳ	₰
Evangelisch-theologische .	5 106	50	4 329	—	9 435	50
Katholisch-theologische .	6 913	50	5 597	—	12 510	50
Juristische	21 067	—	25 461	—	46 528	—
Medicinische	27 518	50	32 418	50	59 937	—
Philosophische	33 418	25	33 577	75	66 996	—
Summa	94 023	75	101 383	25	195 407	—

4. Stipendien und Stiftungen für Studirende.

a. Studenten-Unterstützungs-Fonds:

Zu demselben flossen im abgelaufenen Rechnungsjahre bei
einem Bestande von .... 1 630,96 M.

1. der jährliche Staatszuschuss mit .... 4 560,00 =
2. an Collectengeldern für Studirende der
   evangelischen Theologie............... 7 462,56 =
3. desgleichen für Studirende der katholischen
   Theologie.... .... 5 902,15 =
4. das für Juristen, Mediciner und Philosophen
   bewilligte jährliche Extraordinarium von.. 1 800,00 =
5. an Zinsen von Kapitalien............... 2 402,50 =
6. von Immatriculationsgebühren. . ... 1 188,00 =
7. von Promotionen .... 9,00 =

im Ganzen 24 955,16 M.

Hieraus wurden für Studirende gewährt:

für Freitische .... 17 161,47 =
und zwar:

für 8 177 Portionen an Studirende der evgl.-
   theol. Facultät,
= 4 691 = anStudirende der kath.-
   theol. Facultät,
= 1 578 = anStudirende der jurist.
   Facultät,
= 2 199 = an Studirende der medicinischen Facultät,
= 1 001 = an Studirende der philosophischen Facultät,

zus. für 17 646 Portionen an Studirende,

sowie ausserdem an die Bisthums-Haupt-
kasse für das Fürstbischöfl. Studenten-
Convict hier .... 4 809,76 =
an Unterstützungen an arme Studirende
auf Anweisung des Universitäts-Curators 85,00 =
an Unterstützungen aus den Immatricula-
tions-Gebühren auf Anweisung des Rectors 1 227,00 =

b. Stipendien-Fonds:

Von den auf privaten Stiftungen beruhenden Stipendien wurden im Rechnungsjahre 1893/94 gewährt:

beim Abegg'schen Fonds ein Stipend. in Höhe von 120 M.,

beim Berliner Jubel-Fonds ein Stipend. von 120 M.,

beim von Bismarck'schen Fonds ein Stipend. von 141,10 M.,

beim Brachvogel'schen Fonds drei Stipend. von je 155,33 M.,

beim Breslauer städt. Jubel-Fonds ein Sitpend. von 228,50 M.,

beim Cause'schen Fonds, sechs Stipend. mit zus. 691,92 M. und drei Familien-Stipend. mit zus. 1070,61 M.,

beim v. Closter'schen Fonds ein Stipend. von 135 M.,

beim Czernikow'schen Fonds zwei Stipend. von je 117,62 M.,

beim Duflos'schen ein Stipend. von 138,16 M.,

beim Fonds „ex cassa montis pietatis" aus der Kasse des mont. pietat. in Berlin zwei Stipend. von je 60 M.,

beim Feige'schen Fonds zwei Stipend. von je 60 M.,

beim Ficker'schen Fonds ein Stipend. von 236,63 M., bezw. von 121,50 M.,

beim Gölike'schen Fonds zwei Stipend. von je 160 M.,

beim Göppert'schen Fonds (für Studirende der Naturwissenschaft) zwei Stipend. von 700 M., bezw. 447 M.,

beim Göppert'schen Fonds (für Studirende der Pharmacie) ein Stipend. von 132 M.,

beim Gravenhorst'schen Fonds ein Stipend. von 182 M.,

beim Grötzner'schen Fonds ein Stipend. von 500 M., vier Stipend. von je 400 M. und ein Stipend. von 300 M.,

beim Grüneberg'schen Fonds ein Stipend. von 53,52 M.,

beim Guhrauer'schen Fonds ein Stipend. von 137,26 M.,

beim Haase'schen Fonds ein Stipend. von 115,50 M.,

beim Heidenreich'schen Fonds vier Stipend. von je 200 M.,

beim Hirt'schen Jubel-Fonds ein Stipend. von 75,50 M.,

beim Jungnitz'schen Fonds (für katholische Theologen) zwei Stipend. von je 118,50 M.,

beim Jungnitz'schen Fonds (für Philologen) ein Stipend.
von 137,63 M.,

beim Kahlert'schen Fonds ein Stipend. von 765 M.,

beim Krainski'schen Fonds zwei Stipend. von 75 M.,

beim Lewald'schen Fonds zwei Stipend. von je 60 M.,

beim Löwig'schen Fonds (für Pharmaceuten) ein Stipend.
von 124,20 M.,

beim Löwig'schen Fonds (für Studirende der Naturwissenschaft) ein Stipend. von 120 M.,

beim Menschig'schen Fonds ein Stipend. von 157,50 M.,

beim Müller'schen Fonds zwei Stipend. von je 150 M.,

beim Poleck'schen Fonds (für stud. Pharmaceuten) ein
Stipend. von 160 M.,

beim Primker'schen Fonds ein Stipend. von 223,60 M.,

beim Proll'schen Fonds ein Stipend. von 120 M.,

beim Pruckmann'schen Fonds drei Stipend. von je
64,33 M.,

beim Remer'schen Fonds ein Stipend. von 111,59 M.,

beim Rosenthal'schen Fonds ein Stipend. von 123 M.,

beim v. Schönaich-Amtitz'schen Fonds vier Stipend.
von je 180 M., ein Stipend. mit 120 M.,

beim v. Schönaich-Gersdorf'schen Fonds zwei Stipend.
von je 180 M.,

beim v. Schuckmann'schen Fonds ein Stipend. von
52,50 M.,

beim Schulz'schen Fonds ein Stipend. für evgl. Theologen von 164,39 M., ein Stipend. für Philologen von
gleicher Höhe,

beim Schwabe-Priesemuth'schen Fonds im Sommer-
Semester 1893 4 Stipend. von je 375 M. und 18 Stipend.
von je 120 M., im Winter-Semester 1893/94 3 Stipend.
von 375 M. und 20 Stipend. von je 180 M., 1 zu 127 M.,

beim Stegmann'schen Fonds ein Stipend. von 360 M.,

beim Stenzler'schen Fonds war das Stipend. von 93 M.
an zwei Studirende vergeben,

beim Stendal'schen Fonds ein Stipend. von 112 M.,

beim Strobel'schen Fonds vier Stipend. von je 103,60 M.,

beim Werlienus'schen Fonds zwei Stipend. für Theologen, zwei Stipend. für Juristen, zwei Stipend. für Mediciner, in Höhe von je 121,08 M.,

beim Wimpina'schen Fonds ein Stipend. von 84 M.,

beim Stipend. Wolfianum philologicum zwei Stipend. von je 139,88 M.,

beim Stipend. Wolfianum alterum ein Stipend. von 150 M.

5. Kranken- und Begräbnisskasse für Studirende.

a. Die Studenten-Kranken-Kasse.

Die Einnahmen haben im Jahre 1893/94 betragen und zwar:

a. Beiträge der Studirenden	6 123,79	M.
b. Zinsen von 32 500 Mark 4 % consolid. Staats-Anleihe	1 300,00	"
Zinsen von 6000 Mark 3½ % consolid. Staats-Anleihe	210,00	"
c. dem Bestande aus dem Jahre 1892/93	2 765,25	"

Summa der Einnahme 10 399,04 M.

Was die Zahl der Kranken anlangt, so wurden behandelt 880 Studirende. Die Ausgaben betrugen:

1. Remunerationen an Aerzte und Beamte .	1 430,00	M.
2. Unterstützungen an Studirende zu Bade- und Brunnenkuren.	2 139,00	"

es erhielten

1 Studirender	200,00	M.
13 Studirende à 100 M. =	1 300,00	"
1 Studirender	62,50	"
3 Studirende à 60 M. =	180,00	"
7 Studirende à 50 M. =	350,00	"
1 Studirender	40,00	"
Porto	6,50	"

26 Studirende zusammen. 2 139,00 M.

3. Für Arzneien und ärztliche Behandlung:

Seite 3 569,30 M.

Uebertrag 3 569,oo M.

a. dem Apotheker........... 3 342,41 M.
   2014 Studirenden wurden
   ärztlich Medicamente ver-
   ordnet.

b. 46 Studirende wurden während 915 Tagen in den
   Universitäts - Kliniken und
   im Allerheiligen - Hospital
   verpflegt und behandelt... 3 031,92 ⋅

   // 6 374,33 ⋅

4. Für Brillen, Bruchbänder etc........... 448,95 ⋅
5. Zur Kapitalisirung................... —,— ⋅

Summa der Ausgabe 10 392,29 M.
Die Einnahmen betrugen .... 10 399,04 ⋅

Mithin bleibt Bestand 6,76 M.

Kast.

b. Die Studenten-Begräbniss-Kasse.

A. Die Einnahmen im Jahre 1893/94 haben betragen:
   1. Bestand aus dem Vorjahre .... 273,57 ⋅
   2. Zinsen von Kapitalien:
      a. von 2900 Mark 4 % consolid.
         Staats-Anleihe................ 116,00 ⋅
      b. von 2200 Mark 3½ % consolid.
         Staats-Anleihe................ 77,00 ⋅

Summa der Einnahme 466,57 M.

B. Die Ausgaben haben betragen:
   Titel I. Begräbnisskosten für verstorbene
      Studirende .... —,— M.
      II. Amtsbedürfnisse .... —,— ⋅
      III. Zur Kapitalisirung ..... —,— ⋅

   // —,— ⋅

Bleibt am Schlusse des Jahres Bestand..... 466,57 M.

Königliche Universitäts-Kasse.
Klepper. Krause.

V. Akademische Grundstücke und Kapitalien.

1. Grundstücke.

Es lagen im Rechnungsjahre 1893/94 nachstehende Bauausführungen vor:

a. verschiedene Ergänzungen und Erweiterungen der neuen klinischen Anlagen des Maxgartens aus den Ersparnissen an den Neubaufonds, von denen hervorgehoben werden mögen:

1. die Herstellung der Verbindungshalle zwischen dem Lehrgebäude und dem Obductionshaus des pathologischen Instituts, welche anfangs nur im Kellergeschoss durchgeführt war, durch Aufbau auch im Erdgeschoss des Gebäudes;

2. die Errichtung eines besonderen Thierstallgebäudes für die medicinische Klinik;

3. die Errichtung eines zweiten poliklinischen Untersuchungszimmers in der medicinischen Klinik behufs Ermöglichung schnellerer Abfertigung der Kranken

u. s. w.

b. Die Erneuerungen und Instandsetzungen auf Kosten des etatsmässigen Universitäts-Baufonds, welche im Allgemeinen solche Arbeiten umfassen, die auf Grund der Anträge der Hausverwaltungen und nach Maassgabe der verfügbaren Mittel bei der Festsetzung des Bauplans Berücksichtigung finden konnten; ferner aber auch Neueinrichtungen, z. B. diejenige der ehemals Römerschen Dienstwohnung zur paläontologischen Abtheilung des mineralogischen Instituts im Institutengebäude.

Buchwald.

2. Kapitalien.

Das Vermögen der Universität betrug am Schlusse des Jahres 1893/94 . . . . 587 969,60 M. und ist angelegt:

in Hypotheken .... 473 844,60 M.,

in Werthpapieren........ 114 125,00 »

// 587 969,60 M.

Die Stiftungsfonds der Universität weisen am Schlusse des Jahres 1893/94 ein Vermögen von............. 61 315,00 M. nach.

Dasselbe besteht:

in Hypotheken............ 23 340,00 M.

in Werthpapieren......... 37 975,00 »

Ausserdem besitzt der v. Hackemann'sche Professoren-Wittwen - Pensions - Fonds an Ländereien 36 ha 42 a 28 qm, welche zur Zeit einen jährlichen Pachtzins von 3934 M. und an Jagdpachtgeldern 47,33 Mark einbringen.

Das Vermögen der Stipendien-Fonds betrug am Schlusse des Jahres 1893/94........................ 730 581,38 M. und ist angelegt:

in Hypotheken mit .... 387 000,00 M.

in Werthpapieren mit .... 343 480,00 »

in einem Sparkassenbuch über 101,38 »

// 730 581,38 M.

Der Studenten - Unterstützungs - Fonds weist am Schlusse des Jahres 1893/94 ein Kapitalvermögen von... 59 875,00 M. nach.

Dasselbe besteht:

in Hypotheken von ... 34 500,00 M. und

in Effecten von ...... 25 375,00 »

VI. Wichtigere Ministerial-Erlasse, Curatorial-Schreiben und Senats-Beschlüsse.

1. Für die Universität überhaupt.

a. Ministerial-Erlasse.

Durch Allerhöchste Cabinets-Ordre vom 30. Juni 1893 haben Se. Majestät der Kaiser und König zu bestimmen geruht, dass Allerhöchstihr Titel in lateinischen Kundgebungen der Universitäten künftig durch „Imperator Rex" und, soweit die Hinzufügung der Länderbezeichnung angezeigt erscheint, durch „Imperator Germanorum Borussiae Rex" sowie derjenige Sr. Kaiserlichen und Königlichen Hoheit des Kronprinzen durch „Imperii Germanici et Regni Borussici Heres" wiederzugeben ist. Hierbei ist noch näher bestimmt worden, dass der Regel nach der Allerhöchste Titel in lateinischen Kundgebungen nur durch „Imperator Rex" wiederzugeben ist und nur ausnahmsweise die Länderbezeichnung in der obigen Uebersetzung angewendet werden soll.

Mittelst Allerhöchsten Erlasses vom 12. Februar 1894 haben Se. Majestät der Kaiser und König denjenigen Universitätslehrern, welche das Prädicat „Professor" besitzen, zu gestatten geruht, sich, so lange sie in ihrer Stellung an der Universität verbleiben, als „Universitäts-Professor" zu bezeichnen.

Nach einem Allerhöchsten Erlass vom 14. Februar 1894 sind die Vorsteher der Universitäts-Bibliotheken fortan als Directoren, die Kustoden derselben als Bibliothekare zu bezeichnen.

Im Anschluss hieran hat der Herr Minister der geistlichen etc. Angelegenheiten unterm 3. März 1894 bestimmt, dass diejenigen Bibliotheks-Assistenten, welche als solche eine etatsmässige Remuneration beziehen, fortan die Amtsbezeichnung „Hilfsbibliothekar" zu führen haben.

Im Auftrage des Herrn Ministers hat der Herr Universitäts-Curator unterm 23. November 1893 erneut darauf hingewiesen, dass Anträge auf Verleihung von Ordensauszeich-

nungen aus Anlass bestimmter Ereignisse, namentlich von
Pensionirungen oder von fünfzigjährigen Dienstjubiläen so
zeitig zu stellen sind, dass sie spätestens sechs Wochen vor
dem entsch^{ei}denden Zeitpunkt sich in den Händen des Herrn
Ministers der geistlichen etc. Angelegenheiten befinden, sowie
dass sich diese Vorschrift auch auf Einweihungs- und Jubel-
feierlichkeiten jeder Art beziehen.

Unterm 15. December 1893 hat der Herr Minister der
geistlichen etc. Angelegenheiten Bestimmungen für die Befähigung zum wissenschaftlichen Bibliotheksdienst bei der
Königlichen Bibliothek zu Berlin und den Königlichen Universitäts-Bibliotheken erlassen.

Mittelst Erlasses vom 19. Januar 1894 hat der Herr
Minister für die Universitäts-Statistik andere Zählkarten-
Formulare überwiesen, die bei grösserem Format einige Ab-
änderungen gegen die seither benutzten enthalten.

Durch ministeriellen Erlass vom 7. Februar d. J. sind die
§§ 2—4 der allgemeinen Studenten-Vorschriften vom 1. October
1879 wesentlich abgeändert worden. Die hierdurch auf die
Immatriculations-Commission übergegangene Genehmigungs-
Befugniss zur Immatriculation extra ord. hat den Senat veranlasst, für die geschäftliche Behandlung derartiger Gesuche
besondere Bestimmungen zu treffen.

Eine wichtige Veränderung hat die geschäftliche Behandlung der Postsendungen in Staatsdienst-Angelegenheiten erfahren, indem nach dem Staatsministerial-Erlass vom 7. Februar
1894 die Portobeträge für alle nach Orten innerhalb des Deutschen
Reichs frankirt abzuschickenden portopflichtigen Postsendungen
vom 1. April desselben Jahres ab aversionirt worden sind.

b. Senatsbeschlüsse.

In Sachen der Redaction des Vorlesungs-Verzeichnisses
hat der akademische Senat unterm 13. Januar 1894 einen dahin gehenden Beschluss gefasst, dass im II. (systematischen)
Theil des Ersteren — wie alle sonstigen blossen Titel —,
so auch der Professortitel der hiermit beliehenen, zum Lehr-
körper der Universität gehörenden Gymnasial-Oberlehrer fortzulassen sei.

2. Für die einzelnen Facultäten.

Juristische Facultät.

Auf Grund Allerhöchster Ermächtigung hat der Herr Minister der geistlichen etc. Angelegenheiten durch Erlass vom 15. December 1893 das an der hiesigen Universität bisher bestandene Spruchcollegium unbeschadet des Rechts der juristischen Facultät zur Ertheilung von Rechtsgutachten für aufgehoben erklärt.

Medicinische Facultät.

Durch Erlass vom 13. Februar 1894 hat der Herr Minister der geistlichen etc. Angelegenheiten angeordnet, dass Gesuche von Studirenden der Medicin wegen ausnahmsweiser Zulassung zur ärztlichen Prüfung auf Grund des § 4 Absatz 3 der Bekanntmachung vom 2. Juni 1883 nicht wie bisher direct an den Herrn Minister, sondern an den Herrn Universitäts-Curator zur Uebermittelung an Ersteren einzureichen sind. Die Meldungen müssen jedoch vor dem 1. April erfolgen.

VII. Universitäts-Ereignisse, Feierlichkeiten, Programme, Adressen etc.

1. Akademische Feierlichkeiten und sonstige Ereignisse.

Am 14. October 1893 fand in herkömmlicher Weise die Uebergabe des Rectorats von Seiten des bisherigen Rectors, Geh. Med.-Raths, Professors Dr. Ponfick, an den neu gewählten Rector, Geh. Regierungs-Rath, Professor Dr. Nehring statt. — Nach Leistung des vorgeschriebenen Eides hielt dieser seine Antrittsrede über

Joseph Dobrowský,

den Begründer der slavischen Philologie.

Ferner fand am 27. Januar 1894 unter Betheiligung der studentischen Corporationen die Feier des Allerhöchsten Geburtstages Sr. Majestät des Kaisers und Königs statt, wobei Herr Professor Dr. Marx die Festrede über

Chauvinismus und Schulreform im classischen
Alterthum

hielt.

Den Schluss bildete die Verkündung der Preise für die Lösung der am 27. Januar 1893 gestellten Preisaufgaben und die Bekanntmachung neuer bis zum 2. December 1894 einzuliefernder Arbeiten. Das Nähere hierüber ist unter dem Abschnitt VIII 3 gesagt.

Am Nachmittage fand, wie in den Vorjahren, ein recht zahlreich besuchtes gemeinsames Festmahl der Docenten und Beamteten der Universität statt.

Am 20. und 21. Juli 1893 beehrte Se. Excellenz der Herr Cultusminister Dr. Bosse die Universität und deren Institute mit seinem Besuch und nahm an ersterem Tage die Vorstellung des akademischen Senats in dem mit Blattgewächsen festlich ausgeschmückten Sitzungssaale entgegen.

Ein der Universität zum Geschenk gemachtes Reliefbild des verstorbenen Geh. Regierungs-Raths, Prof. Dr. Schröter, ist auf Beschluss des akademischen Senats in dem Auditorium XI, dem Orte der Wirksamkeit des Verstorbenen, über der Thür angebracht und daselbst am 9. Juli 1893 in feierlicher Weise enthüllt worden.

An Stelle des am 4. November 1893 verstorbenen bisherigen Vertreters der Universität im Herrenhause, Geheimen Regierungs-Raths, Prof. Dr. Roepell wurde auf Präsentation seitens des akademischen Senats der Geheime Medicinal-Rath, Professor Dr. Foerster durch Allerhöchsten Erlass vom 19. Februar 1894 als Mitglied des Herrenhauses auf Lebenszeit berufen.

Die bei hiesiger Universität begründete Hilfskasse zur Unterstützung Hinterbliebener von Docenten der Universität und der Beamten der akademischen Verwaltung ist durch Beschluss der Mitglieder- Versammlung vom 21. December 1893 mit diesem Tage in's Leben getreten. Der Anfangstermin zur Entrichtung der Beiträge, welche von denjenigen Mitgliedern, die aus der Universitäts-Kasse Gehalt beziehen, allgemein bei der Gehaltszahlung in Abzug zu bringen sind, wurde auf den 1. Januar 1894 festgesetzt.

2. Programme

sind im Rechnungsjahre 1893/94 nicht erschienen.

3. Adressen.

Der Universität Bonn wurde zur Feier des hundertjährigen Geburtstages des Begründers der romanischen Philologie **Friedrich Diez** folgende Glückwunsch-Adresse des akademischen Senats durch den Vertreter dieses Faches an unserer Hochschule, Professor Dr. **Appel**, überreicht:

Der Universität Bonn

gewidmet

zur Feier des hundertjährigen Geburtstages

von

Friedrich Diez.

Unter den an deutschen Universitäten gepflegten Zweigen des Wissens ist die Philologie der romanischen Sprachen einer der jüngst erblühten. Mehr als die Hälfte unserer Hochschulen entbehrte vor einem viertel Jahrhundert noch eines ihr vom Staate bestimmten Lehrstuhls. Wenn heut die junge Wissenschaft sich nicht nur der öffentlichen Anerkennung als eines selbstständigen, pflegenswerthen Gebietes erfreut, sondern auch der gern gezollten Achtung ihrer älteren Schwestern, so dankt sie dieses glückliche Erblühen — abgesehen von äusserlichen, ihren tieferen Werth nicht berührenden günstigen Umständen — vor allem dem Geiste eines Mannes:

Friedrich Diez.

Wohl darf die romanische Philologie in keinem geringeren als in Dante ihren ersten genialen Vorläufer verehren, wohl hat sie aus späteren Jahrhunderten eine ansehnliche Reihe von Gelehrten zu nennen, welche ihr Andenken durch nicht zu unterschätzende Studien zur Litteraturgeschichte und Sprachkunde romanischer Völker erhalten haben, wohl hatte kurz vor **Diez** der Franzose **Raynonard** den Versuch einer vergleichenden Grammatik der romanischen Sprachen gewagt. Als denjenigen aber, der zuerst mit sicherer Methode und daher mit glänzendem Erfolg dem inneren Zusammenhang und der Entwickelung der romanischen Sprachen nachging, der so den Grundstein der romanischen Philologie gelegt hat, nennen nicht nur mit Stolz wir Deutsche, nennen auch die Romanen in dankbarer Gesinnung **Friedrich Diez.**

Doch nicht schon der Geschichte seiner Wissenschaft gehört der Name Diezens an. Ausgangspunkt der Forschung sind seine Arbeiten auf den wichtigsten Gebieten bis auf den heutigen Tag. Wohl hat spätere Forschung in der Laut- und Formenlehre der romanischen Grammatik manches anders anschauen gelernt, einzelnes zu bessern gefunden, vieles hinzugefügt und vertieft, bis zur Stunde ist die Wortbildungslehre Diezens noch durch keine ähnlich umfassende Arbeit ersetzt, vor allem ist seine romanische Syntax noch immer ein einzig stehendes Werk, ist sein etymologisches Wörterbuch noch immer die nur ergänzte, nicht verdrängte werthvollste Sammelstelle unseres etymologischen Wissens. Nicht minder sind die beiden einst Epoche machenden Schriften über die Poesie der Troubadours und über Leben und Werke der Troubadours noch heut der Ausgangspunkt aller litterarhistorischen Forschung über provenzalische Dichtung. Und mag die romanische Philologie nach mancher Seite hin neue Wege eingeschlagen haben, mag vor allem die romanische Linguistik mit neuen Methoden wichtigen Problemen nachgehen, die dem Begründer der romanischen Philologie fern liegen mussten, in einem steht Diez auch den Jüngsten als unübertroffenes Vorbild da: in der harmonischen Verbindung sprachwissenschaftlichen, textkritischen und litterarhistorischen Interesses und Vermögens, eine Verbindung, die der zugleich wissenschaftlichen und künstlerischen Veranlagung seines Wesens entsprang. Dieser glücklichen Vereinigung dankt die litterarhistorische Forschung Diezens ihre auf diesem Gebiet vorher unerreichte Zuverlässigkeit und nebenher ein Neuerwecken altromanischer Poesie in deutscher Form, wie es in gleich treuer Wiedergabe von Geist und Ton selten erreicht, nie übertroffen worden ist, seine grammatische Forschung aber verdankt ihr eine Durchsichtigkeit der Darstellung, die das Lesen auch dieser Arbeiten Diezens zu einem fast mühelosen Genusse werden lässt. Nicht durch Zufall nur stehen die Namen Goethes und der Brüder Grimm am Eingang seines wissenschaftlichen Lebens.

Wird so der Gelehrte Diez für alle Zeit ein Vorbild sein, so blicken wir mit nicht minderer Verehrung und Liebe zum Menschen Diez empor, der gänzliche Hingabe an ein Streben, das äusseren Erfolg nicht versprechen konnte und auch erst spät und nie in überreichem Maass gebracht hat, verband mit einer fast sprichwörtlich gewordenen Bescheidenheit, wohl mit der edelsten Frucht seines wahrhaft wissenschaftlichen Geistes.

Die Universität Bonn, der während 55 Jahren die ganze Lehrthätigkeit von Friedrich Diez angehört hat, rüstet sich, seinen hundertjährigen Geburtstag feierlich zu begehen. Die Universität Breslau freut sich des Ruhmes, welcher der rheinischen Universität aus dem Wirken des grossen Gelehrten zu Theil ward; sie bringt zu diesem festlichen Tage ihre herzlichen und aufrichtigen Glückwünsche dar.

Breslau, den 28. Februar 1894.

Rector und Senat der Königlichen Universität.
Nehring.

VIII. Studirende.

1. Hörerzahl.

Sommer-Semester 1893.

a. Immatriculirte Studirende:

Aus dem vorigen Semester waren geblieben...... 840
Neu hinzugekommen 397

		zusammen	1237

Davon zählt:

die katholisch-theologische Facultät	Preussen 220	
	Nichtpreussen —	220
die evangelisch-theologische Facultät	Preussen 127	
	Nichtpreussen 3	130
die juristische Facultät.....	Preussen 283	
	Nichtpreussen 7	290
die medicinische Facultät ..	Preussen 299	
	Nichtpreussen 4	303

Seite   1237

Uebertrag 1237

die philosophische Facultät

a. Preussen m. d. Zeugniss der Reife 136
b. Preussen ohne Zeugniss der Reife nach § 3 der Vorschriften vom 1. October 1879 131

Preussen 267
c. Nichtpreussen 27 294

b. Hospitanten, Preussen und Nichtpreussen 28

Die Gesammtzahl der zum Hören von Vorlesungen Berechtigten war also 1265

Es hörten Vorlesungen:

von den immatriculirten Studirenden 1233
von den Hospitanten 28

zusammen 1261

Vom Hören von Vorlesungen waren dispensirt:

je 1 in der evangelisch-theologischen und der medicinischen Facultät, sowie 2 in der philosophischen Facultät, zusammen 4

Winter-Semester 1893/94.

a. Immatriculirte Studirende:

aus dem vorigen Semester waren geblieben 852
neu hinzugekommen 374

zusammen 1226

Davon zählte:

die evangelisch-theologische Facultät	Preussen	108	
	Nichtpreussen	4	112
die katholisch-theologische Facultät	Preussen	205	
	Nichtpreussen	2	207
die juristische Facultät	Preussen	322	
	Nichtpreussen	5	327
die medicinische Facultät...	Preussen	277	
	Nichtpreussen	6	283

Seite 1226

Uebertrag 1226

die philosophische Facultät

a. Preussen m. d. Zeugniss der Reife   119
b. Preussen ohne Zeugniss der Reife
nach § 3 der Vorschriften vom
1. October 1879 144
Preussen.................... 263
c. Nichtpreussen 34   297

b. Hospitanten, Preussen und Nichtpreussen...... 57
Die Gesammtzahl der zum Hören von Vorlesungen Berechtigten war also......................... 1283

Es hörten Vorlesungen:
von den immatriculirten Studirenden................ 1219
von den Hospitanten 57

zusammen 1276

Vom Hören von Vorlesungen waren dispensirt:
in der katholisch-theologischen Facultät 3, in der juristischen 1, in der medicinischen 2, sowie in der
philosophischen Facultät 1, zusammen........ 7

2. Betheiligung an den Vorlesungen.

a. Es haben Inscriptionen stattgefunden:

1. bei der evangelisch-theologischen Facultät
im Sommer-Semester 1893:

zu 15 theol. Privatvorlesungen 359
» 4 » öffentlichen Vorlesungen 138
» 10 » seminaristischen Uebungen 183

im Winter-Semester 1893/94:

zu 15 theol. Privatvorlesungen 343
» 4 » öffentlichen Vorlesungen........ 131
» 7 » seminaristischen Uebungen 119

2. bei der katholisch-theologischen Facultät
im Sommer-Semester 1893.

zu 12 theol. Privat-Vorlesungen............. 740
» 5 » öffentlichen Vorlesungen........ 368
» 6 » seminaristischen Uebungen 153

im Winter-Semester 1893/94:

zu 12 theol. Privatvorlesungen 828
» 9 » öffentlichen Vorlesungen 590
» 5 » seminaristischen Uebungen 114

3. bei der juristischen Facultät
unter Einschluss der staatsw. Disciplinen
im Sommer-Semester 1893:

zu 25 jur. bezw. staatsw. Privatvorlesungen 1084
» 5 » » » öffentlichen Vorlesungen 360
» 4 » » » seminaristischen Uebungen ... 123

im Winter-Semester 1893/94:

zu 22 jur. bezw. staatsw. Privatvorlesungen 1119
» 8 » » » öffentlichen Vorlesungen 305
» 3 » » » seminaristischen Uebungen .. 42

4. bei der medicinischen Facultät
im Sommer-Semester 1893;

zu 46 medicinischen Privatvorlesungen 1444
» 30 » öffentlichen Vorlesungen . 602

im Winter-Semester 1893/94:

zu 43 medicinischen Privatvorlesungen 1420
» 31 » öffentlichen Vorlesungen . 954

5. bei der philosophischen Facultät
im Sommer-Semester 1893:

zu 83 Privatvorlesungen 1795
» 30 öffentlichen Vorlesungen ... 883
» 29 Seminarien 245

im Winter-Semester 1893/94:

zu 85 Privatvorlesungen 1676
» 37 öffentlichen Vorlesungen ... 1052
» 27 Seminarien.............. 190

1. Von Seiten der Studirenden der evangelisch-theologischen Facultät haben stattgefunden:

im Sommer-Semester 1893 bei einer Anzahl von 130 Hörern
zu 15 theol. Privatvorlesungen .... 359 Inscriptionen,
* 4 * öffentlichen Vorlesungen . . . 138 *
* 10 * seminaristischen Uebungen .. 183 *
* ausserfachlichen (philos., historischen
litterar., philologischen) Vorlesungen 9 *
(1 private, 8 öffentliche);

im Winter-Semester 1893/94 bei einer Anzahl von 112 Hörern
zu 15 theol. Privatvorlesungen .... 343 Inscriptionen,
* 4 * öffentlichen Vorlesungen .... 131 *
* 7 seminaristischen Uebungen .... 119 *
* ausserfachlichen Vorlesungen .... 10 *
(5 private, 10 öffentliche).

Mithin fallen auf jeden der Hörenden:

im Sommer-Semester 1893 (Zahl 130):

zu den theol. Privatvorlesungen .... 2,761 Inscriptionen,
* * * öffentlichen Vorlesungen... 1,061 *
* * * seminaristischen Uebungen 1,401 *
* * ausserfachlichen Vorlesungen ... 0,069 *

im Winter-Semester 1893/94 (Zahl 112):

zu den theol. Privatvorlesungen .... 3,062 Inscriptionen,
* * * öffentlichen Vorlesungen .. 1,169 *
* * * seminaristischen Uebungen 1,062 *
* * ausserfachlichen Vorlesungen ... 0,089 *

2. Von Seiten der Studirenden der katholischen Theologie
haben stattgefunden:

im Sommer-Semester 1893 bei einer Anzahl von 220 Hörern
zu 12 theol. Privatvorlesungen .... 740 Inscriptionen,
* 5 * öffentlichen Vorlesungen .... 368 *
* 6 * seminaristischen Uebungen .. 153 *
* ausserfachlichen Vorlesungen .... 10 *
(5 private, 5 öffentliche);

im Winter-Semester 1893/94 bei einer Anzahl von 207 Hörern
zu 12 theol. Privatvorlesungen .... 828 Inscriptionen,
* 9 * öffentlichen Vorlesungen..... 590 *

zu 5 theol. seminaristischen Uebungen . 114 Inscriptionen,
» ausserfachlichen Vorlesungen . . . . 22 »
(13 private, 9 öffentliche).

Mithin entfallen auf jeden Hörenden:
im Sommer-Semester 1893 (Zahl 220):
zu den theol. Privatvorlesungen . . . . 3,363 Inscriptionen,
» » » öffentlichen Vorlesungen . . 1,672 »
» » » seminaristischen Uebungen 0,700 »
» ausserfachlichen Vorlesungen . . . . 0,045 »
im Winter-Semester 1893/94 bei einer Anzahl von 207 Hörern
zu den theol. Privatvorlesungen . . . . 4,000 Inscriptionen,
» » » öffentlichen Vorlesungen . . 2,850 »
» » » seminaristischen Uebungen 0,550 »
» ausserfachlichen Vorlesungen . . . . 0,106 »

3. Von Seiten der Studirenden der juristischen Facultäten
haben stattgefunden:
im Sommer-Semester 1893 bei einer Anzahl von 290 Hörern
zu 25 juristischen Privatvorlesungen . . . . . . 1084 Inscriptionen,
» 5 » öffentlichen Vorlesungen 360 »
» 4 » seminar. Uebungen . . . . 123 »
» ausserfachlichen Vorlesungen . . . . 40 »
(13 private, 29 öffentliche);

im Winter-Semester 1893/94 bei einer Anzahl von 327 Hörern
zu 22 juristischen Privatvorlesungen . . . . . 1119 Inscriptionen,
» 8 » öffentlichen Vorlesungen 305 »
» 3 » seminar. Uebungen . . . . . 42 »
» ausserfachlichen Vorlesungen . . . . 20 »
(16 private, 4 öffentliche).

Mithin fallen auf jeden Hörenden:
im Sommer-Semester 1893 (Zahl 290):
zu den juristischen Privatvorlesungen . . 3,738 Inscriptionen,
» » » öffentl. Vorlesungen . 1,241 »
» » » seminar. Uebungen . 0,424 »
» » ausserfachlichen Vorlesungen . . . 0,139 »
im Winter-Semester 1893/94 (Zahl 327):
zu den juristischen Privatvorlesungen . . . 3,422 Inscriptionen,
» » » öffentl. Vorlesungen . 0,932 »

zu den juristischen seminar. Uebungen . 0,129 Inscriptionen,

*   *   ausserfachlichen Vorlesungen ... 0,061   *

4. Von Studirenden der medicinischen Facultät haben, wenn die von ihnen gehörten obligatorischen naturwissenschaftlichen Vorlesungen zu den medicinischen gezählt werden stattgefunden:

im Sommer-Semester 1893 bei einer Anzahl von 303 Hörern
zu 46 Privatvorlesungen .... 1444 Inscriptionen,

*   30 öffentlichen Vorlesungen.......... 602   *

im Winter-Semester 1893/94 bei einer Anzahl von 283 Hörern
zu 43 Privatvorlesungen................ 1420 Inscriptionen,

*   31 öffentlichen Vorlesungen.......... 954   *

Mithin fallen auf jeden Hörenden:
im Sommer-Semester 1893 (Zahl 303):

zu den Privatvorlesungen......... ..... 4,766 Inscriptionen,

*   *   öffentlichen Vorlesungen........ 1,666   *

im Winter-Semester 1893/94 (Zahl 283):

zu den Privatvorlesungen.............. 5,019 Inscriptionen,

*   *   öffentlichen Vorlesungen........ 3,371   *

5. Von Seiten der Studirenden der philosophischen Facultät haben stattgefunden:

im Sommer-Semester 1893 bei einer Anzahl von 294 Hörern
zu 83 Privatvorlesungen ... . 1795 Inscriptionen,

*   30 öffentlichen Vorlesungen 883   *

*   29 Seminarien. 245   *

Ausserfachliche Vorlesungen sind in der philosophischen Facultät in der Regel solche, die einem vom Specialfache verschiedenen Fache dieser Facultät selbst angehören:

im Winter-Semester 1893/4 bei einer Anzahl von 297 Hörern
zu 85 Privatvorlesungen...... .... 1676 Inscriptionen,

*   37 öffentlichen Vorlesungen.......... 1052   *

*   27 Seminarien. 190   *

Mithin entfallen auf jeden Hörenden:
im Sommer-Semester 1893 (Zahl 294):

zu den Privatvorlesungen............... 6,106 Inscriptionen,

*   *   öffentlichen Vorlesungen.... ... 3,000   *

*   *   Seminarien.. 0,826   *

6*

im Winter-Semester 1893/94 (Zahl 297):

zu den Privatvorlesungen .... 5,642 Inscriptionen,

» » öffentlichen Vorlesungen... .... 3,542 =

» » Seminarien.................. . 0,640 »

3. Lösungen von Preisaufgaben.

Die Preisaufgaben, welche für das Jahr 1893 gestellt waren und deren Ergebnisse am Geburtstage Sr. Majestät des Kaisers und Königs den 27. Januar 1894 bestimmungsmässig zur Verkündigung gelangten, sind in nachstehender Weise gelöst worden:

Ia. In der evangelisch-theologischen Facultät hat die von derselben gestellte Aufgabe:

„Die religionsgeschichtliche Bedeutung der hebräischen Eigennamen im Alten Testament bedarf einer neuen Untersuchung. Die Facultät wünscht eine · solche mit dem Bemerken, dass sie weniger auf erschöpfende Behandlung des gesammten Materials als auf die Auffindung und zureichende Begründung besonders charakteristischer Thatsachen Werth legt" drei Bearbeitungen gefunden.

Die erste derselben hat für die Prämiirung nicht in Betracht kommen können, während der zweiten eine öffentliche Belobigung zuerkannt worden ist. Hingegen ist die dritte Bearbeitung, als deren Verfasser sich der Stud. theol. ev. Georg Kerber aus Waldenburg ergab, von der Facultät mit dem vollen Preise in Höhe von 150 Mark gekrönt worden.

b. In der katholisch-theologischen Facultät hat die Aufgabe:

„De quaestione, quonam modo homines primitus dominium proprietatis acquisierint, theologorum moralium saltem praestantissimorum proferantur sententiae ac diiudicentur."

einen Bearbeiter in dem Stud. theol. cath. Adolf Knittel aus Langenbielau gefunden, welchem der volle Preis in Höhe von 150 Mark zugesprochen worden ist.

c. Die von der juristischen Facultät gestellte Aufgabe:

„Der besondere Schutz der Mitglieder des deutschen Reichstages und der deutschen Landtage gegen
Strafverfolgung und Verhaftung"

hat 6 Bearbeitungen erfahren, von denen 3 eines Preises
und 2 einer Belobigung für würdig erachtet worden
sind, wogegen der einen Abhandlung eine Auszeichnung
nicht zu Theil werden konnte.

Da aber der Facultät nur ein Preis zur Verfügung
steht, so hat dieselbe von den 3 preisgekrönten Arbeiten
die hervorragendste ausgewählt und deren Verfasser, als
welcher sich der Stud. iur. Heinrich Schwarz von
hier ergab, den vollen Preis von 150 Mark zuerkannt.

d. In der medicinischen Facultät hat die Aufgabe:

„Wie verhält sich die Erregbarkeit der peri-
pherischen motorischen Nerven im Schlafe?"

nur eine Bearbeitung gefunden, deren Verfasser Cand.
med. Max Silber von hier der halbe Preis in Höhe
von 75 Mark zugesprochen worden ist.

e. In der philosophischen Facultät wurde für die Bearbeitung der klassisch-philologischen Aufgabe:

„Graecorum et Romanorum poetarum de Hyla
fabulae colligantur, explicentur, ad fontes suos referantur"

dem Stud. phil. Gustav Türk aus Ratibor der ganze
Preis in Höhe von 150 Mark zuertheilt.

II. Es sind unbearbeitet geblieben in der philosophischen
Facultät die chemische Aufgabe: „Es sollen neue Thatsachen aufgefunden werden, welche für die Asymmetrie
des Stickstoffs in gewissen Verbindungen sprechen",
sowie die Aufgabe aus dem Gebiet der neueren Sprachen:
„Es soll das älteste selbstständige mittelenglische Prosa-
werk, die Ancren Riwle, auf seine Quellen hin eingehend untersucht worden."

4. Verbindungen und Vereine.

Im vorigen Rechnungsjahre zählte die Universität 4 Corps.
4 Burschenschaften, 8 farbentragende Verbindungen, 5 Lands-

mannschaften: 28 akademische Vereine, und zwar zählten an
Mitgliedern:

	im S.-S. 93,		im W.-S. 93/94
das Corps Borussia	8		8
		Inact.	5
, , Lusatia	12		9
	Inact.	2	—
, , Marcomannia.	9		7
	Inact.	1	Inact.	2
, , Silesia	8		3
die Burschenschaft Arminia	5		8
, , Germania . . .	6		4
, , Cheruscia . . .	—		—
, , Raczeks	8		7
die Verbindung Vandalia	10		11
, , Viadrina (freie			
Verbindung) . .	5		6
	Inact.	2	Inact.	1
, , Winfridia	38		15
	Inact.	31	Inact.	21
, , Wingolf	11		12
	Inact.	2	Inact.	1
, , Wratislavia	8		8
	Inact.	6	Inact.	6
, , Alsatia	9		7
		Inact.	1
, , Normannia	4		6
, , Lugia	4		10
die Landsmannschaft Alemannia	10		12
		Inact.	2
, , Glacia	10		6
, , Macaria	7		6
, , Nissia	—		—
, , Teutonia . .	6		6
	Inact.	2	—
der Verein deutscher Studenten .	18		14
		Inact.	8

	im S.-S. 93,	im W.-S. 1893/94
der germanistische Verein	5	8
	Inact. 6	Inact. 3
» Universitäts-Gesangverein ...	—	10
» akadem. Gesangverein Leo-		
poldina	18	14
	Inact. 12	—
die akadem. evangel. Vereinigung	24	17
der akad. historische Verein	5	4
» » landwirthschftl. Verein	3	5
	Inact. 4	—
» » litterarische Verein....	15	11
	Inact. 5	Inact. 3
» » mathematische Verein.	4	4
im Verband theologisch - philo-		
logischer Vereine:		
der Verein für wissenschaftliche		
Theologie	14	19
	Inact. 5	Inact. 2
» philologische Verein	3	4
» Verein für class. Philologie	6	5
» neue evangelisch - theolog.		
Studenten-Verein	14	17
» Verein für neuere Philologie	6	5
der akad. medicinische Verein ..	16	11 ord.
		11 extraord.
» » naturwissenschaftliche		
Verein................	6	3
» wissenschaftl. pharmaceut.		
Verein	30	25
» akadem. Turn-Verein	40	38
	Inact. 11	Inact. 12
» » » Suevia	18	18
	Inact. 6	—
» kath. Studenten-Verein Unitas	66	26
	—	Inact. 6
» akadem Stenographen-Verein		
Stolzeana	3	4

	im S.-S. 93,	im W.-S. 1893/94
der akadem. Stenographen-Verein Gabelsberger	—	—
» akadem. Schachclub Caissa .	9	5
	— Inact.	5
» Studenten-Verein Oppolonia	5	9
	Inact. 4	—
» akademisch - orientalische Verein..............	10 ord.	6 ord.
	10 extraord.	9 extraord.
» akadem. Verein Concordia..	23	22
» Studenten-Verein Neostadia	—	—
» wissenschaftl. Verein ober-schlesischer Studenten ..	26	22
Es sind neu hinzugekommen im Winter-Semester 1893/94:		
der akadem. staatswissenschaft-liche Club	—	11
die freie Vereinigung Studirender der Universität Breslau .	—	8

Wegen Mangels an Mitgliedern hatten bezw. haben sich suspendirt:

die Burschenschaft Cheruscia und die Landsmannschaft Nissia seit dem Sommer-Semester 1892,

der Universitäts-Gesangverein seit dem Sommer-Semester 1892 bis zum Winter-Semester 1893/94,

der Studenten-Verein Neostadia seit d. Sommer-Semester 1892,

der akadem. Stenogr.-Verein Gabelsberger seit dem Sommer-Semester 1893.

An sonstigen Veränderungen ist zu bemerken, dass im Sommer-Semester 1893 die akademische odontolische Verbindung Alsatia ihren bisherigen Namen in Verbindung Alsatia umgeändert hat.

Die Verbindung Viadrina ist durch Beschluss des akademischen Senats vom 13. Januar 1894 in Rücksicht auf § 41 der allgemeinen Studenten-Vorschriften vom 1. October 1879 aufgelöst worden.

5. Akademische Disciplin.

Von der akademischen Behörde wurden bestraft:

im Sommer-Semester 1893:

mit der Entfernung von der Universität (consilium abeundi) 1 Studirender der Pharmacie wegen wörtlicher und thätlicher Ehrenkränkung eines Commilitonen, sowie mit der Androhung der Entfernung von der Universität (Unterschrift des consil. abeundi) und mit einer Woche Karzer 1 Studirender der Pharmacie wegen wörtlicher Beleidigung eines Commilitonen;

im Winter-Semester 1893/94:

mit der Androhung der Entfernung von der Universität (Unterschrift des consil. abeundi) und mit 14 Tagen Karzer 1 Studirender der Medicin wegen wiederholter Ehrenkränkungen eines Commilitonen und Herausforderung zum Zweikampf; mit einer Woche Karzer 1 Studirender der Rechte wegen Ehrenkränkungen von Commilitonen, sowie mit der Androhung der Entfernung von der Universität (Unterschrift des consilii abeundi) 2 Studirende der Medicin wegen derselben Vergehungen;

durch den Rector und den Universitäts-Richter mit 3 Tagen Karzer 1 Studirender der Chemie wegen Nichtbefolgung an ihn ergangener Vorladungen und unterlassener Anzeige seines Wohnungswechsels.

Ausserdem wurden von dem Rector einige Verweise ertheilt.

Von den ordentlichen Gerichten wurden verurtheilt:

im Sommer-Semester 1893:

wegen öffentlicher Beleidigung

1 Studirender der Rechte mit 100 Mark Geldstrafe event. 20 Tagen Gefängniss;

wegen Uebertretung des § 360 ad 11 des Strafgesetzbuchs

2 Studirende der katholischen Theologie, 1 Studirender der Rechte und 1 Studirender der Medicin mit je 5 Mark Geldstrafe event. 1 Tag Haft, sowie ausserdem

der eine der beiden vorgedachten Studirenden der katholischen Theologie wegen Bedrohung und Widerstands noch mit je 5 Mark Geldstrafe event. mit je 1 Tage Gefängniss;

wegen Erregung ruhestörenden Lärms
>1 Studirender der Zahnheilkunde mit 2 Mark Geldstrafe event. 1 Tage Haft;

wegen gefährlicher Körperverletzung
>1 Studirender der Medicin mit 50 Mark Geldstrafe event. 10 Tagen Gefängniss;

>im Winter-Semester 1893/94:

wegen Erregung ruhestörenden Lärms
>1 Studirender der evangelischen Theologie,
>2 Studirende der Medicin,
>1 Studirender der Pharmacie und
>1 Studirender der Chemie
>>mit je 10 Mark Geldstrafe event. 2 Tagen Haft;
>1 Studirender der Pharmacie nnd
>1 Studirender der Chemie
>>mit je 20 Mark Geldstrafe event. 5 Tagen Gefängniss;

wegen Erregung ruhestörenden Lärms, sowie wegen Widerstands in 2 Fällen und Beleidigung
>1 Studirender der Medicin mit 10 Mark Geldstrafe event. 2 Tagen Haft bezw. mit 55 Mark Geldstrafe event. 11 Tagen Gefängniss;

wegen Erregung ruhestörenden Lärms und wegen Widerstands gegen die Staatsgewalt
>1 Studirender der Zahnheilkunde mit 5 Mark Geldstrafe event. 1 Tag Haft bezw. mit 45 Mark Geldstrafe event. 9 Tagen Gefängniss;

wegen Uebertretung wider §§ 103 und 126 der Strassenordnung
>1 Studirender der Philologie und
>1 Studirender der Landwirthschaft
>>mit je 1 Mark Geldstrafe event. 1 Tag Haft nebst Tragung der Kosten des Verfahrens;

wegen öffentlicher Beleidigung, Widerstands gegen die Staatsgewalt und Hausfriedensbruchs
>1 Studirender der Rechte mit 50 Mark Geldstrafe event. 10 Tagen Gefängniss nebst Tragung der Kosten;

wegen Uebertretung der Polizei-Verordnung vom 23. März 1891
>1 Studirender der Rechte mit 3 Mark Geldstrafe event. 1 Tag Haft unter Auferlegung der Kosten;

wegen einfacher Körperverletzung

1 Studirender der Rechte mit 10 Mark Geldstrafe event. 2 Tagen Gefängniss;

wegen Beleidigung und wegen Erregung ruhestörenden Lärms, sowie Uebertretung der Breslauer Strassenordnung

1 Studirender der Zahnheilkunde mit 15 Mark Geldstrafe event. 3 Tagen Gefängniss bezw. mit 10 Mark Geldstrafe event. 2 Tagen Haft und mit 5 Mark Geldstrafe event. 1 Tag Haft;

wegen Uebertretung des § 360 ad 11 des Strafgesetzbuchs und § 125 der Breslauer Strassenordnung

1 Studirender der Rechte mit 3 Mark Geldstrafe event. 1 Tag Haft;

wegen öffentlicher Beleidigung

1 Studirender der Zahnheilkunde mit 10 Mark Geldstrafe event. 1 Tag Haft.

Ausserdem wurde eine Anzahl Studirender mit Polizeistrafen von verschiedener Höhe belegt.

IX. Promotionen.

1. Ehrenpromotionen und Diplom-Erneuerungen.

Von der katholisch-theologischen Facultät wurde der Pfarrer und Ehren-Domherr in Gr.-Glogau Lic. Theodor Warnatsch am 8. December 1893 zum Doctor der Theologie hon. causa promovirt.

2. Promotionen auf Grund von Dissertationen und Prüfungen.

(Hinter Namen und Datum werden einfach die Dissertationen genannt.)

I. Von der juristischen Facultät wurden promovirt:

1. Wieszner, Alfred, aus Breslau, 18. Mai 1893: „Das Pfandrecht an der eigenen Sache nach römischem Recht."

2. Redlich, Ludwig, aus Kattowitz, 19. Mai 1893: „Zur Lehre von der Schuldaufhebung durch Novation."

3. Winter, Paul, aus Lissa in Posen, 4. Januar 1894: „Ueber die Gewinnabsicht als ein wesentliches Merkmal des Begriffes „Handelsgeschäft."

II. Von der medicinischen Facultät wurden promovirt:

1. Pioretzki, Theodor, aus Rudzinitz, 13. Mai 1893: „Ueber Embryotominstrumente, ihre Anwendungsweise nebst Angabe neuer Embryotome."

2. Neugebauer, A. F., aus Glatz, 18. Mai 1893: „Ueber einen Fall von Parametritis et Paravaginitis puerperalis abscedens."

3. Honigmann, Franz, aus Breslau, 19. Mai 1893: „Bacteriologische Untersuchungen über Frauenmilch."

4. Itzig, Salomon, aus Dt. Eylau, 5. Juni 1893: „Ueber Missbildungen nebst einem Falle von partieller Hypertrophie der linken Gesichtshälfte und der linken oberen Extremität."

5. Becher, Joseph, aus Schrimm, 9. Juni 1893: „Ueber das Verhalten des Arztes am Kreissbette mit Rücksicht auf die neueren Fortschritte in der Geburtshilfe."

6. Hamburger, Siegfried, aus Posen, 21. Juni 1893: „Die Verbiegungen der Nasenscheidewand und deren operative Behandlung."

7. Pfeiffer, Wilhelm, aus Zduny, 23. Juni 1893: „Ueber Chorioiditis disseminata."

8. Harbolla, Max, aus Schoppinitz OS., 28. Juni 1893 „Beitrag zur Frage der directen Vererbung von Geisteskrankheiten."

9, Traugott, Richard, aus Ratibor, 28. Juni 1893: „Einige Ergänzungen zur Praxis der Desinfection."

10. Süsskand, Adolf, aus Köben a. O., 2. August 1893: „Zur Kenntniss der Thomsen'schen Krankheit."

11. Rauer, Franz, aus Glatz, 2. August 1893: „Untersuchungen über die Giftigkeit der Exspirationsluft."

12. Kionka, Heinrich, aus Breslau, 2. December 1893: „Die Furchung des Hühnereies."

13. Drott, Anton, aus Patschkau, 5. Januar 1894: „Die Aussengrenzen des Gesichtsfeldes für weisse und farbige Objecte beim normalen Auge."

14. Schäffer, Jean, aus Ratibor, 22. Februar 1894: „Ueber den Desinfectionswerth des Aethylendiaminsilberphosphats und Aethylendiaminkresols, nebst Bemerkungen über die Anwendung der Centrifuge bei Desinfectionsversuchen."

15. Volpert, Ernst, aus Ohlau, 3. März 1894: „Ueber die operative Behandlung der Retroflexio uteri."

16. Reinbach, Georg, aus Breslau, 10. März 1894: „Ueber den Einfluss der venösen Stauung auf die Secretion der Galle."

17. Weigang, Joseph, aus Hennersdorf, 20. März 1894: „Ueber die Bedeutung der Unterbindung der grossen Schenkelgefässe."

III. Von der philosophischen Facultät wurden promovirt:

1. Fick, Wilhelm, aus Boston (Amerika), 11. April 1893: „Zur mittelenglischen Romanze, Seege of Troye I—IV.

2. Winter, August, aus Hermsdorf-Grüssau, 19. April 1893: „सप्तपदार्थी । श्रीशिवादित्यविरचिता । Çivädityi saptapadärthi pars prior".

3. Leonhard, Richard, aus Breslau, 25. April 1893: „Der Stromlauf der mittleren Oder."

4. Eberhard, Eugen, aus Breslau, 9. Mai 1893: „Beiträge zur Lehre vom Urtheil."

5. Schmidt, Hermann, aus Breslau, 24. Juni 1893: „De duali Graecorum et emoriente et reviviscente."

6. Reichel, Georg, aus Breslau, 5. Juli 1893: „Studien zu der schottischen Romanze the History of Sir Eger, Sir Grime and Sir Gray-Steel."

7. Gebauer, Max, aus Neisse, 21. Juli 1893: „Die sogenannte Lebensversicherung vom wirthschaftlichen Standpunkte (unter besonderer Berücksichtigung der einschlägigen Verhältnisse in Deutschland)."

8. Lauffer, Victor, aus Breslau, 3. August 1893: „Danzigs Schiffs- und Waarenverkehr am Ende des XV. Jahrhunderts."

9. Dubke, Hans, aus Gramenz, 5. August 1893: „Ueber die Einwirkung von Benzaldehyd auf s-Trimethylpyridin."
10. Lindner, Adolf, aus Grögersdorf, 11. November 1893: „Experimentelle Prüfung der von Clarke und Schneider für den Serpentin aufgestellten Constitutionsformel."
11. Opitz, Georg, aus Striegau, 30. December 1893: „Die stabreimenden Wortbindungen in den Dichtungen Walter Scott's l."
12. Glatzel, Fritz, aus Ziegenhals, 17. Februar 1894: „Ueber die Spaltung des β-Pipecolins in seine optisch Isomeren."
13. Fraustadt, Fedor, aus Kanigen, 10. März 1894: „Ueber das Verhältniss von Barclay's „Ship of Fools" zur lateinischen, französischen und deutschen Quelle."
14. Steinitz, Ernst, aus Breslau, 17. März 1894: „Ueber die Construction der Configurationen n_3."
15. Reh, Paul, aus Riesenburg, Westpr., 24. März 1894: „Das Verhältniss des deutschen Ordens zu den preussischen Bischöfen im 13. Jahrhundert. Zweites Kapitel: Die Bestimmungen Wilhelms von Modena über die preussischen Bisthümer. — Der Orden und Erzbischof Albert."
16. Ehrlich, Bruno, aus Danzig, 31. März 1894: „De Callimachi hymnis quaestiones chronologicae."

X. Nekrologe.

Eduard Meuss.

Am 1. Juli 1893 entschlief nach kurzem Krankenlager der Senior der evangelisch-theologischen Facultät, der Professor der systematischen und praktischen Theologie, Consistorialrath D. E. Meuss. Er, der in späteren Jahren der culturgeschichtlichen Bedeutung des evangelischen Pfarrhauses umfängliche Studien gewidmet hatte, war nicht selber aus dem Pfarrhause hervorgegangen. Ein angesehenes Kaufmannshaus in Rathenow war sein Elternhaus, in dem er am 19. Januar 1817 geboren wurde. Nach dem Besuche der Bürgerschule der Vaterstadt war er 1830 Alumnus der Landesschule Pforta geworden, wo ihm Reinhart und Koberstein dauernde Anregungen für die Beschäftigung mit griechischer und deutscher Litteratur boten, der Theologe Schmieder aber als sein Religionslehrer und Confirmator bestimmend auf seine religiöse Entwickelung einwirkte und in ihm die Neigung erweckte, dem theologischen Studium sich zu widmen. Im Jahre 1836 bezog er die Universität Leipzig, wo ihn die Philosophen Drobisch und Hartenstein so für die Herbart'sche Philosophie interessirten, dass er im nächsten Jahre nach Göttingen übersiedelte, um Herbart selbst zu hören. Seine theologischen Interessen traten zur Zeit vor den philosophischen zurück. Als er dann die Universität Berlin bezog, bot ihm dort Neander tiefere Anregung; aber eine längere Krankheit unterbrach sein Studium. Erst die vierte Universität, zu der er sich nach seiner Genesung wandte, Halle, sollte seiner theologischen Entwickelung die für die Folgezeit massgebende Richtung verleihen. Er wurde und blieb zeitlebens der dankbare Schüler Tholucks und Julius Müller's. Als Candidat trat er auf kürzere Zeit in das von Otto von Gerlach in Berlin gegründete Candidatenconvict, durfte aber bald darauf Mitglied des unter Heubner und seinem alten Religionslehrer Schmieder grosse Anziehungskraft ausübenden Wittenberger Prediger-Seminars werden. In der jüngsten Tochter Schmieder's fand er hier die künftige Lebensgefährtin und durch die nahe verwandtschaftliche Beziehung des Schmieder'schen Hauses zu Karl Immanuel Nitzsch nun auch nähere Verbindung mit diesem berühmten Theologen. Sein Aufenthalt in Wittenberg verlängerte sich über das gewöhnliche Mass, indem er dort als ordinirter Hilfsprediger seine erste Anstellung im geistlichen Amte fand. Von hier rief ihn Otto von Gerlach, der inzwischen als Hofprediger an die Domkirche berufen war, nach Berlin zurück, bewirkte seine Anstellung an der Elisabethkirche als Hilfsprediger und übertrug ihm zugleich die Leitung seines Candidatenconvictes. Nach einer fünfjährigen Thätigkeit in dieser Stellung wurde er 1852 als Schlossprediger nach Köpenick berufen. Aufsätze, die er jetzt in der Evangelischen Kirchenzeitung veröffentlichte, lenkten die Aufmerksamkeit auf ihn und wurden Anlass, dass er Ostern 1854 als ausserordentlicher Professor nach Breslau berufen wurde, um neben dem durch kirchenregimentliche Arbeit belasteten Generalsuperintendenten und Professor D. August Hahn die systematische Theologie zu vertreten und an Stelle des nach Bonn berufenen Professors Steinmeyer die evangelischen Universitätsgottesdienste zu übernehmen. In Berlin hatte er für die neue akademische Stellung den Licentiatengrad erworben; 6 Jahre darauf promovirte Berlin ihn zum Dr. theol. Nach Hahn's Tode rückte er 1863 in das Ordinariat ein und erhielt bald darauf (nach dem Tode Gaupp's) den Auftrag, auch das Gebiet der praktischen Theologie in Vorlesungen und Uebungen zu vertreten. Im Jahre 1864 wurde er in die theologische Prüfungscommission berufen und trat 1880 als ordentliches Mitglied in das königliche Consistorium ein, in welchem er namentlich für die Pflege der Kirchenmusik mit Eifer und Verständniss thätig gewesen ist. Seine Kränklichkeit hatte ihn in den ersten Jahren seiner Thätigkeit in Breslau genöthigt auf eine grössere litterarische Wirksamkeit zu verzichten. Eine kleine Studie über das Gleichniss vom ungerechten Haushalter (In parabolam Jesu Christi de oeconomo injusto denuo inquiritur Breslau 1857) sollte die Vorarbeit zu einer grösseren Arbeit über die Parabeln im Lukasevangelium sein; aber letztere musste unterbleiben. Es folgte 1865 eine Abhandlung über die kirchliche Verwerthung der Seligpreisungen (Matth. 5) in den verschiedenen Bekenntnisskirchen (Μαχαρισμῶν Jesu Christi usu ecclesiae publico receptorum historia) und 1866 ein Schriftchen über das Weihnachtsfest und die Kunst (2. Auflage 1876). Erst als in späteren Jahren seine Gesundheit sich befestigt hatte, konnte er sich eine grössere Aufgabe stellen. Es erschien 1876 seine Schrift „Leben und Frucht des evangelischen Pfarrhauses vornehmlich in Deutschland", die er 1884 unter dem Titel „Lebensbild des evangelischen Pfarrhauses", zum zweiten Male in bedeutend erweiterter Gestalt ausgehen liess. Auf Grund vielseitiger Studien und in liebevoller Versenkung in die Geschichte des evangelischen Pfarrhauses von der Reformation bis zur Gegenwart sind hier die culturgeschichtliche Bedeutung und die mannigfaltigen Typen des evangelischen Pfarrhauses ebenso in den verschiedenen Gebieten des evangelischen Deutschland wie in den ausserdeutschen evangelischen Kirchen zu einem Gesammtbilde vereinigt. Seiner Betheiligung am kirchlichen Leben der Provinz verdanken zwei kleinere Schriften ihren Ursprung, welche Vorträge enthalten, die er auf Pastoral-Conferenzen gehalten hatte: 1881 über die Wahrheit des Christenglaubens und 1887 über „unsere Stellung zur Schrift". Letzterer Vortrag, in dem er seiner Ueberzeugung kräftigen Ausdruck gab, dass die „handfeste" altprotestantische Inspirationslehre durch die Ergebnisse einer geschichtlichen Schriftforschung antiquirt worden sei und dass daher die Theologie einer neuen Begründung der autoritativen Stellung der Schrift bedürfe, gab den Beweis, dass er bei aller conservativen Haltung seiner Theologie nicht gewillt war, dieselbe in den Dienst herrschender Parteimeinungen hinunterziehen zu lassen. Die gleiche wissenschaftliche Selbstbehauptung legte er wiederholt an den Tag in seiner Eigenschaft als Vertreter der Facultät in den Provinzial- und Generalsynoden, in denen er als Mitglied der Partei der positiven Union doch gerade gegen die in dieser Partei besonders kräftigen Tendenzen auf Lockerung des Verhältnisses der evangelischen Kirche zum Staate und auf Unterordnung der theologischen Professuren unter den Einfluss kirchlicher Majoritäten wiederholt entschiedene Verwahrung einlegte. Noch am Abend seines Lebens konnte er eine grössere wissenschaftliche Arbeit zum Abschluss bringen in seinem Buche „Die gottesdienstlichen Handlungen von individueller Beziehung in der evangelischen Kirche", Gotha 1892. Er bietet hier eine Liturgik für Taufe, Confirmation, Trauung, Ordination, Introduction, Beichte und Begräbniss, in der er, zwar ohne die geschichtliche Forschung selbständig weiter zu führen, doch über den heutigen Stand derselben gute Orientirung bietet und im Anschluss an die geschichtlich gegebenen liturgischen Formen dieser Handlungen, sowie in vorsichtiger Rücksichtnahme auf Bedürfnisse der Gegenwart ein Ritual dieser Handlungen entwirft. Vielen jungen Theologen war er ein wohlwollender Freund; dem Studentenconvict im Johanneum widmete er die treueste Fürsorge; alle, die ihm näher treten durften, wissen die Amtstreue, die Lauterkeit und den Gewissensernst zu rühmen, die seiner Persönlichkeit das Gepräge gaben.   G u s t a v   K a w e r a u.

Julius Sommerbrodt.

Die medicinische Facultät hat den Verlust des ausserordentlichen Professors, Dr. med. Julius Sommerbrodt, zu beklagen.
Sommerbrodt wurde am 28. Februar 1839 zu Schweidnitz
geboren, besuchte das dortige Gymnasium, studirte an der Universität Breslau Medicin und promovirte hierselbst am 20. März
1861 auf Grund seiner Promotionsschrift „De cordis aneurysmate
partiali". Nach gründlicher Ausbildung als Assistent von Middel-
dorpf und Lebert habilitirte sich Sommerbrodt in der medicinischen Facultät der hiesigen Hochschule mit der Habilitationsschrift „Die ulcerösen Processe der Kehlkopfschleimhaut
in Folge der Syphilis".

Bald richtete er, um sich genügendes Krankenmaterial zu
verschaffen, eine Poliklinik für Hals- und Brustkrankheiten ein,
welche bald starken Zuspruch hatte und Gelegenheit zu reicher
praktischer Erfahrung und mannigfachen Versuchen mit neuen
Heilmethoden bot. Zu diesen gehörte u. A. die Anwendung
des Waldenburg'schen Inhalationsapparates, welcher es gestattet,
in bestimmtem Grade verdichtete oder verdünnte Luft einathmen
zu lassen. Sommerbrodt machte von diesem Apparate reichlichen Gebrauch; doch erfüllten sich späterhin nicht alle die
Erwartungen, welche auf diese Methode gesetzt worden waren.
Hand in Hand damit gingen experimentell - pathologische Arbeiten, wie z. B. über künstliche Erzeugung von Herzfehlern
bei Thieren etc. Im preussisch-österreichischen Kriege von 1866
widmete sich Sommerbrodt bei Nachod freiwillig der Pflege
der Verwundeten. Ebenso schloss er sich während des deutsch-
französischen Krieges von 1870,71 einer unter Professor
Fischer's Leitung ausgesandten Johanniter-Expedition an,
welche aus einer grösseren Anzahl älterer Mediciner bestand.
Er übernahm die Leitung eines Lazareths in der Mairie zu
Forbach und blieb daselbst während der Monate August und
September bis zur Evacuation der Lazarethe: opferwillige
Leistungen, welchen hier wie dort lebhafte Anerkennung seitens
der Militair-Behörden zu Theil wurde.

Nach der Rückkehr aus Frankreich nahm er seine alte
Thätigkeit als Specialarzt für Nasen-, Hals- und Brustkrankheiten
in Breslau wieder auf. Seit 1877 war seine ganze Thätigkeit

auf ein Mittel zur Bekämpfung der Tuberculose gerichtet, nämlich auf das Creosot, mit welchem zuerst in Frankreich B o u c h a r d und G i m b e r t Versuche angestellt hatten. Seitdem behandelte S o m m e r b r o d t die grösste Mehrzahl seiner schwindsüchtigen Patienten mit jenem Arzneistoffe, den er in der Form von Kapseln mit Tolubalsam gemischt in die Praxis einführte. In zahlreichen Abhandlungen verfocht er, gestützt auf eine grosse Menge günstiger Erfahrungen, die Heilwirkung des genannten Mittels.

Neben den klimatischen Kuren stellte er das Creosot in den Vordergrund und forderte nur ein gutes Präparat nebst Ausdauer in der Behandlung: dann sollte es der Tuberculose nicht nur im Anfangsstadium, sondern auch in vorgerückten Fällen Heilung bringen.

Im Jahre 1878 wurde S o m m e r b r o d t zum ausserordentlichen Professor an unserer Hochschule ernannt und widmete sich dem Lehrberufe, der ihm stets sehr am Herzen lag, in Vorträgen, wie in Auscultations- und laryngoskopischen Cursen mit der ganzen ihm eigenen Lebendigkeit.

S o m m e r b r o d t starb plötzlich am 14. August 1893, kurz nach der Rückkehr von einer Erholungsreise nach der Schweiz, welche er nach einem leichteren, vor mehreren Wochen eingetretenen Schlaganfalle unternommen hatte.

Richard Roepell.

Am 4. November 1893 schied ein Lehrer unserer Hochschule aus dem Leben, der wie kein Anderer mit ihr verwachsen war. Nicht weniger als 52 Jahre hat R i c h a r d R o e p e l l ihr angehört und seine reichen Gaben und Fähigkeiten ihren Zwecken, ihrer Entwickelung und ihrem Gedeihen zugewandt. Sie war der Mittelpunkt und Schauplatz seines geistigen Schaffens, und darum strahlte der Ruhm, den er sich zu erwerben verstanden hat, leuchtend auf sie zurück.

Wie der grösste Theil der Professoren, die hier ihren Wirkungskreis gefunden haben, war Roepell kein Schlesier von Geburt. In Danzig wurde er am 4. November 1808 geboren,

also zu einer Zeit, in der seine Vaterstadt dem Namen nach
zu einer „souveränen Republik" erklärt war, thatsächlich aber
unter dem schweren Druck der französischen Militairherrschaft
stand. Erst in seinem 14. Lebensjahre begann Roepell seine
Gymnasialstudien, die er nach einem achtjährigen Cursus mit
dem Erwerb des Reifezeugnisses abschloss. Seine Lehrer hoben
gelegentlich neben der Anerkennung seines Fleisses und seines
tadellosen Betragens seine Neigung für Beschäftigung „mit
Gegenständen der Phantasie" und seine Begabung für künstlerische Declamation hervor. Es sind das Elemente, auf denen
später seine eigenthümliche, fesselnde Beredtsamkeit und sein
grosses Geschick klarer Stoffgestaltung beruheten, und dieser
Zug mochte es wohl vorwiegend gewesen sein, der ihn dem
Studium der Philologie und Geschichte zuführte, während er
in seinem späteren Leben eher für die Annahme, dass die
Rechtswissenschaft seiner Neigung mehr entsprochen haben
müsste, einige Anhaltspunkte gab. Er war 22 Jahr alt, als
er die Halle'sche Universität bezog. Schon im vierten Semester
seiner Studien glückte ihm die Lösung einer Preisaufgabe der
philosophischen Facultät, die bald darauf in Druck erschien[1]),
und welche einerseits eine verhältnissmässig bedeutende Belesen-
heit in den damals schon erschlossenen Quellen, andererseits
Gewandtheit und Besonnenheit in der Beurtheilung und Ver-
wertung derselben erkennen liess. Was sie aber über das
Mittelmass derartiger Arbeiten weit erhob, war die anziehende
Form, die durchsichtige Ordnung der Materie, der lebhafte
und doch masshaltende Vortrag, was alles angesichts des
spröden Gegenstandes um so mehr auffiel. Von da an mochte
bei dem jungen Gelehrten der Vorsatz, der akademischen Laufbahn sich zu widmen, eine festere Gestalt gewonnen haben.
Er siedelte für eine kurze Zeit nach Berlin über, wo er in die
berühmte „Historische Gesellschaft", welche Ranke um sich
versammelte, aufgenommen, fruchtbare Verbindungen und Beziehungen zu den besten Geschichtsforschern unseres Jahrhunderts anknüpfte, dennoch aber sich nicht zum Bleiben ver-

---

[1]) Die Grafen von Habsburg, Genealogie und Besitzungen dieses Hauses
bis zur Thronbesteigung Rudolfs i. J. 1273. Halle 1832.

anlasst fand. Er kehrte nach Halle zurück und wurde am 12. Mai 1834 zum Doctor promovirt. Dass ihm in dieser Epoche der Mangel an ausreichenden Subsistenzmitteln die Zuversicht auf die Durchführung seiner Absichten auf ein akademisches Lehramt abzuschneiden schien, und dass er in seiner Verzweifelung im Militairdienst ein Unterkommen zu erlangen versuchte, davon sprach Roepell später zuweilen in vertraulichen Ergüssen, wenn er den Kleinmuth und die Verzagtheit jüngerer Berufsgenossen zu bannen bestrebt war. Dann aber leuchtete sein Antlitz von Dankbarkeit und Rührung, wenn er von denen erzählte, welche mit hochherziger Opferwilligkeit ihn dem ungeeigneten Gewerbe entzogen und dem wissenschaftlichen Dienste erhielten. Grade aus dieser vorüberziehenden Trübung seines Schicksals erwuchsen ihm freundschaftliche Beziehungen, die sich vererbend alle seine Lebenstage hindurch ihm fruchtbar und treu geblieben sind. Wenige Monate nach seiner Promotion (27. October 1834), durfte er sich bereits als Docent habilitiren. Die Einführungsabhandlung[1]) war eine Gelegenheitsschrift in mehrfacher Rücksicht. Der zweihundertste Gedenktag der Ermordung Wallensteins hatte diese noch heute nicht völlig verständliche Katastrophe der neueren Geschichte dem allgemeinen Interesse nahe gerückt. Ihre Beurtheilung bewegte sich damals freilich noch lediglich in dem Gegensatz der Vertheidigung und Anklage, einer historischen Anschauung waren noch lange nicht die Wege gebahnt. Hatte Friedrich Foerster eben in jenem Jahre auf Grund der von ihm veröffentlichten Briefe Wallensteins ihn als schuldloses Opfer darstellen zu sollen gemeint, so ergriff Roepell die Gegenpartei und stigmatisirte das Vorgehen des Heerführers als einen groben „Verrath". Die ursprünglich lateinisch abgefasste Schrift wurde der Oeffentlichkeit erst 11 Jahre später in deutscher Uebersetzung mit mancherlei Abänderungen übergeben, aber weder stofflich noch unter dem Gesichtspunkt der kritischen Auffassung hat man ihr in der Litteratur dieser Frage eine angesehene Stelle anweisen können.

---

[1]) De Alberto Waldsteinio Friedlandiae duce proditore Halae 1834 (deutsch im Histor. Taschenbuch. 1845 No. 558).

Wenn man auf Grund dieser äusserlichen Züge seines
Bildungsgangs Roepell hier als einen Schüler Heinrich Leo's,
dort als einen Schüler Leopold Ranke's bezeichnete, so sind
allenfalls die Impulse ins Auge gefasst, welche auf die Technik
und Methode Bezug haben. Eine tiefere geistige Verwandtschaft hat er mit Keinem von Beiden gemein; mit Ranke
schon darum nicht, weil er damals und späterhin weit entfernt
davon war, die religiösen Lebensregungen als den Kern der
Völkerentwickelung und die staatsmännische Kunst als die erregende Förder- und Federkraft derselben anzuschauen; mit
Heinrich Leo aber auch nicht, weil er bei aller Innigkeit
und Wärme der vaterländischen Gesinnung sich niemals zu
dem forcirten Cultus nationaler Antiquitäten und zu dem
taumelnden Schwanken zwischen Radicalismus und Romantik
hat bekennen mögen. Auch die Beiden gemeinsame, innerlich
allerdings grundverschiedene Universalität lag Roepell durchaus fern. Seine erste Schrift, die Preisschrift, ist allerdings
dem Curator G. Delbrück und Heinrich Leo in Dankbarkeit
und Liebe gewidmet. Aber Schlüsse dürfen doch aus solcher
jugendlichen Courtoisie wohl nicht gezogen werden. Der
Gegenstand der Abhandlung fällt so ganz in das Studiengebiet
Tr. G. Voigtel's, der damals der einzige Leiter der historischen
Gesellschaft in Halle war, dass vermuthlich kein Anderer als
geistiger Urheber der Frage und als Referent über die Lösung
angesehen werden darf. Die Kunst der Unterordnung sub-
jectiver Einfälle unter den zwingenden Stoffgehalt der Quellen
war von Voigtel eher zu erlernen, als von Leo, und die Ent-
blössung von allen Parteimeinungen vor dem Eindringen in das
Verständniss geschichtlicher Materien erst recht. Was Leo
ganz vornehmlich charakterisirt, das Streben nach Begründung
seiner Anschauungen auf die Gesammtheit der Lebensäusserungen
eines Volksthums und der dadurch bedingte Eifer für linguistische
und literärgeschichtliche Elemente, hat in Roepell durchaus
keine Berührungspunkte gefunden. Abgesehen von der Wahl
der Stoffe für die Vorlesungen dürfte es überhaupt wohl schwer
sein nachzuweisen, worin das Beispiel Leo's für den jüngern
Gelehrten massgebend und bestimmend gewesen ist. Ebenso
waren aber andererseits nach Zeit und Verhältnissen die Be-

rührungen mit Ranke zu geringfügig, um einen namhaften
Einfluss auf den Entwickelungsgang auszuüben. Vielmehr ist
anzunehmen, dass Roepell aus dem Vaterhause und dem
Gymnasium bereits eine ansehnliche Erudition mitgebracht
habe, und zwar scheinen insbesondere die Schriften Johannes
v. Müller's, Spittler's, J. J. Mascou's und Schloezer's auf
ihn einen nachhaltigen Eindruck hinterlassen zu haben. Bis
in seine späteste Lebenszeit aber ragten die Spuren der
frühzeitigen Vertiefung in die Schriften der beiden Eichhorn,
namentlich des jüngern Karl Friedrich hinein, und die
geistige Bewegung, die von Savigny's historischer Rechts-
schule ausging, hat ihn mächtiger ergriffen, als die Contro-
versen, welche in seiner unmittelbaren Nähe in Halle sich ab-
spielten.

Trotz seiner freundlichen und nahen Beziehungen zu
Heinrich Leo war er doch nicht im Lager der Bekenner
rückwärts liegender Ideale zu finden. Noch weniger aber war
er trotz seines stürmischen Liberalismus in dem entgegengesetzten der „Hegelinge", das unter der Führung Arnold
Ruge's stand, zu treffen. Der Hegel'schen Dialectik, von der
damals die disparatesten Wunderwirkungen gepriesen wurden,
die, bald als das eigentlichste Geheimniss conservirender
Kraft, bald wieder als der Motor des Fortschritts angesehen,
die ganze Bildung der Zeit zu beherrschen schien, hat auch
Roepell sich ganz zu entziehen nicht vermocht. Für den
Plan und Aufriss der Geschichte, den diese alles mit Vernunft
ausfüllende, sinnreich aufbauende und zu lichten Verheissungen
führende Philosophie darbot, gewann er eine gewisse Sympathie,
die er auch dann noch festhielt, als die Riesengemeinde bis
auf wenige Schwärmer zurückgegangen war. Aber fruchtbar
ist dieser Anschluss an die herrschende geistige Strömung
doch mehr auf dem politischen Gebiete als auf dem wissenschaftlichen für Roepell geworden. Seine kernige, lebensvolle,
den Realitäten zugewandte Natur liess die Neigung zur Speculation
nicht hoch aufkommen, und seine Begabung mit einer glücklichen, durchsichtigen und schlichten Ausdrucksweise häufte
das Widerstreben gegen das dunkele und verwirrende Getön,
unter dem das System, so schien es, allein mittheilbar war.

Auch in den späteren Stadien seiner Entwickelung hat er sich
gegenüber den Bestrebungen, Sinn, Bedeutung und Rangordnung
seiner Wissenschaft und ihres Verhältnisses zu den anderen
Disciplinen zu ergründen, lediglich aufnehmend verhalten und
in einer Art epikuräischer Genusssucht sich zugespitzte Lehr-
meinungen mit Befriedigung zusammengelesen, auch wenn sie
aus den entgegengesetztesten Gesammtanschauungen entsprungen
waren. Die grosse Harmonie seines Wesens, welche einer der
Hauptfactoren in dem bestrickenden Eindruck seiner Persönlichkeit war, beruhte nicht auf der Folgerichtigkeit und auf dem
systematischen Zusammenhang seiner Anschauungen, sondern
in der beneidenswerthen Zuchtgewalt über innere Regungen,
die auch das helle Feuer seiner Beredtsamkeit nicht leicht
gewollte Grenzen übersteigen machte.

Mit frohem Wagemuth warf sich der junge Gelehrte auf
die akademische Lehrthätigkeit. Er, der wenige Monate zuvor
noch Schüler gewesen, trat jetzt mit Vorlesungen über die um-
fänglichsten Gegenstände auf das Katheder. Die Geschichte
der europäischen Staaten, die ganze deutsche Geschichte, oder
die neuern Jahrhunderte derselben bildeten abwechselnd mit
der ganzen Geschichte des preussischen Staates die Themata
seiner Vorträge. Dazwischen handelte er in einem Semester
über „Ritter- und Städteleben im Mittelalter" und in einem
andern über die „Geschichte der Reformation bei den Slawen".
Die Kunst der klaren Disposition, die immer feurige Rede, die
populäre und doch edle Art des Vortrages verschafften ihm eine
immerhin ansehnliche Zuhörerschaft. Bei seiner liberalen
Gesinnung und bei der Entschiedenheit, mit welcher er sie
vertrat, bedurfte es eines grossen Aufwands von Takt und Zu-
rückhaltung, um zwischen den in Halle ringenden Parteien eine
Stellung zu gewinnen, welche ihn mit den Gönnern seiner
Studienjahre nicht überwarf, und doch auch nicht zu viel Ein-
räumungen dem Radicalismus gewährte, der jenen gegenüber
in schwungvoller Entwickelung begriffen war. Die Schwierigkeit, eine derartige Haltung zu bewahren mag es auch wohl
mit sich gebracht haben, dass Roepell sich an den litterarischen Journalen, die eben damals der aufblühenden Geschichts-
wissenschaft den Weg zu dem Interesse der Nation bahnten,

fast gar nicht betheiligte, während er doch mit den Rufern im
Streit, wie z. B. mit dem bald neben ihm wirkenden Max Duncker,
die wärmsten Beziehungen der Freundschaft und des Verkehrs
unterhielt. Er vergrub sich, wie ein Aufsatz in Raumer's
„Historischem Taschenbuch"[1]) erweist, in die ersten Kämpfe
der Engländer und Franzosen um das Uebergewicht in Ost-
indien. Der Gegenstand berührt Fragen und Interessen, für
welche in Deutschland damals noch das geringste Mass von
Theilnahme und Begehren herrschte, aber dem Gelehrten
Danziger Herkunft schienen sie nicht allzu abseits gelegen
und nicht ohne unmittelbare Bedeutung. Vielleicht ist hier der
Ort darauf hinzuweisen, dass fast alle litterarische Thätigkeit
Roepell's einen gewissen Zusammenhang mit den Gedanken
und Interessen aufweist, die in seinem Vaterhause als naheliegende und erregende besprochen sein mussten, während er
bei allem Eifer für die allgemeinen politischen und patriotischen
Fragen, bei allem Antheil für die Gegensätze und Schwingungen
auf wissenschaftlichem Gebiete seine Feder in Bewegung zu
setzen, sich nur spärlich veranlasst fand.

Ganz in den Sinn solcher Vorliebe aber fiel der ihm von
Friedrich Perthes gemachte Vorschlag, für die unter Heeren
und Uckert's Leitung herausgegebene Geschichte der europäischen Staaten die Geschichte Polens zu bearbeiten. Wenn
man erachtet, dass Roepell für jede Aufgabe seiner Wissenschaft mehr vorbereitet war, als für diese, dann wird man die
Bewunderung nicht versagen wollen, dass nach einem Zeitraum
von etwas über drei Jahren ein ansehnlicher Band[2]), die ältere
Geschichte Polens bis zum Ausgang des 13. Jahrhunderts ent-
haltend, an die Oeffentlichkeit treten konnte, der noch heute,
über ein halbes Jahrhundert später, nicht ganz antiquiert und
als Ganzes sicherlich nicht übertroffen worden ist. Da Roepell
kein slawisches Idiom beherrschte, musste er mühsam sich erst,
wozu ihm der Danziger Mrongowius die Anleitung gab, die
polnische Sprache aneignen, und da die deutschen Bibliotheken

---

[1]) Jahrgang 1836.
[2]) Geschichte der europäischen Staaten herausgegeben von A. L. Heeren
und F. A. Uckert. — Geschichte Polens von R. R. Erster Theil. Hamburg 1840.

für die Forschung keineswegs ausreichten, einen längeren
Aufenthalt in Posen nehmen, wo freilich Bibliotheken und
Archive mit ihrem localen Bezug den Forscher in die Gefahr
brachten, die provinzielle Erscheinung für die typische und allgemeine anzusehen. Da es sich aber zunächst nur um die
älteste Geschichte Polens handelte, deren Schwerpunkt in
Grosspolen zumeist zu suchen ist, so fiel dieses Bedenken aus
und es bleibt erstaunlich, wie vollkommen doch das Bild trotz
der verhältnissmässigen Geringfügigkeit und Einseitigkeit des
Materials ausgefallen ist. Allerdings lagen damals bereits die
für den Gegenstand bahnbrechenden Studien Stenzel's, auf
Schlesien, des älteren Polens Südprovinz bezüglich, und die
von Johannes Voigt, Preussen, Polens Nordprovinz betreffend
vor. Ueberdies bot für die Epoche der Piasten das zehn-
bändige Werk Naruszewicz's, eine leitende Unterlage, die
durch manche gute Specialforschung schon Verbesserungen erfahren hatte, und wenn auch Lelewel's damals hoch im
Preise stehenden geistreichen, aber überaus willkürlichen Con-
structionen die Probleme mehr verwirrten als der Lösung zu-
führten, so waren damit doch die springenden Punkte zur Discussion gestellt. Aber allen diesen Vorarbeiten gegenüber
gewann das Werk Roepell's einen erheblichen Vorsprung
durch die principielle Ablehnung und Ausscheidung der im
Uebrigen grossartigen Darstellung der ältern polnischen Geschichte
durch Dlugosz, welche seit dem Anfang des 16. Jahrhunderts
die gesammte Auffassung ebensowohl wie namentlich das Verständniss der politischen und sozialen Institutionen beherrschte.
Es ist charakteristisch, dass Roepell diesen methodischen
Weg, der das Werk wesentlich erschwerte, mit dem Bewusstsein betrat, dass er gründlich und allseitig die Forschungsart
durchzuführen habe, zu welcher ein Danziger, der ausgezeichnete
Stadtschreiber Lengnich den Anstoss gegeben hatte. Daneben
regte das Beispiel der eben erschienenen und allseitig mit Beifall aufgenommenen Geschichte Böhmens von Palacky um so
mehr zu solchem Verfahren an, als die ältere Geschichte der
beiden Slavenreiche mannigfache Berührungen und Wechsel-
wirkungen aufwies, und in Böhmen gleichfalls behufs Läuterung
des Stoffs eine imposant ausgebildete und bestechende Tradition

abgestossen werden musste. Am meisten aber trug zum Gelingen des kühnen Unternehmens die consequente und stricte Festhaltung der methodischen Grundsätze bei, welche die deutsche Geschichtsschreibung damals mit rigoroserer Strenge, der erfolggekrönten classisch-philologischen Schule nacheifernd, vornehmlich auf das Mittelalter anzuwenden begonnen hatte. Bewusst oder unbewusst, bald mehr bald weniger, folgten alle die Staatengeschichte-Erzähler damals dem Muster Niebuhr's, denn es fand sich, dass jede Nation ihren Livius hatte, mit dem ein Process wegen des Thatbestands in den Anfangs-epochen angestrengt werden musste, und dass die Beweismittel in demselben die verdeckten kleinen Bruchstücke, Annalen, Urkunden waren, welche die Tradition rücksichtslos und unter-scheidungslos als Werkstücke verwandt oder überhaupt ver-worfen hatte. Die kalte Entschlossenheit, mit der Roepell die anziehende — und doch nicht ohne Talent und Gewissen-haftigkeit erarbeitete Fülle des polnischen Livius aufopferte, entsetzte anfänglich die patriotische polnische Gelehrtenwelt, und noch ein Jahrzehnt hindurch waren alle Angriffe und An-fechtungen auf das deutsche Buch im Sinne der Rettung der heimischen Geschichtstradition gerichtet.

Die kühlen Recensionen, mit denen anfänglich das Buch in Polen begrüsst wurde, urgierten alle diesen Punkt. Und es ist begreiflich. Das unglückliche Volk, dem in den Evolutionen der europäischen Staatenbildung Alles geraubt worden war, was ein Völkerdasein begehrenswerth machen kann, hatte in seinem Kampf gegen die Uebergewalten als einzige, unentwindbare Waffe — seine Vergangenheit, als einzigen Trost in dem unvergleichlichen Zusammenbruch — seine Geschichte. Für eine derartige praktische Verwendung dient aber die Legende ebensogut als die Geschichte, ja meistentheils noch besser. Ein ungeheures Mass von Ehrfur ' vor der Souveränetät der Wissenschaft gehört dazu, um unter solchen Verhältnissen dem Recht der frostigen Beweisbarkeit die Ehre zu geben vor dem schmeichelnden Reiz der patriotischen Einbildungskraft. In der Stimmung zu solcher von allen natürlichen und parteilichen Trieben absehenden Würdigung fanden sich aber die polnischen Geister, die noch vor Zorn, Anstrengung und jammervollem

Elend aus den Tagen des letzten grossen Auferstehungsversuchs keuchten, keineswegs, und es erklärt sich leicht, dass die Empfindlichkeit über die Schädigung der Tradition unwillig und misstrauisch hervorbrach. Aber bald machte sich doch grade unter derselben Auffassung die Erkenntniss geltend, dass der Verfasser ein Aequivalent gegeben hatte. Gegenüber den Gehässigkeiten eines Johannes Voigt, um das nächstliegende Beispiel anzuführen, der in abstossendem Racenhochmuth in jedem Polen die Verkörperung aller niederen Leidenschaften und Eigenschaften sieht und es wie ein Naturgesetz betrachtet, dass Recht und Vernunft niemals auf der slawischen Seite sein könne, ergab sich hier eine Darstellung, welche den Unterschied der Nationalitäten nicht mehr hervorkehrte, als für die Feststellung der Thatsachen nothwendig war. Gegenüber der damals officiellen Verwechselung nationaler Bestrebungen mit revolutionären Umtrieben war hier mit einem Zuge aufmunternder Sympathie die Regsamkeit des slawischen Aggregats als ein „politisch, welthistorisch wichtiges" Moment angesehen, dem mit „reinem Negiren, absolutem Verurtheilen" nicht auf den Grund zu kommen sei. Dem slawischen „Völkerkreis" war hier neben dem germanischen und romanischen eine inhaltsreiche Zukunft angewiesen. Und noch mehr: Bei der Darlegung des Eintritts des deutschen Ordens in die Geschicke Polens wurde eine, übrigens wissenschaftlich nur zum Theil gerechtfertigte Auffassung vorgetragen, die, wie sehr sie auch auf der Auslegung von Urkunden basirte, doch ihre erste Conception in dem Jahrhunderte hindurch gepflegten Widerwillen der Danziger Bürgerschaft gegen jenes Institut suchen durfte. In mehr als einem solcher wichtigen Punkte gewann die polnische Argumentation gegenüber der „reinen Negation und absoluten Verurtheilung" bei dieser strengen durch keinerlei Sentimentalität beirrten, consequenten Methode der Forschung, und dieser Gewinn war um so höher anzuschlagen, als er aus dem gegnerischen Lager entgegengebracht wurde. Mit heisser Dankbarkeit und von Jahr zu Jahr ansteigender Verehrung für den Verfasser des Buches drückte die polnische Nation unter geringem Widerspruch ihre Anerkennung aus.

Aber auch in Deutschland wurde dieser ernste und von den Leidenschaften des Tages absehende glückliche Versuch einer Objectivirung des Thatbestands, der für die politischen und nationalen Kämpfe hüben und drüben als Eideshelfer angerufen wurde, mit um so grösserer Dankbarkeit entgegengenommen, als er zum ersten Male und Jahrzehnte hindurch ohne Wettbewerb einen Einblick in die durch die Unkenntniss der Sprache sonst meist verschlossene Litteratur über die Anfänge des Slawenthums gewährte, und als mit dieser Aufklärung ganze, wichtige Stücke der deutschen Geschichte im Mittelalter beleuchtet wurden. Der jungen Ranke'schen Schule, welche damals von den verschiedensten Seiten aus das deutsche Mittelalter zu ergründen unternommen hatte, war diese Ergänzung aus fremdartigem Gebiete höchst willkommen, und der Geschichte des preussischen Staats fügte sie sich als ein wesentliches verbindendes Glied zwischen die von Schlesien und Preussen mit patriotischem Eifer betriebenen Provinzialgeschichten ein. In Polen selbst aber dauerte es lange, ehe der politische Gesichtspunkt vor dem wissenschaftlichen in der kritischen Würdigung zurücktrat. Erst als die selbstthätige Forschung der jüngern, meist auf deutschen Universitäten gebildeten Schule hervortrat, entdeckte sie in dem Werke Roepell's die Unvollkommenheit des grundirenden Gesammtbilds des Slawenthums, ferner den Verzicht auf Deutung und Verwerthung der Volkssage, ferner die Einmischung deutschrechtlicher Elemente in die Auffassung der ursprünglichen socialen und politischen Structur des polnischen Volkes und namentlich die haltlose Theorie von der Entstehung des Adels, ferner das unzutreffende Verständniss mancher Rechtsinstitute, sodann aber auch die nicht wenigen Fälle, in denen die Tradition gegenüber dem Kritiker Recht behielt. Wie viel aber auch immer bekämpft und bestritten und namentlich auf Grund zahlreicherer Beweismittel widerlegt werden musste — das ganze Buch hat der polnischen Geschichtsforschung einen Sporn und ernsten Antrieb verliehen, der allgemein erkannt und anerkannt wurde, und die Dankbarkeit auch nach dieser Seite hervorrief.

Der unmittelbarste Erfolg aber, den Roepell von seinem Buche davontrug, war die Ernennung als ausserordentlicher

Professor an der Breslauer Universität. Mit dem Beginn des
Wintersemesters 1841/42 trat er sein hiesiges Lehramt an.
Neben dem an wissenschaftlicher Tiefe und litterarischen Ver-
diensten ihn weit überragenden G. A. H. Stenzel sich einen
Wirkungskreis zu bilden, war von grosser Schwierigkeit. Auf
allen Gebieten, auf dem der deutschen Geschichte, auf dem
der preussischen Staatsgeschichte, wie auf dem in Schlesien
ganz besonders dornenreichen Felde der Provinzialgeschichte
hatte Stenzel Leistungen aufzuweisen, mit denen kaum Jemand
damals in Deutschland zu concurrieren vermochte. Dem gegenüber suchte Roepell seinen Erfolg in dem, was seine Stärke
ausmachte, in seiner fortreissenden Beredtsamkeit. Er las
publica, welche mit ihrem Inhalt in die aufgeregten Zeit-
fragen hineinragten, er hielt ähnliche Vorlesungen vor dem
gebildeten Publikum ausserhalb der Universität, von denen er
doch nur einen[1]) der Veröffentlichung durch den Druck für
werth erachtete; er dehnte den Kreis der Collegia sogar über
die alte Geschichte aus; ihm schwebte die Idee vor, neben den
Specialgeschichten, die Universalgeschichte — eine Spur Leo-
schen Einflusses — dem Unterrichte einzufügen. Er richtete
gleichfalls nach Halle'schem Muster eine historische Gesellschaft ein, welche einen näheren, persönlichen Contact mit den
Studierenden vermittelte. Hier wurden namentlich Punkte der
jüngsten preussischen Geschichte verhandelt, und die dazu
gemachten Studien krystallisirten sich zu Beiträgen für die
Jahresberichte der Historischen Section der Schlesischen Gesellschaft für vaterländische Cultur. Die 5 gedruckten Aufsätze[2])
fesseln auch heute noch den Leser durch den musterhaften
Aufbau und die angemessene, vornehme Diction, wenn sie aber
dennoch bald vergessen waren, so lag das an der Unzulänglichkeit des zu Grunde gelegten Materials. Sie nahmen sich
wie vorläufige Skizzen zu einem Kapitel aus der neuern
preussischen Staatsgeschichte aus. Aber alle litterarische

[1]) Ueber das Verhältniss von Kirche und Staat und ihre geschichtliche
Entwickelung, abgedruckt in C. A. Suckow's „Prophet" Band III.
[2]) Jahresberichte 1846—1850. Sie betreffen die preussische Lage in
den Jahren 1806/7, 1811/12, die preussische Politik in den niederländischen
Wirren 1783/87, und die Einrichtung der schlesischen Provinzialstände.

Thätigkeit, die ersichtlich schon weitab von den Themen führte, welche eine Fortführung der Geschichte Polens bedingt haben würde, trat noch weiter in den Hintergrund, als die politischen Bewegungen und zwar speciell die preussische Verfassungsfrage die Gemüther erhitzend einnahmen und die Empfänglichkeit für historische Studien abschnitten.

Mit dem berechtigten Vertrauen auf seine dazu besonders geeigneten Gaben mischte sich Roepell in den Strudel der Parteiungen. Mit einem andern Inhalt zwar, aber wesentlich in demselben Gegensatz standen auch in Breslau wie ehedem in Halle Radicalismus und starrer Conservatismus einander gegenüber. Verhältnissmässig recht gering war das Häuflein derer, welche von der Ueberzeugung durchdrungen waren, dass sich aus blossen Vernunfttheorien, mögen sie noch so logisch aufgebaut sein, kein Staat construiren lasse, dass die Aufgaben der Zeit auch nicht für eine geschichtslose Bevölkerung oder eine chaotische Masse sondern für eine doch nicht unbewährte Ordnung, einen Staat von ruhmreichem Glanze gestellt sind, dass bei aller Begeisterung für Freiheit und Recht die Distribution dieser Güter in mechanischer Gleichheit einen den Zusammenbruch verbürgenden Frevel gegen die Idee der Freiheit und des Rechts einschliessen würde, dass keine Reform die Gewähr des Bestandes in sich trägt, die sich vermisst mit einigen der Masse süss klingenden Reden oder Systemen über machtvolle Factoren, über geschichtliche Verbände, über geregelte Organisationen hinwegsehen zu dürfen. Diesem Bruchtheil der aufgerührten Bevölkerung war der Anschluss Roepell's, des redegewaltigen, historisch gebildeten, vertrauenswürdigen, makellosen Kämpfers ein unschätzbarer Gewinn. Aus volksthümlichen Bewegungen ist es ja schwierig die Wirksamkeit des Einzelnen, wenn er nicht grade bei den Katastrophen hervortritt, auszusondern und ins Licht zu stellen, zumal wenn darauf verzichtet werden muss, den Gesammtverlauf zu zeichnen. Dies nur ist zu sagen: dass Roepell, ohne jemals den Grundsätzen bürgerlicher Freiheit und vernünftigen Fortschritts auch nur ein Titelchen zu vergeben, sich bis in seine späten Lebenstage hinein von den Uebertreibungen der extremen Parteien fern zu halten wusste und mit all seinen Gefühlen unter denjenigen stand und wirkte, bei welchen, wie ja die Ereignisse es später bestätigten, ebenso der nationale Gedanke wie der Gedanke der Freiheit die sicherste Wahrung und segenvolle Erfüllung fand. Wie bei vielen seiner Zeitgenossen, welche den unter heftigen Stürmen ins Leben tretenden Constitutionalismus sich emporringen sahen, blieben seine politischen Leidenschaften verfangen in den Antithesen der Verfassungsfrage, während er den wirthschaftlichen und socialen Gegenständen, insofern sie mit jenen nicht im Zusammenhange standen, doch nicht ein gleiches Verständniss entgegenbrachte. Mitten in den Stürmen aus der Zeit des ersten deutschen Parlaments beschäftigt ihn die Aehnlichkeit der damaligen Umwälzung mit der englischen im 17. Jahrhundert; aus John Milton's Streitschriften glaubt er die Stich- und Schlagwörter, die Argumente der Parteien seiner Tage widerklingen zu hören, und um die Jugend besonders zu ihrem „einen Zuwachs geistiger Stärke" sichernden Studium anzuregen, macht er sich an eine Uebersetzung der Areopagitica (1851), jener feurigen Apologie der Pressfreiheit, die in England so nachhaltigen Einfluss geübt hatte. Dies aber ist allerdings, wenn man von den Zeitungsartikeln absieht, das einzige rein politische Litteraturproduct, das er der Oeffentlichkeit übergeben hat.

In der Stadt und in der Provinz gewann sein charaktervolles, feuriges und doch immer in edlem Mass sich haltendes Auftreten das Vertrauen der Bürgerschaft. Nachdem er 1850 in das Erfurter Unionsparlament gewählt worden war, ist er später in der glorreichen Epoche Wilhelms I., in welcher ja auch die parlamentarischen Körperschaften zu einer erhöhten Bedeutung gelangten, wiederholentlich als Vertreter schlesischer Wahlkreise in das Abgeordnetenhaus entsandt worden. Während aber zahlreiche Zeugnisse von seiner Wirksamkeit in den Fractionsberathungen vorhanden sind, ist er doch, was bei seiner hohen Redegewandtheit Wunder nimmt, auffallend selten nur auf der Tribüne erschienen. Wer die meisterliche Art kannte, mit der Roepell es verstand, die wirren und in einander sich schlingenden Läufe der Debatte auf ihre wesentliche Gedankensubstanz zurückzuführen und durch geeignete und erschöpfende Formulirung der Gegensätze ihre Schlichtung vorzubereiten, der wird sich der Annahme überlassen müssen, dass diese ausserordentliche Kunst ihm in grossen Versammlungen nicht so sehr zu Gebote stand wie in kleinern. Allerdings war Roepell durch diesen Dienst in den Parlamenten häufig und für längere Perioden der Lehrthätigkeit entzogen, aber soweit es irgendwie sich mit diesen bürgerlichen Pflichten vereinigen liess, war er bemüht, die Continuität des Unterrichts sowie der Theilnahme an der Selbstverwaltung des akademischen Lehrkörpers zu erhalten. Seine Erfahrung und Uebung auf dem parlamentarischen Gebiete kamen dieser letztern reichlich zu Gute, und im Senat wie in der Facultät wurde er als der treffliche Berather angesehen, dessen Einfluss sich auch diejenigen unterwarfen, die von abweichenden Grundanschauungen ausgegangen waren. Als es daher nach dem Tode Tellkampf's sich um einen Vertreter der Universität im Herrenhause handelte, da galt es fast als selbstverständlich, dass dieses höchste Ehrenamt in keine geeigneteren Hände gelegt werden könne, als in die Roepell's. Und wie die Universität so sah auch die Stadtgemeinde, deren Interessen er sich mit lebhafter Hingebung widmete, in ihm eine hervorragende Autorität, der wiederholentlich die Leitung der Stadtverordnetenberathungen anvertraut wurde. Im Staat wie in der Stadt, im Handeln wie im Rathen, in der Rechtschaffenheit der Gesinnung wie in der Art der Lebensführung gewährte Roepell das eindrucksvolle Beispiel einer mannhaften, nach dem höchsten strebenden Bürgertugend.

Erst ein Jahr nach dem am 2. Januar 1854 erfolgten Tode Stenzel's war ihm, nachdem er 14 Jahre als ausserordentlicher Professor gewirkt hatte, die ordentliche Professur übertragen worden. Das erste, was Roepell aus dem Nachlass seines grossen Vorgängers angriff, war die Neubelebung des von jenem gegründeten Vereins für Geschichte und Alterthum Schlesiens, dem Roepell die bis auf den heutigen Tag erhaltene und bewährte Organisation zu geben wusste. Die Begründung der „Zeitschrift",[1] die Anregung zur Herausgabe

---

[1] Nur die ersten 4 Bände tragen den Namen Roepell's als Herausgeber und enthalten kleine Beiträge von ihm.

des Codex diplomaticus Silesiae, die Einrichtung regelmässiger Versammlungen sind Verdienste, welche ihren Lohn neben Anderem darin fanden, dass sich auf diesen Grundlagen ein Institut entwickelte, mit dessen umfänglichen Leistungen und litterarischen Erfolgen wohl kaum ein anderer deutscher Geschichtsverein den Vergleich halten kann. Der schlesische ist das Muster gar manches andern geworden. Die eigenen Beiträge Roepell's für die Zeitschrift waren allerdings nicht sehr erheblich; der umfänglichste behandelte „das Verhalten Schlesiens zur Zeit der böhmischen Unruhen" März bis Juli 1618; der werthvollste betrifft die Grüssauer Annalen. Diese kleine Studie, sowie die 1854 edirte Chronica domus Sarensis, und die später im Verein mit Wilhelm Arndt für Bd. XIX der Monum. Germaniae · hist. bearbeiteten schlesisch-polnischen Annalen fallen mit ihrem Geschichtsinhalt in die bereits im ersten Bande der Geschichte Polens behandelte Epoche und können als Bereicherung des zugehörigen Quellenmaterials betrachtet werden. Eben dahin gehört aber auch die interessante Abhandlung über „die Verbreitung des Magdeburger Stadtrechts im Gebiete des alten polnischen Reiches", welche der Beitrag Roepell's zu den ·„Abhandlungen der historischphilosophischen Gesellschaft" war, die einen mehr akademischen, von den localen Beziehungen absehenden Zusammenschluss der ausgezeichnetsten Gelehrten unserer Hochschule darstellte. Werthvolle und anregende Gedanken, namentlich über die Einsetzung der „Oberhöfe", sind auch diesem Aufsatz nicht abzusprechen, aber die blosse Thatsache, dass das seichte und von Irrthümern wimmelnde Ortsgeschichten - Lexikon von Baliński und Lipiński zur Unterlage gemacht wurde, musste es bewirken, dass die erste Untersuchung, die sich auf wirkliches Urkundenmaterial stützte, die gesammte Composition und ihre Folgerungen entkräften konnte. Bedauerlicherweise löste diese junge, in wahrhaft grossem Stil angelegte Akademie sich nach der Veröffentlichung des ersten Bandes sehr bald auf. Um dieselbe Zeit zog Roepell sich auch von der Leitung des Geschichtsvereins und der der Historischen Section der vaterländischen Gesellschaft zurück und verzichtete fortan auf jede

Production im Gebiete des Mittelalters und der Provinzialgeschichte.

Dem im Beginn des russisch-türkischen Krieges angeregten
öffentlichen Interesse für die Gestaltung der osteuropäischen
Verhältnisse kam Roepell mit einer populären Darstellung
der orientalischen Frage bis zum Ausgang des Griechenauf-
standes entgegen. Keine seiner Publicationen setzt so sehr
sein Talent in das richtige Licht als diese Schrift, welche ein
Niederschlag seiner Vorträge vor dem gebildeten Publikum war.
Alles ist hier dem Stoffe nach aus zweiter Hand geschöpft
und aus einigen wenigen Büchern zusammengetragen, aber die
entscheidenden Hauptzüge entrollen sich mit einer fascinirenden
Klarheit vor dem Leser und die aufgesetzten Lichter (meist
aus Prokesch - Osten's Denkwürdigkeiten entnommen) sind
mit einem Takt und einer so einsichtsvollen Oekonomie ver-
theilt, dass das Gesammtbild als ein sinnvolles und har-
monisches Kunstwerk erscheint. Niemals zuvor und niemals
später hat die meisterliche Gestaltungskraft Roepell's ein
so abgerundetes Werk zu Stande gebracht, und nirgends
enthüllt sich das Geheimniss seiner überzeugenden und anregenden Beredtsamkeit mehr als in dieser so schlicht erscheinenden und doch von hoher Kunst bedingten Erzählung. —
Wenn wir noch der Gelegenheitsschrift Erwähnung thun, zu
welcher die Aufforderung des Senats unserer Hochschule
gelegentlich der Jubelfeier im Jahre 1861 Veranlassung gab, der
Darstellung der Neugründung unserer Universität durch König
Friedrich Wilhelm III., so haben wir alle litterarischen
Publicationen erschöpft, welche Roepell vor seinem Eintritt
in das Haus der Abgeordneten hat erscheinen lassen.

Keine einzige derselben aber lässt sich irgendwie als eine
Vorarbeit für die Fortführung der Geschichte Polens erkennen,
keine einzige hat irgend einen Bezug auf das 14. und 15. Jahrhundert, welcher Zeitraum doch bei einer Fortsetzung des
Werkes zunächst ins Auge zu fassen war. Die zahlreichen
handschriftlichen Collectaneen, Excerpte, Notizen, Regesten, An-
sätze von Darstellung und Erläuterungen, welche Roepell in
seinem Testamente der hiesigen Königlichen und Universitäts-
bibliothek überwiesen hat, betreffen alle Zeiten mehr als grade

die Epoche, welche zunächst der Forschung unterzogen werden
musste. Vielleicht hat aber kein Umstand so sehr die Unbe-
ständigkeit in der Wahl der Stoffe zu litterarischen Erzeug-
nissen hervorgerufen, wie der durch mehr als zwei Jahrzehnte
festgehaltene Wunsch, für eine Weiterführung des mit so reichem
Beifall begonnenen Werkes die Sammlung zu finden. Von den
ungewöhnlichen in der Aufgabe selbst wie in den äussern Verhältnissen bedingten Schwierigkeiten, deren Fülle sich für einen
sesshaften deutschen akademischen Lehrer, mit seinen jener
Aufgabe nirgends eigentlich verwandten Pflichten bis zur Un-
überwindlichkeit thürmte, soll hier nicht gesprochen werden,
und nur auf ein psychologisches Moment möge hingedeutet
sein, welches für die Charakteristik Roepell's von Bedeutung
erscheint. Seine ganz ausserordentlich gesellige Natur brachte
es mit sich, dass ihn nur diejenigen Gedankengruppen tiefer
und dauernder zu fesseln vermochten, für welche er einen
unmittelbaren Anklang in seiner Umgebung fand. Das Um-
rollen der Gedanken im Gespräch, der klärende und erweiternde
Austausch war ihm Bedürfniss, er konnte der Gemeinde nicht
entbehren. War auch die Befriedigung dieser Neigung von den
edelsten Bestrebungen getragen und lediglich auf sittliche oder
wissenschaftliche Zwecke gerichtet, so war sie doch so hervor-
tretend, dass sie sogar den Missdeutungen seiner politischen
Gegner einen Anhalt bot. Solchem Triebe seines Gemüthes
stand aber schmerzliche Empfindung weckend die Isolirung
gegenüber, in welche den deutschen Gelehrten das Studium
der slawischen Geschichte versetzte, und namentlich für diejenigen Epochen, in denen die Geschichte Polens vermöge
seiner selbständigen nationalen Entwickelung nicht mehr ein
completierendes Stück der deutschen Geschichte bildete, konnte
er in Ermangelung eines belebenden ihn unmittelbar umgeben-
den Verständnisses die innere Sympathie nicht finden. Er
hatte innerlich mit der Absicht, die Geschichte Polens im
Mittelalter fortzusetzen, längst schon gebrochen, als er sich
durch die Erklärung an die Redaction der Staatengeschichte
äusserlich von ihr trennte.

Dahingegen glaubte er in dem Zeitalter, das dem Unter-
gang des polnischen Reiches voraufging, und in welchem

Friedrich der Grosse die bewegende Kraft war, wiederum den Zusammenhang der polnischen mit der preussischen Staatsgeschichte gefunden zu haben, welcher der näheren Theilnahme sicher schien. Seine letzten litterarischen Arbeiten, für welche er, soweit es seine parlamentarische Thätigkeit zuliess, einige Materialien in dem Berliner Staatsarchiv sammelte, beziehen sich auf diese Epoche. Die kleine Schrift mit dem etwas grossen Titel: „Polen um die Mitte des 18. Jahrhunderts",[1]) welche die Verlotterung des Staatswesens unter August III. mit mehr unterhaltenden als kennzeichnenden Zügen darstellen will, und die andere: „Das Interregnum, Wahl und Krönung von Stanislaus August Poniatowski",[2]) welche den letzten polnischen Wahlreichstag behandelt, zeigen beide noch die grossen Vorzüge Roepell'scher Gestaltungskunst, klarer Ordnung der Ereignisse und ansprechender Verknüpfung derselben, aber als Erledigung des betreffenden Problems können sie um so weniger angesehen werden, als die allerwichtigsten und entscheidensten Quellen, die Correspondenz der Kaiserin Catharina, sowie mehrere polnische Memoirenwerke gänzlich ausser Acht gelassen wurden. Die freimüthige, zuweilen sogar bis an kaum gerechtfertigte Strenge streifende Beurtheilung der preussischen Politik ist in Polen gern vernommen worden, aber nur Wenige werden sich des Misstrauens gegen den guten Willen und die lediglich patriotischen Absichten der Politik „der Familie" so entschlagen können, wie es Roepell in einer gewissen Vorliebe für diese eigennützige und throngierige „Reformpartei" gethan hat. Die drei in der historischen Zeitschrift von Sybel's veröffentlichten Aufsätze aus demselben Gebiete[3]) sind nur hübsche aus den Darstellungen Anderer ausgehobene Bilder und dürfen als selbständige Forschungen nicht angesehen werden.

Nicht sowohl in der Tiefe und in dem Umfang seiner Gelehrsamkeit, nicht in der Vollendung seiner litterarischen

---

[1]) Gotha 1876.

[2]) In der Zeitschrift der Historischen Gesellschaft der Provinz Posen. Posen 1892.

[3]) Band 30, 35, 66.

Schöpfungen, denen der einigende Krystallisationspunkt abhanden gekommen war, nicht in dem Ruhm der Enthüllung neuer oder bewegender Gedanken oder abschliessender Forschungen war die Verehrung begründet, die ihm in reichem Masse gezollt wurde und die seine greisen Tage gleichsam mit duftigen Blumen umkränzte, sondern in der herzgewinnenden Macht seiner Persönlichkeit, in der bis in seine spätesten Jahre hinein bewahrten körperlichen und geistigen Frische, die mit ihrer Gesundheit anhauchenden feurigen Theilnahme an allem Edlen und Sittlichen dem Gebeugten Trost zu reichen, dem Suchenden die Ziele zu zeigen geeignet war, und dann in der Wahrhaftigkeit und Gerechtigkeit seines Wesens, in der Treue gegen sich selbst und Andere. Wenn die Entwickelung der Zeit Denkweisen zur Herrschaft brachte, die den Principien seiner Lebensanschauung widersprachen, hat er mit ihnen nicht pactirt, und wenn eine jüngere Generation im Uebermuth des Besitzes geringschätzig auf diejenigen herabblicken zu dürfen sich vermass, welche diesen Besitz nach Massgabe der zeitgenössischen Bedingungen mit Selbstaufopferung zu erringen bemüht gewesen waren, so trat er abweisend, den Anspruch der Gerechtigkeit und den Anspruch der Geschichte wahrend entgegen. Das war der Sinn jener schönen Rede, die er beim Antritt seines zweiten Rectorats am 15. October 1883 in der Aula unserer Universität über Carl v. Rotteck gehalten hat. Es war die hochsinnige Ausdehnung des preussischen Wahlspruchs zum sittlichen Princip, und die Anrufung der unabweislichen Forderung geschichtlicher Betrachtungsart, die unverworren von der Blendung des Erfolges und der Macht zu bleiben hat. Durch solche gerechte Anerkennung der bedingenden Kräfte in der historischen Erscheinung, durch solche Messung jeder That an dem in der Zeit möglichen Ideal, hat er sich zum Gegenstand der dankbaren Anerkennung zweier sonst feindselig von einander denkenden Nationen gemacht, durch seine Frische und Freudigkeit im priesterlichen Dienste des Geistes und der idealen Lebensgüter zog er die Schaaren der strebsamen Jugend an sich an, durch solchen Adel seiner harmonischen Lebensführung hat er die Freundschaft und Anhänglichkeit seiner ältern Collegen zu erhalten, den jüngern aber das Beispiel

einer nachahmungswürdigen und mit dem Kranze der Ehrfurcht
und der Liebe geschmückten Gelehrtenerscheinung zu hinterlassen gewusst.

Tiefe Trauer erfüllte uns Alle, als er an seinem 85. Geburtstage uns durch den Tod entrissen wurde. Sein Andenken
wird unter uns fortleben.

J. Caro.

Hermann Schmidt,

den die unmittelbar vorangegangene Chronik, Jahrgang 7,
als Rector im Sommer-Semester 1892 nennt, hat diese in der
Reihe derer aufzuführen, die nicht mehr unter den Lebenden
sind. So fahren wir dahin, als flögen wir davon! —

Die Würdigung seiner Persönlichkeit, die ihm das dazu
competenteste Collegium in der Wahl zum Rector der Universität vertrauensvoll aussprach, wird von ihm selbst als die
höchste Anerkennung empfunden worden sein, die ihm zu Theil
werden konnte. Hatte damit sein Berufs- und öffentliches
Leben seinen Zenith erreicht, so war es ihm auch im Kreise
der Seinen vergönnt, durch die Trauung seiner zweiten Tochter
mit einem ihm gleichgesinnten Pfarrer im September 1893
einen Höhepunkt des Familienglücks zu erleben. Mit diesem
Einsegnungsact hat er sowohl seiner Familie den letzten Dienst
geleistet wie seine Berufsthätigkeit beschlossen. Es folgten
schwere Tage, bange Nächte, wochenlange Athemnoth und Er-
stickungsgefahr, bis er am Sonntag, den 19. November 1893,
zuletzt schmerzlos, entschlief. Re bene gesta obiit.

In der Fülle seiner Kraft brach er zusammen. Auf dem
Gipfel seiner Erfolge ist er geschieden. Wer mag's ihm miss-
gönnen!

Sein Weg bis dahin barg manche Enttäuschung.

Geboren am 23. Februar 1832 zu Frickenhofen, Kr. Gais-
dorf in Württemberg, ward er noch vor seinem 18. Lebensjahre
Vollwaise. Sein Vater, der dortige Pfarrer, ein geborener
Hannoveraner, starb im Jahre 1838. Seine geliebte Mutter, eine
Urenkelin Bengel's, sorgte in aufopferungsvoller Liebe gleich-
wohl dafür, dass sein frühzeitiger Wunsch, Theologe zu werden,

zur Verwirklichung kommen konnte. Aber, während er dazu in dem niederen Seminar zu Urach weilte, verlor er auch sie.

Auf der heimathlichen Universität Tübingen, die er 1850 als „Stiftler" bezog, wurde Ferdinand Christian Baur, Stifter und Haupt der neueren Tübinger Schule, von nachhaltigem Einfluss auf ihn. Die Betonung des geschichtlichen Factors auch auf dem religiösen Gebiete ist sein Erbe von daher geblieben. Nur freilich nicht so, dass er darüber die eigenthümliche Natur des religiösen Lebens verkannt hätte. Vielmehr wie es die Geschichte der christlichen Kirche war, die seine Theologie in Tübingen inaugurirte, so ist es auch der kirchengeschichtliche Werdeprocess, an den sein Denken sich weiterhin anschloss. Es ist bezeichnend und hängt damit zusammen, dass seine litterarischen Arbeiten vorherrschend von je actuellen Fragen ausgehen.

Nach seiner Abgangsprüfung in Tübingen 1855 wurde er drei Wanderjahre hindurch Vicar und Hauslehrer. Aber es zog ihn zurück. Er wurde Repetent im Stift, und eine dogmen- und kirchenhistorische Vorlesung eröffnete seine venia legendi: „Des Augustinus Leben, Lehre und Bedeutung für die christliche Kirche".

Als Baur im Jahre 1860 in Folge des ersten Schlaganfalles, der ihn traf, darniederlag, war es H. Schmidt, den man beauftragte, das kirchengeschichtliche Colleg seines berühmten Lehrers zu Ende zu lesen. Naheliegende Erwartungen, die er für seine eigene Carrière daran anknüpfen mochte, realisirten sich nicht. 1861 im Herbst war das schöne Repetenten-Triennium um und ein wenig befriedigendes Stadtvicariat in Stuttgart folgte.

Als Diakonus in Calw, wo er 1863 den glücklichen Bund mit Antonie Sigel, Tochter des verstorbenen Prälaten in Heilbronn, schliessen durfte, hatte seine ausgeprägt kirchliche Frömmigkeit mit der ebenso ausgeprägt pietistischen Frömmigkeit seiner Gemeinde zu rechnen und auf ein gegenseitiges Verständniss hinzuwirken. Die eschatologische Richtung dieser Kreise war immerhin auch eine kirchengeschichtliche Erscheinung, und es lag nahe, ihren tieferen Gründen nachzuforschen. Unter diesem Gesichtspunkt schrieb er in den „Jahrbüchern für deutsche Theologie" seine damalige Studie: „Die Eschatologie in ihrer Bedeutung für die ganze Dogmatik".

In Stuttgart, wohin er 1869 als Diakonus an der Leonhardskirche versetzt wurde, nahm ihn neben der kirchlichen auch die politische Bewegung in Anspruch. Selbst eine actuelle Natur, hielt er mit seiner Meinung nicht zurück, gleichviel ob und wo er dadurch missliebig wurde. So gegen gewisse particularistische Bestrebungen des Südens von damals wie später gegen den Culturkampf war er der Rufer im Streit. Dabei fungirte er Jahre lang als Vorsitzender der südwestdeutschen Conferenz für innere Mission. Sein kirchlicher Sinn behauptete sich aber auch dieser freien Vereinsthätigkeit gegenüber. Auf Anschluss derselben an die geordneten Organe des kirchlichen Gemeindelebens hat er immer gedrungen. So entstand actuell bedingt und geschichtlicher Natur sein Buch als 2. Band von Schäfers: „Die innere Mission in Deutschland": „Die innere Mission in Württemberg" 1879.

Actuell bedingt waren nicht minder entstanden: „Concillen in alter und neuer Zeit" 1870; „Die Auferstehung des Herrn und ihre Bedeutung", beide Artikel in den „Jahrbüchern für deutsche Theologie"; „Die Grenzen der Aufgabe eines Lebens Jesu" und „Die letzten Gegensätze zwischen der Dogmatik des Rationalismus und der biblischen Weltanschauung" in der „Allgem. luth. Kirchenzeitung". Actuell noch recht die Besprechung von Albr. Ritschl's „Rechfertigung und Versöhnung" in den „Theologischen Studien und Kritiken" und sein Vortrag in Berlin: „Versöhnung und Rechtfertigung" 1882.

Bei alledem war und blieb er „Helfer" an D. Leonhard, bis im Frühjahr 1881 die Berufung als ordentlicher Professor der systematischen und der praktischen Theologie an die hiesige Universität den Wunsch seiner Jugend erfüllte und ihm noch ermöglicht hat, 12½ Jahr auf dem seiner Befähigung, Bildung und Arbeitskraft angemessensten Gebiete zur Geltung zu kommen und in Segen zu wirken.

Für innere Mission und conservative Gesinnung ist er auch als Docent eifrigst bemüht geblieben. Seinen Sinn für die geschichtliche Seite der Kirche hat er auch hier bewahrt. Im Jahre 1884 erschien sein Buch: „Die Kirche. Ihre biblische

Idee und die Formen ihrer geschichtlichen Erscheinung in ihrem Unterschied von Secte und Häresie" und im Jahre 1890 sein: „Handbuch der Symbolik oder übersichtliche Darstellung der charakteristischen Lehrunterschiede in den Bekenntnissen der beiden katholischen und der beiden reformirten Kirchen". Auch diese Lehrunterschiede geschichtlich zu begreifen und den Gesichtspunkt zu finden, der sie als Bekenntniss je gerade der betreffenden Kirche erklärt, lag ihm am Herzen.

Die actuell werdende christologische Frage mag ihn bestimmt haben, im Laufe der Jahre darüber gehaltene Vorträge unter dem Titel „Zur Christologie" 1892 gesammelt herauszugeben. Wiederum sind es ganz actuelle Probleme, über die er in den drei Abhandlungen seines letzten Lebensjahres das Wort nimmt: „Die Glaubwürdigkeit der h. Schrift" in der „Neuen kirchlichen Zeitschrift"; „Das Verhältniss des Marcionitismus unserer Zeit zum Begriff der Offenbarung" in den „Neuen Jahrbüchern für Theologie"; „Die Nothwendigkeit und Möglichkeit einer praktischen Vorbildung der Geistlichen" in „Halte, was du hast".

So hat er seinen Mann gestanden bis zuletzt. Unerschrocken und unverblümt ist er überall für seine Ueberzeugung eingetreten.

Wem's nicht gefiel, es war so seine Art; so seine Kraft, nenn's seine Schranke; er war — ein Mann!

Einer von denen, die jeder Beruf und jede Zeit gebrauchen kann. Etwelche Verstimmung im Einzelnen und des Einzelnen kommt der Klangfarbe des Ganzen zu Gute.

Wilh. Schmidt.

Inhalts-Verzeichniss.